北京市朝阳区乡志文化工程系列丛书

太阳宫乡志

北京市朝阳区太阳宫乡志编纂委员会　编

方志出版社
Publishing House of Local Records

图书在版编目（CIP）数据

太阳宫乡志 / 北京市朝阳区太阳宫乡志编纂委员编 .
—北京 : 方志出版社 , 2023.12

（北京市朝阳区乡志文化工程系列丛书）

ISBN 978-7-5144-5710-0

Ⅰ . ①太… Ⅱ . ①北… Ⅲ . ①乡镇—地方志—朝阳区
Ⅳ . ① K291.5

中国国家版本馆 CIP 数据核字 (2023) 第 187427 号

责任编辑：丛珺

责任校对：刘玉霞

责任印制：梅中英

出 版 者：方志出版社

地　　址：北京市朝阳区潘家园东里 9 号（国家方志馆 4 层）

邮　　编：100021

网　　址：http://www.zgfzcb.cn

发　　行：方志出版社图书营销中心（010–67110500）

印　　刷：北京中科印刷有限公司

开　　本：787 毫米 ×1092 毫米 1/16

印　　张：25.75

字　　数：623 千字

版　　次：2023 年 12 月第 1 版

印　　次：2023 年 12 月第 1 次印刷

定　　价：358.00 元

太阳宫地区（乡）在北京市朝阳区的位置示意图

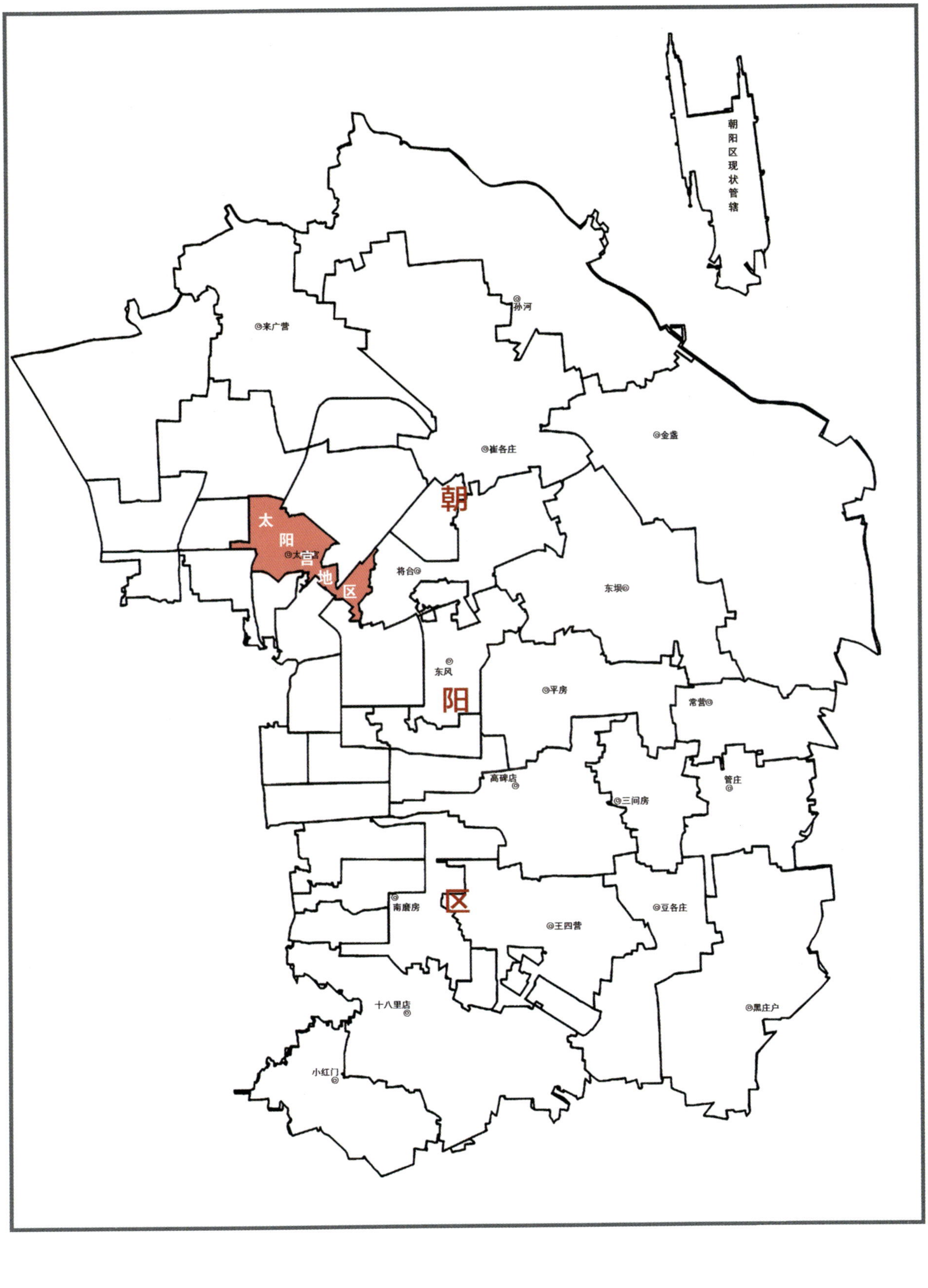

太阳宫地区（乡）社区分布示意图

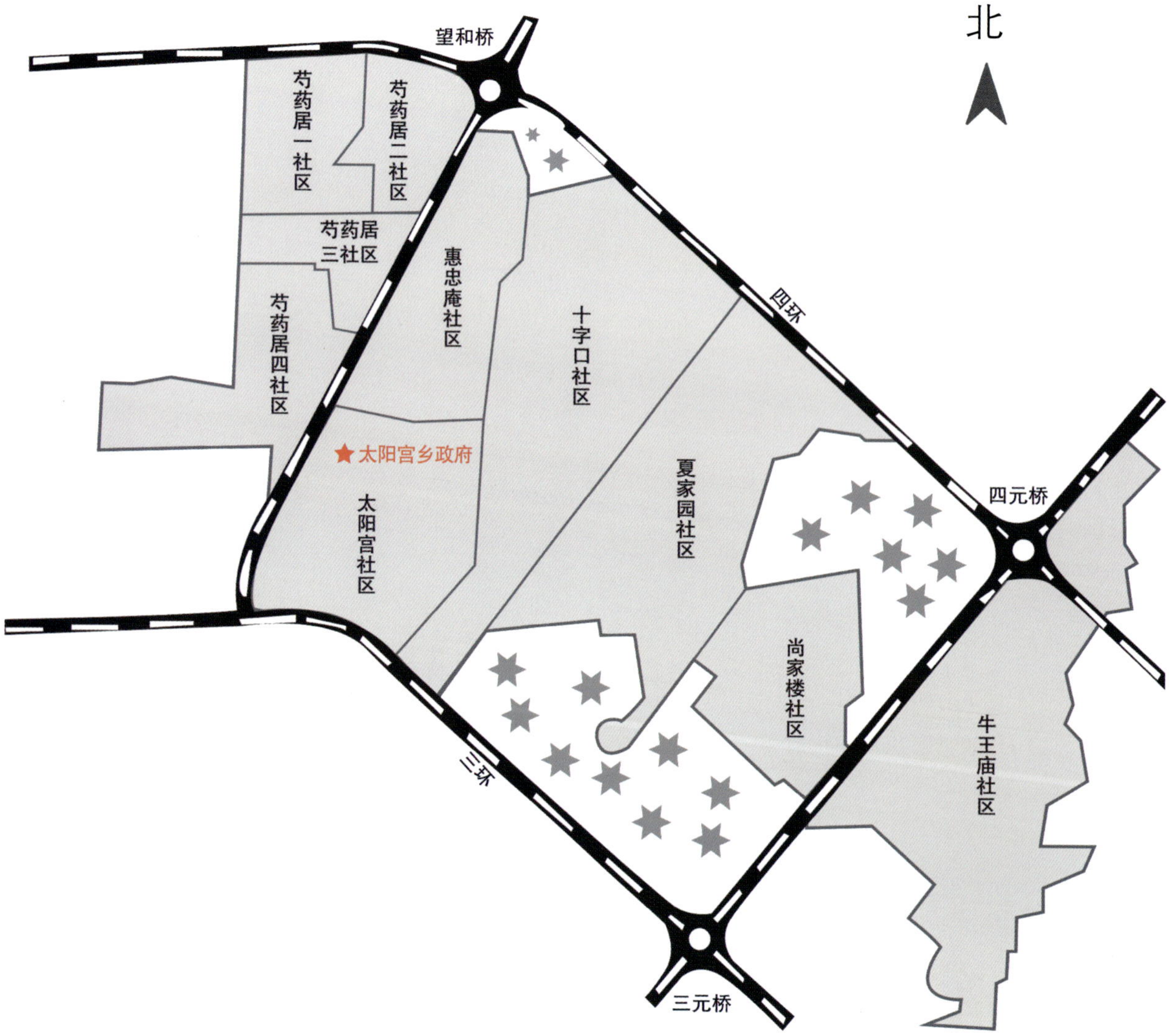

党政建设

太阳宫地区办事处旧址（1993 年摄）

1993 年，太阳宫地区办事处成立大会召开

太阳宫地区办事处（2016 年 6 月摄）

2016 年 9 月 12 日至 13 日，中共太阳宫乡第十三次党员代表大会召开

2016年11月23日至25日，太阳宫乡第十七届人民代表大会第一次会议召开

2012 年 7 月，乡领导看望、慰问老党员

2015 年 3 月 4 日，太阳宫乡领导班子下基层——社区调研会召开

2015 年 4 月 14 日，太阳宫乡加强规范集体经济管理工作部署会召开

2015 年 4 月 15 日，太阳宫地区实地调研为民办实事工作座谈会召开

2009 年 3 月 21 日，太阳宫地区第七届社区居委会选举动员大会召开

2009 年 3 月 28 日，地区领导检查社区居委会选举主会场及咨询站工作

2009 年 5 月 17 日，芍药居四社区第七届居委会选举现场投票

2003 年 9 月 29 日，牛王庙村村民为太阳宫乡人民政府送来“心系百姓，执政为民”锦旗

2003 年 10 月 16 日，太阳宫北村居民为太阳宫地区办事处送来“执政为民办实事，亲民务实树新风”锦旗

经济建设

麦田

大棚蔬菜

园田

鱼塘

农业生产（20 世纪 70 年代摄）

太阳宫批发市场一角（1999 年 7 月 30 日摄）

太阳宫市场旧貌（2002 年 10 月 29 日摄）

1998年，北京莱太花卉交易中心被农业部定为“全国定点花卉市场”

“南国鲜花北国盛开”，北京市最大的鲜花市场——莱太花卉交易中心新年之际上市上千种、万余盆鲜花供市民选购。图为顾客在挑选南国杜鹃（刊登于1999年1月1日《人民日报》首版）

2002年9月22日，莱太花卉商城举行新楼落成庆典

基础设施建设

2003年1月，朝阳区实施“清水朝阳”工程，对坝河进行升级改造，造福于民。图为整治前的坝河太阳宫段旧貌

坝河太阳宫段施工场景（2003年6月摄）

改造后的坝河太阳宫段（2003年9月摄）

绿化工程大会战一景
（2000 年 11 月摄）

四环路太阳宫段绿化整体效果（2002 年 5 月摄）

2003 年 9 月 30 日，太阳宫公园正式落成并对外开放，图为开园仪式上舞蹈表演《太阳的舞动》

朝阳区领导出席太阳宫公园开园仪式

太阳宫公园开园当日游园群众

太阳宫公园局部景观（2009年7月摄）

太阳宫公园全景（2012年9月摄）

精神文明建设

机关工作人员为过往行人发放宣传材料

机关职能科室宣传各项条例

宣传活动现场一角

辖区居民观看宣传展板

2001 年 9 月 29 日，太阳宫乡开展“创建区级文明乡宣传月”活动

2012 年 2 月 9 日，居民聆听"北京精神"宣讲

2012 年 2 月 10 日，社区青少年学习"北京精神"

太阳宫地区志愿者合影

太阳宫地区志愿者提供应急处理服务

太阳宫地区志愿者提供信息咨询服务

2008 年北京奥运会期间，太阳宫地区志愿者提供信息咨询、应急处理、语言翻译等服务

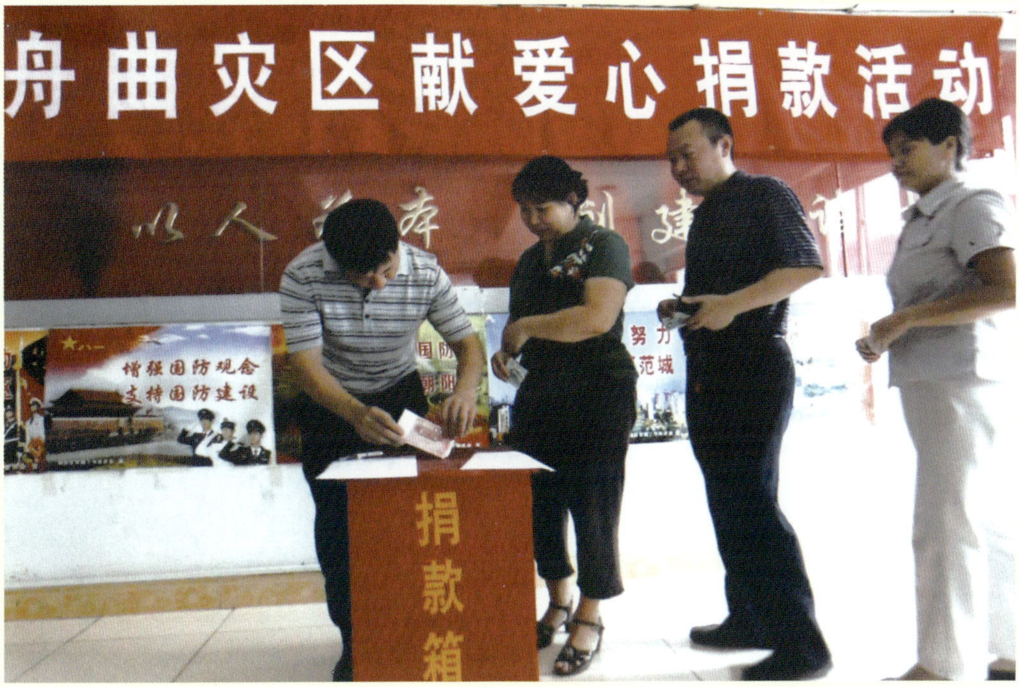

2010 年 8 月 18 日，举办为舟曲灾区献爱心捐款活动

2015 年 7 月 6 日，太阳宫地区举办“共产党员献爱心”捐款活动

2015 年 4 月 16 日，太阳宫第六届文化节开幕式暨太阳宫第五届“清风廉韵伴我行 文化文明太阳宫”廉政文化文艺演出举办

2016 年 12 月 6 日，太阳宫第七届文化节闭幕式上举办“构建和谐太阳宫 建设美丽新街区”文艺演出

活动人员合影

太极拳队表演

腰鼓队表演

舞蹈队表演

秧歌队表演

2009 年 9 月 23 日，太阳宫地区在太阳宫公园举行庆祝中华人民共和国成立 60 周年专题活动

城市化建设

乡村旧貌（2004 年摄）

太阳宫村俯瞰图（2016 年摄）

2002 年 2 月 10 日，太阳宫新区合作开发项目签约仪式举行

2002 年，朝阳区、太阳宫乡领导出席太阳宫新区合作开发项目签约仪式

太阳公元小区湖光春色（2014 年 5 月 12 日摄）

蓝天下的十字口社区（2015 年 8 月 22 日摄）

太阳宫社区圣馨家园小区（2015 年 8 月 28 日摄）

北京市朝阳区
太阳宫乡志编纂委员会

《太阳宫乡志》编辑部

序言

太阳宫地处京畿重地，历史悠久，人杰地灵，千百年来，勤劳朴实的乡民世代在这里繁衍生息，奋进发展，使太阳宫由曾经誉满京华的菜乡，逐渐发展为如今的新型城市社区。随着城乡一体化进程的加快，域内传统的村落逐渐消失，农村的印迹已然淡去，而人们心中那割不断的情感记忆需要安放，那不变的文化血脉需要传承。因而，《太阳宫乡志》应运而生，以期在挖掘整理并不断传承太阳宫地区历史文化信息的同时，记录太阳宫地区艰辛发展的历程，展现改革开放后太阳宫地区取得的累累硕果，并为太阳宫人打造一个留住乡情、记住乡愁的精神载体。

古人云：治天下者以史为鉴，治郡国者以志为鉴。《太阳宫乡志》在市、区地方志工作部门的具体指导下，在各位老干部、各村（社区）、相关科室部门及知情人员的倾力配合下，经编写人员多方走访、遍搜史料，精心雕琢，历时三年，终于成书，实乃难能可贵。志书内容涵盖太阳宫地区的历史由来、自然地理、党政建设、经济发展、城乡建设、民生事业等各个方面，深刻描摹了太阳宫人奋发图强的时代风貌，资料全面系统，记述准确翔实，堪称“太阳宫乡的百科全书”。

忆往昔，岁月峥嵘；品今朝，盛世新篇。太阳宫乡自建制以来，干群同心，艰苦奋斗，努力拼搏，全身心投入发展菜粮生产、提高群众生活水平上来；改革开放后，特别是20世纪90年代以来，太阳宫以绿化隔离地区建设和筹办2008年奥运会为契机，城市化建设进程逐渐加快，产业结构不断调整，经济飞速发展，居民生活环境得到极大改善，生活水平大幅提高，社会事业蓬勃发展，各项建设迈向跨越式发展的新时期。

也许时光可以消退记忆，岁月可以改变河山，但以习近平同志为核心的党中央治国理政的新理念新思想新战略，总能给我们以永恒的力量和激情。当今的中国正在进行全面深化改革，这对于我们来说，更需鉴往知来，其中的攻坚克难亦更离不开历史的启示。

《太阳宫乡志》的编撰与面世，为世人了解太阳宫、热爱太阳宫、建设太阳宫、振兴太阳宫提供依据和借鉴，执政者亦能从中汲取经验和教训，以保持定力、增强自信，积跬步以至千里、积小流以成江海，在实现中国梦的历史接力中，谱写更加绚丽的篇章。此亦为本书的编纂目的和意义之所在。

谨此为序。

中共北京市朝阳区太阳宫乡委员会（地区工委）书记

李华

2020 年 12 月

凡例

一、总则

《太阳宫乡志》（以下简称“本志”）以马克思列宁主义、毛泽东思想、邓小平理论、“三个代表”重要思想、科学发展观、习近平新时代中国特色社会主义思想为指导，坚持辩证唯物主义与历史唯物主义的立场、观点和方法，遵循“广征、核准、精编、严审”方针，实事求是地记述太阳宫乡在政治、经济、社会、人文等方面的历史与现状，以达“存史、资政、教化”之目的。

二、体裁

本志述、记、志、传、图、表、录诸体并用，以志为主。图、表作为补充，随文穿插；表格空白处，表示资料缺失，情况不详；表格、图统一编号为“章数—本章表（图）序号”。

三、结构

本志按所涉行业与社会分工设置篇目。横排门类，纵述历史。以章为编写单元，章下设节，节下设目，目下设子目、细目。个别事物按“编年体”与“纪事本末体”相结合形式记述发展历程。涉及交叉事物从不同角度记述，或此详彼略。

四、文体

本志采用记述体，运用现代汉语和标准简化字，力求言简意赅，通俗易懂。

五、时限

本志上限追溯至事物发端，下限截至 2016 年 12 月底。本着“详今略古、详近略远”的原则，重点记述中华人民共和国成立以来各个历史时期的发展情况。

六、简称

本志机构、组织、职务名称首次出现写全称，括注简称，以下均写简称。中国共产党、中国共产主义青年团、中国共产党北京市朝阳区委、北京市朝阳区人民政府、太阳宫乡党委、太阳宫乡人民政府、中国共产党党员等，分别统一缩写为中共（或党的）、共青团、区委、区政府、乡党委、乡政府、党员等。

七、纪年

本志采用历史纪年与公元纪年并用的方法。辛亥革命（1911 年 10 月 10 日）前，用历史纪年，后括注公元纪年，如“康熙二十四年（1685 年）”；辛亥革命后，采用公元纪年。本志中提到的解放时间，均为北平和平解放时间，即 1949 年 1 月 31 日；“旧时”，指中华人民共和国成立之前。

八、数字、标点和计量单位

本志数字用法、标点符号用法分别采用国家标准《出版物上数字用法》（GB/T 15835—2011）、《标点符号用法》（GB/T 15834—2011），计量单位采用国家技术监督局 1993 年 12 月发布的《量和单位》系列国家标准。历史上使用的计量单位，如斗、石、里、尺、磅、华氏度等，在引文时可照录。考虑到社会使用习惯，全书中亩不统一换算。

九、其他

本志资料源自乡政府年度总结、年鉴、工作报告、工作汇报、专题调研报告、市区历史档案、历史古籍、文物考古资料、公开出版物（报刊）、相关志书以及座谈、专访、问卷调查等口碑资料，文内相关处不再一一注明出处。

目录

概 述

乡域概况

太阳宫乡位于北京市朝阳区中西部，介于北纬 39° 57′ 14″ ~39° 59′ 17″ 、东经 116° 25′ 06″ ~116° 28′ 07″之间。东至牛王庙社区，东北与望京街道、将台乡接壤；东南与麦子店街道毗邻，与第三使馆区、燕莎商业区相邻；南面与左家庄街道相依，西南至太阳宫社区，与和平街、香河园两街道相邻，与国展商业区相互依托；西北至芍药居社区，与小关街道、大屯街道连接，区位优势明显。

太阳宫乡辖域面积 5.9 平方公里，辖 3 个建制村、10 个社区，7 家乡直属企事业单位，常住人口近 8 万人。乡域内地铁 10 号线、13 号线和多条公交线路编织成四通八达的交通网络。域内有太阳宫公园、元大都城垣遗址公园、太阳宫体育休闲公园，并有桑尼摩尔（北京）国际儿童发展中心、国际村、太阳国际公馆、太阳星城等现代化高楼拔地而起。

太阳宫乡域处于暖温带和中温带过渡带，属于暖温带亚湿润季风型大陆性气候，地势平坦开阔，属平原地形。土地肥沃，宜于农耕，尤其适宜蔬菜种植，曾是京郊久负盛名的蔬菜之乡。改革开放以来，乡域经济持续健康快速发展，居民生活水平不断提高，教科文卫体等各项事业取得长足发展，广大人民享受到了新时代中国特色社会主义的建设成果。

太阳宫的由来

太阳宫这一名称的由来，据当地传说，乾隆皇帝有一次巡游路过此地，正好一轮朝阳从东方升起，给脚下的这座村庄披上了一层美丽的金辉。乾隆被如此绚丽的景色所吸引，认为这个村庄是离太阳最近的地方，即兴赐名“太阳宫”。后来，众乡民合力建起一座供奉太阳神的庙宇，命名“太阳宫”，并在每年的农历二月初一（民间传说此日是太阳的生日）到此祭祀太阳神，祈望风调雨顺、五谷丰登。后附近逐渐形成村落，并以此命名为太阳宫村。

中华人民共和国成立初期，形成太阳宫行政村。1954 年建立太阳宫乡。1956 年，合乡并社，太阳宫乡管理范围增大。1958 年 8 月，朝阳区划分为 4 个人民公社，乡域属和平人民公社第三管理站。1961 年 6 月，太阳宫人民公社成立，下设 8 个生产大队，分别为：一大队（太阳宫生产大队）、二大队（十字口生产大队）、三大队（惠忠庵生产大队）、四大队（左家庄生产大队）、五大队（牛王庙生产大队）、六大队（小亮马桥生产大队）、七大队（小黄庄生产大队）、八大队（五路居生产大队）。1983 年，农村政社分开，成立太阳宫乡人民政府。1993 年，太阳宫乡成立地区办事处，保留乡政府建制，行使街道办事处和乡政府两种职能。截至 2016 年，太阳宫乡下辖芍药居一社区、芍药居二社区、芍药居三社区、芍药居四社区、太阳宫社区、惠忠庵社区、牛王庙社区、夏家园社区、尚家楼社区、十字口社区 10 个社区和太阳宫村、十字口村、牛王庙村 3 个建制村。

经济社会发展

太阳宫地域历史上以农业生产为主，由于离城区较近，水肥便利，农民多以种菜为生，除自己食用外，常年为城里人供菜，是京城著名的“老菜乡”。从中华人民共和国成立到 21 世纪初期，太阳宫地区的经济社会发展大致分为三个阶段：

第一阶段是中华人民共和国成立至 20 世纪 70 年代中期。由于 1950 年北京市政府规划在朝阳区新建工业重点区和 1955 年建设驻华使馆区首都两大重点功能布局的定位，太阳宫公社经济逐步由以特类菜生产基地为主的第一产业向以工业加工和养殖加工为主的第二产业转变。

第二阶段是 20 世纪 70 年代后期至 90 年代初期。由于城市基本建设、使馆区建设向农村地区的大规模扩张，文化科研机构、居民住宅建设的外延，三环路沿线逐步成为北京市的“商业金圈”。毗邻东北三环沿线的太阳宫乡域也从郊区演进为城乡接合部，并因其特殊地理位置，商业、餐饮业、服务业蓬勃发展，乡域经济进入到第二产业与第三产业共同发展的阶段。1993 年，全乡经济总收入达 10423.4 万元，首次突破亿元大关，人均收入 2371 元。

第三阶段是 20 世纪 90 年代中后期至 2016 年 12 月。太阳宫乡以北京市加快绿化隔离地区建设和筹办 2008 年奥运会为契机，不断调整产业结构，乡域经济逐渐由以开发建设为龙头、第二产业为主体、多产业共同发展的格局，演变到大力发展服务于现代化国际大都市的第三产业的功能定位。这一产业定位，促使太阳宫乡城市化建设全面迈入跨越式发展的新时期。2000 年，太阳宫乡第一产业、第二产业、第三产业占经济收入的比例为 3∶22∶75，其中第三产业实现经济收入 5.73 亿元，实现利润 8537 万元，已成为推动太阳宫乡经济快速发展的主力军。2004 年，域内耕地和第一产业已基本消失。截至 2016 年 12 月底，太阳宫乡实现全乡经济总收入 19187.9 万元，利润总额 4398.6 万元，税金总额 3351 万元，人均劳动所得 29688 元。

城市化进程

太阳宫乡从20世纪70年代至21世纪初，经历漫长的农村城市化进程，先后经历城市化建设、重点工程建设、绿化隔离带建设、奥运环境整治建设、城市开发等一系列政策性的城市化，并陆续撤制5个生产大队（建制村），分别是左家庄生产大队、小黄庄生产大队、五路居生产大队、小亮马桥生产大队、惠忠庵生产大队。

20世纪90年代初期，太阳宫地区还是一个商业、餐饮业、服务业方兴未艾，工农业并举的城市郊区，基础设施薄弱，是典型的“都市里的村庄”。1996年，太阳宫乡按照北京市首都规划委员会的要求，开始对旧村进行改造，主要以开展拆除违法建筑、清理区域卫生环境为主要任务。随着地区被列入实施绿化隔离带试点单位，新村建设项目逐步启动，为改善当地居民的居住条件，同年8月，经市建委批准，由北京市朝阳区太阳宫乡农工商总公司和太阳宫乡建筑工程公司共同出资成立北京新纪房地产开发有限责任公司，负责太阳宫乡域规划范围土地的开发建设与商品房销售，按照“以绿引资，引资开发，开发建设，以绿养绿”的方针，开发建设太阳宫新区。

2001年12月，新纪家园小区投入使用。2010年6月，圣馨家园小区投入使用，有效保障了回迁居民的生活与居住质量。与此同时，市政基础设施日趋完善，环境日臻优美，太阳宫公园婀娜绮丽，“清水朝阳”如玉带贯穿东西，地区面貌发生重大变化，昔日绿油油的菜田和古迹已无处可寻，代之而起的是现代化建筑及众多居民小区，太阳宫乡已成为京北一带发展最快、变化最大的区域之一。

随着太阳宫地区城市化进程不断加快，社区建设工作从村庄管理逐步向城市社区管理转变，作为推进农村城市化、构建和谐太阳宫的一项重要而紧迫的任务，社区建设被摆上重要位置。2005年，朝阳区开始推行大社区管理体制，太阳宫乡根据整体乡域规划，打破原有村与村的界限，重新规划社区管理模式，调整和划分成10个社区（芍药居一社区、芍药居二社区、芍药居三社区、芍药居四社区、太阳宫社区、惠忠庵社区、牛王庙社区、夏家园社区、尚家楼社区、十字口社区），太阳宫村、十字口村、牛王庙村3个建制村的地域全部划入社区管理范围。2014年，太阳宫乡被列为北京市第一道绿隔地区城市化建设6个试点乡之一，按照总体要求，同年完成现有3个建制村农民的整建制农转居及安置工作，乡域内集体土地全部征为国有。

太阳宫乡社区建设的发展见证了地区城乡一体化和农村城市化的历史进程，展现了和谐宜居太阳宫建设的巨大成就，凸显了和谐太阳宫建设的良好势头。展望未来，信心满怀。太阳宫人将凝心聚力，为建设“和谐稳定、发展科学、文明向上、优美宜居”的太阳宫而不懈奋斗，太阳宫的明天将更加灿烂辉煌！

大事记

中华人民共和国

1949 年

10月，太阳宫、五里沟、七圣庙、惠忠庵、西坝河、五路居等村为行政村，并建立村政府。

同月，西坝河等村作为第一批土改行政村，开始进行土地改革。

1952 年

太阳宫地域响应国家号召，按照自愿互利的原则，组织成立互助组。

1954 年

6月，撤销行政村，建立乡政府，太阳宫一带成立有太阳宫、左家庄、小黄庄、五路居等小乡。

8月，太阳宫地域开始成立初级社。

10月，北京市市长彭真，副市长吴晗等一行三人到十字口村，在村民黄增瑞家里了解农业生产合作社的情况。

1955 年

北京市政府决定在建国门外和朝阳门外形成新的使馆区，带动太阳宫地域的发展。

1956 年

3月，实行合乡并社，撤销太阳宫、左家庄、小黄庄、五路居等小乡，辖域并入太阳宫乡，并成立光明高级农业生产合作社。同时，太阳宫、十字口、牛王庙、五路居、小亮马桥、惠忠庵、左家庄、小黄庄8个村建立工作站，并成立生产大队，隶属太阳宫乡光明高级农业生产合作社，分别建立大队党支部。

同年，因国家建设征地、建北京电影制片厂等，部分住户搬迁形成太阳宫北村、小关居民区。

1957年

农业社社员响应国家号召，开始大量养猪，并成立乡养猪委员会，指导社员养猪。

1958年

5月，东郊区更名朝阳区，太阳宫地域隶属北京市朝阳区。

11月，朝阳区撤销原农业生产合作社建制，划分为和平、朝阳、幸福、红光4个人民公社，太阳宫地域属和平人民公社第三管理站。

1959年

2月，朝阳区4个人民公社调整划分为7个公社，太阳宫乡域仍属和平人民公社管理。

1960年

冬，十字口生产大队所辖第一、二生产队分离出来，成立尚家楼生产大队，并建立大队党支部。

1961年

6月21日，太阳宫人民公社成立，下设8个生产大队，有耕地10483亩。

1962年

8月3日，太阳宫人民公社召开第一次党员代表大会。

1963年

太阳宫公社提出“以菜为纲，粮菜并重”的发展原则，商品菜产量大幅攀升。

1964年

年初，太阳宫公社成立科学技术小组，各生产大队和生产队成立科技小组，倡导科学种田。

1965年

朝阳区卫生局派医疗技术人员组成下乡医疗队，到太阳宫、十字口、牛王庙各村，培训不脱产的半农半医人员，促进农村医疗队伍建设。

1966年

8月，尚家楼生产大队并入十字口生产大队。此时，太阳宫公社辖8个生产大队，30个生产队，生产大队分别设党支部。

1967年

公社革命委员会筹备小组成立。

1968 年

1 月 13 日，太阳宫人民公社革命委员会成立。随后，8 个生产大队分别成立革命委员会。

同年，太阳宫公社各生产大队建立卫生室，解决社员就医问题。

1969 年

望和铁路建成通车。

年底，朝阳区太阳宫供销合作社太阳宫商店建成。

1970 年

太阳宫公社开始实行农村合作医疗制度。

1971 年

太阳宫公社 8 个生产大队中有 4 个大队成立畜牧领导小组，发展养猪业。

1972 年

因建设需要，左家庄生产大队砖角楼生产队，小亮马桥生产大队三元庵生产队，小黄庄生产大队皇姑坟生产队，五路居生产大队红庙生产队、三路居生产队部分耕地被征占。

1973 年

太阳宫公社水产养殖面积 200 亩，根据北京市农林局要求，特设水产管理员。

1975 年

响应朝阳区政府号召，对坝河太阳宫段进行治理。

同年，公社组织 8 个生产大队骨干到大寨参观学习。

1976 年

1 月，国务院总理周恩来逝世，公社组织广大群众举行各种悼念活动。

7 月 28 日，唐山地震波及太阳宫公社。

9 月，毛泽东主席逝世后，公社和生产大队组织群众召开追悼会进行吊唁。

同年，牛王庙生产大队第三生产队利用大棚试种秋番茄成功，并在全市进行推广。

1977 年

太阳宫人民公社办公地由西坝河学校后大院平房迁至七圣庙三层楼内。

1978 年

改建扩建大望京引水渠工程，解决太阳宫公社农田灌溉用水问题，数千亩土地受益。

同年，太阳宫公社五路居生产大队第三生产队率先试行家庭联产承包责任制，联产承包到专业队、专业组。

1979 年

在全公社范围内逐渐推广联产承包责任制，主要实行包干责任制，承包单位以专业队、专业组为主。

同年，太阳宫公社地膜覆盖试验总结项目获朝阳区科技成果三等奖。

1980 年

太阳宫公社秋棚西红柿丰产栽培项目获北京市科技成果三等奖，获朝阳区科技成果一等奖。

同年，太阳宫公社贯彻国民经济“调整、改革、整顿、提高”方针，对社队企业进行调整。

1981 年

撤销小黄庄生产大队与左家庄生产大队建制。

同年，五路居生产大队第二、三小队土地被征占，同时进行撤队转居工作。

1982 年

4 月 21 日，太阳宫旅馆开业。

同年，太阳宫除尘设备厂生产的 MC24-120-1 型脉冲袋式除尘器荣获“市级优质产品”称号。

1983 年

12 月，五路居村撤销村建制，村党支部随之撤销。

同年，农村政社分开，太阳宫乡党委、乡政府建立，各村陆续成立村民委员会，实行村民自治。

同年，太阳宫乡始设文化站。

1984 年

9 月，域内三元桥建成通车。

11 月 23 日，乡第八届人民代表大会第一次会议召开，选举武惠琴为乡长。

1985 年

5 月，蔬菜价格放开，太阳宫乡建立农副产品批发交易市场。

同年，太阳宫乡建立起卫生清扫队伍，卫生工作实现经常化、制度化管理。

同年，域内三元桥建设工程荣获国家优质工程银质奖，成为北京市第一个荣获国家银质奖的立交桥工程。

1986 年

8 月，小亮马桥村建制撤销，村党支部随之撤销。

10 月，惠忠庵村农民独资涉外饭店惠侨饭店落成。

同年，因建设需要，十字口村、牛王庙村部分菜田、粮田被征占。

1987 年

5 月 11 日，乡第九届人民代表大会第一次会议召开，选举武惠琴为乡长。

6 月 2 日，中共太阳宫乡第六次代表大会召开，选举刘增林为乡党委书记。

11 月，原属太阳宫乡的西坝河北里划归香河园街道。

同年，成立太阳宫乡电力管理站。

1988 年

按照上级要求，太阳宫乡开始试行《中华人民共和国村民委员会组织法》。

1989 年

8 月 28 日，乡域遭受冰雹和暴风雨的袭击，农田受灾面积达 1492 亩。灾后，市、区有关领导前来视察灾情，并拨付赈灾款，乡党委按受灾程度及时将款项落实到村。

同年，按市、区环境整治要求，在夏家村进行试点并召开现场会，推动全乡垃圾、渣土清理等村容村貌整治工作。

1990 年

9 月，亚运会火炬传递到域内，乡党委组织在机关大门口举行迎送仪式。

10 月，乡举办第一期青工轮训，乡直属企事业单位 35 岁以下职工 298 人参加“社会主义初级阶段”的理论学习，并被评为全区青工轮训先进集体。

同月，朝阳区对原农业区划进行调整，划分为 4 个区，太阳宫乡属城乡服务绿化保留菜田区。

同年，乡建成垃圾清运站，有清运车 4 辆，年清运垃圾、渣土 3 万余吨。

1991 年

1 月，乡第十届人民代表大会第一次会议召开，选举武惠琴为乡长、苏沛为副乡长。

3 月，始设并选举产生乡人大主席团。

11 月 16 日，征用惠忠庵村土地 1591.34 亩，撤销惠忠庵村建制，农业户口全部转为非农业户口。到 1992 年年底，惠忠庵村撤队转居工作全部完成。

1992 年

4 月，十字口村“管灌”试验成功。至此，太阳宫乡结束明渠灌溉的历史。

5月29日至30日，中共太阳宫乡第七次代表大会召开，选举刘增林为乡党委书记。

8月，域内四元桥开工建设，1993年9月竣工通车。

同年，为实施农业区域开发总体规划，朝阳区按功能圈专业化商品基地进行开发，分为3个区，太阳宫乡属于城乡接合部，保留绿带环境治理开发区，以蔬菜种植和养猪为主。

同年，以"建设无蝇城"为目标，积极参加"朝阳杯"环境治理竞赛，被评为北片区5乡小组第一，圆满完成爱国卫生各项达标任务。

1993年

5月，经朝阳区委、区政府批准，组建农工商一体的集体经济组织，即太阳宫乡农工商总公司。

同月，小关街道的芍药西街以东至望和铁路以西区域划归乡域。

11月，建筑面积9500平方米的涉外二星级旅游定点饭店——太阳宫宾馆开业。

同年，太阳宫乡地区办事处成立，保留乡政府建制，行使街道办事处和乡政府两种职能。

同年，全乡经济总收入达10423.4万元，首次突破亿元大关。

1994年

2月28日，乡第十一届人民代表大会第一次会议召开，会议通过《太阳宫乡政府关于禁止违章建房的规定》和《太阳宫乡政府关于加强外来人口管理的规定》。

同年，北京市首都规划委员会确定太阳宫地区为城乡接合部、新村建设第二批试点单位，太阳宫地区成为朝阳区城市化发展的重要开发建设区。

同年，太阳宫桥建成并通车。

1995年

11月，涉外三星级宾馆——明宫宾馆开业，建筑面积7250平方米。

1972年至1995年，因国家建设征地，先后撤销左家庄、小黄庄、五路居、小亮马桥、惠忠庵5个生产大队（建制村），并征用太阳宫、十字口、牛王庙3个村大部分土地，减少耕地8714亩，转居转工5000余人。

1996年

太阳宫地区被列为实施绿化隔离地区试点单位，其中158.64公顷用于绿化隔离带建设。

5月，北京市领导视察太阳宫乡绿化隔离地区片林实施情况。

9月，北京新纪房地产开发有限责任公司挂牌成立，开启太阳宫地区房地产开发业的大门。

11月27日，中共太阳宫乡第八次代表大会召开，选举史贵升为乡党委（地区工委）书记。

同年，乡域开始进行旧村改造、新村建设。

同年，太阳宫片林被北京市人民政府评为“绿化美化优质工程”。

1997 年

1 月，乡第十二届人民代表大会第一次会议召开，选举史贵升为乡人大主席，宋振江为乡长。

6 月，乡域工会组织建立，并由 3 人组成经费审查委员会。

同年，乡里开始开展劳动监察工作。

同年，完成 240 亩片林补栽和全乡四旁植树任务的同时，完成 20 亩片林的植树任务。

1998 年

4 月 18 日，北京莱太花卉交易中心暨农业部批准的全国首家定点花卉市场落成，并举行开业典礼。

4 月 22 日，北京市委书记、市长贾庆林到莱太花卉交易中心视察。

4 月，全乡 3 个建制村全面实行农村合作医疗。

7 月 18 日，太阳宫水上乐园举行开业典礼。

1999 年

11 月，太阳宫建筑工程公司通过 ISO 9002 国际质量体系认证，是朝阳区第一家通过此认证的乡级建筑企业。

12 月 14 日，中共太阳宫乡第九次代表大会召开，选举宋振江为乡党委（地区工委）书记。

12 月 28 日，市长办公会批准太阳宫新区 E 区、F 区的开发。

同年，对太阳宫农副产品批发交易市场进行扩建，扩建后市场占地面积 7 万平方米，设 9 个交易区，年成交额 11.4 亿元。

2000 年

1 月 14 日，乡第十三届人民代表大会第一次会议召开，选举宋振江为乡人大主席，鞠正义为乡长。

4 月 18 日，麦子店西路建成通车。

4 月 28 日，太阳宫新区开发建设工程及太阳宫新区第一座农民回迁楼 E 住 9 号楼正式奠基，破土动工。

6 月 26 日，乡举行 E 住 5 号楼开工奠基仪式。

8 月 18 日，在“2000 北京朝阳国际商务节”中，太阳宫乡有 8 个签约项目，总金额达 7.6 亿元人民币。

9 月 14 日，太阳宫乡在拆违建绿中建成的第一块万米绿地——“太阳宫广场”正式对外开放。

11月13日，朝阳区委书记刘晓晨率领区委、区政府有关领导及各委、办、局负责人到太阳宫乡，就绿化隔离带建设情况进行调研。

2001年

4月12日，太阳宫中路拆迁正式开始。10月1日建成并通车。

5月24日，由太阳宫乡农工商总公司与北京新纪房地产开发有限责任公司共同出资组建的北京新纪家园物业管理有限责任公司成立。

9月6日，中国花卉协会名誉会长、原第八届全国人大常委会副委员长陈慕华在区、乡领导的陪同下参观莱太花卉交易中心。

9月8日，北京市第三条特色商业街——莱太花卉街隆重开街。

10月，太阳宫乡撤销农工商总公司，由乡政府成立经济办公室，行使原总公司的行政管理职能。

12月12日，乡第十三届人民代表大会第五次会议召开，选举冷雪峰为乡长。

12月28日，太阳宫地区第一批拆迁上楼回迁房——新纪家园小区建成，375户农（居）民喜迁新居。

12月30日，尚家楼48号院居委会成立。

截至年底，实现大环境绿化100.62公顷，占乡域总绿化面积的78%。太阳宫新区竣工19万平方米。

2002年

1月31日，乡第十三届人民代表大会第六次会议召开，乡长冷雪峰作《乡政府工作报告》。

2月10日，乡长冷雪峰与香港冠城集团董事长兼总裁韩国龙、英国共和建设公司总经理毛建国在朝阳区政府共同签订合作开发协议。区委书记刘晓晨、副区长宋连娣等出席仪式。

3月，牛王庙村体育休闲健身公园建成，是太阳宫地区第一个村级体育休闲健身公园。

5月20日，十字口村开始进行生产队撤队建制工作，4个生产队的撤队工作于6月12日结束。

6月13日，中共中央政治局委员、北京市委书记贾庆林，副市长刘敬民等在朝阳区委书记刘晓晨等的陪同下视察莱太花卉交易中心。

6月，投资480万元、全长1650米的太阳宫中路绿化工程全线完工。

8月21日，新纪家园物业管理有限责任公司顺利通过ISO 9001认证。

9月22日，总建筑面积12133平方米的莱太花卉商城新楼落成，拉开莱太花卉“首届北京珍品花卉展示—拍卖会”的序幕。

同月，北京莱太花卉交易中心获得 ISO 9001 国际质量体系认证。太阳宫公园 10 公顷大绿地建成。

12 月 14 日，中共太阳宫乡第十次代表大会召开，选举冷雪峰为乡党委（地区工委）书记。

同年，占地 1500 平方米的芍药居北里社区服务中心建成。

同年，太阳宫地区建立司法所。

同年，太阳宫地区税收突破 2 亿元，在朝阳区农口单位中位居前列。

2003 年

1 月 6 日，太阳宫乡第一批北京市统招 14 名社工上岗。

1 月 6 日至 7 日，乡第十四届人民代表大会第一次会议召开，选举宋振江为乡人大主席，张永贵为乡长。

年初，北京莱太花卉交易中心通过摩迪国际认证公司的审核，取得国际认可的 UKAS 证书。

3 月 1 日，由北京市农工委、市委组织部、团市委等部门组成的检查组，对太阳宫乡“三级联创”工作进行检查验收。

3 月 20 日，途经太阳宫地区的京承高速路破土动工。

6 月 11 日，《太阳宫乡环境综合治理达标考核办法》开始试行，标志着太阳宫乡环境综合治理长效机制的正式建立。

6 月，芍药居北里划分为芍药居北里一、二、三社区，并通过选举成立第一届社区居委会。

9 月 30 日，太阳宫公园正式落成并对外开放。

10 月 28 日，北京天恒泓混凝土有限公司成立，并举行开业典礼。

同年，元大都遗址公园正式向市民开放。

同年，乡农工商总公司重新恢复其经营管理职能，以明晰集体资产所有权与经营权为核心，实施乡级集体企业战略性重组。

同年，由于修建京承高速公路，太阳宫农副产品批发交易市场经过改造平稳撤市，用于太阳宫产业发展用地项目“太阳中心”的建设。

2004 年

2 月，乡集体资产清产核资工作全面结束。全乡土地资源总面积 8850 亩，其中国有土地 7204 亩、集体土地 1646 亩，共有林木 436899 株。

9 月，土城沟治理工程竣工。

同年，地区建成 2000 平方米的多功能社区文化服务中心，被评为“全国乡镇综合文化站评估定级一级文化站”。

2005年

4月16日，地区首家大型、高水平、综合性的双语教学幼儿园——太阳蓝田启航双语艺术幼儿园正式开园。

11月11日，新云南大厦正式开工建设，标志着总占地10.27公顷的太阳宫地区产业用地正式启动。

12月17日，北京市委书记刘淇、市长王岐山、副市长张茅等出席奥运场馆配套设施——太阳宫燃气热电冷联供工程开工奠基典礼仪式。

同年，朝阳区开始推行大社区管理体制，太阳宫乡根据乡域整体规划，调整和划分成10个社区，太阳宫村、十字口村、牛王庙村3个建制村的地域全部划归社区管理。

2006年

5月25日，元大都城墙遗址被列为第六批全国重点文物保护单位。

6月5日，乡召开新建社区党委成立大会，乡党委、乡人大、乡政府领导班子成员出席成立大会，太阳宫社区等10个社区党委正式成立。

9月23日，莱太花卉商城金源店隆重开业。

10月12日至13日，中共太阳宫乡第十一次代表大会召开，选举董万立为乡党委（地区工委）书记。

11月，乡第十五届人民代表大会第一次会议召开，选举董万立为人大主席，张永贵为乡长。

12月1日，北京市公共创业服务体系建设推进大会在太阳宫举行，会上对吴艳华、王怀彦等9名创业明星发放创业奖金2.4万元，对2家示范创业实训基地进行表彰。

2007年

3月17日，区委、区委政法委、区信访办、区农委、区司法局等单位领导来太阳宫乡，为“朝阳区人民内部矛盾调处中心太阳宫分中心”授牌。

8月31日，乡第十五届人民代表大会第二次会议召开，依法补选并全票通过张宏明为乡长。

10月12日，在太阳宫公园南门举行以“喜迎十七大　激情迎奥运”为主题的迎奥运倒计时300天暨太阳宫地区文体协会揭牌仪式。

同年，乡农工商总公司在原有基础上，成立太阳宫乡集体资产运营管理公司，对全乡集体资产统一进行经营管理。

2008年

2月20日至21日，乡第十五届人民代表大会第三次会议召开，审议并通过《乡政府工作报告》。

6月1日，桑尼摩尔国际儿童发展中心正式开业，是朝阳区十大文化创意产业之一。

8月8日至24日，第29届奥林匹克运动会召开期间，太阳宫地区共有4名驾驶员志愿者、70名“红十字”志愿者、715名城市志愿者、近2700名社会治安志愿者提供信息咨询、应急处理、语言翻译等服务。

10月21日，太阳宫乡第一批开展学习实践科学发展观活动动员大会召开。

同年，地铁10号线、阜通东大街建成通车。

同年，太阳宫乡在北京市范围内率先推出人民调解补贴机制，并在此基础上完善调解体系，建立健全排查、联调、联动处理突发应急机制。

2009年

3月26日，地区举办P-STAR五星级服务文化系列活动推广启动暨太阳宫地区就业（创业）实训基地授牌仪式，标志着太阳宫地区就业（创业）实训基地正式挂牌成立。

4月29日，太阳宫体育休闲公园盛大开园，市、区领导，乡领导班子成员、机关工作人员、地区群众200余人参加开园仪式。

5月26日，由地区办事处主办、莱太花卉承办的“2009年朝阳区科技周”活动在莱太花卉商城举行。

6月3日，地区近百家企业建立太阳宫地区企业联盟。

7月22日，区、乡领导和社区党员近百人参加芍药居二社区党员服务中心——“红芍社”揭牌仪式。

7月28日至29日，乡第十五届人民代表大会第五次会议召开，选举马跃农为乡人大主席。

2010年

1月20日至21日，乡第十五届人民代表大会第六次会议召开，选举王毅为乡长。

4月10日，以“文明朝阳　精彩有我”为主题的太阳宫乡创建全国文明城区社会动员大会暨第一届太阳宫文化艺术节开幕式在朝阳区师范学校附属小学举办。

5月25日，中国人民大学附属中学（以下简称“人大附中”）朝阳分校在太阳宫芍药居北里小区破土动工。

6月28日，太阳宫新区A区回迁工作正式启动。

9月21日，红芍社党史教育活动示范基地揭牌成立。

11月26日，太阳宫地区总工会成立。

2011年

4月22日，乡“社区志愿者工作站授牌暨文明城区志愿者行动”在太阳宫公园启动。

4月，成立太阳宫地区联合工会，下辖9个社区分会。

5月10日，乡首届“太阳杯”社会化退休人员和残疾人趣味运动会开幕。

9月20日至21日，中共太阳宫乡第十二次代表大会召开，选举张宏明为乡党委（地区工委）书记。

11月22日至23日，乡第十六届人民代表大会第一次会议召开，选举马跃农为乡人大主席，王毅为乡长。

2012年

1月5日，北京市委宣传部、市委讲师团在《关于调整2012年度“理论宣讲示范基地”的决定》中，将芍药居二社区定为北京市“理论宣讲示范基地”。

3月5日，地区“温馨家园”残疾人服务队正式成立，同时，位于芍药居北里居住区、占地面积约700平方米的新温馨家园投入使用。

3月29日，市重点税源大户索尼（中国）有限公司正式迁入太阳宫中路12号冠城大厦701室，成为乡新的财政收入增长点。

5月16日，乡党委、乡政府办公地迁入太阳宫南街7号院7号楼新址，建筑面积11400平方米。

6月，成立乡集体资产监督管理委员会，对乡域内的乡村集体经济事务实行统一领导、统一管理。

7月，成立乡合作经济联合社，统筹管理乡级集体“三资”（资金、资产、资源）。

2013年

3月29日，柬埔寨职业服务和劳动力信息研修班一行20余人到乡社保所参观学习。

6月21日，乡党委在第一会议室举行“两代表一委员”民情联络工作启动仪式。

7月，朝阳区人口文化园在太阳宫公园七彩虹门景区落成，占地面积2200平方米。

8月1日至2日，乡第十六届人民代表大会第四次会议召开，选举张宏明为乡人大主席，贾恩松为乡长。

9月，太阳宫新区D区农转非安置工作启动。

2014年

2月24日，乡召开党的群众路线教育实践活动动员部署会。

3月8日，乡第十六届人民代表大会第五次会议召开，选举产生新一届政府和人大。

3月14日，新纪家园小区接入市政供热管网工程小区分支井项目开始施工。

3月，十字口村、太阳宫村、牛王庙村3个村共计农转非1316人。至同年5月，绿隔建设区内集体土地已全部征为国有，农民转非安置工作基本完成。

5月5日，乡食品药品安全委员会成立。

7月，乡加大力度做好亚太经济合作组织（APEC）会议环境整治工作，开展环境秩序专项整治行动，组织城管、公安、工商等部门开展联合执法。

同月，地区被列为北京市一道绿隔地区城市化建设6个试点乡之一，并于9月3日召开绿隔试点乡工作部署会。

11月28日，地区代表队参加朝阳区健身气功展示大赛并获一等奖。

2015年

1月25日，芍药居10号楼二次供水设备安装工程竣工并投入使用。

1月，《朝阳区太阳宫乡城市化试点实施方案》编制工作完成。

6月，在完成《朝阳区太阳宫乡城市化试点实施方案》基础上，完成规划分局产业用地C区13.92万平方米产业项目和规划D区4.38万平方米回迁楼项目规划调整公示，完成产业和回迁房两个项目用地的普通测量，完成回迁安置房用地初步地质勘探。与发改委、国土分局、规划分局、设计公司积极沟通，完善各项资料，回迁安置房项目顺利通过区政府6月5日联审会。

同月，芍药居10号楼电梯改造工程安装完毕；完成太阳宫中路修复和绿化工作。

7月1日，红芍社党建案例“创新基层党建服务体系，以党建引领社区各项事业发展”获得全国基层党建创新案例征集评选活动最佳案例，在全国排名第三。

7月27日，圣馨家园小区雨污水管道、道路改造工程全面完成。

9月，绿隔试点乡回迁安置房项目9月1日取得《北京市规划委员会朝阳分局关于太阳宫乡回迁安置房项目建设用地规划意见的复函》，9月14日取得市国土资源局建设项目用地预审意见，9月28日取得区发改委《关于太阳宫乡回迁安置房项目核准的批复》。

2016年

3月3日，芍药居二社区申报的《太阳宫地区红芍社“邻里守望相助　共建幸福家庭”志愿服务项目》被评为“2015年度朝阳区志愿服务银牌项目”。

5月6日，太阳宫乡慈善超市正式揭牌营业。

5月19日，全乡“两学一做”学习教育动员部署会召开。

6月28日，乡召开庆祝中国共产党成立95周年暨表彰大会，授予13个基层党组织“太阳宫地区先进基层党组织”称号；授予11人“太阳宫地区优秀党务工作者”称号；授予100人“太阳宫地区优秀共产党员”称号；授予22家单位“太阳宫地区先进共建单位”称号。

6月，太阳宫乡老旧小区抗震节能综合改造工程正式竣工。

9月12日至13日，中共太阳宫乡第十三次代表大会召开，选举李华为乡党委（地区工委）书记。

11月23日至25日，乡第十七届人民代表大会第一次会议召开，选举李军为乡人大主席，贾恩松为乡长。

第一章 建置区划

太阳宫地域历史悠久，唐贞观年间即有龙道村名，清乾隆时期已有“太阳宫”称谓。中华人民共和国成立后，辖域于1958年归属北京市朝阳区。太阳宫乡从20世纪70年代至21世纪初，先后经历城市化建设、重点工程建设、绿化隔离带建设、奥运环境整治建设、城市开发等一系列政策的实施，陆续撤销5个生产大队（建制村），分别是：左家庄、小黄庄、五路居、小亮马桥、惠忠庵。随着城市化进程不断加快，太阳宫乡（地区）村庄管理逐步向城市社区管理转变。2005年，朝阳区开始推行大社区管理体制，太阳宫乡（地区）根据整体乡域规划，打破原有村与村界限，重新规划社区管理模式，调整和划分成10个社区，3个建制村地域全部划归社区管理范围（3个村的建制仍然保留）。截至2016年，太阳宫乡（地区）辖3个建制村、10个社区。

第一节 建置沿革

先秦至隋唐时期

夏代，太阳宫地属冀州。商周时期属幽州。西周初，太阳宫地属蓟国。后燕国灭蓟，地属燕国，为燕都蓟城之东北郊野。秦时，地属广阳郡。自东汉至唐，以至五代时期，太阳宫地属幽州所辖之蓟县。

辽宋金元明清时期

辽代，太阳宫地域属南京道幽都府蓟北县，后属南京道析津府析津县。宋代，属燕山府之析津县。金代，属中都路大兴府（永安府改）大兴县（析津县改）。元代，属大都路大兴府之大兴县。明永乐元年（1403年），设京师顺天府，分属京师顺天府北城和东城，辖域内各村在户籍、治安及田赋徭役诸方面，分别由北城兵马司和东城兵马司管理。清代，辖域仍归京师顺天府城属，归步军统领衙门管理。

中华民国时期

中华民国前期（1912—1927 年），主要由北洋政府执政，定都北京。初，废顺天府改置京兆地方，太阳宫地域属京兆地方。1924 年 11 月，国民军总司令部决定将北京东至大黄庄、西至三家店、南至西红门、北至立水桥一带，交由京师警察厅接管。1925 年 1 月，划分东、西、南、北郊为 4 个警管区，各置警察署，职责主要有警务、卫生、消防、司法、户籍等。太阳宫地域归北郊警管区管辖。

1928 年，国都南迁，京兆改设北平特别市，太阳宫地域西北部属北平特别市之北郊区，东南部属东郊区。1930 年，北平特别市降为北平市后，太阳宫地域仍分属北平市北郊区和东郊区。日伪时期，北平划分为东郊、西郊、南郊、北郊 4 个郊区，太阳宫地域归东郊、北郊所属，其中太阳宫、十字口、左家庄、牛王庙、小亮马桥属东郊，惠忠庵、小黄庄、五路居属北郊。

1945 年 9 月，日本投降后，原北平市东、西、南、北 4 个郊区析划为 8 个郊区，太阳宫地域西北部属郊八区，东南部东坝河和五里沟属郊一区。1949 年 2 月，华北人民政府迁入北平后，临时调整区划，太阳宫地域西北部属北平市第十三区，东南部属第二十区。6 月，华北人民政府对原区划进行调整合并，太阳宫地域七圣庙、五里沟等村属第十三区，太阳宫、惠忠庵、西坝河、五路居等村属第十四区。

中华人民共和国时期

1949 年 10 月 1 日，中华人民共和国成立，北平市更名为北京市。1950 年 8 月，北京市调整区划，太阳宫、惠忠庵、西坝河、五路居等地属第十区。1952 年 9 月，撤销第十四区，太阳宫、惠忠庵、西坝河、五路居等地划归东郊区。1958 年 5 月，东郊区更名朝阳区，太阳宫地域属北京市朝阳区。11 月，朝阳区撤销农业生产合作社，划分为和平、朝阳、幸福、红光 4 个人民公社，太阳宫地域属和平人民公社第三管理站。

1961 年 6 月，成立太阳宫人民公社，仍隶属于北京市朝阳区。1983 年，太阳宫人民公社撤销，并建立乡政府。1993 年，朝阳区人民政府太阳宫地区办事处成立，与乡政府“两块牌子、一套人马”，隶属关系未变。

第二节　区划变迁

1949 年 1 月，北平和平解放。至 4 月 30 日，废除保甲制，建立新政权工作全面结束。太阳宫地域有太阳宫、五里沟、七圣庙、惠忠庵、西坝河、五路居、小黄庄、小亮马桥等数个行政村，均建立村政府。

1954 年 6 月，撤销行政村，建立乡政府。太阳宫地域成立有太阳宫、左家庄、小黄庄、五路居等几个小乡。1956 年 3 月，实行合乡并社，撤销太阳宫、左家庄、小黄庄、五路居等小乡，辖域并入太阳宫乡光明高级农业生产合作社。同时，在太阳宫、十字口、牛王庙、五路居、小亮马桥、惠忠庵、左家庄、小黄庄 8 个村建立管理站。

1958 年 11 月，朝阳区各乡和农业社组成和平、朝阳、幸福、红光 4 个人民公社，太阳宫乡（光明高级社）建制撤销，成立太阳宫第三管理站，归属和平人民公社。1959 年 2 月，上述 4 个公社划分为和平等 7 个人民公社，太阳宫乡（第三工作站）属和平人民公社。后 7 个公社并为朝阳、中德、和平 3 个公社，太阳宫乡仍属和平公社。

1960 年冬，十字口生产大队所辖第一、二生产队分离出来，成立尚家楼生产大队，即九大队（第九生产大队）。太阳宫第三工作站下辖 9 个生产大队，分别是：小黄庄生产大队、惠忠庵生产大队、太阳宫生产大队、左家庄生产大队、牛王庙生产大队、小亮马桥生产大队、五路居生产大队、十字口生产大队、尚家楼生产大队。1961 年 6 月，对和平等 3 个公社进行调整，调整后全区分为太阳宫等 20 个公社。成立太阳宫人民公社后，太阳宫第三管理站同时撤销。

1966 年 8 月，尚家楼生产大队重新并入十字口生产大队。至此，太阳宫人民公社仍辖 8 个生产大队，下设 30 个生产队。分别为：一大队（太阳宫生产大队，下设 3 个生产队）、二大队（十字口生产大队，下设 4 个生产队）、三大队（惠忠庵生产大队，下设 5 个生产队）、四大队（左家庄生产大队，下设 4 个生产队）、五大队（牛王庙生产大队，下设 4 个生产队）、六大队（小亮马桥生产大队，下设 4 个生产队）、七大队（小黄庄生产大队，下设 3 个生产队）、八大队（五路居生产大队，下设 3 个生产队）。1972 年至 1978 年间，先后撤销 3 个生产大队中的 4 个生产队，农民陆续转工转居。1981 年，撤销小黄庄生产大队、左家庄生产大队。

1983 年 12 月，撤销五路居村建制。年内，撤销公社，恢复乡建制。太阳宫乡下辖 6 个建制村，分别是：太阳宫村、十字口村、牛王庙村、五路居村、小亮马桥村、惠忠庵村。是年，乡域面积 18 平方公里。1986 年 8 月，撤销小亮马桥村建制。1987 年 11 月，原属太阳宫乡的西坝河北里划归香河园街道。1992 年年底，撤销惠忠庵村建制。1993 年 5 月，小关街道的芍药西街以东至望和铁路以西区域划归太阳宫乡。至 1993 年 8 月，乡域面积 13.6 平方公里。

1972 年至 1995 年，因国家建设征地，先后撤销左家庄、小黄庄、五路居、小亮马桥、惠忠庵 5 个生产大队（建制村），并征用太阳宫、十字口、牛王庙 3 个村大部分土地。建有北京住宅机械施工公司、北京纺织机械厂、北京建筑五金科研机械厂、燕莎望京购物中心、机场辅路、三元桥、四元桥等。部分地域划归左家庄、香河园等街道。至 2002 年，太阳宫地区下辖3个建制村（包括11个自然村）和13个社区，即13个居（家）委会，分别为太阳宫村、十字口村、牛王庙村和中交建安家委会、太阳宫居委会、十字口居委会、七九宿舍居委会、城建三居委会、长途汽车公司宿舍家委会、芍药居居委会、芍药居一居委会、芍药居二居委会、尚家楼48号院居委会、牛王庙居委会、芍药居14号院居委会、住总市政工程公司家委会。

2003年，太阳宫地区开始社区建设。同年6月成立3个社区居委会、11个居委会和1个筹备处，减少2个居委会。3个社区居委会分别是：芍药居北里第一社区居委会、芍药居北里第二社区居委会、芍药居北里第三社区居委会；11个居委会分别是：太阳宫居委会、芍药居甲二号院居委会、长途汽车公司居委会、牛王庙居委会、尚家楼48号院居委会、惠忠庵居委会、十字口居委会、芍药居14号院居委会、芍药居居委会、中交建安居委会、城建三居委会；筹备处：西坝河筹备处；减少的2个居委会分别是：七九宿舍居委会、住总市政工程公司家委会。

2005年11月，社区重新划分调整，经朝阳区社区建设领导小组办公室批复成立10个社区，分别是：芍药居一社区、芍药居二社区、芍药居三社区、芍药居四社区、太阳宫社区、惠忠庵社区、牛王庙社区、夏家园社区、尚家楼社区、十字口社区。截至2016年，太阳宫地区下辖3个建制村（太阳宫村、十字口村、牛王庙村）和10个社区，乡域面积5.9平方公里。

表1–1　　**1991年太阳宫乡行政区划一览表**

建制村名称	村委会驻地	设置时间	辖自然村	户数（户）	人口（人）	耕地（亩）
惠忠庵村	惠忠庵	1983年		614	1684	726.15
			龙道村	178	458	241.9
			惠忠庵	199	534	118.65
			太阳宫北村	136	404	193.1
			芍药居	101	288	172.5
十字口村	十字口	1983年		616	1810	918.09
			十字口	262	581	355
			夏家村	111	366	208.4
			麦公庄	38	143	62.09
			尚家楼	205	720	312.6
太阳宫村	太阳宫	1983年		331	1147	441.69
			太阳宫	208	657	321.19

续表 1-1

建制村名称	村委会驻地	设置时间	辖自然村	户数（户）	人口（人）	耕地（亩）
太阳宫村	太阳宫	1983 年	土角楼	47	186	60.25
			七圣庙	76	304	60.25
牛王庙村	牛王庙	1984 年		492	1291	911.21
			东坝河	204	562	396.67
			五里沟	288	729	514.54

第三节　建制村与社区

建制村

太阳宫村

太阳宫村位于乡域北部，东邻十字口村，南到北三环路，西到城铁 13 号线，北靠太阳宫路。全村辖域面积 0.34 平方公里，辖土角楼、七圣庙、太阳宫、西坝河 4 个自然村。土角楼村因西有元大都土城角楼遗址而得名。七圣庙村原有古庙名七圣庙，殿内供奉龙王、马王、青苗、火神、灶王、五道、关羽七位神祇。庙已早圮，村以此为名。太阳宫村内有一座古庙，供奉太阳神（大明神），称太阳宫，村因此得名，沿用至今，庙已无存。西坝河村位于元代常庆坝以西，地处坝河上游西段，且与东邻的东坝河相对应，故名。

图 1-1　90 年代的七圣庙民宅

太阳宫村地处平原，地势平坦，海拔约 40 米，土壤为潮褐土，有坝河流经村域东南。村民以汉族居多，有赵、孙、张、刘、程、魏、李、韩、舒、曹、徐、盛、杨、马、康等十几个姓氏。1956 年 3 月，成立太阳宫生产大队，同时建立大队党支部。1968 年，成立革命委员会，后于 1978 年撤销。1983 年，生产大队改为建制村，同时建立村民委员会。1991 年 8 月，成立村经济合作社。2005 年，太阳宫村的地域在社区调整中并入太阳宫社区，划归社区管理。2014 年，完成全村农民的整建制农转居及安置工作。

图 1-2　拆迁前的西坝河村（2001 年摄）

太阳宫村曾以蔬菜、水稻种植为主，并有汽修厂、搅拌站等单位。1990 年产菜约 169 万公斤，产粮 6.9 万公斤，各业总产值约 340 万元，人均收入约 2918 元。随着农村城市化步伐的加快，太阳宫村紧抓机遇，积极应对，创建太阳宫批发市场。2001 年，太阳宫村总收入 1.57 亿元，利润 1242 万元，税金 289 万元，劳均收入 2.8 万元，人均收入 1.2 万元。2002 年，太阳宫村采取“走出去、请进来”的办法，引进新技术，利用申奥成功建筑市场兴旺的契机，成立天恒泓混凝土有限公司。2002 年，村总收入 1.76 亿元，利润 1428 万元，税金 354 万元，劳均收入 3.3 万元，人均收入 1.6 万元。2003 年太阳宫村各业总收入 11375 万元，人均收入 13276 元。2004 年村域资产总值 2.6 亿元，实现劳均收入 36000 元。

1999 年，太阳宫村被评为北京市京郊百富村、朝阳区十富村、朝阳区文明村标兵；2000 年，太阳宫村党支部被评为朝阳区“五个好”村级支部。

表 1-2　**太阳宫村历任党支部书记一览表**

姓名	任职时间
赵广禄	1956 年 3 月—1957 年春
赵瑞茂	1957 年春—1958 年年底
孙忠利	1959 年春—1959 年年底
张　顺	1960 年
郝　明	1961 年年初—1967 年 12 月
程绍龙	1967 年 12 月—1972 年年初
魏　俊	1972 年年初—1976 年 8 月
舒栓柱	1976 年 8 月—1976 年 11 月

续表 1–2

姓名	任职时间
魏　俊	1976 年 11 月—1980 年 2 月
李德印	1980 年 2 月—1984 年 1 月
韩瑞宝	1984 年 1 月—1986 年 9 月
盛瑞林	1986 年 9 月—2004 年 4 月
曹关利	2004 年 4 月—2005 年 3 月
徐燕华	2005 年 3 月—2011 年 3 月
马福君	2011 年 3 月—2015 年 2 月
孙毓莲	2015 年 2 月—

表 1–3　**太阳宫生产大队历任大队长一览表**

姓名	任职时间
赵广禄	1956 年 3 月—1957 年春
赵瑞茂	1957 年春—1958 年年底
张　顺	1959 年年初—1959 年年底
梁国生	1960 年
张　富	1961 年年初—1965 年
杨凤喜	1965 年—1972 年
康宝森	1973 年—1976 年
杨凤喜	1977 年—1980 年 2 月
魏　俊	1980 年 2 月—1991 年 8 月

表 1–4　**太阳宫村历任村委会主任一览表**

姓名	任职时间	备注
刘桂英	1983 年 4 月—1992 年	
魏　俊	1992 年—2000 年 6 月	
马福君	2000 年 6 月—2015 年 1 月	
韩立华	2015 年 2 月—	代村委会主任

表 1–5　　**太阳宫村历任经济合作社社长一览表**

姓名	任职时间
盛瑞林	1991 年 8 月—2000 年 6 月
马福君	2000 年 6 月—

十字口村

图 1–3　十字口村村委会（2008 年摄）

十字口村位于乡域北部，东邻大山子南里，南接国际村，西与太阳宫毗连，北靠亚运村。全村辖域面积 3.5 平方公里，辖十字口、夏家村、麦公庄、尚家楼 4 个自然村和西坝河东队。因有两条道路在此交会，伸向东、西、南、北四个方向，故名十字口村。夏家村原为夏氏一族的墓地，成村后以此得名夏家坟，1976 年改名为夏家村。麦公庄村旧时有不少人家以制作神佛塑像或祭祀祖宗用的面食供品为生，村民做出的供品不仅形色好看，且能保持多日不发生霉变，遂得村名“麦供庄”，后来谐音叫作“麦公庄”。尚家楼于清末成村，因村中有位尚姓道台建了一座楼，故名。

1958 年 8 月，成立十字口生产大队，同时建立大队党支部。1968 年，成立革命委员会，后于 1978 年撤销，侯永禄、何广林、廉成林相继担任革委会主任。“文化大革命”期间，十字口生产大队还曾一度更名为革命生产大队。1972 年 4 月，大队党支部改建为党总支。1980 年 3 月，十字口生产大队党总支变更为党支部。1983 年，设为建制村，选举产生村民委员会。1990 年 7 月，成立村经济合作社。2004 年 4 月，村党支部改建为党总支。

十字口村曾以蔬菜、水稻种植为主，另有畜牧养殖、五金加工、塑料厂等单位。1990 年产菜 452 万公斤，产粮 6.3 万公斤，各业总产值约 530 万元，人均收入约 2900 元。2001 年，全村经济收入 9566 万元，利润 2038 万元。2002 年上半年，十字口村完成撤销生产队工作，成立村民管理小组。为合理配置资源，增收节支，2003 年 5 月，十字口村取消 4 个村民小组经济单独核算制度，实行全村统一核算制，并关闭 3 家经济效益不好的村办企业，使集体资产配

图 1–4　尚家楼文明村（2010 年摄）

置趋于合理化，增加全村综合实力和经济发展后劲。同年，十字口村在“非典”时期拆除的违章建筑上盖大型仓储库房，并利用边角余地开展仓储物流，租赁经营，增加经济收入。2003 年全村经济收入 8907 万元，利润 2343 万元，人均收入 6608 元。

1991 年至 1994 年，十字口村被评为北京市“先进村民委员会”；1999 年被评为北京市“京郊百富村”；2004 年、2005 年、2008 年、2009 年被评为朝阳区“五个好”村级党组织。

图 1–5　冬雪过后的夏家村（1999 年摄）

图 1–6　夏家村原址上的新建筑（2012 年摄）

表 1–6　**十字口村历任党支部（总支）书记一览表**

姓名	任职时间
孙忠利	1958 年 8 月—1959 年春
常新田	1959 年春—1960 年冬
孙忠利	1960 年冬—1962 年 11 月
常德禄	1962 年 11 月—1966 年 8 月
侯永禄	1966 年 8 月—1968 年 2 月
单振华	1968 年 2 月—1970 年 2 月
何广林	1970 年 2 月—1972 年 3 月
廉成林	1972 年 3 月—1997 年 3 月

续表 1–6

姓名	任职时间
马　志	1997 年 3 月—2003 年 5 月
王志成	2003 年 5 月—2007 年 6 月
赵建忠	2007 年 6 月—2008 年 1 月
李建和	2008 年 1 月—

表 1–7

十字口生产大队历任大队长一览表

姓名	任职时间
赵广树	1958 年 8 月—1960 年冬
赵永春	1960 年冬—1963 年
周自忠	1963 年—1966 年 8 月
单振华	1966 年 8 月—1970 年 2 月
孙忠勤	1970 年 2 月—1976 年 2 月
苏松贵	1976 年 2 月—1981 年 3 月
马　志	1981 年 3 月—1990 年 7 月

表 1–8

十字口村历任村委会主任一览表

姓名	任职时间	备注
高荣芳	1983 年 4 月—1987 年 5 月	
孙　斌	1987 年 5 月—1997 年 3 月	
孙　石	1997 年 3 月—2003 年 6 月	
贾勇军	2003 年 6 月—2004 年 4 月	
	2004 年 4 月—2007 年 6 月	贾勇军主持工作
	2007 年 6 月—2008 年 1 月	
	2008 年 1 月—	郭希平主持工作

表 1–9

十字口村历任经济合作社社长一览表

姓名	任职时间	备注
马　志	1990 年 7 月—1997 年 3 月	
孙　斌	1997 年 3 月—2003 年 5 月	
王志成	2003 年 5 月—2007 年 6 月	代社长
李建和	2007 年 6 月—	

牛王庙村

图 1-7　牛王庙村村委会（2016 年摄）

清代成村，位于太阳宫地区东南部，东邻将台乡，南接麦子店街道，西与左家庄街道毗连，北接十字口村。全村辖域面积 2.06 平方公里。村内原有牛王庙，村名因此而来。庙的始建年代无考，建三元立交桥时拆毁。原村辖牛王庙、东坝河、五里沟、前五里沟、后五里沟、尚家楼、小猪店、三元庵、小亮马桥 9 个自然村。东坝河村原有元代所建常庆坝，为坝河上七座坝闸之一，因村落位于该坝以东，且处坝河上游东段，故名为东坝河村。五里沟村距东直门 5 华里（2.5 公里），五里沟为旧时东直门至东坝的车道沟，因而得名。

中华人民共和国成立前，村民以给有钱人看坟、种地、做小买卖为生。1950 年土地改革到 1958 年成立人民公社，以种粮为生。1959 年兴修水利工程后，旱地变水浇地，兼种蔬菜，粮食和蔬菜产量提高。1964 年，添置 3 台手扶拖拉机。改革开放以来，牛王庙村调整产业结构，大力发展村办企业，先后办起金属结构厂、半导体材料加工厂、农机具修理厂、迎春旅社、龙辉商场、东坝河五金建材商店、东坝河花木公司、华园汽车服务站、北京华园饭店等企业。1978 年后，村中土地陆续被国家征用，农民转非、转工。牛王庙村以“家乡现代、百姓富裕”为工作目标，努力实现从生产型向服务型的转变，不断提高集体经济实力。

1990 年产菜 390 万公斤，产粮 11.2 万公斤，各业总产值约 570 万元，人均收入约 1600 元。2001 年经济总收入 1.1 亿元，利润 869 万元，劳均 19569 元。2002 年总收入 1.5 亿元，利润 790 万元，劳均 22845 元。2004 年，根据村内无耕地，又无支柱企业，收入主要靠房屋出租的特点，牛王庙村成立专职物业管理队伍，重点加强对承租商户的管理和服务，确保出租率 100% 和租金回收率 100%，促进村域经济正常发展。同年，全村经济总收入 11000.3 万元，实现利润总额 850.5 万元，劳均收入 29431 元，人均收入 23144 元。

1958 年 8 月，成立牛王庙生产大队，同时建立大队党支部。1968 年，成立革命委员会，后于 1978 年撤销，王组权、王世泉相继担任革委会主任。“文化大革命”期间，牛王庙生产大队曾一度更名为友谊生产大队。1984 年 2 月，设为建制村，选举产生村民委员会。1990 年 7 月，成立村经济合作社。1996 年，牛王庙村被评为北京市“先进村民委员会”，

1998年被评为北京市“京郊百富村”，2000年被评为“区级文明村”，2003年、2004年连续被评为“首都文明村”，2004年被评为北京市“民主法制示范村”，2001年至2004年连续4年被评为区、乡“五个好”党支部，2007年被评为北京市“民主法治示范村”，2005年至2008年，连续被评为朝阳区“五个好”村级党组织。

表1–10　**牛王庙村历任党支部书记一览表**

姓名	任职时间
吕宗明	1958年8月—1959年春
历万良	1959年春—1961年10月
侯永禄	1961年10月—1965年10月
王组权	1965年10月—1974年7月
王世泉	1974年7月—1991年3月
韩玉玲	1991年3月—1997年3月
张庆锐	1997年3月—1999年5月
王尧伟	1999年5月—2004年4月
胡少雄	2004年4月—

表1–11　**牛王庙生产大队历任大队长一览表**

姓名	任职时间
夏　云	1958年8月—1959年4月
王　彬	1959年4月—1964年
王组权	1964年—1965年10月
王德才	1965年10月—1968年10月
王组权	1968年10月—1984年4月
王世泉	1984年4月—1990年7月

表1–12　**牛王庙村历任村委会主任一览表**

姓名	任职时间	备注
夏　云	1983年4月—1984年2月	
王　彬	1984年2月—1987年9月	
王组权	1987年9月—1997年3月	
王德才	1997年3月—2006年8月	
王组权	2006年8月—2010年12月	温忠立主持工作
王世泉	2011年1月—	

表 1-13　**牛王庙村历任经济合作社社长一览表**

姓名	任职时间
王世泉	1990 年 7 月—1991 年 3 月
王尧伟	1991 年 3 月—

惠忠庵村

惠忠庵村辖太阳宫北村、戴家村、龙道村、芍药居、惠忠庵 5 个自然村。太阳宫北村因位于太阳宫村的北部而得名。龙道村成村于唐代，已有千年之久的历史，据传唐太宗李世民东征高丽时路过此地，由此而得村名，意为这里曾是真龙天子到过的地方。芍药居村旧时曾有一位善种芍药的农家老汉，故称芍药居，据说乾隆皇帝还曾微服私访和这个老汉有过一番对话。惠忠庵村在清代建有一座尼姑庵，名惠忠庵，村即由此得名。

1949 年 10 月，惠忠庵为行政村，第一任村长任德贵。同时，建立村党支部，有党员 9 人。1958 年 8 月，成立惠忠庵生产大队，同时建立大队党支部，隶属和平人民公社第三管理站。1961 年 6 月，隶属太阳宫人民公社，为第三生产大队。1962 年，惠忠庵生产大队下设南、北两个生产队。1968 年 1 月，成立革命委员会，后于 1978 年撤销，潘志军、王玉璞、姜文华、史永才、张宏斌、闫兴元相继担任革委会主任。“文化大革命”期间，惠忠庵生产大队曾一度更名为东风生产大队。

1973 年 12 月，惠忠庵生产大队调整为 5 个生产队，共有 362 户、1546 人。1983 年，设为建制村，选举产生村民委员会，村域面积 0.7 平方公里，农民 614 户、1684 人。1990 年 7 月，成立村经济合作社，蔡路昆担任经济合作社社长。1991 年 11 月 16 日，因国家征用惠忠庵村土地，村被撤销，农业人口全部转为非农业人口。到 1992 年年底，惠忠庵村撤村转居工作全部完成。

20 世纪 80 年代初，惠忠庵村种植业以蔬菜为主，引进了国外的紫菜头、绿菜花、生菜等蔬菜品种。1982 年，全村菜地 518.15 亩，占总耕地面积的 80%，年产量 334 万公斤，年产值 109.92 万元，占种植业产值的 96.8%。粮田 145 亩，主要种植水稻和小麦，年产

图 1-8　北京惠侨饭店（2016 年摄）

粮 8.4 万公斤。畜牧业年产值 97.3 万元。有猪场 2 个，年出栏生猪 609 头。养鸡 3 万余只。村办工业有磁性材料、电器、帆布、印刷、胶印、纸制品等行业，年产值 699.8 万元，占各业总产值的 76.8%。1986 年，在惠忠庵村建起北京惠侨饭店，是北京市旅游局定点中档涉外饭店，集餐饮、住宿于一体，建筑面积 1.8 万多平方米，是当时北京市第一家“农民饭店”，曾多次接待过全国人大代表和党代会代表。

表 1–14　**惠忠庵村历任党支部书记一览表**

姓名	任职时间
任德贵	1958 年 8 月—1964 年 4 月
潘志军	1964 年 4 月—1970 年 4 月
王玉璞	1970 年 5 月—1973 年 1 月
姜文华	1973 年 1 月—1973 年 9 月
史永才	1973 年 9 月—1974 年 7 月
张宏斌	1974 年 7 月—1976 年 10 月
闫兴元	1976 年 10 月—1979 年 3 月
张宏斌	1979 年 3 月—1991 年 11 月

表 1–15　**惠忠庵生产大队历任大队长一览表**

姓名	任职时间
朱介甫	1958 年 8 月—1964 年 4 月
任德贵	1964 年 4 月—1966 年 1 月
张　霖	1966 年 1 月—1969 年
蔡路昆	1969 年—1977 年底
张宏斌	1977 年底—1979 年 3 月
蔡路昆	1979 年 3 月—1990 年 7 月

表 1–16　**惠忠庵村历任村委会主任一览表**

姓名	任职时间
王玉梅	1983 年 4 月—1984 年 2 月
张　雷	1984 年 2 月—1987 年 6 月
蔡路昆	1987 年 6 月—1991 年 11 月

左家庄村

中华人民共和国成立初期，左家庄为行政村，辖左家庄、静安庄、砖角楼、公主坟、红桥、西坝河、牛房、光熙门 8 个自然村。砖角楼现为和平街街道下辖的砖角楼社区，关于砖角楼的来历，有这样一个说法：清末到民国初年，北京城的城墙东北角转弯的地方，有一座角楼。由于是转弯处，故名转角楼，后来由于城墙根修环城铁路，将转角楼拆掉，转角楼村因此得名，后来谐音“砖角楼”。明初，朝廷于东直门外设“牛房仓”，即牛房自然村所在地，今为柳芳南里、柳芳北里两个社区，归属香河园街道。公主坟自然村以坟得村名，墓主为清朝怡亲王爱新觉罗·胤祥之女和硕和惠公主。

1958 年 8 月，成立左家庄生产大队，同时建立大队党支部，隶属和平人民公社第三管理站。1961 年 6 月，隶属太阳宫人民公社，称第四生产大队，下设 4 个生产队。1968 年，成立革命委员会，后于 1978 年撤销。“文化大革命”期间，左家庄生产大队曾一度更名为红旗生产大队。二十世纪六七十年代，左家庄生产大队和 4 个生产队大力发展队办企业、工副业，兴建盐酸（豆汁）厂、拔丝厂、建筑队、运输队、洗衣粉原料加工厂、化肥厂、粉坊、擀毡、珐琅厂、钢塑厂、水暖厂等一系列集体企业，增加了集体经济收入。1981 年，撤销左家庄生产大队建制。李淑贤、景禄、谢文祥、蔡泉、王联喜等曾先后担任党支部书记，谢文祥、玉广兴、王引惠、朱德全、连玉宝、关保安等曾担任大队长。

小亮马桥村

中华人民共和国成立初期，小亮马桥为行政村，辖小亮马桥、三元庵、褡裢坑、南五里沟 4 个自然村。清朝时，这里有一座白色石桥，名曰“亮马桥”，小亮马桥村即因桥得名。村中过去有一座古刹，名曰“三元庵”，三元庵村因此而得名。旧时，褡裢坑一带地势低洼，自然而然形成水坑，坑里长满芦苇，远观其状形如褡裢，褡裢坑村因此而得名。

1958 年 8 月，成立小亮马桥生产大队，同时建立大队党支部，隶属和平人民公社第三管理站。1961 年 6 月，隶属太阳宫人民公社，称第六生产大队。1967 年 12 月，成立革命委员会，后于 1978 年撤销革委会，徐继宗、刘德龙、徐双月相继担任革委会主任。“文化大革命”期间，小亮马桥生产大队还曾一度更名叫作向阳生产大队。1978 年，大队下辖 4 个生产队。20 世纪 70 年代，生产大队率先实行按平方米出租厂房，不但节省劳动力，还大大提高经济效益。

1978 年 12 月，撤销小亮马桥生产大队第一、二生产队。1983 年，设立建制村，选举产生村民委员会。侯云彩担任村委会主任，翌年 2 月卸任。自 1984 年 2 月至 1986 年 8 月，张春生担任村委会主任。1983 年 12 月，撤销小亮马桥生产大队第三生产队。1986 年 8 月，撤销小亮马桥生产大队第四生产队，小亮马桥村建制也于同时撤销。

表 1–17　　**小亮马桥村历任党支部书记一览表**

姓名	任职时间
梁国琴	1958 年 8 月—1960 年 11 月
徐继宗	1960 年 11 月—1972 年 6 月
刘德龙	1972 年 6 月—1974 年 7 月
徐双月	1974 年 7 月—1981 年 3 月
冯麦成	1981 年 3 月—1984 年 10 月
张　正	1984 年 10 月—1986 年 8 月

表 1–18　　**小亮马桥生产大队历任大队长一览表**

姓名	任职时间
王　震	1958 年 8 月—1974 年 7 月
霍奎山	1974 年 7 月—1976 年
张　正	1976 年—1983 年

小黄庄村

中华人民共和国成立初期，小黄庄为行政村，辖小黄庄、皇姑坟、六公主坟、八大公坟、枪场、甘水桥 6 个自然村，其中皇姑坟、六公主坟、八大公坟均以坟得村名。八大公坟村又叫八公村。八大公坟的墓主为康熙帝早年辅政大臣之一的鳌拜，后因触犯皇权被圈禁至死。枪场的来历，源于清末时朝廷改革军制，在军队中新设立火器营，而火器营的官兵每月都在这里督导和练习射击，于是便有了枪场这个村名。后来，此处还曾作为执行死刑、枪毙人犯的刑场。

1958 年 8 月，成立小黄庄生产大队，同时建立大队党支部，隶属和平人民公社第三管理站。1961 年 6 月，隶属太阳宫人民公社，称第七生产大队，下设 3 个生产队。1968 年，成立革命委员会，后于 1978 年撤销。“文化大革命”期间，小黄庄生产大队曾一度更名为红卫生产大队。20 世纪 70 年代，小黄庄生产大队和 3 个生产队大力发展队办企业、工副业，成立土木工程队、机械加工厂、弹簧厂、喷漆厂、制药厂等一系列集体企业，增加集体经济收入。1981 年，撤销小黄庄生产大队。历年来，小黄庄生产大队曾担任党支部书记的有封富德、于秀玲、常新田、王玉璞、刘增林、李财、于长禄、王海福。曾担任大队长的有刘明、魏会财、陈永财。

五路居村

1949 年 10 月，五路居为行政村，辖红庙、三路居、贤孝牌 3 个自然村。1958 年 8 月，成立五路居生产大队，同时建立大队党支部，隶属和平人民公社第三管理站，共有 300 户、

1500人。1961年6月，隶属太阳宫人民公社，称第八生产大队。1968年，成立革命委员会，后于1978年撤销，杨志文、单振华、耿桂新相继担任革委会主任。“文化大革命”期间，五路居生产大队曾一度更名为东方红生产大队。1972年12月，大队党支部改建为党总支。1978年，生产大队下辖3个生产队。

20世纪70年代初，五路居生产大队大力发展队办企业和工副业，成立建筑队、基建队、汽车运输队、牛奶厂、玉器加工厂、木器加工厂、无线电元件厂、医疗器械厂、地毯加工厂、淀粉加工厂等，并成立太阳宫公社第一个鲜花门市部“清荫阁竹”。这些队办企业的建立，增加大队的经济收入。

1981年，征占五路居生产大队第二、三小队土地，同时进行撤队转居工作。3月，生产大队党总支变更为党支部。1983年，设为建制村，选举产生村民委员会，景玉枝担任村委会主任。12月，征用五路居生产大队一小队全部土地677亩。同月，完成全大队324户、985人转居转工工作，撤销村建制。

表1–19　**五路居村历任党支部（总支）书记一览表**

姓名	任职时间
董信昌	1958年8月—1964年春
刘雨祥	1964年春—1969年10月
耿桂新	1969年10月—1981年10月
李荣富	1981年10月—1983年12月

表1–20　**五路居生产大队历任大队长一览表**

姓名	任职时间	备注
张德山	1958年8月—1968年2月	
	1968年2月—1970年2月	
单振华	1970年2月—1975年	
	1975年—1980年1月	耿桂新主持工作
高天泉	1980年1月—1983年12月	

表1–21　**太阳宫乡建制村（生产大队）基本情况一览表**

生产大队	建制村	生产队	自然村	备注
一大队	太阳宫村	3	4	土角楼、太阳宫、西坝河、七圣庙4个自然村；1小队：土角楼、太阳宫村；2小队：西坝河村；3小队：七圣庙村

续表 1–21

生产大队	建制村	生产队	自然村	备注
二大队	十字口村	4	5	尚家楼北部、夏家坟、西坝河、麦公庄、十字口 5 个自然村；1 小队：尚家楼、夏家坟一部分、麦公庄；2 小队：夏家坟一部分、十字口一部分；3 小队：十字口一部分；4 小队：十字口一部分
三大队	惠忠庵村	5	5	太阳宫北村、芍药居、惠忠庵、戴家村、龙道村 5 个自然村；1 小队：太阳宫北村；2 小队：芍药居；3 小队：惠忠庵；4 小队：戴家村；5 小队：龙道村
四大队	左家庄村	4	8	左家庄、静安庄、公主坟、砖角楼、红桥、西坝河南部、牛房、光熙门 8 个自然村；1 小队：转角楼、光熙门；2 小队：左家庄、红桥一部分、牛房；3 小队：西坝河南部；4 小队：静安庄、公主坟、红桥一部分
五大队	牛王庙村	4	9	东坝河、牛王庙、五里沟、前五里沟、后五里沟、三元庵北部、尚家楼南部、小猪店、小亮马桥北部 9 个自然村；1 小队：东坝河、牛王庙；2 小队：五里沟、前五里沟、后五里沟；3 小队：牛王庙村一部分、三元庵；4 小队：东坝河
六大队	小亮马桥村	4	4	褡裢坑、三元庵南部、南五里沟、小亮马桥南部 4 个自然村；1 小队：褡裢坑；2 小队：三元庵南部；3 小队：南五里沟；4 小队：小亮马桥
七大队	小黄庄村	3	6	小黄庄、甘水桥、皇姑坟、六公主坟、枪场、八大公坟 6 个自然村；1 小队：小黄庄、甘水桥；2 小队：皇姑坟、六公主坟；3 小队：枪场、八大公坟
八大队	五路居村	3	3	红庙、三路居、贤孝牌 3 个自然村；1 小队：红庙；2 小队：三路居；3 小队：贤孝牌
合计		30	44	减去 4 个重复计算自然村，共计 40 个自然村

表 1–22　　**太阳宫乡已撤建制村（生产大队）基本情况一览表**

单位名称	成立时间	撤制年份	征地批文	征地批文人口（人）	备注
惠忠庵村（三大队）	1958 年 1 月	1991 年	京政地字〔1991〕109 号	2393	5 个小队、7 个企业（惠侨饭店、畜牧场、蔬菜专业队、汽车队、磁性材料厂、电机厂、帆布厂）

续表 1–22

单位名称	成立时间	撤制年份	征地批文	征地批文人口（人）	备注
左家庄村（四大队）	1956 年 3 月	1981 年	京政地字〔1981〕41 号	1980	1 小队、4 小队分别于 1972 年、1979 年撤制，2 小队、3 小队及下属企业粉房、水暖公司于 1981 年因征地撤制
小亮马桥村（六大队）	1958 年 1 月	1986 年	京政地字〔1986〕123 号	2078	1 小队、2 小队于 1978 年撤制，3 小队于 1984 年撤制，4 小队及自行车厂于 1986 年撤制
小黄庄村（七大队）	1961 年 7 月	1981 年	京政地字〔1981〕3 号	2294	小黄庄生产大队及所属喷漆厂、综合加工厂（修配厂）于 1981 年撤制
五路居村（八大队）	1961 年 6 月	1983 年	京政地字〔1983〕162 号	2738	五路居生产大队于 1984 年整体撤制，所属单位包括：五路居生产大队 1 小队及木制品加工厂、五路居玉器厂、太阳宫五路居医疗机械厂

社区

芍药居一社区

2005 年 11 月，建立芍药居一社区。社区位于太阳宫地区西北部，东至芍药居北里 305 号楼，南至文学馆东路，西至育慧南路，北至北四环路，占地 0.315 平方公里。管辖范围包括芍药居北里 102 ～ 118 号楼、304 ～ 314 号楼，共 26 座居民楼；辖区内有 123 家商户、25 处地下空间，有物业公司 7 家。2016 年，社区总户数 3874 户，总人口 9980 人。

社区基于老年人多的特点，打造"幸福夕阳"为老服务品牌，以"敬老为老"为内容，开展为老人送服务、送亲情、送幸福、送孝心志愿活动。

表 1–23　**芍药居一社区历届党委领导班子成员一览表**

任职时间	书记	副书记	委员
2006 年 8 月—2009 年 5 月	张亚茹		尹秀苓　徐金清　刘植安　李雪松
2009 年 6 月—2012 年 6 月	张纪秋	徐金清	尹秀苓　张亚茹　徐　涛
2012 年 7 月—2015 年 7 月	张纪秋	徐金清	乔新玲　徐　涛　梁　鸣

续表 1-23

任职时间	书记	副书记	委员
2015 年 8 月—	徐金清	刘　丛	高　峰　乔新玲　徐　涛

表 1-24　**芍药居一社区历届居委会领导班子成员一览表**

任职时间	主任	副主任	委员
2006 年 8 月—2009 年 5 月	刘植安	徐金清　尹秀苓	赵京云　张立忠　苏爱萍　贾续祥
2009 年 6 月—2012 年 6 月	张纪秋	尹秀苓	寇春芳　张立忠　陈茂林
2012 年 7 月—2015 年 7 月	张纪秋	梁　鸣	乔新玲　徐　涛　寇春芳
2015 年 8 月—	徐金清	高　峰	乔新玲　徐　涛　寇春芳　杨学娟　王　娟

芍药居二社区

2005 年 11 月，建立芍药居二社区。社区位于北四环望和桥南侧，东邻京承高速，南邻文学馆路，西邻芍药居一社区，北邻北四环。社区占地面积 0.143 平方公里，有 20 栋居民楼。辖区内包括物业公司、社区卫生服务站、养老院、幼儿园、小学校、超市、酒店等 45 家社会单位，建有社区服务中心、老年教室、志愿者服务队、义务巡逻队、送水站、废品回收站、理发店、餐馆、台球娱乐城等便民服务项目。社区地理位置优越，交通便捷，东南邻地铁 10 号线、13 号线，北有 408、409、运通 101、运通 201、特 9 等十余条公交线路，居民出行便利。周边有现代文学馆和对外经贸大学、北京联合大学等高等院校，文化氛围浓郁，为社区奠定良好的外部环境。2016 年，社区总户数 3874 户，总人口 9980 人，居民 4834 户，常住人口 7648 人，流动人口 3090 人。

图 1-9　芍药居二社区办公用房外景（2012 年摄）

图 1-10　芍药居二社区一站式服务大厅（2012 年摄）

芍药居二社区创建红芍社——社区党员服务中心，搭建“金字塔”管理网络，开设“红芍课堂”，组建“七彩袖标志愿服务队”，完善“10910服务体系”，实现以党建带社建、促共建创和谐的工作目标，将党建工作、社区建设、居民服务相结合，用实际行动凝聚党心，赢得民心。社区志愿者队伍日益壮大，社区文化丰富多彩，先后荣获北京市先进社区居委会、首都绿色社区、北京市模范集体、北京市基层妇女组织先进集体等称号。2005年、2008年、2011—2014年荣获“首都文明社区”称号。

表1–25 **芍药居二社区历届党委领导班子成员一览表**

任职时间	书记	副书记	委员
2006年8月—2009年5月	刘爱英		伊　鹏　金小萍　杨秀芝　刘　军
2009年6月—2012年6月	刘爱英	金小萍	伊　鹏　周林楠　杨秀珍
2012年7月—2015年7月	刘爱英	金小萍	刘宝云　周林楠　施泳志
2015年8月—	刘爱英	王　莹	金小萍　刘宝云　周林楠

表1–26 **芍药居二社区历届居委会领导班子成员一览表**

任职时间	主任	副主任	委员
2006年8月—2009年5月	刘爱英	伊　鹏　金小萍	王秀燕　周林楠　刘宝云　李　玲
2009年6月—2012年6月	刘爱英	伊　鹏	周林楠　王秀燕　刘宝云
2012年7月—2015年7月	刘爱英	刘宝云	张丽苹　施泳志　周林楠
2015年8月—	金小萍	刘宝云	张丽苹　杨晓月　周林楠

芍药居三社区

2005年11月，建立芍药居三社区。社区位于京承高速路西侧，东至京承高速辅路，南至芍药居四社区1号院，西至育慧南路，北至文学馆路，总面积0.147平方公里；辖区内有中央直属单位1家，物业管理单位14家，各类经营单位113家。社区辖芍药居9号院6、8、9、10、11、31、32、33、34、36、37号楼和甲31号楼，14号院1、2、3、4号楼，4号院1、2号楼，20号院1、2、3、17、18、19号楼。紧邻地铁10号线，有119路、125路等公交车途经辖区。2016年，社区总户数3874户，总人口9980人。

社区内建有健身活动场地、活动站、阅览室、老年学校等，并根据居民需求，开办以民间手工艺制作为主的“蕙兰工作室”，以宣传政策法规、法律知识、文明礼仪、健康知识、美德少年、社会道德、安全知识为主的“百川博闻讲堂”，成立“七彩爱心志愿服务队”，为居民搭建参与志愿服务的平台，使社区工作真正做到“七彩爱心、真情奉献、服务居民”。

表 1–27 芍药居三社区历届党委领导班子成员一览表

任职时间	书记	副书记	委员
2006 年 8 月—2009 年 5 月	赵小仓		刘桂平　杨开文　王淑敏　姚　杰
2009 年 6 月—2012 年 6 月	徐红光	刘　苹	刘桂平　王淑敏　郭桂兰
2012 年 7 月—2015 年 7 月	徐红光	宗淑慧	刘建苹　刘桂平　陈　皓
2015 年 8 月—	徐红光	宗淑慧	陈　皓　李　强　高　颖

表 1–28 芍药居三社区历届居委会领导班子成员一览表

任职时间	主任	副主任	委员
2006 年 8 月—2009 年 5 月	刘桂平	徐红光　张蕙兰	陈　皓　李　强　刘宝凤　宗淑慧
2009 年 6 月—2012 年 6 月	徐红光	陈　皓	刘宝凤　李　强　宗淑慧
2012 年 7 月—2015 年 7 月	徐红光	陈　皓	李　强　赵　莉　赵起超
2015 年 8 月—	陈　皓	李　强	房　莉　赵　莉　高　颖

芍药居四社区

2005 年 11 月，建立芍药居四社区。社区位于城铁 13 号线、地铁 10 号线换乘站芍药居站西侧，北邻吉利家园、14 号院，南到惠忠庵河边，西到惠桥路口。社区由芍药居 1 号院、2 号院、甲 2 号院、5 号院 4 个自然院落以及元大都酒吧商业街组成，辖区面积 0.57 平方公里。2016 年，常住户数 4467 户，总人口 12546 人，其中流动人口 2810 人。

芍药居四社区依托文明市民学校、元大都城垣遗址公园等多个室内外活动场所，组织居民开展传统文化学习，形成“华韵传统文化大课堂”学习体系，开设《弟子规》诵读、晨读、书法、绘画、京剧、手工、诗歌朗诵等多个传统文化系列学习班。同时，利用毗邻对外经贸大学、辖区外籍人口较多的便利，组织居民与外国朋友经常性地开展文化互动交流，展示书法、绘画、手工、京剧等传统技艺，一起制作品尝中国美食、

图 1–11　芍药居四社区活动室（2015 年摄）

经典诵读，走出一条以学习宣传中国传统文化，开展中外文化精粹交流为特色的社区建设之路。

表 1–29　　芍药居四社区历届党委领导班子成员一览表

任职时间	书记	副书记	委员
2006 年 8 月—2009 年 5 月	郝继忠		李　澎　李连鹏　史文革　那国军
2009 年 6 月—2012 年 6 月	郝继忠	刘　丛	史文革　李建国　杨开文
2012 年 7 月—2015 年 7 月	史文革	王秀燕	刘建军　宋立鹏　杨开文
2015 年 8 月—	史文革	赵起超	梁　鸣　任荣华　沈金福

表 1–30　　芍药居四社区历届居委会领导班子成员一览表

任职时间	主任	副主任	委员
2006 年 8 月—2009 年 5 月	李　澎	史文革　李建国	刘宝军　刘　丛　任荣华　尤建刚
2009 年 6 月—2012 年 6 月	史文革	李建国	刘　丛　杨开文　任荣华
2012 年 7 月—2015 年 7 月	史文革	任荣华	尤健刚　刘建军　郭希颖
2015 年 8 月—	梁　鸣	任荣华	尤健刚　杨红霞　郭希颖

太阳宫社区

2005 年 11 月，建立太阳宫社区。社区位于三环路太阳宫桥东北侧，面积 0.6 平方公里，辖区有农民回迁楼、高档商品房、老旧楼房共 28 栋近 6000 房屋，以及待拆迁农民平房 129 个院落，4 万余平方米；驻区单位有航空结算中心、云南省驻京办事处等社会单位 165 家，属于太阳宫农村向城市过渡过程中典型的农居混住、国有企业、上市公司、乡镇企业并存的多元社区。经过辖区的公交车有 300、730、302、419、602、367、735、957、特 8、小 35 路等。2016 年，居住人口合计 5550 户，13640 人，含本乡农民、农转居、老城市居民、购买商品房迁入的新居民和大量流动人口。

图 1–12　太阳宫社区办公用房内景（2015 年摄）

社区结合辖域人口多元化、社会单位层次多样化的实际情况打造“快乐家园”，并已初步成型，同时逐步探索出一条农居多元社区的“包容式”发展之路，曾获得“北京市先进社区”“北京市规范化社区”“北京市六型社区”“朝阳区创先争优先进基层党组织”“朝阳区社区教育先进社区”“朝阳区先进社区调解委员会”等多项荣誉。

表 1–31　**太阳宫社区历届党委领导班子成员一览表**

任职时间	书记	副书记	委员
2006 年 8 月—2009 年 5 月	刘瑞祥		桑子栋　孙毓莲　刘秀英　徐小军
2009 年 6 月—2012 年 6 月	刘瑞祥	胡素君	孙毓莲　谢桂芝　王金福
2012 年 7 月—2015 年 7 月	胡素君	谢桂芝	杜靖华　易茜茜　郑　义
2015 年 8 月—	胡素君	谢桂芝	郑　义　杜靖华　冯文广

表 1–32　**太阳宫社区历届居委会领导班子成员一览表**

任职时间	主任	副主任	委员
2006 年 8 月—2009 年 5 月	刘瑞祥	胡素君　谢桂芝	杜靖华　肖秋华　郑　义　于文竹
2009 年 6 月—2012 年 6 月	胡素君	郑　义	冯文广　杜靖华　谢桂芝
2012 年 7 月—2015 年 7 月	胡素君	郑　义	冯文广　杜靖华　陆海燕
2015 年 8 月—	郑　义	杜靖华	王淑霞　付春喜　李京京　王东明　郭爱华

夏家园社区

2005 年 11 月，建立夏家园社区。社区地处太阳宫地区中部，东邻坝河，南到坝河桥，西以太阳宫中路为界，北邻北四环东路，占地 0.88 平方公里。社区管辖新纪家园 1、2、3、4、5、7、8、9、10 号楼，夏家坟 1 ~ 63 号，万芳 6 号、甲 6 号楼，半岛国际 11、12 号楼，水星园 15、16、18、19、20、21、22 号楼，澜石 1、2、3、4、5、6 号楼，另有分散在几个自然村内的散落平房。辖区较大社会单位有共济酒店、凯德商场、太阳宫公园、桑尼摩尔、

图 1–13　夏家园社区办公用房外景（2015 年摄）

图 1–14　夏家园社区儿童活动室（2015 年摄）

太阳宫大厦、冠城大厦，以及6家物业公司、一所小学、一家幼儿园及其他各种行业单位，共计90余家。公交线路有130、132、467、515、567、939、966、985路等，设有夏家园站。2016年，社区居民4818户，总人口12057人，常住人口10316人，流动人口1741人。

夏家园社区紧抓党建协调这一主线，积极开展各项活动，转变居民观念，服务辖区单位，帮助解决困难，搭建相互了解、学习的平台。辖区2个物业公司在行业评比中获得四星级物业公司称号。帮助辖区单位组建党组织，使党员找到组织，让更多的党员在工作中发挥模范带头作用。2006年、2007年，社区获“首都文明社区”称号。

表1–33 **夏家园社区历届党委领导班子成员一览表**

任职时间	书记	副书记	委员
2006年8月—2009年5月	钱荣明		方永和 刘桂清 曹玉霞 崔凤海
2009年6月—2012年6月	崔世环		姜建莉 刘雪萍 张增琦 崔凤海
2012年7月—2015年7月	姜建莉	宋玉春	刘雪萍 刘桂林 赵晓燕
2015年8月—	姜建莉	宋玉春	张俊杜 赵晓燕 刘 杨

表1–34 **夏家园社区历届居委会领导班子成员一览表**

任职时间	主任	副主任	委员
2006年8月—2009年5月	姜建莉	刘建萱 刘桂林	宋玉春 赵晓燕 李小梅 张 超
2009年6月—2012年6月	姜建莉	刘桂林	宋玉春 王红跃 赵晓燕
2012年7月—2015年7月	姜建莉	刘桂林	刘雪萍 赵晓燕 杭淑萍
2015年8月—	张俊杜	赵晓燕	杭淑萍 路红静 任立群

十字口社区

2005年11月，建立十字口社区。社区位于太阳宫地区最南端，东至太阳宫中路，西至西坝河路，北至太阳宫南街，南至北三环东路。社区面积0.65平方公里，有居民楼22栋，

图1–15 十字口社区办公用房外景（2014年摄）

图1–16 十字口社区一站式服务大厅（2014年摄）

主要由丰和园、火星园、西坝河北里201号院、202号院、汽修五厂、太阳宫平房、十字口平房、西坝河居民区、西坝河甲8号中冶集团构成。辖区内有国美电器、华腾酒店等社会单位，有130、596、641、379、515、966、567路等十余条公交线路途经辖域。2016年，常住居民4327户，总人口9957人。

社区根据自身的特点和实际情况打造“福馨苑——情暖夕阳”亲情服务品牌，包括十字口社区福馨苑爱心互助队、十字口社区福馨苑人民调解法律宣传队、十字口社区福馨苑俏夕阳治安巡逻队、十字口社区福馨苑俏夕阳健身操队、十字口社区福馨苑俏夕阳秧歌队、十字口社区福馨苑计生宣传团、十字口社区福馨苑俏夕阳舞蹈队等7支志愿服务队。

表1–35　　十字口社区历届党委领导班子成员一览表

任职时间	书记	副书记	委员	备注
2006年8月—2009年5月	王志成		廉　敬　张静玉　王满德　朱明君	
2009年6月—2012年6月	李建和（代）			未选举
2012年7月—2015年7月	刘瑞祥	李雅男	刘　从　孙文生　张静玉	
2015年8月—	王秀燕	陆海燕	李晶晶　王　静　张明杰	

表1–36　　十字口社区历届居委会领导班子成员一览表

任职时间	主任	副主任	委员	备注
2006年8月—2009年5月	廉　敬	王满德	赵秀才　孙福玲　张明杰	
2009年6月—2012年6月	郭希平（代）			未选举
2012年7月—2015年7月	刘瑞祥	李晶晶	孙文生　刘建辉　张明杰	
2015年8月—	王秀燕	李晶晶	刘建辉　张明杰　纪　磊	

牛王庙社区

2005年11月，建立牛王庙社区。社区地处东三环外、东四环里，东、北邻将台地区界，南至第三使馆区，西至京顺路，占地面积约1.12平方公里。社区居委会位于东坝河甲1号，管辖范围包括东坝河1～111号、五里沟1～150号、小亮马桥、718厂宿舍。2016年，社区居民885户，常住人口1440人，流动人口2000人，居民多为人户分离状态，常住居民多以老年人为主。辖区内有鹏润大厦、海航大厦、莱太花卉等中央、市、区级

图1–17　牛王庙社区一站式服务大厅（2015年摄）

大中型企业 20 家，其他经营单位 100 余家，公交线路有 401、404、735、602、405 路。

牛王庙社区根据居民多层次、多元化的需求，形成社区公共服务、网络服务、志愿服务“三位一体”的社区服务模式。社区开展“五心”活动、“助残助困”活动、健康服务活动等活动，到老人家中提供服务，实现社区多样化服务。

表 1–37　　牛王庙社区历届党委领导班子成员一览表

任职时间	书记	副书记	委员	备注
2006 年 8 月—2009 年 5 月	胡少雄		陈艳春　孙春香　梁宝成　谢书良	
2009 年 6 月—2012 年 6 月	胡少雄（代）			未选举
2012 年 7 月—2015 年 7 月	胡少雄		马自惠　张　达　张　涛　张俊柱	
2015 年 8 月—	胡少雄	李　静	曹如杰　张　达　高　伟	

表 1–38　　牛王庙社区历届居委会领导班子成员一览表

任职时间	主任	副主任	委员	备注
2006 年 8 月—2009 年 5 月	郭振凤	张俊柱	张　雷　田洪媛　房秀云	
2009 年 6 月—2012 年 6 月	郭振凤（代）	张俊柱（代）		未选举
2012 年 7 月—2015 年 7 月	郭振凤	张俊柱	刘宝军　李　旭　李颖新	
2015 年 8 月—	郭振凤	曹如杰	高　伟　李　旭　张　达	

尚家楼社区

2005 年 11 月，建立尚家楼社区。社区东至京顺路，南至曙光西路，西至西坝河北里，北至太阳宫北街，辖区面积 0.39 平方公里，由裘马都、金星园、国际村及尚家楼 48 号院 4 个小区组成，其中金星园、国际村、裘马都 3 个院落为高档商品房居民居住小区，尚家

图 1–18　尚家楼社区办公用房内景（2015 年摄）

图 1–19　尚家楼社区党员廉政文化宣教室（2015 年摄）

楼48号院为单位员工房改居民居住小区，居委会办公地点在尚家楼48号院内。2016年，有居民4359户，常住人口9606人。

尚家楼社区打造“幸福心连心”服务品牌，对居民开展“六心”服务，发放社区“连心卡”，拉近与居民距离；成立“幸福快递”为老服务志愿者服务队，开展计划生育创建文明家庭以及“幸福快递进我家”志愿服务工作；成立以社区工作者为骨干的“为老服务队”，上门慰问老干部、社区孤寡空巢老人、社区低保家庭等；发动辖区广大妇女组成“金玫瑰”志愿者服务队，维护交通秩序，开展治安巡逻，积极参与矛盾调处等。

表1-39　　尚家楼社区历届党委领导班子成员一览表

任职时间	书记	副书记	委员
2006年8月—2009年5月	佟桂芳		孙文生　王燕玲　曹秀稳　付　健
2009年6月—2012年6月	任秀兰		张秀珍　佘济元　王明慧　李淑英
2012年7月—2015年7月	莎　莉	刘建新	王红跃　佘济元　崔世环
2015年8月—	莎　莉	刘建新	李　霞　王红跃　肖振东

表1-40　　尚家楼社区历届居委会领导班子成员一览表

任职时间	主任	副主任	委员
2006年8月—2009年5月	刘建苹	樊秀玲	赵　红　刘　扬　任秀兰
2009年6月—2012年6月	倪素玲	张　琳	樊秀玲　刘建新　莎　莉
2012年7月—2015年7月	莎　莉	王红跃	江　洋　刘建新　肖振东
2015年8月—	莎　莉	王红跃	江　洋　李金玲　李珑玮

惠忠庵社区

2005年11月，建立惠忠庵社区。社区位于太阳宫地区京承高速公路辅路东侧，东至西坝河路，南至太阳宫南街，北至北四环路。辖区面积0.4平方公里，社区管辖太阳宫一

图1-20　惠忠庵社区办公用房外景（2014年摄）

图1-21　惠忠庵社区活动室（2014年摄）

街1号院（太阳绿园小区）、太阳宫二街1号院（太阳御园小区）、太阳宫二街3号院（红玺台小区）3个居民小区，有居民楼25座。2016年，有居民2891户，常住人口4159人。辖区有燕京都物业、安泰众合物业、高力国际物业公司和太阳宫燃气热电厂、中海油、玫瑰里等社会单位。

社区亮点工程“惠众驿站”设置居民活动室、服务热线电话、接待群众窗口、居务公开栏等，充分发挥驻区单位在社区建设中的积极作用，营造社区“事务共商、资源共享、家园共建”的良好氛围，充分调动驻区单位参与社区建设的热情，与居民群众实现一站式、零距离的交流服务。

表1–41 **惠忠庵社区历届党委领导班子成员一览表**

任职时间	书记	副书记	委员	备注
2006年8月—2009年5月	孙树友		张秀珍 张纪秋 徐 涛 郭吉伟	
2009年6月—2012年6月	徐红光（代）			未选举
2012年7月—2015年7月	刘 苹	伊 鹏	张秀珍 段连忠 马秀琴	未选举
2015年8月—	刘 苹	伊 鹏	马京明 周景岩 韩 军	

表1–42 **惠忠庵社区历届居委会领导班子成员一览表**

任职时间	主任	副主任	委员	备注
2006年8月—2009年5月	张纪秋	刘 苹 张秀珍	张富武 张淑芹 赵起超 尹建军	
2009年6月—2012年6月	刘苹（代）			未选举
2012年7月—2015年7月	刘苹（代）	刘文东（代）		未选举
2015年8月—	刘 苹	刘文东	马京明 王 歆 吕雪花	

第二章 自然环境

太阳宫乡（地区）区域轮廓东西略长、南北稍窄，大致呈菱形。辖域属暖温带亚湿润季风型大陆性气候，雨热同期，四季分明，气候、土壤条件有利于农作物生长。域内曾遭多种自然灾害影响，并造成不同程度损失。曾经种类繁多的动植物资源，随着城市化进程的加快大多已消失。

第一节 地质 地貌

地质

太阳宫地区所辖区域无岩石露头，属于北京凹陷东北侧，沉积深厚的第三系红色或紫红色胶结疏松泥岩、砂岩、砂质泥岩和砾岩，并伴有过去地质年代里喷发的玄武岩，厚度超过 400 米。

地表土层的物质，属于第四纪洪冲积物，大部分是永定河携带的沉积物。

土质以壤质为主。土层自下而上分布为：第四纪更新世早期（Q1），底部为“朝阳冰期”时期堆积，以杂色风化泥砾分布较广，厚度较大且稳定；中上部由杂色松性土、砂、砂砾石组成，并夹有淤泥物质，受古地理条件控制，各种土层厚度不均。所见砾卵石以火成岩为主，除少量石英石、灰岩外，其余全部风化，结构疏散。第四纪更新世中期（Q2），底部为“龙骨山冰期”时期堆积，棕红色、灰褐色泥砾，内含白色斑点钙质结核，并有铁、锰膜，有的变为中细砂、砂砾石层；上部为周口店组棕色、棕黄色黏性土及砂砾石层，这是深层地下水主要含水层。第四纪更新世晚期（Q3），底部为“碧云寺冰期”时期堆积，为砾、砂砾石层；中部为马兰组灰黄色、浅黄色黄土类土及湖泊淤泥质土；上部为“百花山冰期”时期堆积，厚度 50 ~ 70 米，有一层浅灰色、灰黑色或淡黄色泥砾，这是浅层地下水主要含水层。第四纪全新世（Q4），主要为次生黄土，并有少量泥炭沉积，厚度一般小于 10 米。

地貌

太阳宫地区地貌平坦开阔，地势西北高、东南低，平均海拔高度为34米，属地壳缓慢下降与流水沉积作用所形成的山前平原。因北京西部和北部是山区，永定河等河流自山区流到平原地区，河水所携带的泥沙长时期沉积在山口以外，形成洪积冲积扇、扇缘洼地及河流冲积平原三种类型。太阳宫地区处于洪积冲积扇平原，土质多是轻壤到中壤土，比较均一，土地肥沃，农业耕垦开发历史较早。

过去，流经辖域的坝河经常泛滥，因河水流速不同，决口方向差异，形成大量近代沉积物。在平坦开阔的地方，有由沙土、壤土到黏土逐渐过渡的特点，近河流处或决口上游砂性大，远河流处土质黏重。土壤剖面是沙土、壤土、黏土间层，有明显冲积层理。宜于农耕放牧，尤其适宜种菜，曾是京郊著名的蔬菜产地。

第二节　气候 物候

季节

按气温划分四季的标准，以5天滑动平均气温稳定大于22℃期间为夏季，小于5℃期间为冬季，5 ~ 22℃期间为春、秋季。辖域内，3月18日至5月31日为春季，计75天；6月1日至9月1日为夏季，计93天；9月2日至11月10日为秋季，计70天；11月11日至翌年3月17日为冬季，计127天。

太阳宫地区处于暖温带和中温带过渡带，属于暖温带亚湿润季风型大陆性气候。四季分明，降水集中。春季多受大陆气团控制，冷空气势力明显衰退，活动仍频繁；气温不稳定，日夜温差大；日照充足，干燥多风，少雨雪，蒸发量大；晚霜、大风、低温等对蔬菜生产危害较大。夏季多受大陆暖低压和太平洋暖湿气团影响，盛行偏南风，空气湿润，高温、多雨，占年雨量的75%左右，强对流天气造成局部地区暴雨、雷雨，冰雹多在夏季出现。秋季南方暖湿气流逐渐衰退，北方冷高压南侵，气温逐渐下降，平均气温比夏季低8 ~ 9℃，风速较小，降水明显减少，空气清新，天空晴朗；有冰雹大风天气，或早霜冻和强烈降温。冬季受蒙古高压控制，盛行干燥寒冷的西北风，时有寒潮大风天气，土壤冻结，河流封冻；干燥、少雨雪。

太阳辐射与气温

太阳宫地区平均年太阳辐射总量为5054.56兆焦耳/米^2。最大值曾达5595.44兆焦耳/米^2，出现在1983年；最小值为4539.98兆焦耳/米^2，出现在1971年。5月为一年中的最大值，为 622.92 兆焦耳 / 米^2；12 月为一年中的最小值，为 214.86 兆焦耳 / 米^2。辖域平均年日照时数 2547.1 小时，日照百分率（实际日照时数与可照时数比值）是 59%。≥ 0℃期间日照时数 2053.5 小时，日照百分率 58%；≥ 5℃期间日照时数 1814.7 小时，日照百分率 58%；≥ 10℃期间日照时数 1571.1 小时，日照百分率 57%。

辖域年平均气温 11.6℃。1 月份气温最低，平均气温 –4.6℃，7 月份气温最高，平均气温 25.9℃。年无霜期 192 天。气温年较差达 30℃，大陆度指数为 59，大陆性气候明显。极端最高气温出现在 1961 年 6 月 10 日，高达 41.6℃。年极端最高气温集中出现在 6 月、7 月、8 月三个月份。极端最低气温出现在 1966 年 2 月 23 日，低达 –21.2℃。年极端最低气温集中出现在 1 月、2 月、12 月三个月份。

降水 风向 湿度

受温带大陆性季风气候影响，降水量分布不均，集中在 6 月、7 月、8 月三个月份，多占全年降水量的 70% 以上。冬季占年降水量的 1.9%，夏季占年降水量的 75%，春、秋季各占 9.7% 和 13.4%，由此产生春旱夏涝。年平均降水量 581 毫米（1971—2000 年）。由于降水量年际之间差异，形成丰水年、平水年和枯水年，造成大旱或大涝灾害性年份。年平均相对湿度 60%，夏季最高达 80%，冬季最低 30%。辖域≥ 0.1 毫米降水日数，平均每年 68 天。

辖域平均气压为 101.27 千帕。冬季较高，一般在 101 ~ 104 千帕之间；夏季较低，一般在 96 ~ 102 千帕之间。辖域处于东亚季风区，四季风向转换明显。冬季受蒙古高压控制，盛行偏北风，风速大。春季蒙古冷高压势力有所减弱，但仍多西北风。夏季受印度北部强大大陆热低压控制，盛行东南风和南风，风速为全年最小。秋季因夏季风逐渐退出华北，蒙古高压南下，北风势力逐渐加强。因受强冷空气影响，常出现大风。从秋末至春末，以寒潮形式出现，并伴有强烈降温；春末至秋季常与雷雨、冰雹同时出现局地性大风。这两种大风都能造成灾害。

辖域属于半湿润地区，相对湿度和水气压冬季最小，春天次之，夏季最大，秋季略小。各月蒸发量相差很大。春季气温升高，风速大，蒸发量最多。夏季温度高，风速和饱和差比春季小，蒸发量少于春季。秋季蒸发量逐渐减少。冬季气温低，蒸发量最少。辖域只有 7 月、8 月两个月干燥度小于 1，属于湿润期，其他月份属于干旱或极干旱期，降水不能满足需要。

物候

辖域范围内各种生物对气候的反应较为明显。按照农时二十四节气，每年 1 月有小寒、大寒两个节气，该月是全年最冷的月份，越冬作物基本停止生长，皮毛动物绒毛长成以御寒。2 月有立春、雨水两个节气，皮毛动物开始脱绒，该月下旬小麦开始返青。3 月有惊蛰、春分两个节气，大地解冻，冬眠的动物开始复苏出蛰，虫蛾羽化，小麦进入分蘖期。4月有清明、谷雨两个节气，小草复苏露出地面，蒲公英等野花开放，小麦开始拔节，棉花开始播种。5月有立夏、小满两个节气，一般在该月下旬进入夏季，布谷鸟啼鸣连连，小麦完成抽穗、扬花、灌浆到籽粒饱满这一过程。6月有芒种、夏至两个节气，小麦成熟收割，闻蝉鸣声，该月雷雨多发，农事活动以抢收、抢种为主。

7月有小暑、大暑两个节气，天气炎热进入伏天，也是多雨季节，雨热同期，萝卜在此时播种，高温会致使鸡停止下蛋。8月有立秋、处暑两个节气，天气仍然炎热多雨，白菜在此时种植，棉花开始吐絮，秋虫择偶鸣叫。9月有白露、秋分两个节气，天气转凉，进入秋季，玉米、谷子、大豆等农作物开始成熟收割，小麦进入播种季节。10月有寒露、霜降两个节气，气温逐渐下降，树木落叶杂草渐枯，是农作物收获的季节，下旬开始落霜，秋虫哀鸣，大雁南飞。11月有立冬、小雪两个节气，进入冬天，秋菜大部收割，小麦进入冬前分蘖期，皮毛动物开始生长绒毛。12月有大雪、冬至两个节气，水面结冰，天气寒冷，大地在该月上中旬封冻。

第三节　水文 土壤

地表水

辖域河流属于海河流域北运河水系，主要为坝河。坝河又称阜通河，系温榆河支流，属北运河水系，水源为北护城河水和北土城河水，西起光熙门（土城沟），经香河园，从太阳宫地区西边的元大都公园进入三环路，流经十字口村地界，往东流入牛王庙村地界，再进入将台、酒仙桥等地区，最后汇入温榆河，全长21.63公里，流域面积158.4平方公里。平均水深度6.1米，平均年径流量3397万立方米。其中，坝河流经太阳宫段范围为三环路西坝河桥下至四元桥橡胶坝，全长2.16公里。河道两岸为部分建成区、开发区、树林和荒地，地势高低不平。

坝河古代为高梁河下游的一条支流。从唐、辽、金等朝代起修建堰坝通航漕运，并设置河官专门管理，自西向东沿途建有7座水坝：千斯坝、常庆坝、郭村坝、西阳坝、郑村坝、王村坝、深沟坝。元至元十六年（1279年），开浚为大都北线运粮河，筑坝以通漕运，故得名坝河。郭守敬对坝河实地勘察并大规模改造治理，扩大漕运能力，并沿河建造粮仓以配合漕运用以储备。这一时期漕运最为繁荣，全年通航240日，日运粮4600余石。据《元史·河渠志》记载，“岁运漕米百万石”，由此可见坝河在元代漕运中所起到的重大作用。明永乐十六年（1418年）沿河又建仓数座，贮存京城所需粮草及建材物资。清代后期水源不济，淤塞失修，遂丧失漕运能力。

由于多年洪水泛滥，河床变形，堤岸冲刷严重，并且长期以来，两岸边坡垃圾堆积，河水水质污染严重。中华人民共和国成立后，人民政府数次大规模治理坝河，拓宽河道，清淤固堤。1975 年 10 月，朝阳区开始对坝河进行治理。2003 年 4 月开始，作为北京城区为数不多的有水地区，太阳宫地区为改善环境，组织对坝河太阳宫段进行整治，实施“清水朝阳”工程，营建太阳宫滨河公园。截至 5 月 30 日，共挖运土方 37994 立方米；浆砌石 6325 立方米；用混凝土 41.3 立方米；累计投入 5888 工日，台班 521 个。工程竣工后，一个河清岸绿的滨河公园呈现在广大市民面前，坝河太阳宫段两岸，垂柳成荫，风景如画，面貌焕然一新。

除了坝河，境内的地表水还有北土城沟。土城沟是元大都土城的北护城河，太阳宫地区境内长度约 1000 米。过去因土城沟地区的排水管线设施不全且老旧不堪，雨水、污水管线合流，最后全部排入土城沟造成污染，使土城沟成为远近闻名的臭水河。由于污染给周围环境带来很大影响，北京市政府于 2003 年对土城沟进行治理，2004 年 9 月治理工程竣工，并修建元大都遗址公园，使土城沟的水质和周围环境得到很大改善。

地下水

太阳宫地区水文地质由于受蒙古高原和气候影响，第四系地层在形成过程中沉积紊乱，不但厚度变化大，层次乱，沉积同一层物质颗粒结构差异也很大。辖域沉积物质颗粒粗，以粗砂卵石、粗砂砾石为主，透水性良好。地区地下水资源较为丰富。地下水含水层分布有一定规律，含水层多埋藏在地面 20 米以下，最大厚度 70 米。

水质

随着社会的发展，人口的增多，一些自产生活污水和工业废水进入坝河等地表水体。1980 年，坝河水质定点监测为有机污染 5 级。1995 年，在北京市对地面水环境质量的综合评价中，坝河为严重污染。地下水质以卡舒列夫分类法，太阳宫地区的地下水为 HCO_3-Cl-Ca-Na-Mg 型水，总硬度为 32 度，属超标，不符合饮用水标准。

2005 年 7 月 28 日，朝阳区环保局对坝河进行水质监测，规划水质为Ⅳ类。监测结果表明，坝河当时的水质为劣Ⅴ类，主要超标项目为氨氮和化学需氧量，在 3 个监测点中，氨氮含量、化学需氧量均超标，其中太阳宫北街处氨氮超标较重，天龙京实市场监测点的化学需氧量超标较重。

表 2-1　**2005 年坝河水质检测结果一览表**

采样点	数据类别	酸碱值	化学需氧量（毫克 / 升）	氨氮（毫克 / 升）
西坝河太阳宫中路桥下	监测值	8.69	52	3.83
	标准限值	6 ~ 9	30	1.5
西坝河天龙京实市场	监测值	9.01	57	3.61
	标准限值	6 ~ 9	30	1.5
西坝河太阳宫北街桥	监测值	7.49	20	7.33
	标准限值	6 ~ 9	30	1.5

土壤

太阳宫地区土壤母质组成属于第四纪洪积冲积物，沉积物厚度 100 米左右，底下即见灰岩。土壤类型以潮褐土为主，俗名黄土或灰黄土。由于离城区近，工厂多，地下水开采量大，致使地下水位下降，使土壤向褐土发展，尚有潮化特征，此类土壤属于潮土向褐土过渡的一种土壤类型，土质肥沃，土壤良好。

第四节　动植物

动物

中华人民共和国成立前，太阳宫地域水草丰美，常有狐狸、兔子、黄鼠狼、刺猬、蛇、蝎子、仓鼠、田鼠、野獾等野生动物出现在树林草丛的沟沿、田野里，流经区域南部的坝河里有鲤鱼、鲫鱼、草鱼、鲇鱼、鳝鱼、虾、泥鳅等水生动物和青蛙等两栖动物。

中华人民共和国成立后，特别是改革开放以来，随着农药的使用、耕地的日益减少，空气、水等自然环境受污染等因素的影响，各种野生动物逐渐减少，特别是 1958 年的“除四害”运动，有些野生动物已经绝迹。2000 年以后，随着太阳宫地区“城中村”的大力改造，太阳宫地区再次蜕变为鸟语花香的“都市绿洲”，鸟类成为地区常见的陆栖动物类群。公园、林间常有沼泽山雀、翠鸟、黑水鸡、红胸田鸡、斑嘴鸭、绿头鸭、池鹭、大苇鹭、大白鹭、大天鹅等鸟类出现，还有嬉戏于树丛绿化带的麻雀、柳莺、燕雀、家燕、大山雀、红尾伯劳、灰喜鹊、黑枕黄鹂、沼泽山雀、喜鹊、斑啄木鸟等，节肢动物有蜻蜓、蝴蝶、蜜蜂、蚂蚱、蟋蟀、蚂蚁、螳螂、萤火虫、蝉、蚊、蝇、瓢虫、蜈蚣、蜘蛛、地蚕、飞蛾等。

植物

太阳宫地区地处暖温带北部，地带性植被为半湿润落叶阔叶林，原生乔木物种主要有旱柳、杨树、榆树、臭椿、桦树、国槐等；原生灌木物种有虎榛、毛榛、榛、黄栌、酸枣等；草本植物有白羊草、荆条、小针茅、薹草、芦苇、香蒲等。中华人民共和国成立以前和成立初期，人们多种植有枣树、桑树、柳树、杨树、槐树、榆树、桃树、杏树、香椿树、花椒树等。

20 世纪 80 年代，根据辖域农村自然资源、自然条件和生产结构、生产特点及农业分布状况，太阳宫地区成为朝阳区主要的杨树、洋槐农田防护林区和白杨、国槐环境保护林区及葡萄经济林区。21 世纪以来，由于开发历史悠久，境内的自然植被逐渐被改造为人工林网，仅有少量原生物种残遗，所见植物大多为人工栽培，其中部分物种为引进种。植被种类以柳树、毛白杨、松柏为主。

第五节　自然灾害

气象灾害

风灾

1942 年春夏之交，一天突然狂风骤起，一种罕见的、黑黄色的狂风漫天刮来。霎时间，街上行人敛迹，车辆全无。凉棚拔地而起，如纸片纷飞，商店、市场被吹乱；树木被吹折、刮断的不计其数；脆弱的建筑物几乎全被刮倒。

1963 年 8 月 14 日晚 8 时左右，雷雨大风，风力达 8 级以上，玉米、高粱、谷子等农作物被刮倒。

1978 年 6 月 30 日下午，雷雨大风，连根拔掉十几棵大树，刮坏部分农作物。

水灾

1949 年夏，连降大雨，坝河泄水不畅，造成沿岸村田受灾严重。

1950 年 7 月 4 日，降大雨，坝河水位猛涨，多次漫溢决口，河两岸大片农田被淹。

1952 年 7 月 21 日至 24 日，连降大雨，坝河河水漫溢。

1956 年 7 月下旬至 8 月上旬，连续的大雨天气，造成北京各大河流水位暴涨，永定河出现险情，造成太阳宫地域的部分农田受淹，部分房屋倒塌。

1963 年 8 月，大雨成灾。

1979 年 8 月 9 日至 16 日，连续降雨，其中 14 日、15 日降暴雨，西坝河村小桥被冲毁。

2012 年 7 月 21 日暴雨，受灾严重的地方有芍药居北里地下室、太阳宫村民房、牛王庙村民房、北京市第五建筑工程公司大院。

雹灾

1964年夏，发生雹灾。

1974年8月26日晚8时前后，开始有雷雨，并伴有大风和冰雹，降雹20多分钟，雹粒最大的如核桃，一般如枣，受灾严重。

1984年6月18日21时至19日2时，雷雨大风夹带冰雹，造成区域内受灾。8月25日傍晚，雷雨大风，乡域降雹15 ~ 25分钟，雹粒直径1 ~ 2厘米，受灾严重。

1987年5月2日午后，雷雨伴冰雹，降雹35分钟，造成蔬菜、小麦受灾。

1989年8月28日傍晚，太阳宫等乡降雹20分钟，雹粒最大直径4厘米，乡域受灾农田3000余亩，其中菜田1500亩。

1993年8月7日17时10分前后降冰雹，持续6 ~ 8分钟，冰雹粒直径约3 ~ 5厘米，造成部分粮田、菜田受灾。

地震灾害

1976年7月28日，唐山发生7.8级大地震后，北京地区持续遭到大雨和余震的袭击。太阳宫公社的社员群众害怕发生余震，不敢进屋居住，在室外搭建抗震棚作为临时居住之所。居住楼房的居民基本上都搬进抗震棚，平房住户有的在屋内支起抗震架，夜间睡在抗震架下，以防地震。

病虫灾害

1915年9月30日，京津一带蝗虫成群，连绵交飞，民众惊异。

1963年，玉米钻心虫害较为严重，太阳宫公社采取烧、蒸、煮、积肥等办法，控制灾害的发展，保证春晚玉米的增产。

进入21世纪以后，太阳宫地区的病虫害防治已由农业种养殖业转变为林地、绿地病虫害防控，其中美国白蛾是国际高危害性检疫害虫。2006年6月21日，地区在霄云路边的一株桑树上发现美国白蛾。截至第三代美国白蛾完结，域内共发生美国白蛾疫点40处，危害树木70株，涉及树种15种。在发现灾情后，域内迅速成立防治美国白蛾指挥部，组织防治，全面布网，及时出击，对受到危害的树木进行保护与防控，控制灾情的扩散，减轻灾害的损失，保证生态安全。

图2-1　对辖区内绿地实施统一打药（2009年5月28日摄）

第三章 人口

中华人民共和国成立以来，太阳宫乡人口的变化发展与经济社会变化发展同步。人口快速增长，人口素质不断提升，人口结构日益复杂多样，人口流动和迁移较为频繁。农业人口大量减少，非农业人口大幅增加，外来人口不断涌入。实行计划生育后，人口出生率得到控制，太阳宫乡（地区）多次被评为市、区“计划生育工作先进单位”。

第一节 人口数量

中华人民共和国成立前，太阳宫地域无详尽的人口统计。1956 年，成立光明社，地域有入社户 1659 户、7555 人，有个体农户 20 户、人口 95 人，合计有 1679 户、7650 人。20 世纪 60 年代初的三年经济困难时期，太阳宫公社的人口有所减少。此后，随着全国形势的好转和经济的发展，人口增长较快。1964 年，太阳宫公社有 2720 户、11450 人，4272 个劳动力。

20 世纪 80 年代以后，随着改革开放的不断深入和经济、文化、社会的不断发展，辖域内务工、经商的外来人口越来越多，人口数量和结构也不断发生变化。尤其是 90 年代以来，随着城市化进程的加快，太阳宫地区的城市人口基本上逐年增加，农村农业人口大量向非农业人口转换。

据 1990 年第四次全国人口普查，太阳宫乡有 4660 户、15977 人，其中少数民族 429 人。1992 年，太阳宫乡总人口 13815 人，其中本地人口 12112 人、外地人口 1703 人。本地人口中农业人口 6364 人，非农业人口 5748 人。1995 年，全乡有农民 1741 户、4061 人。

2000 年第五次全国人口普查初步汇总结果，太阳宫地区总人口为 5.73 万人，同 1990 年第四次全国人口普查的 1.6 万人相比，十年零四个月增加 4.13 万人，增长率为 258.82%。平均每年增加 0.4 万人，年平均增长率为 13.16%。地区共有家庭户 1.98 万户，家庭户人口为 4.97 万人，占总人口的 86.65%，平均每个家庭户的人口为 2.51 人，比 1990 年第四次全国人口普查的 2.88 人减少 0.37 人。

图 3-1 “五普”期间户口整顿工作宣传（2000 年 7 月 29 日摄）

图 3-2 普查员入户登记（2000 年 8 月 7 日摄）

2001 年，地区总人口 42836 人，其中常住人口 3981 户、11684 人，包括农民 1276 户、4080 人，居民 2705 户、7604 人。2002 年，结合北京市绿化隔离地区的实施，开发建设太阳宫新区使用建设用地，征用 98.05 公顷集体用地，太阳宫地区 1493 人农转非，到 2006 年完成全部转居转工工作。

2004 年，地区总户数 11790 户，总人口 26442 人，其中农业户 1192 户，农业人口 2733 人，乡镇从业人数 1894 人。2005 年，地区有乡镇常住户数 12907 户，其中乡村户数 1246 户，有乡镇常住人口 46845 人；乡村人口 2704 人，外来人口 35712 人。

2007 年，地区总人口 82323 人，其中常住人口 64453 人，流动人口 17870 人，分别占总人口的 78.3% 和 21.7%，总人口及常住人口规模以芍药居三社区最大，分别为 13282 人和 12432 人，分别占地区人口的 16.1%、19.3%；流动人口以惠忠庵社区最多，为 9000 人，占地区总流动人口的 50.4%。是年，全乡农转非 1400 人。

2008 年，地区有常住户 30807 户，其中户籍户 14952 户，外来户 15855 户；常住人口有 67156 人，其中户籍人口 32411 人，外来人口 34745 人。2009 年，地区有常住户数 31614 户，常住人口 70436 人，其中外来人口 21437 人；户籍人口 33818 人，其中农业户籍人口 1392 人。

2010 年，太阳宫地区完成第六次全国人口普查工作，根据第六次全国人口普查数据显示，地区人口 70367 人。2011 年，太阳宫地区常住户数 34934 户，常住人口 84645 人。2013 年，地区常住户数 41155 户，常住人口 97682 人。2015 年，地区常住户数 26487 户，常住人口 77660 人，其中外来人口 25427 人；户籍人口 52233 人，其中农业户籍人口 71 人。

表 3–1　**2000 年太阳宫地区人口分布统计表**

单位名称	户数（户）	人口（人）
太阳宫村	2800	7000
十字口村	4500	12000
牛王庙村	1700	4500
芍药一社区	1700	4300
芍药二社区	1000	2600
芍药居	1000	2700
十四号院家属院	700	2300
七九宿舍家属院	200	500
交通部家属院	1300	4600
住总家属院	800	2000
城建三家属院	1000	2800
长途保修厂家属院	600	1300
芍药居北里	2700	7000
西坝河北里	1300	3700
合计	21300	57300

表 3–2　**2007 年太阳宫地区人口总体分布情况统计表**

社区（村）	常住人口		流动人口		总人口	
	人口（人）	占全地区（%）	人口（人）	占全地区（%）	人口（人）	占全地区(%)
芍药居一社区	10670	16.6	519	2.9	11189	13.6
芍药居二社区	9513	14.8	758	4.2	10271	12.5
芍药居三社区	12432	19.3	850	4.8	13282	16.1
芍药居四社区	5492	8.5	590	3.3	6082	7.4
太阳宫社区	10758	16.7	320	1.8	11078	13.5
十字口社区	2839	4.4	70	0.4	2909	3.5
牛王庙社区	1653	2.6	288	1.6	1941	2.4
尚家楼社区	2082	3.2	70	0.4	2152	2.6
夏家园社区	5790	8.9	1700	9.5	7490	9.1
惠忠庵社区	1924	3.0	9000	50.4	10924	13.2

续表 3–2

社区（村）	常住人口		流动人口		总人口	
	人口（人）	占全地区（%）	人口（人）	占全地区（%）	人口（人）	占全地区(%）
十字口村	1013	1.6	205	1.1	1218	1.5
牛王庙村	287	0.4	3500	19.6	3787	4.6
合计	64453	100	17870	100	82323	100

表 3–3　**2009 年、2010 年太阳宫地区社区（村）户籍人口统计表**

社区名称	2009 年户籍情况		2010 年户籍情况	
	总户数（户）	总人口（人）	总户数（户）	总人口（人）
芍药居一社区	4500	11500	4500	11180
芍药居二社区	4834	11575	4834	10500
芍药居三社区	3874	9432	3874	9432
芍药居四社区	3690	9320	3702	9917
惠忠庵社区	797	1480	676	1480
太阳宫社区	4014	10490	4014	10490
十字口社区	1594	3276	1586	3276
夏家园社区	4539	7521	4589	7904
尚家楼社区	2929	4399	2929	4399
牛王庙社区	843	1443	802	1965
十字口村		1027		1027
牛王庙村		297		297
太阳宫村		18		18
合计	31614	71778	31506	71885

表 3–4　**2011—2015 年太阳宫地区人口统计表**

年份	常住户数(户）	常住人口(人）	外来人口(人）	户籍人口(人）	农业户籍人口（人）
2011	34934	84645	19547	39494	1399
2012	40771	96770	21833	42549	1404
2013	41155	97682	22627	45381	230
2014	40408	98171	20012	48324	102
2015	26487	77660	25427	52233	71

第二节 人口变动

常住人口

自然变动

人口自然变动是指人口出生和死亡所引起的人口数量的增减和人口年龄、性别构成变化的过程。例如1999年11月1日至2000年10月31日（普查时点前一年），全乡出生人口为232人，人口出生率为4.05‰；死亡人口为224人，人口死亡率为3.91‰；自然增加人口8人，人口自然增长率为0.14‰。

表3–5 **1956—1995年太阳宫地区户籍人口出生与死亡人数统计表**

单位：人

年份	出生人口	死亡人口	年份	出生人口	死亡人口
1956	314	—	1976	234	—
1957	280	—	1977	229	—
1958	269	—	1978	233	—
1959	239	—	1979	212	101
1960	248	—	1980	455	101
1961	216	—	1981	269	69
1962	307	—	1982	264	50
1963	419	—	1983	188	50
1964	363	—	1984	149	34
1965	294	—	1985	90	34
1966	299	—	1986	135	37
1967	372	—	1987	117	29
1968	378	—	1988	115	32
1969	369	—	1989	150	30
1970	342	—	1990	91	34
1971	311	—	1991	86	30
1972	311	—	1992	69	39
1973	271	—	1993	52	26
1974	233	—	1994	57	26
1975	260	—	1995	52	20

表 3-6　　**1996—2010 年太阳宫地区人口出生率与死亡率统计表**

年份	出生人口		死亡人口	
	人数（人）	出生率（‰）	人数（人）	死亡率（‰）
1996	100	5.9	52	5.4
1997	123	7.04	81	7.7
1998	88	4.08	71	6.3
1999	117	6.3	64	5.3
2000	108	5.53	131	9.2
2001	64	2.19	73	4.5
2002	107	5.77	78	4.3
2003	61	3.51	79	4.0
2004	145	5.4	76	2.8
2005	173	4.5	103	0.8
2006	216	9.3	98	1.4
2007	349	14.2	93	1.2
2008	287	8.1	101	1.4
2009	387	11.9	110	1.5
2010	365	9.6	156	2.1

机械变动

人口机械变动也称作人口迁移，是指人口在空间上的一切移动，包括改变定居地点的永久性移动和暂时的移动。1987 年 11 月，原属太阳宫乡的西坝河北里划归香河园街道，全乡总人口减少。1993 年 5 月，小关街道的芍药西街以东至望和铁路以西区域划归太阳宫乡，乡域总人口有所增加。

20 世纪 90 年代以后，随着城市化改造进程的加快，尤其是进入 21 世纪后，辖域内拆迁力度不断加大，地区整体转居，导致村民居住分散。此外，周边城区改造拆迁，涉及拆迁的居民在太阳宫地区购房、安置的情况突出。再次，一户多房、外地来京人员购买商品房现象逐渐增多，辖域内人户分离情况比较突出。调查结果显示，2007 年地区人户分离人员占常住人口的 58.8%，仅人在户不在的人数就已超过人户同在的人数。

流动人口

管理机构

太阳宫乡邻近城区，20世纪90年代以后，辖域内外来流动人口逐渐增多。1994年2月28日，太阳宫乡第十一届人民代表大会第一次会议通过《太阳宫乡政府关于禁止违章建房的规定》和《太阳宫乡政府关于加强外来人口管理的规定》。随后，太阳宫乡成立外来人口管理办公室，各村、居委会配备专兼职户籍员24名，经培训后上岗。

2001年，太阳宫地区以村、居（家）委会为核心建立7个外来人口管理站，设有协管员30人，并以派出所所长领导下的警长负责制为基础，各管理站站长由警区的警长担任，管界内外来人口的管理由各管片民警具体负责。2004年，地区建立出租房屋和流动人口服务管理工作领导小组，下设办公室，即太阳宫地区出租房屋和流动人口服务管理办公室（以下简称“流管办”）。流管办设在太阳宫派出所，同时建立1个办证大厅、9个基层工作站和1支70人组成的专职协管员队伍，形成网络化服务管理。

2007年，根据《北京市朝阳区人民政府办公室转发区教委等部门关于加强流动人口子女学校规范管理工作的意见》精神，成立由计生文教科、综治、城管、规划等相关部门组成的太阳宫乡政府民办流动人口子女学校规范管理领导小组，并将办公室设在计生文教科，做到分工明确，人员、职责落实到位。2010年，流管办设有40名专职流动人口管理员，流动人口服务站合并为7个，即芍药居一社区、芍药居二社区、芍药居四社区、夏家园社区、太阳宫社区、十字口社区、牛王庙社区，下设督查小组1个。截至2016年，流动人员管理部门和职能没有变化。

流动人口管理

1994年，太阳宫地区为辖域外来流动人口办理暂住证，办证率达80%；办理出租房屋许可证1530户次。对出租房屋户继续实行旅店式管理，对出租房屋挂上标志牌，凡有违反行为的，一律收回出租房屋许可证和标志牌，视情节轻重予以处罚。1998年，太阳宫地区对外来人口和出租房屋进行细致登记，到年底登记工作基本结束。登记个人出租房屋25731户、10006间；单位出租房屋22户、3984间，共计有外地来京租住人员12247人。初步掌握辖区的出租房屋和租住人员情况，为做好外来人口管理工作和房屋管理工作打下良好基础。

2003年，综治办规范办证程序，提高工作效率，重点人员的见面率、函调率、对比率达到100%。全年，办理暂住证18932个，通过办证抓获负案在逃人员4人。在“非典”期间开展“两登记一检查”工作，有力控制疫情扩散。开展摸底调查专项活动，调查出租（借）房屋2364户、10136间，登记外来人口20080人。2005年，太阳宫地区不断完善相关法律法规（《流动人口管理服务办公室职责任务》《入住人员规定》《办证须知》

等），全年办理暂住证36500余个，办证率达90%。建立分片、包户到人的工作责任制，建立出租房屋和流动人口各类信息工作台账，台账纳入计算机管理。是年，地区有流动人口近4万人，办理暂住证人口3万人，有近1万人的流动人口在地区工作但不在地区居住。流动人口主要来自东北地区及河南、安徽、四川、山东、江苏和江西等地，多分布在太阳宫村、十字口村、牛王庙村和太阳宫北村。

2007年开始，地区推出一系列政策应对流动人口子女学校规范管理问题。一是建立出租房屋管理制度。未经批准、备案擅自出租房屋用于办学和出租方未尽安全注意义务出现事故的，出租方与学校承担连带责任。村、居委会、集体企业不能将房屋用于举办未经批准的民办流动人口子女学校，一经查实，将对违法出租单位依法严厉查处。二是建立安全工作责任制。乡政府与村（居）委会、村（居）委会出租房屋者逐级签订安全责任书。明确各自的职责，确保安全工作不留死角。三是建立定期安全检查制度。由计生文教科带头，综治、城管负责流动人口子女学校出租房屋的管理，冬季取暖、消防、环境整治等安全的检查。上半年，由计生文教科牵头，综治、城管、太阳宫医院、地区的卫生监督员，对1所流动人口子女学校及4所幼儿园进行全面检查并解决发现的问题。全年办理借读批准书、借读证明300余份。对校园及周边各种安全隐患进行排查，对处在繁华地段的校园增加巡查频次，针对上、下学时间段安排专人进行盯守，对在学校门口兜售食品、文具的非法商贩进行查处，拆除私搭棚子和粉饰小广告。下半年，随着农村城市化改造进程的加快，大量的平房被拆迁，流动人口大量减少，大部分流动人口子女学校也陆续搬走。

2008年为“奥运年”，地区通过拆除违法建筑、清理地下空间、规范出租房屋等措施，使流动人口发生规模性转移，流动人口人数比2007年年底的48965人减少到23953人，减少48%。奥运安保期间，地区通过1个办证中心、7个专职管理工作站，40名流动人口管理员，形成政府直接领导、隶属关系明确、覆盖全地区的机构体系，对全地区3942户出租房屋和居住的来京人员进行登记，并同时与出租房屋户签订安全责任书，通过派出所信息平台，将地区内的流动人口和出租房屋全部纳入管理视线。成立地区“平安奥运行动”流动人口管理服务工作领导小组，制定工作方案和工作计划。

2009年是中华人民共和国成立60周年，为确保国庆期间的安全，全市流管系统在2008年流动人口基础调查的基础上，组织开展流动人口和出租房屋的基础调查。太阳宫地区迅速部署落实责任，成立基础调查工作领导小组，成员包括综治办、流管办、派出所、司法所、安监科、城管分队、规划科、计生办、劳动科、工商所等主管领导。小组制定《基础调查工作方案》，前后召开5次全地区工作部署会及会商会，按照“属地管理”和“谁主管谁负责”的原则，层层落实责任，认真做好发现、登记、录入、筛查、处置5个环节。全地区共清查出各类存在隐患的出租房屋11间，集中组织进行专项整治。年内，通过郊野公园拆迁、清理地下空间、规范出租房屋等措施，使流动人口发生规模性转移，由上年的 23953 人减少到 21725 人，减少 13.1%。

2010 年 7 月 15 日至 10 月 30 日，太阳宫地区分三个阶段开展流动人口和出租房屋基础信息“百日核查”专项工作，即以已采集登记流动人口和出租房屋信息台账为基础，深入开展核登、核准、核销、核全四项工作。与此同时，开展由公安和计生部门提供的 1508 条人员相关信息进行入户核实比对、补录工作，以及核查出租房屋信息中出租类别的工作，核实人、房信息近 4 万人次（户次），新采集流动人口和出租房屋信息 6500 人、281 户，办理暂住证近万人，录入员机上工作 71873 条。截至年底，地区居住流动人口 32704 人。其中，男性 18019 人，占 55.1%；女性 14685 人，占 44.9%。流动人口中农业户籍 24575 人，占 75%。主要来自 10 个省份：河北 6153 人，占 19%；河南 4729 人，占 15%；山东 2762 人，占 9%；黑龙江 1945 人，占 6%；安徽 1937 人，占 6%；四川 1699 人，占 5%；湖北 1404 人，占 4%；辽宁 1338 人，占 4%；山西 1256 人，占 3%；吉林 1120 人，占 3%。这些流动人口以青壮年为主，17 ~ 40 岁 25288 人，占 77%；初中学历 18383 人，占 56%；高中学历 6096 人，占 19%；大学以上学历 7430 人，占 23%。

2013 年，流动人口总人数 29756 人。其中，男性 15287 人，占 51.37%；女性 14469 人，占 48.63%。来源地千人以上的有 10 个省：河北 5471 人，河南 3902 人，山东 2378 人，黑龙江 1922 人，安徽 1725 人，山西 1487 人，四川 1261 人，湖北 1270 人，辽宁 1374 人，吉林 1016 人，其他省市 7950 人。出租房屋总户数 4583 户、19223 间、621706 平方米，其中平房 299 户、楼房 4120 户、地下空间 164 处。

2014 年，地区有流动人口 28122 人。其中，男性 14015 人，占 49.84%；女性 14107 人，占 50.16%。出租房屋总户数 4491 户，总间数 10820 间，其中平房 254 户、楼房 4095 户、地下空间 142 处，主要分布在芍药居社区、夏家园社区和太阳宫社区，这些地区大部分住户是回迁户，有六七成房主将空置房屋出租，造成地区流动人口和出租房屋较多的现象。地区共有 7 个流动人口和出租房屋服务管理站，40 名协管员，分别设立在派出所和社区警务工作站。成立太阳宫地区流动人口子女读书社，开展流动人口子女读书活动，请专业老师对流动人口进行电脑知识培训，提高流动人口就业技能。2016 年年底，地区有流动人口 23965 人，全部实行动态管理。同时加大对地下空间的检查监管力度，规范地下空间使用，通过检查整改提高地下空间的安全系数。

表 3–7

2008 年太阳宫地区流动人口基本情况统计表

类别		人口（人）
性别	男	22338
	女	13956
年龄结构	16 岁以下	357
	17 ~ 40 岁	28692
	41 ~ 59 岁	6687
	60 岁以上	558
文化程度	文盲	21
	小学	792
	初中	25499
	高中以上	9982
就业情况	工业	475
	农业	95
	建筑业	6331
	商业服务	25121
	其他	1837
	无业	2435
合计		36294

表 3–8

2008 年流动人口来源地情况统计表

单位：人

省份	河北	河南	安徽	四川	重庆	甘肃	青海	江西	广西	山西
人数	7401	5693	2213	1936	505	701	77	547	189	837
省份	福建	海南	天津	辽宁	黑龙江	内蒙古	新疆	浙江	江苏	山东
人数	567	56	423	1246	2103	1138	147	426	1335	2952
省份	陕西	湖北	湖南	西藏	上海	广东	宁夏	云南	贵州	吉林
人数	1043	1694	831	1	102	465	82	207	201	1180

表 3–9

1996—2010 年太阳宫地区流动人口情况选年统计表

单位：人

年份	流动人口	性别		办理暂住证
		男	女	
1996 年	18369	11021	7348	16532
2000 年	23495	15345	8150	20122
2005 年	32029	19002	13027	30587
2006 年	37361	23036	14325	32146

续表 3-9

年份	流动人口	性别		办理暂住证
		男	女	
2007 年	42715	25626	17089	37919
2008 年	46151	28165	17986	36294
2009 年	29609	17262	12347	28676
2010 年	32253	17581	14672	29208

表 3-10 **2013 年太阳宫地区流动人口社区分布情况统计表**

单位：人

社区	流动人口	所占比例
芍药居一社区	3861	12.98%
芍药居二社区	4645	15.61%
芍药居三社区	2887	9.7%
芍药居四社区	2863	9.62%
尚家楼社区	1825	6.13%
太阳宫社区	4503	15.13%
十字口社区	2317	7.79%
牛王庙社区	2975	10%
惠忠庵社区	672	2.26%
夏家园社区	3208	10.78%

表 3-11 **2013 年太阳宫地区流动人口年龄结构情况统计表**

单位：人

年龄	流动人口	所占比例
6 岁以下	46	0.15%
6 ~ 16 岁	177	0.59%
16 ~ 18 岁	321	1.08%
18 ~ 35 岁	17097	57.46%
35 ~ 50 岁	8446	28.38%
50 ~ 60 岁	1760	5.91%
60 ~ 80 岁	1839	6.18%
80 岁以上	70	0.24%

表 3–12　**2013 年太阳宫地区流动人口受教育程度情况统计表**

单位：人

学历	流动人口	所占比例
不识字	92	0.31%
小学	562	1.89%
初中	14301	48.06%
高中	5224	17.56%
大学专科	4246	14.27%
大学本科	4627	15.55%
研究生	704	2.37%

表 3–13　**2013 年太阳宫地区流动人口从业类型情况统计表**

单位：人

行业类型	从业人数	所占比例
批发和零售业	5780	26.72%
住宿和餐饮业	4524	17.83%
居民服务、修理和其他服务业	4408	17.37%
信息传播、软件和信息技术服务业	2083	8.21%
建筑业	1197	4.72%
文化、体育和娱乐业	994	3.92%
房地产业	923	3.64%
金融业	725	2.86%
租赁和商务服务业	559	2.2%
交通运输、仓储和邮政业	572	2.25%
制造业	594	2.34%
科学研究和技术服务业	686	2.7%
教育业	511	2.01%
卫生和社会工作	270	1.06%
电力、热力、燃气及水生产和供应业	173	0.68%
公共管理、社会保障和社会组织	83	0.33%
水利、环境和公共设施管理业	124	0.49%
采矿业	109	0.43%
农林畜牧渔业	54	0.21%
合计	25370	100%

第三节 人口构成

性别构成

2000年全国第五次人口普查，全乡男性人口为3.15万人，占总人口的55.03%；女性为2.58万人，占总人口的44.97%。性别比（以女性为100）为122.35。

2010年第六次全国人口普查中，太阳宫地区男性为36219人，男性人口占总人口的51.5%，女性人口占总人口的48.5%。

年龄构成

2000年，全国第五次人口普查中，太阳宫地区0～14岁人口为0.64万人，占总人口的11.21%；15～64岁人口为4.85万人，占人口的84.62%；65岁以上的人口为0.24万人，占总人口的4.17%。与1990年第四次全国人口普查相比，0～14岁人口的比重下降7.41个百分点，65岁以上人口的比重上升0.1个百分点。

2001年，太阳宫地区有0～6岁儿童860人，其中0～3岁的儿童460人。2002年，0～6岁儿童有900人，其中0～3岁的400人。2003年，有0～6岁的儿童1061人，其中0～3岁的548人，有7～18岁的未成年人2039人。

2003年，太阳宫地区60岁以上老人2191人，其中男1102人、女1089人，85岁以上老人82人。2004年，地区有60～84岁老年人2194人，其中男1027人、女1167人；85岁以上老人146人，其中男61人、女85人。2005年，地区有60岁以上老人4878人。其中，60～70岁老人有2888人，71～84岁老人有1828人，85岁以上老人有162人（其中百岁老人2人）。

2007年，太阳宫地区有60岁以上老人5830人。其中，60～69岁老人3092人，70～79岁老人2138人，80～84岁老人382人，85～99岁老人217人，100岁以上老人1人。2008年，有60岁以上老人5437人。其中，85岁以上老人240人，90岁以上老人56人。2009年60岁以上老人5703人。2010年，全国第六次人口普查数据显示，太阳宫地区人口中，0～14岁人口4863人，15～64岁人口59907人，65岁以上5597人。

民族构成

太阳宫地域自古以来就以汉族为主。清朝建立后，境内的满族人增多，多是由山海关外迁居于此，聚集生活。此外，因境内分布有王公贵族、皇子公主的坟墓，所以有不少看坟户以此为生，而看坟户中更是以满族人居多。

中华民国时期，太阳宫一带活动的少数民族主要有满族、蒙古族、回族、朝鲜族等，仍以满族人口居多。中华人民共和国成立后，太阳宫地域内的少数民族人口不断增多。二十世纪五六十年代，境内有部分满族人口更改为汉族，20 世纪 90 年代前后，有些人又恢复为满族。少数民族风俗习惯与汉族不同，但 80 年代以来多已趋同。辖域内汉族与少数民族融合聚居，和睦相处。

据 1990 年第四次全国人口普查统计，太阳宫乡有少数民族 429 人。2000 年第五次全国人口普查中，太阳宫地区总人口为 5.74 万人。其中，汉族人口 5.48 万人，占总人口的 95.52%；少数民族人口 0.26 万人，占总人口的 4.48%。与 1990 年相比，汉族人口增加 3.92 万人，增长 252.21%；少数民族人口增加 0.21 万人，增长 498.60%。

第五次全国人口普查未详细统计各少数民族人数，各少数民族总人口为 2600 人。2007 年，太阳宫地区共有少数民族 21 个、1594 人。2009 年，地区总户数 14751 户、户籍人口 31736 人，少数民族 1753 人。2010 年第六次全国人口普查，地区共有满族 1018 人、回族 575 人、蒙古族 220 人、朝鲜族 146 人。

表 3–14　**2011 年太阳宫地区民族构成情况统计表**

单位：人

民族	人数	民族	人数
汉族	33382	土家族	34
蒙古族	195	哈萨克族	1
回族	591	傣族	1
藏族	4	黎族	2
维吾尔族	1	傈僳族	3
苗族	21	畲族	3
彝族	6	拉祜族	1
壮族	22	水族	1
布依族	1	达斡尔族	5
朝鲜族	48	仡佬族	1
满族	1048	锡伯族	11
侗族	23	鄂温克族	1
瑶族	4	其他（穿青人）	1
白族	17		

文化构成

据 1990 年第四次全国人口普查统计，太阳宫乡总人口 15977 人中，青壮年人口 9476 人，15 岁以上文盲 1021 人，青壮年文盲 87 人，外地流动人口文盲 62 人，丧失学习能力的 21 人，有学习能力的 4 人，脱盲 4 人，超龄文盲 934 人。

2000年，太阳宫地区6周岁及以上人口中，接受大学（指大专以上）教育的0.94万人，占17.01%；接受高中（含中专、职高等）教育的1.34万人，占24.36%；接受初中教育的2.28万人，占41.51%；接受小学教育的0.81万人，占14.77%（以上各种受教育程度的人包括各类学校的毕业生、肄业生和在校生）。与1990年第四次全国人口普查相比，每万人中拥有各种受教育程度的人数有如下变化：受过大学教育的由252人上升为1631人；受过高中教育的由1637人上升为2335人；受过初中教育的由4286人下降为3980人；受过小学教育的由2417人下降为1417人。地区人口中，文盲人口（指15周岁及15周岁以上不识字或识字很少的人）为0.11万人，与1990年第四次全国人口普查相比，文盲率由7.85%下降为2.21%，下降5.64个百分点。

2010年，第六次全国人口普查时，地区小学学历人员有4363人，初中学历有16919人，高中及中专学历有15599人，大专及以上学历有30338人。

行业构成

20世纪70年代中期以前，太阳宫公社以农业种植为主，人们从事的多是粮食生产、蔬菜种植和水产养殖，尤其以特类菜生产基地的第一产业为主。改革开放以来，太阳宫乡大力发展工业，地区经济逐步转向以工业加工业和养殖加工业为主的第二产业，在社办工业、村办工业公司中就业的人数日渐增多，从事的主要是加工业和建筑业。

20世纪90年代以后，随着城市化进程的不断推进，地区产业结构进入到以商饮、服务业为龙头、第二产业与第三产业共同发展的阶段，多样化的二、三产业蓬勃发展起来。与此同时，从事第一产业的劳动力逐渐减少。2005年，太阳宫地区乡镇从业人数有1880人，其中从事第二产业的176人，包括从事工业的158人、从事建筑业的18人；从事第三产业的1704人，包括从事批发与零售业的286人、从事住宿和餐饮业的440人、从事房地产业的9人、卫生社会保障与福利业的12人，以及其他行业的957人。

2008年，乡镇从业人数有6785人，其中从事第一产业林业工作的80人，从事第二产业建筑业工作的96人，从事第三产业的6609人，包括批发与零售业2480人、住宿和餐饮业2221人、房地产业21人、居民服务和其他服务业110人、卫生社保与福利业8人，其他行业1769人。乡镇外来从业人数481人，均从事第三产业。2009年，乡镇从业人数有19918人，从事第二产业的969人，从事第三产业的18949人，其中从事交通运输、仓储及邮政业668人，信息传输、计算机服务与软件业818人，批发与零售业4719人，住宿和餐饮业1734人，租赁和商务服务业5536人，居民服务和其他服务业585人，其他行业的4889人。乡镇外来从业人数6567人，其中第二产业的187人、第三产业的6380人。

2012年，乡镇从业人数28906人。其中，从事第二产业的915人，包括从事工业的295人；从事第三产业的27991人，包括从事交通运输、仓储及邮政业的960人，信息传输、计算机服务与软件业的 1839 人，批发与零售业的 6337 人，住宿和餐饮业的 2534 人，租赁和商务服务业的 1885 人，居民服务和其他服务业的 372 人，其他行业的 14064 人。2014 年，乡镇从业人数 34658 人。无人从事第一产业；从事第二产业的 1013 人，其中从事工业行业的 314 人；从事第三产业的 33645 人。外来从业人数有 8871 人，从事第二产业的 180 人，从事第三产业的 8691 人。

表 3–15 **2007—2014 年太阳宫地区从业类型情况统计表** 单位：人

项目		2007 年	2008 年	2009 年	2011 年	2012 年	2013 年	2014 年
乡镇从业人数		1541	6785	19918	20418	28906	31796	34658
第一产业	小计	0	80	0	0	0	—	0
第二产业	小计	429	96	969	871	915	—	1013
	工业	338	0	—	281	295	—	314
	建筑业	91	96	—	—	—	—	—
第三产业	小计	1112	6609	18949	19547	27991	—	33645
	交通运输、仓储及邮政业	0	0	668	835	960	—	—
	信息传输、计算机服务与软件业	0	0	818	1471	1839	—	—
	批发与零售业	759	2480	4719	3842	6337	—	—
	住宿和餐饮业	247	2221	1734	1604	2534	—	—
	租赁和商务服务业	0	0	5536	1265	1885	—	—
	居民服务和其他服务业	106	110	585	248	372	—	—
	房地产业	0	21	0	0	0	—	—
	卫生社会保障与福利业	0	0	0	0	0	—	—
	其他行业	0	0	4889	10282	14064	—	—
外来从业人数	小计	509	481	6567	—	—	—	8871
	从事第二产业	0	0	187	—	—	—	180
	从事第三产业	509	481	6380	—	—	—	8691

劳动力

2002 年，太阳宫地区有农业劳动力 1721 人。其中，男性 722 人，女性 999 人，16 ~ 40 岁的劳动力 1038 人，40 岁以上劳动力 683 人，高中及以上水平 326 人，有技能证书者 240 人。2004 年，地区有农村劳动力总数 1685 人。按就业状态划分：就业人员 1634 人，富余劳动力 51 人；按性别划分：男 782 人，女 903 人；按学历划分：初中及以下 958 人，高中及同等学力 489 人，大专及以上 238 人（包括在读），其中参加过技能培训并取得相应证书的有 275 人。

2005 年 7 月，地区有劳动力 1841 人。其中，男性 882 人，女性 959 人；年龄在 20 岁以下的 162 人，21 ~ 35 岁的 718 人，36 ~ 45 岁的 503 人，45 ~ 55 岁的 407 人，55 岁以上有 51 人；文化程度在小学以下的 64 人，初中学历的 1068 人，高中及同等学力的 416 人，大专以上学历的 293 人。到同年底，有农村劳动力 2169 人。其中，就业人数 2151 人，在农村企业就业的有 1069 人。

2008 年，地区有农村户 2538 户，农村人口 6599 人，其中劳动力有 5873 人。2010 年，地区有劳动力 2032 人。

表 3–16　**1996—2010 年太阳宫地区农业人口、劳动力基本情况选年统计表**　单位：人

年份	农业人口		劳动力人口	
	人数	增长率	人数	增长率
1996 年	4061		542	
2000 年	6564	61.6%	1866	244%
2005 年	2698	–58.9%	2179	16.7%
2010 年	1324	–50.9%	2032	–6.7%

第四节　计划生育

管理机构

乡级机构

20 世纪 60 年代中后期，国家开始号召计划生育。太阳宫公社当时尚未设立计划生育工作机构，计生工作主要由公社和各生产大队妇女干部兼管。1980 年，中共中央发出《关于控制我国人口增长问题致全体共产党员、共青团员的公开信》，号召党团员带头执行新的计划生育政策。公社响应中共中央的号召，设立计划生育办公室（以下简称“计生办”），负责全公社的计划生育工作，制定并落实全公社人口发展计划。1983 年太阳宫乡政府成立后，计生办更趋正规化，配备专职干部，称作“计生专干”。随后又成立乡计生协会，下设联络组、宣传组、技术组等职能组。2002 年，计生办与文教科两科室合并，称计生文教科。2012 年，计划生育工作并入科教文体办公室（公共卫生科和计划生育办公室）。

村级机构

1985年，太阳宫乡建立村级计生领导小组15个，宣传小组13个，并落实每20户一名宣传员，全乡有宣传员109名。1989年，各村“两委”成员、村民小组及计生人员被乡党政企列入干部管理范围；乡属企业皆设计生专干，基层都设有宣传员。全乡有计生专干43名，宣传员11名。1992年，全乡4个村委会均建立计划生育协会组织，第四季度又有3个乡直属企业成立计生协会支会，全乡新发展会员361人。3个村的计划生育支会都建立计划生育展室。1993年，计生协会组织落实率达100%，会员发展落实率占全乡总人口的10%，乡、村两级协会都制定规章制度，落实工作职责。

2002年，太阳宫地区有51名计划生育专干，355名计划生育宣传员。2003年，将文化素质高、责任心强的年轻干部安排在计生工作岗位上，8名干部具有大专以上学历，平均年龄40岁。同时对基层计划生育宣传员进行充实和调整，调整和新发展宣传员254名，新发展协会会员736名，基层队伍的整体水平和素质得到明显提高。2007年，太阳宫乡对计生宣传员队伍进行调整与补充。自开展计划生育工作以来，太阳宫地区通过组织培训学习、知识测验、知识竞赛等活动，提高计划生育干部及协管员素质，提升管理与服务水平。2016年，乡机关设有科教文体办，社区（村）设有计生专干，并按社区和人口分布设计生宣传员。全乡计生工作机构健全，各机构、人员责任和管理落实到位。

政策与措施

1982年9月，党的十二大确定“实行计划生育，是我国的一项基本国策”。新修改的《中华人民共和国宪法》也将计划生育列入夫妻双方实行的义务，从法制层面执行计划生育工作。太阳宫公社认真贯彻国家有关计划生育的方针政策，把计划生育列入重要议事日程。

1985年、1989年，太阳宫乡根据上级文件指示，修改、补充、制定新的计划生育规定。

20世纪90年代后，乡党委、乡政府坚持“三不变”，落实“三为主”，实行“三结合”，并提出“两个转变”。“三不变”，即现行计划生育政策不变，既定的人口控制目标不变，党政一把手亲自抓、负总责不变；“三为主”，即以宣传教育为主、避孕为主、经常性工作为主；“三结合”，即把计划生育工作与发展经济、帮助农民勤劳致富奔小康、建设文明幸福家庭相结合为主；“两个转变”，指实现计划生育工作思路和工作方法的两个转变，即由孤立地就计划生育抓计划生育向与经济社会发展紧密结合，采取综合措施解决人口问题转变；由以社会制约为主向逐步建立利益导向和社会制约相结合，宣传教育、综合服务、科学管理相统一的机制转变。

1992年，开展计划生育好家庭评比活动，评出计划生育好家庭416户；乡党委拿出2553.3元，用于表彰先进集体和百分赛及经济合同的兑现；宣传落实乡计划生育管理规定，举办计生干部及部分宣传员培训班 1 次；开展计划生育宣传月活动 2 次；计生办与乡团委联合举办晚婚晚育讲座 1 次。

1993 年，太阳宫乡拿出 62200 元用于表彰计划生育先进集体、百分赛及经济合同兑现。其中，用于表彰两个计划生育先进集体 200 元，用于包括计划生育在内的百分赛兑现 12000 元，用于村委会包括计划生育在内的经济承包合同兑现 5 万元。

进入 21 世纪以来，经济、社会和文化不断发展，人口和计划生育作为国策，始终被列为地区工委、办事处的重要工作，在加大各种形式的计生宣传教育之外，普及计划生育相关条例与政策、育龄妇女健康维护知识及安全合理避孕的措施。

2002 年，计生办与太阳宫医院共同为全地区特困、残疾、因病致贫的独生子女家庭共 41 户办理医疗救助卡，可享受医疗费 5% ~ 15% 的优惠。

2004 年 5 月 27 日，太阳宫地区召开“独生子女父母一次性奖励发放现场会”，辖区内首批 25 名独生子女家长享受到此项奖励，奖励金额达 25000 元。同年，地区开始从单一的计划生育延伸到人口和计划生育进行探索，以开展“婚育新风进万家”活动为工作主线，按照“依法管理、村（居）民自治、优质服务、政策推动、综合治理”的二十字方针，探索计划生育综合改革的新路子。

2006 年，地区为 12 名独生子女父母发放一次性奖励费 12000 元，一次性经济帮助 2 名独生子女、金额 20000 元，为 627 名无业人员发放独生子女费 33390 元，为群众落实奖励政策率达 100%。积极落实朝阳区计生委基层计划生育干部补贴制度。

2007 年，地区成立由地区工委书记、办事处主任为组长，其他班子成员、派出所所长、社区卫生服务中心院长任副组长，机关各科室负责人为成员的太阳宫地区人口和计划生育工作领导小组，定期学习人口和计划生育有关法律法规及政策，定期对辖区人口和计生工作进行分析，并及时听取工作汇报。各社区、村、辖区单位始终坚持计划生育一把手负责制，配备专兼职人员具体负责计划生育工作。地区坚持避孕药具免费“五进”活动，即避孕药具免费进社区、进农村、进企业、进工地、进大专院校。2009 年，全年发放避孕用具 26000 余盒、口服和外用避孕药品 293 盒。2010 年，太阳宫地区深入推进出生缺陷干预工程，以“预防出生缺陷，生育健康宝宝”为主题开展准妈妈咨询会，科学合理服用叶酸，预防出生缺陷，生育健康宝宝。同年，地区办事处和各基层单位分别成立党政一把手为双组长的人口计生领导小组，构建各类组织体系，定期听取人口计生工作专题汇报，为做好人口和计生工作提供组织保障。

2012 年，全面推进诚信计生工作，建立政府诚信、群众守信、村（居）民互信的“双向承诺，充分自愿，依法自治”的诚信计生模式。开展“请农民兄弟姐妹评计生”“请流动人口评计生”“下评上”的“三评”活动，广泛收集、听取群众的意见和建议，并聘请

46名特约监查员、人大代表、群众代表组成的计生行风监督员，负责监督各项计生服务，反映群众意见和建议。

2014年，太阳宫地区全面落实各项计生家庭奖励扶助政策，伤残扶助新进入3人，年审符合48人，年内累计符合发放51人，特别扶助新进入4人，年审符合32人，累计发放36人，符合独生子女政策领取独生子女父母奖励费的有1182人次，金额35250元。2016年，推进全面二孩政策稳妥扎实有序进行。随着政策的调整，及时参加区卫计委的培训，同时对社区计生专干进行业务培训，做到计生政策解读清楚，执行到位。

宣传教育

20世纪80年代，太阳宫乡贯彻国家有关计划生育的方针政策，把计划生育列入重要议事日程。每年元旦、春节期间均要开展较大规模的宣传活动，建立固定的宣传橱窗，定期更换橱窗内容，并利用广播进行宣传教育。

20世纪90年代以来，太阳宫乡通过召开计划生育干部会、在宣传栏张贴宣传海报等形式，加强基层单位计生工作的宣传与教育、管理与服务能力。2001年，太阳宫地区开展“处级领导干部计划生育知识答卷”活动，向乡级和各基层单位领导发放《朝阳区人口与计划生育知识领导读本》。在区计生委代订《婚育》杂志的基础上，为16个村（居）委会订阅《中国人口报》和《人生》杂志，通过各种形式，加大宣传效果。

2002年9月，《中华人民共和国人口与计划生育法》颁布实施，标志着中国的人口与计划生育工作进入法制化管理的轨道。太阳宫地区积极组织宣传，使人们知法、懂法、守法。计生办专门组织地区计生专干及各单位计划生育主管干部学习，规范执法行为，提高依法行政水平。2004年，在计生办成立24周年之际，举办“汇聚善款、回报母爱——幸福工程募捐箱活动”，将“预防艾滋病、健康你我他”“普及预防艾滋病知识”的问卷发放到地区所有的社区干部、计划生育宣传员、协会会员，将2680元捐款上交到区计划生育协会，并在3个村委会和14个居委会分别建立地区人口学校分校，让宣传品和宣传材料进村入户。同年，太阳宫地区被评为北京市人口与计划生育工作先进单位，牛王庙村委会被评为朝阳区人口与计划生育工作十佳村，十字口社区居委会等4个单位获得朝阳区人口与计划生育工作先进单位，李玉梅等12人分别获得市、区计划生育先进个人称号。

2006年12月，中共中央和国务院发布《关于全面加强人口和计划生育工作统筹解决人口问题的决定》（以下简称《决定》），太阳宫地区积极响应号召，组织深入学习、宣传、贯彻《决定》精神和《朝阳区落实两个“决定”实施意见》。利用节假日和纪念日，以多种形式，开展“婚育新风进万家”活动。年内以“5·29”计生协会活动日、“7·11”世界人口日、“9·1”人口法宣传日、“10·28”男性健康日、“12·4”法制宣传日为契机，深入开展品牌和特色服务宣传教育，从抓青少年青春期教育、预防艾滋病知识入手，不断加大人口和计划生育的宣传力度。全年为981名育龄妇女免费进行健康检查，开展生殖健康知识讲座6次，对地区妇女“五期”保健宣传教育覆盖面达100%，群众科普知识知晓率达90%以上。计划生育协会在计划生育的宣传教育方面起到积极作用。在社区开展青春期健康教育，帮助青少年安全度过青春期，引导他们自尊、自重、自爱，树立健康向上的人生观、价值观，并以社区为载体，加强校外青少年和家长的教育，为青少年健康成长创造良好的家庭和社会环境。认真做好贫困、残疾独生子女家庭的帮扶工作。年内受益人数达3520人。

2007年，开展“五个一”和“一个二”活动，即一次理论中心组学习、一次辅导讲座、一次知识答卷、一次知识竞赛、一次大型宣传活动，二次大型宣传。1月，地区理论中心组认真学习国务院《决定》；3月，在地区计生宣传员培训班上，下发知识问题，并组织学习；5月和9月，分别在莱太花卉中心和太阳宫公园开展《决定》的大型宣传活动；8月，举办地区“迎奥运、争标兵、学《决定》”知识测试；举办“迎奥运、学《决定》、普法规、建和谐”知识竞赛；10月，举办“迎奥运，再学《决定》掀高潮暨《决定》辅导讲座”。各社区、村、各单位以各种形式组织学习、宣传活动，发放宣传材料4000余份，悬挂横幅17条，制作宣传展板56块，出动辖区秧歌队120余人次，全年受普及教育群众达5000人次。同年，计生协会在母亲节与父亲节期间，开展“感恩的心——庆祝母亲节家园会”“真情无限，母爱无边”捐助活动以及“亲子插花”活动。在5月29日乡计生协会日到来之际，开展以“为了救助困难群体，奉献您的一份爱心”为主题的宣传和咨询活动，开展“幸福工程——救助贫困母亲”“生育关怀，亲情无限”的慰问及捐赠等系列活动。在“7·11”世界人口日之际，各社区、村、企事业单位结合各自实际，分别制定“7·11”世界人口日、“关爱女孩”活动方案，组织文艺会演，举办知识讲座。在“9·25”计生干部慰问日之际，开展生育关怀行动，对地区的10户独生子女病残家庭实施生育关怀，送去慰问金5000元，地区领导慰问辖区计生干部、计生宣传员、贫困家庭总计411人，投入资金8万余元。开展相关主题的征文活动，收到稿件90余篇。

2009年，以宣传人口和计划生育法律法规和政策，倡导“婚育文明，构建和谐地区”为目的，深入学习，注重宣教，营造地区良好人口环境，有重点、分层次、深入开展多种形式的学习宣传教育活动。全年投稿32篇，被《北京日报》《朝阳报》等媒体采编录用的有10余篇。全年举办宣教培训班13场次，发放宣传材料36000余份，悬挂横幅40余条，受教育群众达32000余人次。2011年，在“太阳宫第二届文化艺术节”系列活动中，将婚育新风进万家、关爱女孩、流动人口、生育关怀等内容纳入文化节活动中；在第22个世界人口日之际，举办“文明你我他 和谐太阳宫”暨纪念“7·11”世界人口日文艺演出，区人口计生委、地区办事处相关领导及计生干部、居民代表、宣传员、流动人口100

余人参加活动。全年举办各类宣教培训 29 场次，发放宣传材料 18000 余份、悬挂横幅 30 余条、制作宣传展板 40 余块，受教育群众达 27000 余人次。全年在各大报刊、网站刊登稿件 64 篇。

2015 年，利用“5・29”乡计生协会纪念日、“9・25”公开信发表 35 周年、“12・4”法制宣传日等节点，宣传“单独二孩”、免费孕前优生、免费儿童计划免疫、免费生育后期关爱等政策法规，宣传活动发放宣传折页 1000 余份、扑克牌 400 副、红十字购物袋 50 只，发放避孕药具 10 箱，受宣人数达 1500 余人。2016 年，利用“5・29”计生协会纪念日、“7・11”世界人口日等宣传日节点，组织社区专干、计划生育计生协会会员，开展“关心女性幸福，关爱妇幼健康”为主题的纪念活动。宣传活动发放宣传折页 800 余份、发放避孕药具 7 箱，受宣人数达 1500 余人。增设芍药居三社区小广场宣传橱窗，提高宣传的持续性。及时更换夏家园、芍药居三社区宣传橱窗的内容，提高社区居民对新的计划生育政策的知晓率。

流动人口计划生育管理

20 世纪 90 年代后期，地区将辖域内流动人口育龄人群纳入地区 9 个流动人口管理站的 65 名流动人口协管员工作内容之中，为流动已婚育龄人群提供“六免费，三送服务”，即免费办证、免费验证、免费领取避孕药具、免费宣传、免费孕检、免费法律咨询，送宣传、送药具、送技术服务上门。同时按照流动人口不同人群，开展特色活动、暖人心活动。

2001 年，开展外来人口计划生育执法月活动。2004 年 9 月 22 日，开展“计划生育服务进社区‘一站三箱’启动仪式”。通过宣传，帮助流动人口了解国策，提高他们的认识，自觉约束自己的生育行为。同年，地区流动人口计划生育率为 100%。

2005 年，认真落实现居住地管理，做好辖区内育龄妇女建卡工作，建卡率达 98%，流动人口育龄妇女达 90% 以上。针对流动人口育龄妇女孕检难的问题，地区采取多种形式进行孕检，地区流动人口育龄妇女孕检率达 90%，为流动人口办理《婚育指南》，持证率达 92%，验证率 96%。同年，地区流动人口计划生育率为 100%。2006 年，加强规范管理，加强人口与育龄妇女信息系统（WIS）的管理与维护，及时掌握地区育龄妇女的迁出迁入情况，做好建卡、撤卡的一系列工作。加强流动人口的管理与服务，把流动人口管理纳入经常性工作范围，实行“属地化管理、市民化服务”。

2009 年 4 月，在莱太花卉市场成立流动人口计划生育协会，协助地区计生部门为流动人口提供生育、生产和生活各方面服务。2010 年，携手将台、来广营、望京街道举办“太阳宫人户分离计生工作集体委托签字仪式”，开启街乡共创计生管理新模式。9 月，在夏家园社区和芍药居二社区分别成立流动人口计生协会。

2011 年，地区制定《太阳宫地区人户分离人员计划生育工作实施意见》，加强对辖区人户分离人员的服务与管理。全年孕检659人，孕检率86%；享受区免费孕检371人，区免费孕检率87%。组织2次育龄妇女集体孕检，共180人。

2015年，全年办理流动人口生育服务联系单244份，为流动人口提供免费孕检，免费孕检一次性服务人群50人，并及时对辖区流出人口进行建档登记，提高流出人口婚育证明电子化水平。使流动人口享受到均等服务，围绕流动人口在辖区内享受基本计划生育技术服务，开展均等化工作。

图3-3 计生文教科在向过往行人发放宣传材料（2015年9月25日摄）

计划生育服务

1980年，太阳宫公社出生455人，其中计划内生育423人，包括一胎299人、二胎124人。当年结婚404对。其中，男初婚390人，晚婚数191人，晚婚率达49%；女初婚391人，晚婚324人，晚婚率为82.9%。

1982年，太阳宫公社总人口为8188人，全年出生264人，计划生育率、一胎率均为95.07%，出生率为32.24‰，死亡50人，死亡率为6‰，自然增长率为26.24‰。全公社育龄妇女1513人，有一个孩子的育龄妇女713人，领取独生子女证709人，领证率为98%。

1984年，太阳宫乡总人口为7819人，出生149人，出生率为19.1‰，死亡33人，死亡率为4.2‰，自然增长率为14.9‰。全年计划生育率和一胎率均为98%。女初婚168人，女晚婚90人，女晚婚率达53.6%，晚育率为92%。

1989年，全乡有人口17225人，出生150人。登记结婚147对，其中女初婚143人、男初婚140人。综合长效率84%，一胎长效率77.9%，被朝阳区评为“计划生育先进型单位”。

1992年，全乡育龄妇女1990人。出生67胎、69个孩子，计划生育率100%，一胎晚育率74.2%。各级组织落实率100%，季度查体率100%。当年，太阳宫乡被朝阳区命名为“计划生育工作榜样型乡”。1994年，计划生育率为98.2%，晚育率为67%，一胎长效率为83%。1997年，全乡计划生育实现二级达标。

2001年，太阳宫地区人口自然增长率为1.17‰，计划生育率达到100%，一胎长效率达到78.5%，晚育率为95%，乡级财政投入达到21万元，被评为“区级计划生育合格单位”，有7个单位、12人次分别获得2001年度市、区级“计划生育先进单位”和“先进个人”称号。

2004年，地区3个村、14个社区居委会，6个乡直属企事业单位，8个中央市区属单位，计划生育率均为100%。有育龄妇女7421人，已婚育龄妇女4042人，避孕方法知情选择率为100%，出生92人。

2005年，地区有育龄妇女8866人，已婚育龄妇女5349人，未婚育龄妇女3443人，离丧74人，出生213人，避孕方法知情选择率为100%，计划生育率为100%。地区认真落实居住管理，户籍育龄妇女建卡率达100%，人在户不在育龄妇女166人，建卡率达98%以上，流动人口育龄妇女达90%以上。

2007年，地区有育龄妇女11595人。其中，本市育龄妇女9615人，占常住人口的14.9%；流动人口育龄妇女1980人。有独生子女家庭6319户。“生育关怀”独生子女特困家庭70户，其中空巢1户、特困40户、单亲13户、病残16户。新生儿出生290人，性别比为104（女=100），计划生育率98.8%。

2009年，地区有育龄妇女11133人，其中已婚7135人，全年上报出生369人，办理生育服务证240个、独生子女父母光荣证162个，发放独生子女父母奖励费35475元，发放独生子女父母一次性经济帮助10000元，共征收社会抚养费460265元。是年，芍药居二社区获“北京市示范社区”称号。

2010年，地区有常住人口72408人，有建卡育龄妇女11099人，已婚育龄妇女7564人，独生子女家庭户6857户。

2014年1月，《中国人口报》第二版刊登朝阳区人口文化园在太阳宫公园建成。到9月份，地区新生儿出生上报607人，全年计划生育率97.52%。全年审核办理合理一胎生育服务证478个，办理独生子女父母光荣证173个，办理婚嫁新生儿随父入户及换证141例、随父入户3例。

2015年，全年审核办理合理一胎生育服务证335个；办理独生子女父母光荣证150个；办理婚嫁新生儿随父入户及换证120例、随父入户5例。发放计生政策奖励费34840元。

2016年，全年办理一胎生育服务证125个，生育登记353人，二孩生育服务证140个，生育登记416个；办理独生子女父母光荣证60个，发放1143人次独生子女父母奖励费34065元；地区新生儿出生上报707人，计划生育率97.59%。

第四章 城乡建设

太阳宫地域从形成村落至中华人民共和国成立前，域内基础设施建设落后。中华人民共和国成立后至改革开放前，乡域建设有了很大发展。改革开放以来，太阳宫乡的城乡建设进入快速发展阶段。进入20世纪90年代以后，太阳宫乡（地区）作为朝阳区城市化发展的重要开发建设区，辖域内道路、桥梁、交通、通信、水电、能源等基础设施建设步伐加快。与此同时，环境卫生明显改善，小区开发建设、绿化隔离带建设更是成绩显著，域内呈现出一派欣欣向荣的景象。

第一节 住宅建设

民房建设与管理

太阳宫地域自形成村落以来，村民自发择地建房，村庄自然形成。村中宅院及庙宇、影壁、水井、桥梁等多依据风水和习俗而建，无统一规划。村庄聚落区一般位于村中，街道、小巷贯穿其间，耕地在聚落区之外。

中华人民共和国成立后，村民在住房条件得到改善的同时，村集体对村容村貌开始重新规划。主要街道取直加宽，并规定盖房标准，统一宅基地大小、房屋高低，使村落民居显得整齐划一。在宅基地管理上，地域的宅基地绝大多数户是按历史形成的宅基地使用，对一部分户进行调整，人口少、面积大的房基地调整给人口多房基地不够用的户。然后集体又用一些零散空闲地安排宅基地，解决宅基地不够用的户，确保所有村民都有宅基地。生产大队（村委会）对宅基地控制较严，有严格的管理制度，上级政府对各村也有严格要求。村民建房要写申请，经大队批准，然后报公社（乡）主管部门审批，经审核无误后发放居民准建证，方可建房。对乱建房、违规建房，依法进行拆除。在房屋管理上，以村民自我管理为主，村委会协助管理，如宅基地矛盾协调、房屋出租管理等。

小区开发建设

1994 年，北京市首都规划委员会确定位于城乡接合部的太阳宫地区为新村建设第二批试点单位，太阳宫地区成为朝阳区农村城市化的重要开发建设区。1996 年，太阳宫地区开始对旧村进行改造，主要以拆除违法建筑、清理卫生环境为主要任务。

图 4-1　2000 年 6 月 26 日，太阳宫新区 E 住 5 号楼开工典礼，区、乡领导共同为 5 号楼开工奠基

2000 年，为保证太阳宫中路两侧 1100 余户农、居民拆迁上楼，建筑面积 4.4 万平方米的农民回迁 E 住 9 号楼、建筑面积 2.3 万平方米的 E 住 5 号楼和 1、2、3、4、14、16 号楼及地下停车场陆续开工，累计开工面积达 17 万平方米。

2001 年 12 月 28 日，新纪家园小区一期竣工交付使用 6.7 万平方米，275 户农（居）民回迁入住新纪家园小区。同年，绿化隔离带地区建设进入高速建设期，太阳宫新区建设累计开工面积达到 21 万平方米，其中新区 E 住 9、5、14、15 号楼相继完成主体结构封顶。太阳宫中路全线拆迁工作圆满完成，沿线 186 户农民得到妥善安置；调整新区规划，总体建筑面积由原来 200 万平方米增加为 260 万平方米。

2002 年年底前，新纪家园小区二期 7.8 万平方米交付使用。出售商品房 8430 平方米，收回资金 3000 万元。全年拆除各类违法建筑 55490 平方米，完成挂账任务的 172%。拆除区规划局挂账到期临时建设 4537 平方米，拆除占压管线建筑 3200 平方米。

2003 年，太阳宫新区 E 区 17 万平方米一期农民回迁楼建成并交付使用，A 区 18 万平方米二期农民回迁楼进入用地住户拆迁阶段，45 万平方米商品房建设按期启动。为保证城市铁路、“进京第一印象工程”“清水朝阳”、元大都遗址公园、新迎宾线、示范校等市、区级重点工程在辖区的顺利实施，全力做好沿线环境整治工作，太阳宫地区共拆迁住户 168 户，清运渣土 13.7 万立方米，回填好土 1.89 万立方米，腾退用地 64 亩，村砌围墙 650 延长米，粉饰墙体 5200 平方米。借助市、区重点工程施工，以创建全国卫生区为载体，全年拆除违法建筑 5.1 万平方米，是区下达太阳宫乡拆违任务的 4.7 倍。累计整治环境脏乱点 747 处，清理垃圾 4.3 万吨，清理主干排水沟 2.2 万延长米，整治和清理路边、街巷、居民区及卫生死角 2 万延长米，封闭 121 栋、3078 个居民楼垃圾道口，全面完成区下达的环境整治任务。

2004 年，加大对开发公司的审计清查力度，深入开展乡、村、企业内部拆迁挂账情况的调查工作，促使合作方追加对太阳宫乡投资1亿元。完成A区、B区、G区、产业用地和C区东西部组团的征地结案工作，为138户回迁住户办理产权证，并同步完成上述地区440个院935户的拆迁工作。新纪家园小区1号楼建成交付使用，220户农民按时回迁上楼。

2005年，为保证地铁十号线太阳宫站建设顺利完成拆迁工作，协调各方面力量，组织拆迁人员多次入户做工作，解释相关政策法规，终于完成拆迁任务。拆迁64户，占地面积7782.99平方米，建筑面积6603.6平方米。全面开展南尚家楼“城中村”整治工作。截至12月20日，南尚家楼村除1户因产权人联系不上，其他22户已全部拆除完毕。在各方领导严密审核下，初步完成与北京太阳宫燃气热电有限公司的《征地协议书》。对市重点工程项目阜通东大街的用地情况进行全面核查，以保护农民利益。同年，农民二期回迁楼进入建设手续审批程序。积极推进E区农民回迁楼房屋产权证办理工作，为767户产权人办理房屋产权证。截至年底，陆续建成新纪家园、太阳星城、万方景轩、金隅半岛、国际村、太阳中心广场等组团项目。太阳宫新区规划总占地面积29818公顷，其中居住用地7215公顷，分成A、B、C、D、E、F、G7个区。

2006年，配合用地单位完成南知味斋餐厅拆迁。完成A区5446平方米企业用房拆迁。积极推进E区农民回迁楼房屋产权证办理工作，为767户产权人办理房屋产权证。2007年11月15日，太阳宫新区农民回迁楼以及配套工程太阳宫派出所破土动工，D区一级开发通过专家组评审，开始招投标工作。

2008年，开始农民二期回迁楼各项目前期手续办理工作，开工建设回迁楼1、2、4号楼9万平方米，B区5栋楼14万平方米，太阳宫新区D区一级开发进入一级开发商招投标阶段。2009年，辖区内芍药居东区、太阳宫新区A区、B区、C西区等46个单体项目，总建筑面积164万平方米陆续开工建设。年底，A区18万平方米的6栋单体回迁楼已全部封顶并进行外部装修。

2010年，太阳宫地区已建成35万平方米规模现代、设施完善的绿色居住小区——新纪家园小区和太阳宫南街7号院A区回迁楼等组团项目；按照太阳宫乡总体规划，太阳星城、

图4-2 芍药居四社区1号楼（2010年8月摄）

图4-3 夏家园社区水星园小区（2010年8月摄）

万方景轩、金隅半岛、UH国际村、太阳中心广场等高档小区入住。规划科多次参与太阳宫新区A区项目推进会，深入现场了解A区房建工程和市政配套工程二、三号路的施工情况，及时解决工程中出现的问题，移除影响道路建设的树木，制定影响三号路建设的国展新座和泰园小区车辆绕行方案，为工程建设提供条件。6月28日，太阳宫新区A区回迁工作正式启动，根据太阳宫A区回迁楼选房的总体情况，规划科参与完善《太阳宫A区回迁楼购房办法》《太阳宫A区回迁楼购房实施细则》《太阳宫A区回迁楼购房工作流程》等相关文件，截至12月5日，共有689名产权人签订购房协议书，回迁人数2665人。

2011年，为推进人大附中朝阳分校校区建设，积极开展校区建设用地范围内的私房户、公房户拆迁工作。2012年，在朝阳区老旧小区抗震节能综合改造工作中，规划科组织芍药居四社区、施工单位和产权单位工作人员共14人分三组，自7月19日开始，对芍药居5号院1、2、3、4、6、7号楼的489户居民开展入户动员工作，逐户发放《致芍药居5号院全体住户的一封信》和《居民信息调查表》。在取得大多数居民支持后，严格按照施工要求组织施工队伍进场，经过近4个月的紧张施工，截至11月底，涉及节能改造楼房6栋，住户489户，建筑面积24000余平方米的5号院老旧小区改造顺利完工。是年，太阳宫郊野公园二期A、B地块建设进展顺利，拆除公园建设范围内5138.25平方米地上建筑，为实现公园建设总体规划奠定基础。

2015年，太阳宫新区A区（小区名称为圣馨家园）总用地面积175076.129平方米，其中建设用地92088.752平方米，代征道路面积27082.879平方米，代征绿地面积55904.498平方米（代征绿地由体育休闲园绿地48207平方米和恒川公寓4873平方米及建筑周边绿地2824.498平方米组成），总建筑面积288334平方米，是太阳宫乡用于安置乡域开发范围居民回迁的居住小区。区域内1～6号楼为住宅楼，7号楼为商业综合楼，8号楼为行政办公楼，9号楼为医院，10号楼为幼儿园，11号楼为综合执法站。

2016年，完成新纪家园小区综合整治工程，小区新铺沥青路面11607平方米，新建草坪砖停车场218平方米，修建方砖步道243平方米，进行排水管线改造更新584延长米，新建检查井22座，雨水井61座，绿化改造3699平方米，为小区居民营造良好的居住环境。同年，完成老旧小区抗震节能综合改造工程，分别是芍药居14号院2、3、4号楼和西坝河北里1、3、4号楼6栋住宅楼。经规划科协调芍药居三社区、太阳宫社区和所属物业公司，施工单位于3月26日入场，6月30日正式竣工，历时3个月，改造范围包括建筑外墙保温、屋面保温及防水、阳台顶部保温防水、更换外窗等，施工面积63587.73平方米。

第二节　公用事业

通信

旧时，远距离沟通大多需要人力以口相传，不太远则多靠亲朋好友“捎信儿”。太阳宫一带远行在外的人不多，人们与外界也较少有书信往来。村民中识文断字的人不多，一般都不会写信，需要写信时则请有文化的人代为执笔。中华人民共和国成立后，随着村民文化水平的提高，请人代写书信的事情逐渐减少。人民公社时期，境内设立有邮政所，人们可到此寄信、邮寄包裹，遇有急事还能拍电报，有时候村民也把信件放到队部或直接交给骑自行车到各村送信送报的邮递员顺便带走。信封上需贴邮票，邮资为北京市域以内 4 分钱，全国各省区市 8 分钱。

进入 20 世纪 90 年代，电话逐渐普及到村民家庭，寄信者日渐稀少，仅在寄包裹等大的物件时才到邮局办理。2010 年后，随着物流和快递的兴起，邮寄和购物变得更为快捷。

过去，最为快捷的通信方式就是电报，但费用昂贵。1958 年进入人民公社时期后，公社机关首先装上电话，随后各生产大队开始从公社总机拉单线，生产大队、生产队也逐步安装分机电话，往外打电话时均需通过总机切换、接通。电话的样式也从最初的手摇式电话机发展到拨号话机。20 世纪 80 年代中后期，部分家庭开始安装电话。早期安装电话费用极高，一部电话要四五千元。90 年代，大哥大、BP 机开始出现使用，但普及率不高。同一时期，随着固定电话初装费用的下降，电话基本普及到辖区的家家户户。

2000 年后，随着无线通信技术的进步，手机逐渐普及，进入寻常百姓家。辖区居民不少家庭达到几乎人手一机，并且更新换代频繁，人们用手机沟通与通话非常便捷。手机品牌有“诺基亚”“三星”“索爱”“摩托罗拉”等，除了一般性的通信所用，手机还被用来上网、炒股等，手机文化已成为现代生活时尚。“苹果”手机受到青少年一代的追捧，与此同时，“小米”“华为”等国产手机用户也越来越多。

供水

20 世纪六七十年代，太阳宫公社在各村打井修渠，修建自来水管网。随着时代的发展和技术的进步，自来水（深层地下水）通到家家户户，基本解决村民吃水难的问题。原有的砖井被填埋，扁担挑水也退出历史舞台，人们告别千百年来吃砖井水（浅层地下水）的历史。

1991 年至 1993 年间，完成铺设下水管道 3925 米。1996 年，太阳宫乡维修和更新了部分村的自来水管线，初步解决群众吃水难问题。1998 年，乡水管站在莱太工程的施工中，积极跑水源、保排水。1999 年，太阳宫乡投资为七圣庙村、牛王庙村改装自来水管线。

2000年，十字口村91户村民吃水发生困难，乡、村制定方案予以解决。水管站负责施工，并实现通水。上半年，乡政府协调自来水公司给芍药居一、三居委会和尚家楼调高水压，在夏季用水高峰之前，为近200户居民解决吃水难问题。2014年，随着3个村庄整建制农转居，村民拆迁上楼，吃水问题得到根本解决。

供电

中华人民共和国成立前，太阳宫地区的家庭照明情况比较原始和落后，夜间照明用的是豆油灯。

20世纪50年代，由原来的豆油灯改为煤油灯，一般的家庭用不起蜡烛。50年代后期，地域通电，人们开始使用电灯照明。1958年至1964年间，安装高低压线12.805公里，变压器19台（955千伏安）。1987年，成立太阳宫乡电力管理站，负责对乡域内电力工作的统筹和管理，进行电网建设与改造。

1997年，太阳宫地区对用电设施进行更新维护，完成各村变压器调整、低压线路的改造和户外线路的更新任务。3月份起，逐步推行"先购电，后用电"的方法，将辖区内用户原有计费电度表分期、分批改装为电子电度表，即电卡表安装入户。这一举措既方便人们用电，又加强用电透明度。

1998年，电管站以最快的速度完成莱太花卉、太阳宫水上乐园的用电任务，解决尚家楼村和西坝河村多年的电压低和超负荷用电问题。1999年，电管站着力解决西坝河小学南侧、西侧地段的用电问题，并建造配电室，安置标准开关柜，调整改造低压线路，解决居民区用电难的问题；全地区的用电配套设施基本达到优良运行。

2000年，太阳宫村筹资安装一台200千伏安变电器，缓解惠忠庵村90户居民用电难问题。2004年9月，电管站被合并到太阳宫地区综合服务中心。2005年，太阳宫三元变电站主体工程全面完工。12月19日，奥运重点项目建设——太阳宫燃气热电冷联供工程顺利奠基。2006年，热电冷联供工程顺利进行，协助热电厂完成地质勘探工作及拆迁范围实地放线工作。

2008年初，太阳宫发电厂的"巨无霸"机组完成满负荷试运行，已完全具备为奥运场馆提供安全可靠绿色热电的能力。太阳宫燃气热电厂可直接向奥运场馆及周边地区供热1000万平方米，供热区域达40平方公里。按照每户住房供热面积100平方米计算，能够满足10万户居民的采暖需求。2009年，乡政府在太阳宫北街、太阳宫大街安装路灯190余盏，并于8月全线通电亮灯。

2014年，乡政府协助电力公司进行迎峰度夏设施改造工程，协助朝阳供电公司进行望京至太阳宫三元变电站高压线路改造和西坝河路电线入地工程。自4月开始先后完成辖区内四环路到三元变电站高压线更换，高压塔建设，460余棵树木移植，西坝河路100余米架空线路入地等工作，完成迎峰度夏任务。

供热供暖

中华人民共和国成立前，村民主要用柴草做饭、烧水。柴草来源主要是收获庄稼后所得的秫秸，或在田头道边所割禾草，或砍伐树木后剩下的树根树枝等。中华人民共和国成立后，随着煤和电在家居生活中的广泛应用，柴草等传统能源退出历史舞台。

计划经济时代，煤实行限购定量销售，村民购煤需要相关票证。太阳宫公社每年都按户籍给各生产大队、生产队的社员群众发放煤本，人们需持煤本到供销社下属的太阳宫煤厂买煤，一次能买几百斤煤不等。

20世纪80年代后期，市场开放，买煤不再凭票，可以根据需要随时购买。燃煤成为炊事、取暖主要用能。煤的使用种类也由大煤、烟煤，逐渐发展到煤球、蜂窝煤。同一时期，随着辖区内陆续转工转居和人们入住楼房，液化气在家庭用能中逐渐得到普及。电磁炉、电暖气等各种电能器具也得到应用，人们取暖、做饭、洗澡等更加便捷。

1999 年 4 月 20 日，太阳宫地区在区环保局、区监察局、区管委、区城管监察大队、工商所、派出所以及太阳宫城管监察分队的配合下，对辖区内餐饮业燃煤炉、大灶改用清洁燃料工作进行联合执法检查，检查单位 92 个，对不按规定仍使用燃炉、灶的 54 个单位的 73 个炉灶现场实行拆除，对责任人进行批评教育，地区四环路以内“煤改气”工作由此完成 90%。

2003 年，采取严格措施治理大气污染，对地区 60 余家单位进行环保验收，完成区环保局下达的 10 台 32 吨燃煤锅炉改造任务，并通过市、区两级验收。

2010 年 11 月，综治办、派出所再次共同组织流管办、社区（村）领导及工作人员以辖区内繁华地段作为主会场，以太阳宫村、十字口村、牛王庙村、辖区商市场和出租大院为宣传重点，设立宣传分站，加强宣传预防煤气中毒工作，使其达到家喻户晓、人尽皆知。

图 4–4 综治办、派出所参加预防煤气中毒宣传，并向行人发放宣传材料（2010 年 11 月 5 日摄）

2012 年，完成芍药居 5 号院老旧小区节能改造。2013 年 6 月，向金星园、裘马都、新纪家园和吉利家园小区供暖单位发放朝阳区 2013 年节能居住建筑供热计量改造任务书，并传达朝阳区 2013 年供热计量改造工作任务。

2014年，乡政府开展地区老旧小区节能综合改造。自6月19日至9月22日，对7栋1990年以前住宅楼房，共计面积8万余平方米的房屋进行屋面防水，外保温及外窗更换和热计量改造工作，有效改善楼房保温效果。

2015年，继续开展“减煤换煤，清洁空气”工作。在太阳宫村、牛王庙村开展优质燃煤替代工作，通过入户宣传、炉具展示等工作，推进减煤换煤。地区订购优质燃煤260吨，比上年增长130%以上。

2016年，太阳宫地区进行“煤改电”改造工程，通过入户宣传、村民代表会、设备展示等工作，于11月完工。其中牛王庙村安装电采暖设备215户，电力公司安装峰谷电表302台，太阳宫村安装电采暖设备149户，全地区安装364户。

第三节　交通建设

道路

道路建设

中华人民共和国成立后，太阳宫乡、村两级党政部门为发展经济和改善村民出行条件，不断加强道路建设，持续修建辖域内的道路。

20世纪80年代，太阳宫乡开始加强域内道路交通建设。1985年到1987年间，全乡总筹资289.5万元，新修村级道路17条，总长11548.5米，铺设路面总面积53038.5平方米，使全乡95%以上的乡、村主干路实现柏油化、砂石水泥化，其中乡、村投资50.5万元，基本做到每个村都修好一条路，其中一条1000米长。

1987年，新修8条村级道路，有3条柏油路、4条水泥路、1条石渣路。全长6168米，总面积25638平方米。完成马路边沟衬砌4000米，总面积4000平方米。1988年，修好村内小路721米，衬砌马路边沟800米，保护路基完整。村级道路网得到进一步完善。

1989年，在全乡主干路已基本修完的前提下，重点抓村内小路铺方砖工程。乡、村两级投资10余万元铺完6个自然村村内小路；修完一条300米长村内柏油路；衬砌马路边沟900米。

1991年至1993年间，新修柏油路5.65公里，路面总面积19700平方米；同期铺设下水管道3925米。乡、村两级三年总投资40万元，完成部分自然村内铺方砖巷路12200平方米；翻修衬砌马路边沟750米，结合防汛疏挖清掏马路边沟2万米。1992年，采取共用共建形式集资21万元翻修十字口村主干路5000平方米。

1994年至1996年间，新修柏油路1000米，路面总面积6000平方米；维修村级干路

1022米，重新铺柏油路面5100平方米；完成太阳宫北村、十字口村排水干沟的疏挖衬砌工程1200米，衬砌方砖护坡5000平方米。乡、村两级投资106万元，用于自然村内铺方砖巷路7600平方米和村内新铺设上、下水道2300米；及时清挖、整修乡、村两级田间排水沟及马路边沟。1995年，乡筹资近30万元，疏挖衬砌乡级排水干沟近1000米。

1997年，乡、村两级投入资金220万元，用于基础设施建设。其中铺设柏油路10500平方米，铺设方砖路3300平方米。1998年，地区为解决1993年惠忠路南段修完后北段尚有300米左右未动工的问题，将300米长的路修通，铺柏油路面2200平方米、人行步道1400平方米，并于同年9月28日正式通车。同年，经乡政府和区水利局多次协商，对年久失修、具有安全隐患的麦公庄桥进行整修加固。

2000年4月18日，地区投资459万元建成麦子店西路。2001年4月12日，太阳宫中路拆迁正式开始。10月1日，太阳宫中路建成通车。2002年，地区投资223.8万元围绕城市轻轨建设开展铁路沿线环境综合整治活动。拆除交通部中交物业违法建设600平方米，太阳宫批发市场东侧违法建设1560平方米。为给城铁东线2003年1月28日通车创造全封闭条件，解决曹慧路东西向出行问题，清运城铁弃土70000立方米，拆除违法建设7850平方米，拆除施工暂设700平方米，取缔破烂市场1个，规范门店40户，取缔无照摊贩35户，堆物堆料6处，清运生活垃圾30吨，清运渣土16860立方米，动用机械平整地面1万平方米，达到预期效果。同年，地区投资613.08万元新建太阳宫中路、曹慧路、太阳宫派出所门前路3条风采亮丽街，以改善辖区道路环境。

图4-5　2000年4月18日，麦子店西路通车仪式

2003年1月28日，北京城市轻轨铁路（地铁13号线前身）全线贯通，途径太阳宫地区的京承高速路于3月20日破土动工。针对太阳宫路因建设年代久远产生的路面坑洼不平，行人、车辆通行困难的现象，对太阳宫路进行整修，重新铺设5～7厘米厚的沥青油面8200平方米，铺设人行步道1200平方米。太阳宫路硬化路面、场地1万余平方米。城铁的通车和太阳宫路的重修大大便利地区居民通行。

2004年，地区完成太阳宫东路、太阳宫大街坝河桥建设工程。2005年，协调区市政管委完成对辖区内西坝河路、育慧南路约26000万平方米路面维修工程，更换步道砖15000平方米。2006年，阜通东大街太阳宫段、四环路立交桥、坝河大桥等一批辖区内重大工程相继开工建设。

2007年，完成阜通东大街约300米路段建设；启动太阳宫大街、水源九厂南路等10条奥运配套道路拆迁建设工作，其中太阳宫北街、太阳宫西路、北土城东路等道路于年内正式开工建设；地铁十号线太阳宫段已经完成主要施工任务，进入线路调试阶段。2008年，地铁10号线、阜通东大街建成通车。奥运配套道路太阳宫北街、太阳宫西路、北土城东路基本贯通。2009年，完成长320米、宽5.5米的牛王庙村管道路改造，8月份在太阳宫北街、太阳宫大街安装路灯。

2010年，随着太阳宫大街、太阳宫北街、太阳宫西路、阜通东大街、地铁10号线和13号线先后建成通车，地区交通网络基本形成。同年，因夏家园社区小区间路、原派出所门前路及西坝河北里小区内道路、天泽路建成时间较长，路况较差，部分路面塌陷，严重影响人车通行。地区办事处积极向发改委申请立项报修，根据立项批复，朝阳区道路养护中心4月至5月期间对此三条道路路面、便道进行重新铺装，施工总面积为34300平方米，达到预期效果。

2011年，依托“路平工程”，整修地区道路。规划建设管理科对太阳宫中路、太阳宫南街、太阳宫西路、太阳宫北街、文学馆路等13条主要道路的机动车道及人行便道的破损情况进行详细勘查，并积极上报且协调相关部门全面启动地区道路修整工程。到5月底，全地区共5000平方米损毁路面得到修整。2012年，规划科积极协调建设单位北京冠城正业房地产开发有限公司于7月在新区二号路、三号路、四号路安装路灯54盏，有效解决西坝河小区、圣馨家园小区、火星园小区、凯德置地居民的夜间出行难问题。同年，启动太阳宫中路优美大街建设项目，自8月27日正式开始施工，10月底前完成沿线围墙粉刷3768平方米，安装交通设施222米，硬化铺装2529.3平方米，修复围栏挡墙338.04平方米，清运渣土728立方米。

2014年，结合西坝河路实际情况，开展以整修粉刷道路沿线围墙，修补破损步道，规范盲道设施为主要内容的环境整治工程。其中389平方米缺失破损步道、盲道得到修补。另外，协调施工单位、物业公司和芍药居四社区对芍药居5号院13000余平方米道路进行重新铺装，对3000余平方米绿化进行升级改造，新安装路灯94盏，协调新建60余延长米雨水管线，解决居民雨天出行难问题。同年，打通小区西门连接太阳宫中路主路接口，调整夏家园公交车站位置，为居民出行提供便利。

2015年，在顺利完成人大附中朝阳学校建设工作后，又建设完成宽20米、长418米的太阳宫新区4号路和宽15米、长229米的太阳宫北一街道路建设，完成学校周边配套市政设施建设，改善学校周边环境。在太阳宫中路左家庄供热厂至望京热力工程完工后，立即协调市道路养护部门和区绿化局进行太阳宫中路四环路至西坝河桥1.5公里道路修缮和绿化工作，6月中旬完成主路沥青路面修补和人行步道透水砖更换，道路两侧因工程损坏的绿地全部进行恢复，太阳宫中路行车条件和道路周边环境得到根本改善。2016年，打通新纪家园小区西门连接太阳宫中路主路接口，使小区居民出门后得以直接进入主路。

道路选介

京顺路 东北起顺义区境内，西南至三元桥与香河园路相接。朝阳区境内长13778米、宽25米，为国道，途径太阳宫地区。原为清代离宫御道，1923年辟为公路，后因年久失修路面损坏。1957年修首都机场路时，在原路基础上进行改线、取直、拓宽，并筑成与首都机场路平行的沥青道路，当时又称为首都机场辅助线路。20世纪80年代进一步拓宽，改筑成高标准的两幅双向道路。跨坝河、北小河、温榆河，穿过京张铁路。路中心建有隔离墩及绿化隔离带，安装羊角式路灯，行道树为国槐和杨树。两侧修明沟排水，另有30～50米宽的绿化带，栽杨、柳、塔松及灌木。有通往顺义、怀柔、密云、平谷、兴隆的长途汽车。

首都机场路 东北起首都机场，西南至三元桥接东直门外斜街，为市级公路。1957年修首都机场时筑成。原名东直路，1977年定今名。全长16504米、宽9～12米，途径太阳宫地区。水泥、沥青路面，双向混行。跨坝河、北小河、温榆河，穿京张铁路架空桥。两侧修明沟排水，电杆上安装单臂式路灯，两旁的绿化带种植杨树、柳树、松树及灌木。行道树为国槐和杨树。

京承高速路 北京段长132.4公里，朝阳区内南起三环路，北至朝阳区界，长11.7公里，途径太阳宫地区。三环路至四环路段主路按全封闭、全立交的城市快速路标准设计，设互通式立交桥1座，分离式立交桥2座，跨河桥1座，人行过街天桥4座。四环外设互通式立交桥4座，跨河桥2座。由北京市首都公路发展集团有限公司（以下简称“首发集团”）建设。四环路至朝阳区界段9.7公里，2002年10月建成通车；三环路至四环路段2公里，2007年9月建成通车，是北京市的重要交通放射线之一。

太阳宫路 东西走向，东与京顺公路相交，西原至望和铁路，后与安定路相交、与小关路相接。长3000米、宽7米，为市级公路。两侧明、暗沟排水，行道树为杨树、柳树。沿路附近有十字口村，与南湖渠路相交，跨西八间房引水渠，是太阳宫、将台两乡间的重要通道。

南湖渠路 于乡域东北部和太阳宫路相交。北起来广营东路，南至太阳宫路。长5040米、宽7米，为市级公路。以南湖渠村定路名。原为土路，20世纪50年代末修成石屑路，1970年铺沥青路面。两侧修明沟排水，行道树为杨树。途经乡内的十字口等村。

太阳宫北街 西接曹慧路，正对亚运村奥体中心，东至F区北侧，总长2520米，红线宽除F区北侧为30米外，其余均为40米，设计车速每小时40公里，整条道路南侧为居住区，北侧为绿化带，由西到东依次经过网球健身中心、花园式寄宿学校、高尔夫球场、水上乐园及大片绿地，属居住区外围道路。

太阳宫中路 位于太阳宫乡中部，贯穿南北，是沟通三、四环的城市主干道，是太阳宫新区开发建设的生命线，地理位置十分突出。2001 年 10 月 1 日正式建成并通车，全长 1800 米、宽 45 米。

太阳宫大街 城市主干道，西接土城北路，东接麦子店西街，全长 1720 米，红线宽 60 米，设计车速为每小时 60 公里，路中设高架轻轨，横贯整个太阳宫新区，铁路车辆与机场车及非机动车各行其道，亦被绿色分隔带相隔，互不干扰，以保障交通安全畅通。

曙光路 太阳宫新区 3 条城市主干道之一，北经四环路与望京内环南路相接，南接三环路上国展立交桥，长 2000 米，红线宽 45 米，北段穿过高尔夫球场大片绿地，中间穿过坝河，东侧为高档住宅区，路面布置与太阳宫中路相同。

麦子店西路 由太阳宫乡农工商总公司自筹资金建设，2000 年 4 月 18 日建成通车，由霄云路至亮酒路的麦子店西路中段。全长 565 米，投资 500 余万元。

铁路

乡域东北部建有望和铁路。该路北起望京站，南至和平里站，以起止站名的首字组成路名。全长 10.8 公里，跨来广营、太阳宫两乡和香河园街道辖域。1969 年建成通车。

该路为北京铁路枢纽东北环铁路的组成路段，是京包铁路东段的一条单线支线，南端设尽端站台。主要承运北京东北郊的大宗和零担货物，并与终端附近北京造纸一厂的专用铁路线接轨。该路除起止站外无中途站。沿线跨北小河和土城沟，与来广营东路、来广营西路、北四环东路、太阳宫路、北三环东路、青年沟路、和平里北街、西坝河南路相交。铁路与公路、河流相交处建有跨河、跨铁路的铁路桥 10 座。

桥梁

立交桥

三元桥 位于东直门外三源里东北侧，呈西北—东南向，是三环路上修建的第一座双层苜蓿叶形互通式立交桥，为北三环东路与京顺路、香河园路并东三环北路与首都机场高速路、东直门外斜街交会处的大型公路立交桥。1983 年 12 月开工，1984 年 9 月建成通车，因附近原有三元庵，故以“三元”定名。桥体由 3 座钢筋混凝土桥、5 座栈桥、6 条匝道、8 条地下人行通道和 450 米长架空通道组成。上部为钢筋混凝土 T 形梁，下部为 V 形钢筋混凝土灌注桩与混凝土条形基础结合。主桥长 180 米（跨京顺路桥长 52 米，跨首都机场高速路桥长 48 米），宽 40 米，净高 4.5 米，沥青桥面，三幅双向，中间设隔离墙，两边设混凝土护栏。附设地下通道 8 座、人行楼梯 9 座，安装高杆组合灯 11 座。桥区绿化设施开阔舒展，建有 4 座街心公园，绿地修成圆形、矩形等几何图形，栽有松柏、鲜花，立有雕塑，置有座椅，镶有步道。承载重量为汽车 20 吨，拖车 120 吨。工程完工后，北京市有关部门按照国家质量鉴定标准，对三元桥进行检查验收，立交桥的 12 项单位工程均被评定为优良级工程。桥体钢筋混凝土外形美观，棱角清晰，平整光洁，强度满足设计要求。桥、路面层，在多弯道、坡道的情况下，平整度达到 1.818。经 12 家质量审定委员会批准，三元桥获 1985 年国家优质工程银质奖，成为北京市第一个荣获国家银质奖的立交桥工程。

四元桥 位于京顺路、首都机场高速路与东北四环路三条干线交会处。1992 年 8 月 30 日开工，1993 年 9 月 15 日竣工。为互通式四层立交桥，占地 50 万平方米，三上三下六车道，路面宽 34.5 米。设计时速为每小时 120 公里。京顺路、四环路为三上三下六车道城市快速路，设计时速为每小时 80 公里。匝道为单向行驶定向车道，设计时速为每小时 60 公里。辅路为非机动车道。全桥范围内新建排水、电信等管线长 21 公里，建有蘑菇、水刷、预制板轻型 3 种挡土墙。全桥由 26 座桥组成，其中包括四环路跨越机场路、京顺路 2 座桥，四环路、机场路、京顺路联通 10 座匝道桥以及跨辅路、跨坝河 8 座桥，京顺路跨辅路 6 座通道桥等。桥梁累计总长度 2800 米，总面积 4 万余平方米。其中匝道桥最大单孔跨径 47.2 米，桥长 60.8 米，宽 50.1 米。桥体为钢筋混凝土结构，全部桥梁基础为钢筋混凝土钻孔灌注桩，桩深为 30 到 40 米。桥上为沥青桥面，设有高杆组合灯架。承载重量为汽车 20 吨，拖车 100 吨。

太阳宫桥 位于来广营路与北三环路交会处，三环路以拉槽形式从桥下穿过，拉槽长度 400 米，路面面积 2.6 万平方米；两辅路外侧设置接柱挡墙，全长 700 米；拉槽上建 1 号、2 号道路立交桥和和平里铁路立交桥，1 号、2 号桥为钻孔灌注桩桩基，承台上预应力 T 形墩，上部结构为 4 跨预应力 T 形简支梁，桥面宽分别为 20 米和 9 米，桥长均为 61.75 米。新建铁路桥为钻孔灌注桩承台，桥面宽 9 米，桥长 61.75 米，施工前先将拉槽下 8 条市政管线下移，同时新建 6 条市政管线。市政五公司施工，1994 年建成通车。

过河桥

东坝河桥 位于东坝河村，呈西南—东北向，为首都机场路跨坝河公路桥，建于 1976 年 10 月。桥体为单孔大跨度，上部钢筋混凝土 T 形梁，下部为混凝土砌块墩台。长 25 米，宽 13.6 米（人行道各宽 1 米），高 3.5 米。沥青桥面，双向混行，两边设混凝土水刷石挡墙。承载重量为汽车 18 吨，拖车 80 吨。

东坝河南桥 位于东坝河村南侧，呈西南—东北向，为首都机场路跨坝河公路桥，建于 1976 年 10 月。桥体为 3 孔，上部是钢筋混凝土 T 形梁，下部是两排钢筋混凝土圆柱桩。全长 56 米，宽 13.6 米（人行道各宽 1 米），高 3.5 米。沥青桥面，三幅双向，设快慢车分道标志，两边设钢架混凝土板结构挡墙。承载重量为汽车 18 吨，拖车 80 吨。

东坝河村西桥 位于东坝河村西侧，呈西南—东北向。为京顺路跨坝河公路桥。建于 1980 年 6 月，桥体为 3 孔，上部是钢筋混凝土 T 形梁，下部是钢筋混凝土灌注圆柱桩。长 56 米，宽 29 米（人行道各宽 3 米），高 3.5 米。沥青桥面，三幅双向，中间设隔离带，两边设钢管护栏，桥西建有 3 孔启闭水闸。承载重量为汽车 20 吨，拖车 100 吨。

第四节 交通运输

交通工具

中华人民共和国成立前，人们出行基本以步行为主，但马、驴、骡等畜力车也是那个时代的重要交通工具。当时有专门驮人送货的行当——脚行，即运送大批货物的马帮和马车运输组织，专做赶脚送人和运送成批货物的生意。

二十世纪五六十年代，太阳宫地区一小部分家庭有了自行车作为交通工具。六七十年代，生产大队、生产队为发展农业生产购置手扶拖拉机、四轮拖拉机。拖拉机虽是生产工具，也为村民用来办事所用，诸如送病人去医院，办喜事拉嫁妆、接新娘等事宜。这一时期，马车、自行车、拖拉机成为人们生产生活中同时存在和使用的交通工具。

1988 年，全乡有汽车 157 辆，两轮摩托车 18 辆，大、小拖拉机 7 台，驾驶员 338 人，拖拉机手 12 人。非机动车 7375 辆。1992 年，全乡有机动车 256 辆，其中汽车 230 辆，两轮、三轮摩托车 16 辆，大小拖拉机 10 台。非机动车 8611 辆，其中自行车 8095 辆，大小三轮车 492 辆，马车 15 辆，残疾车 9 辆。

进入 20 世纪 90 年代以后，乡域内购买私家轿车的家庭日益增多，轿车逐渐得到普及。太阳宫地区因临近城区，公共交通运输较为发达，通过乡域的公交线路有 130、302、367、379、401、403、404、515、567、606、623、696、966 路等。地铁 10 号线设太阳宫站，地铁 13 号线和地铁 10 号线设芍药居站。

交通管理

20 世纪 80 年代以前，辖域内机动车数量不多，驾驶拖拉机等运输机械须是机动车驾驶员才能驾驶。当时，驾驶员多以师傅带徒弟的方式进行培训，并要通过公安交管部门考核。

1984 年，太阳宫乡举办马车驭手学习班，参加人数 110 人，考试、体检合格后发放马车驭手驾驶证，同时对 110 辆马车进行审验，发放马车牌照和车证。1986 年 4 月 17 日，太阳宫乡运输服务站成立，属集体所有制非法人企业，为太阳宫乡农工商总公司分支机构，主要管辖乡域内的货运车辆，代收代付车辆运输管理费、核车费等。

20世纪90年代以后，在交通安全管理工作上，狠抓司机的教育和管理，坚持例会制度，认真落实层层签订的交通安全承包责任制。自地区办事处成立以来，新接收小关、香河园街道转来的26家企事业单位和14家新立户单位，并对地区61家立户单位的588辆机动车、980名驾驶员分成四大片组，聘用8位基层车管干部为正、副组长，实行划片管理。使全地区交通安全管理向规范化、制度化迈进一步。

2000年以后，逐渐健全相关规章制度，建立如领导小组例会制度、驾驶员学习制度、车辆检查制度等。严格开展每季度的百分验收评比工作，对不达标或违章者厉行处罚，并对违章驾驶员进行安全培训。地区安全委员会（以下简称“安委会”）成立交通安全领导小组，疏导交通堵塞。2003年11月，太阳宫乡运输服务站改由太阳宫乡农业综合服务中心管理。由于从2004年年底停止收取车辆管理费，运输站无收入来源，站内工作人员由乡农业综合服务中心接收。

2005年起，通过发放宣传材料、摆放宣传展板、拉横幅、播放事故光盘等形式加强对地区各单位及外地驾驶员的宣传工作，加强对大货车的专项整治工作。

2010年至2011年，对10个路口和28个车站，协助维护交通秩序，地区200余名义务交通协管员参与执勤，纠正交通不文明行为。

图4–6 太阳宫公园南门文明交通宣传展板（2010年5月25日摄）

2011年，加强学校、幼儿园门前及周边交通秩序的管理，梳理道路口4处，清理整治“黑车”累计72辆。安委会3月份会同综治办对危险化学品单位开展“清零行动”，对危险化学品运输单位主管领导及驾驶员通报新疆“3·11”亡16人、吉林“3·12”亡21人特大交通事故情况，并以“交通安全防范责任制”为主要内容向危险化学品运输单位主管领导及驾驶员领导进行一次交通安全培训。同时，分析专业运输单位2010年以来交通违法、事故情况，危险化学品单位还签订开展交通违法“清零行动”工作承诺书。另外，安委会还对危险化学品单位进行一次拉网式摸排。自4月开始，安委会会同综治办与派出所、交通队、城管监察分队等多个部门进行联合执法。清理整治太阳宫南街、太阳宫中路、文学馆路的违法乱停车现象，打击“摩的”电动三轮车拉人载客乱行驶的行为，查扣“黑车”拉活共计252辆。通过打击“黑车黑摩的”有效整顿交通秩序。按照全区打防管控一体化专项行动工作要求，太阳宫地区认真落实区各项工作要求，从6月起，安委会在综治办的领导下会同残联、各社区居委会残疾工作专员等10余人，在太阳宫公园南门先后开展2次残疾人机动轮椅车防伪标识粘贴专项工作，并致力将之形成长效机制。截至9月8日，陆续为已登记并领取牌证且手续齐全的136辆残疾人机动轮椅车粘贴防伪标识。在地铁口、公交站周边对“黑车”进行打击。为确保创建不留死角，各部门联合执法对芍药居二社区内的停车位私装地锁、报废车占道进行整治，执法部门及物业公司联合行动，彻底清理私装地锁26个。

2013年，综治办在全地区坚持定期排查反复排查和专项整治行动。在打击非法营运、非法经营、代办证照、乱停车等专项整治行动中，处罚非法运营的扰乱公共场所秩序人员192人，其中治安拘留34人、警告158人，查扣非法运营和“黑摩的”192辆。为有效解决“黑车黑摩的”乱搭载客现象，经多方努力，由专人出资20余万元购置4辆电瓶车（每车20个座位），负责此地段短途运营，日载客量千人左右。平常时段2辆车运营，办公高峰时间段4辆车同时运营，有效缓解交通拥堵和遏制“黑车黑摩的”载客现象。

2014年，交通安全委员会加大安全隐患排查工作，针对严重违法单位、私装地锁、盲道乱停车和机动车道内乱停车进行摸排工作，全年走访排查单位50余家，拆除私装地锁100余个。同时，为从源头杜绝无号牌机动车上路行驶的违法行为，在3月中旬对辖区内的汽车销售商家、汽车4S店开展宣传、摸排工作。年内，继续开展各项专项行动，制作各类宣传品、展板、挂图、加装探头等。是年，太阳宫地区铁路沿线社区成立5～7人的护路联防小分队，在广泛巡逻基础上，护路联防小分队还对重点部位开展重点巡逻，发现问题，及时反馈，快速处理。

2016年，强化交通安全管理，规范乱停车现象。对辖区内141户社会单位机动车逐一进行立户备案登记管理，确保“不漏一车、不漏一人”。重大活动、敏感期间与单位签订安全责任书，并发放给车主一封信，对危险化学品单位实行交通安全监管。在交警和交通协管员的共同努力下，对辖区内主要大街、道路、市场、学校周边违规乱停车行为进行多次集中整治，处理违章停车、僵尸车和非法运营车辆165辆，贴条处罚违章车辆1267辆，辖区停车秩序逐渐得到规范。全年未发生一起重大交通安全死亡事故。

第五节　园林绿化

绿化隔离带建设

1996年，太阳宫地区被列为实施绿化隔离地区试点单位，其中158.64公顷用于绿化隔离带建设。太阳宫区域绿化板块规划为3块，由太阳宫体育休闲园、太阳宫公园、太阳广场构成，再加上元大都遗址公园，全乡共有4个公园。同年开始旧村改造工作，并高速实施绿化隔离地区建设，累计实现大环境绿化100.62公顷，完成乡域总绿化面积的78%。1997年，在完成240亩片林补栽和全乡四旁植树任务的同时，完成20亩片林的植树任务，植树5352棵，栽植灌木3227株，植草坪7900平方米。

2000年，在十字口村和驻区武警部队的配合下，用6天时间完成尚家楼100亩片林绿化任务，种植梧桐、龙柏等9个树种，植树10700株；完成十字口村水上乐园北侧渔坑及菜地的填埋和绿化任务，填埋土方70万立方米，完成绿化面积300亩。到12月底，全乡隔离带已完成绿化面积67.34公顷。其中，自绿47.34公顷，合作绿化20公顷。2001年，完成绿化隔离带500亩。2002年，完成绿化隔离带500亩。同年，地区林地总面积为121.9公顷，林业总产值180.4万元。

2004年，绿化隔离地区97.9公顷绿地中，有太阳宫片林、太阳宫公园、元大都遗址公园和太阳宫城市绿化广场等一批精品绿地。其中太阳宫公园是面积最大、生态效益最大、质量最高的绿地，公园占地37公顷，是北京市重点绿化工程。2005年，建立健全大环境绿化、道路绿化、四旁绿地养护工作长效机制，地区新增绿化面积13万平方米。截至年底，完成1189公顷大环境绿化工作。2006年，地区新增绿化面积52000平方米，种植各种乔木642株，花灌木846株，绿篱及色块1200平方米，各种地被及草坪32200平方米。2008年，太阳宫地区有1800亩林地。

2010年，辖区有绿地面积200公顷，其中公共绿地130公顷，道路绿地31.9公顷，单位附属绿地16.1公顷，城市防护绿地22公顷，绿化覆盖率34%。地区面貌发生根本性改变，初步形成城市化的模型。2014年，太阳宫乡被列为北京市第一道绿化隔离地区城市化建设朝阳区6个试点乡之一，地区领导多次调研，以符合地区城市功能定位，符合群众美好期待为出发点，提出建议意见，并完成《太阳宫乡推进城市化实施方案》。2016年，持续推进第一道绿化隔离地区试点乡城市化建设，完成10亩平原造林任务。造林工

图4-7 2014年9月3日，召开启动绿隔试点乡工作部署会

作中，清理垃圾渣土1000余吨，新填好土500吨，新植树木800株。

道路绿化

1989年，以大环境为绿化美化重点，植树7400棵，并铺草坪，种花卉，完成大环境绿化92亩，三环路、京顺路、太阳宫路经区检查验收基本达标。1995年至1996年，地区在四元桥和四环路南侧进行拆迁腾退土地，建成四元桥片林、太阳宫片林，建设绿地285亩，1996年太阳宫片林被北京市政府评为“绿化美化优质工程”。

1998年，完成太阳宫路、乡政府门前路的春季植树任务，栽植各类树木5500（4464）余株，植草坪7900平方米，恢复绿地2000平方米，扩大绿化面积2.5公顷。从1997年至1999年，乡、村两级植树53000株，栽植花灌木6万余株，铺草坪2万平方米，尤其是完成四元桥绿化45亩，全乡绿化覆盖率达16%以上。

1999年，为迎接中华人民共和国成立50周年，确定乡政府门前路为示范街，新建花坛11个，种植草皮、塔松、刺玫等植物；新增绿地700多平方米，实现乡门前原有绿地撤土还绿，改传统直立式墙为波浪式、有立体感的墙壁；大面积补种草皮，栽种月季，营造绿树成荫、鲜花绽放的绿色走廊；在新建围墙上绘上以鸟语花香为主调的彩画54幅，铺装裸露地面2000平方米，使乡门前路成为太阳宫地区的示范街。同年，完成惠忠路、坝河、水上乐园、太阳宫村村委会至大市场路新植树带工作，完成望和铁路太阳宫段两侧的绿化美化工作。全年地区新增绿地面积22760平方米，其中种植各种树木14104株，铺草坪5900平方米。

2006年，在京顺路边绿地种植各种大规格乔木灌木226株，铺设草坪10000余平方米；在对外经济贸易大学东墙外路栽植大叶黄杨绿篱400延长米，种植曼海姆月季2000株，种植爬蔓月季1000株，种植各种花灌木120株，铺设草坪1400平方米；对太阳宫中路的行道树进行补植，种植414棵胸径7厘米以上的黄金立柳。在太阳宫北街种植国槐，绿化隔离带种植大叶黄杨、榆叶梅、矮化美人蕉、金叶女贞球等，色彩配置比较丰富。同年，四环路景观大道、太阳中心广场、太阳宫公园、坝河南北岸景观广场等挂账任务已全部完成，实现绿化面积57300平方米，硬化铺装面积4500平方米。

2008年，乡域加大地区绿化美化工作力度，对坝河北岸、育慧南路、欧乐后侧空荒地进行绿化美化。同年，积极整合地区绿化资源，成立专业绿化服务公司，加强绿化队伍管理，提高工作效率。2009年，对太阳宫大街、太阳宫北街、太阳宫西路、体育休闲公园和交通枢纽周边2.43万平方米进行绿化，进一步提升地区环境质量。

2010年，在太阳宫南街的绿化改造工程中，种植银杏树113株、国槐60株、金枝国槐21株、桧柏24株，种植紫叶李28株、木槿17株、大叶黄杨球54株、丛生紫薇71株，种植花卉、矮灌木480平方米及草坪574平方米。截至年底，辖区有绿地面积200公顷，其中公共绿地130公顷，道路绿地31.9公顷，单位附属绿地16.1公顷，城市防护绿地22公顷，绿化覆盖率34%。

图4-8 补植树木(2009年6月12日摄)

2014年，为解决西坝河路与太阳宫南街交叉路口东南角高压线下占地4000平方米违法建设拆除后空地渣土暴露问题，积极争取朝阳区绿化局支持，自5月9日启动太阳宫南街绿化广场建设，经过近1个月的紧张施工，6月初建成以黄杨、迎春、榆叶梅、草坪为主要色带，华山松点缀其间的南街绿化广场，为太阳宫南街沿线增加一处公共绿地。

2015年，在建成4000平方米的太阳宫南街绿化广场的基础上，完成3200平方米的曙光路街边广场建设。2016年，加强绿化管理力度，对辖区内死、枯树木进行绿化补植，在病虫害防控、树木修剪、树木涂白、绿地保洁等方面加大资金投入，绿化管理水平明显提升，受到市、区领导好评。

公共绿化

绿地建设

1991年，位于西坝河东北侧的坝桥金色绿地由北京市园林规划设计院设计，在草坪地被绿草和宿根花卉铺设下，在花灌木、小乔木和绿篱的衬托下，栽种银杏、白蜡、栾树、连翘、金老梅、棣棠、迎春、金叶女贞、黄刺梅、黄早菊、黄地被菊、天人菊、黄色美人蕉、红黄草、大花秋葵等体现金色的植物。1995年，又在此基础上栽植月季金色赫尔斯坦、金玛利、宿根花卉金山绣线菊、金焰绣线菊和地被植物。整个坝桥金色绿地有树木23770株，草坪70457平方米，宿根花卉3205株，占地面积323平方米，绿篱14873株，宽度861米。

2000年，新增小区绿化面积3.5万平方米，并建成1万平方米的太阳宫绿色文化广场，全乡绿化总面积达30万平方米。完成对外经贸大学对面2800平方米的绿化，1万平方米的绿化园，土城河北岸路边1000平方米、乡前路500平方米的绿化和硬化工作。同年，配合乡农工商总公司完成100亩苗圃园绿化及300亩绿化地的填土工作。2002年年底至2003年年初，绿化美化对外经贸大学腾退的1400平方米绿地；种植各种花灌木120株，铺草坪1400平方米。

住宅小区绿化

1956年，村民房屋宅基地旁植株有10000株。1985年，植树3140棵，80%以上农户及各单位种植大量花草树木。1992年，春季绿化植树3120棵，协助驻乡各单位完成绿化植树5000棵，院墙绿化1200米，建成1个花园式单位。

1993年，院墙主体绿化1500米，建成两个花园式先进单位。乡政府机关大院绿化、美化工作在全乡起到表率作用，被评为出席市、区绿化美化先进单位。1998年，创建京西学校、恒川公寓等两个市级花园式单位，并在两个单位补植各种树木2135株，植草坪7400平方米。

社区绿化

2001年，完成小区及道路两侧绿化达5万余平方米，全面完成区委、区政府交给的绿化500亩的任务。2003年，完成新纪小区二期绿化面积11000平方米，拆墙透绿200延长米，其中草坪面积7714平方米，绿地率达到70%。

2006年，在太阳星城水星园种植大量大规格的银杏和各种花灌木，绿化面积32000平方米，使小区绿地率达到30%。2008年，加大地区绿化美化工作力度，对芍药居北里小区、新纪家园小区、城铁13号线进行绿化改造。

2010年，在太阳宫新区A区和芍药居东区等部位新建绿地约7.9万平方米，修建京承高速西侧1200平方米的绿化活动广场。绿化改造工程中，在A区种植国槐270株、白玉兰25株、碧桃120株、榆叶梅90株、紫薇80株、洋白蜡80株；在B区种植国槐370株、洋白蜡107株、白玉兰25株、碧桃170株、海棠140株、榆叶梅120株、紫薇83株、丁香180株、大叶黄杨18850株、月季200株、女贞32071株。

2016年，在完成西坝河北里小区道路围墙等工程的基础上，对小区绿化进行改造，绿化改造2300平方米，道路修补2000平方米，铺装硬化8360平方米，楼体粉饰2817平方米，小区整体面貌得到彻底改善。

全民义务植树

1972年，太阳宫公社林地面积9.5亩，其中当年新造2亩，有育苗面积9亩，其中当年新育苗0.5亩。

2003年4月12日，地区妇联组织地区妇女干部、群众、巾帼志愿者、“五好”文明家庭代表、学习型家庭代表70余人参加义务植树活动。当日，种植侧柏、枫树、银杏等近300棵，为太阳宫公园及北街又添新绿。

2009年，积极开展地区全民义务植树活动，积极与有关单位联系，完成全民义务植树5000株，超额完成任务2000株。2010年，在3月12日植树节和4月12日两天，地区绿化办公室组织两次义务植树的大型宣传活动，发放宣传品 5000 份，广泛动员地区群众和各社会单位积极参加义务植树活动。全年完成义务植树 89881 株，其中新植 1496 株，以其他形式折合植树 88385 株。

2011 年为国际森林年，是首都全民义务植树开展 30 周年，地区绿化办公室通过积极宣传，利用首都第 27 个全民义务植树日，广泛动员群众积极开展义务植树活动。到 5 月底，全地区完成义务植树 2000 株。

2012 年是首都全民义务植树工作开展的第 31 周年，地区工委和办事处专门制定地区首都全民义务植树工作计划，要求辖区各单位带领群众在 4 月上旬广泛开展义务植树活动。4 月 7 日，地区办事处机关全体人员，企事业单位和社区党政主要负责人 130 余人来到牛王庙村进行义务植树活动。此次植树活动为牛王庙村绿地中新增银杏树 500 多株，参加植树活动人员圆满完成全年每人义务植树 3 株的绿化美化任务，为地区又新增一片绿色。

2014 年，在义务植树工作中，新植树木 2480 株。2015 年，在开展全民义务植树活动中，组织主题宣传活动 3 次，悬挂张贴宣传标语 50 条，发放宣传品 2500 份，直接宣传群众 3000 人，义务植树 4.5 万株。

图 4-9　乡机关人员参加牛王庙村义务植树活动（2014 年 4 月 12 日摄）

第五章　中共基层组织

1946年6月，中共晋察冀中央局城工部在辖区安定门外十字口村成立瓦工业党支部起，中共党组织在区域内不断发展，特别是中华人民共和国成立后，党组织、党员身份公开，党组织迅速发展壮大，村、乡都建立起党组织，先后成立党小组、党支部。1956年3月，进行“撤小乡、并大乡”工作，合并成立太阳宫乡，并成立乡党总支。1961年6月，成立太阳宫人民公社党委。此后，乡党组织随乡区划建制调整而变化。1983年，成立太阳宫乡党委，1993年，成立太阳宫地区工作委员会，与乡党委实行“两块牌子、一套班子”。截至2016年年底，全地区有基层党组织76个，党员2826人。

第一节　组织沿革

1946年6月至12月，安定门外十字口村瓦工业中共地下党支部成立。李翰奇任党支部书记，共有党员8名。党支部隶属中共晋察冀中央局城工部北平外一区委员会领导。

1949年10月，惠忠庵村建立党支部。1950年，牛王庙村建立党支部。1950年冬，在“土改”工作组协助下，十字口村建立党小组。

1954年6月，撤销行政村，建立乡政府。太阳宫地域成立太阳宫、左家庄、五路居等小乡，随之分别建立起党支部。其中，太阳宫乡党支部书记周国斌，左家庄乡党支部书记郭文轩。

1956年3月，太阳宫、左家庄、小黄庄、五路居4个小乡合并为太阳宫乡，成立太阳宫乡党总支，下设8个党支部，分别为太阳宫村党支部、十字口村党支部、牛王庙村党支部、五路居村党支部、小亮马桥村党支部、惠忠庵村党支部、左家庄村党支部、小黄庄村党支部。

1958年8月，撤销太阳宫乡建制，成立太阳宫第三工作站党总支，下辖8个大队党支部。1960年，十字口生产大队第一、第二生产队分离出来，成立尚家楼生产大队，并随之建立党支部。

1961年6月，太阳宫第三工作站撤销，成立太阳宫人民公社，同时成立公社党委，下设太阳宫、十字口、尚家楼、牛王庙、五路居、小亮马桥、惠忠庵、左家庄、小黄庄9个大队党支部。1966年8月，尚家楼生产大队并入十字口生产大队，党支部亦随之并入。年内，太阳宫公社党委下辖太阳宫、十字口、惠忠庵、左家庄、牛王庙、小亮马桥、小黄庄、五路居8个大队党支部，另有机关党支部、牛奶厂党支部、综合厂党支部。

1969年，公社下辖17个党支部。其中农业党支部8个，分别为太阳宫生产大队党支部、革命生产大队党支部（十字口生产大队党支部）、东风生产大队党支部（惠忠庵生产大队党支部）、红旗生产大队党支部（左家庄生产大队党支部）、友谊生产大队党支部（牛王庙生产大队党支部）、向阳生产大队党支部（小亮马桥生产大队党支部）、红卫生产大队党支部（小黄庄生产大队党支部）、东方红生产大队党支部（五路居生产大队党支部）；工副业党支部2个，分别为综合加工厂党支部、供销社党支部；学校党支部5个；畜业党支部1个，为牛奶厂党支部；机关党支部1个。

1972年4月，十字口生产大队党支部改建为党总支。12月，五路居生产大队党支部改建为党总支。1974年，太阳宫公社党委下辖基层党支部有：太阳宫生产大队党支部，十字口生产大队一小队党支部、二小队党支部、三小队党支部、四小队党支部，十字口生产大队党小组，惠忠庵生产大队党支部，左家庄生产大队党支部，牛王庙生产大队党支部，小亮马桥生产大队党支部，小黄庄生产大队党支部，五路居生产大队工副业党支部、五路居生产大队一小队党支部、二小队党支部、三小队党支部、五路居生产大队学校党小组，机关党支部、综合厂党支部、牛奶厂党支部、财贸党支部、农机站党支部、卫生院党支部。

1977年，太阳宫公社设党委1个，党总支2个，党支部24个，其中机关党支部1个、工业党支部2个、农业党支部18个、生活服务业党支部1个、文教卫生事业党支部2个。1980年2月，十字口大队党总支改为十字口大队党支部。1981年，撤销小黄庄生产大队、左家庄生产大队建制，党组织也于同时撤销。

1983年，农村政社分开，建立乡政府，太阳宫人民公社党委改为太阳宫乡党委。同年12月，五路居村撤销村建制，村党支部随之撤销。1986年8月，小亮马桥村撤销村建制，村党支部随之撤销。

1988年，乡党委设太阳宫村党支部、十字口村党支部、惠忠庵村党支部、牛王庙村党支部、除尘设备厂党支部、太阳宫旅馆党支部、太阳宫冰棍厂党支部、和平服装厂党支部、太阳宫试验站党支部、太阳宫牛奶厂党支部、太阳宫乡机关党支部、太阳宫卫生院党支部、钢木制品厂党支部、居民党支部。

1991年，党支部总数17个，党小组31个。党支部分别为太阳宫党支部、十字口党支部、惠忠庵党支部、牛王庙党支部、除尘设备厂党支部、太阳宫旅馆党支部、太阳宫冰棍厂党支部、和平服装厂党支部、太阳宫试验站党支部、太阳宫牛奶厂党支部、太阳宫乡机关党支部、乡机关政府支部、乡机关总公司支部、太阳宫卫生院党支部、钢木制品厂党支部、居民党支部、水电管理站党支部。

1992 年，惠忠庵村撤销村建制，村党支部亦随之撤销。1993 年，根据太阳宫地区农村城市化快速推进的现状，区委决定成立太阳宫地区工作委员会，与乡党委实行“两块牌子、一套班子”，履行城市街道办事处党工委和农村乡党委两种职能。1994 年，乡党委批准乡农工商总公司党支部建立。1996 年，太阳宫乡有乡党委 1 个、党总支 1 个、党支部 17 个。其中，企业党支部 13 个，建制村党支部 3 个，其他 1 个。13 个企业党支部全部为乡镇企业党支部。

1997 年 3 月，成立太阳宫建筑公司党支部。1998 年 5 月，成立莱太花卉有限公司党支部。2002 年 1 月，成立北京新纪房地产开发有限责任公司党支部。至 2002 年年底，太阳宫乡有乡党委 1 个、党总支 1 个、党支部 29 个。其中，居委会党支部 11 个，建制村党支部 3 个，企业党支部 14 个，企业联合支部 1 个。党支部分别为机关党委支部、机关政府支部、太阳宫村党支部、十字口村党支部、牛王庙村党支部、城管监察队党支部、太阳宫宾馆党支部、京华钢木厂党支部、联合支部、除尘设备厂党支部、明宫宾馆党支部、新纪物业党支部、腾飞龙公司党支部、建筑公司党支部、电管站党支部、新纪房地产开发公司党支部、莱太花卉公司党支部、太阳宫旅馆党支部、十四号院党支部、太阳宫居委会党支部、住总市政党支部、中交建安党支部、牛王庙居委会党支部、芍药二居党支部、居民党支部、十字口居委会党支部、芍药一居党支部、长途家委会党支部、芍药居党支部。

2003 年，太阳宫乡有机关党委支部、机关政府支部、监察队支部、老干部支部、太阳宫村党支部、十字口村党支部、牛王庙村党支部、农工商总公司党支部、莱太花卉公司党支部、新纪物业党支部、新纪开发公司党支部、联合支部、电管站党支部、居民党支部、太阳宫居委会党支部、十字口居委会党支部、牛王庙居委会党支部、芍药居党支部、芍药一居党支部、芍药二居党支部、十四号院党支部、甲 2 号院党支部、中交建安党支部、长途居委会党支部。

2004 年 4 月，十字口村党支部改建为党总支。年内，经乡党委研究决定，在芍药居北里组建 3 个社区党支部，分别为芍药居北里第一社区党支部、芍药居北里第二社区党支部、芍药居北里第三社区党支部。是年，太阳宫乡设党委 1 个、党总支 3 个（其中企业党总支 1 个、机关党总支 1 个、其他党总支 1 个）、党支部 28 个（其中企业党支部 4 个、事业单位党支部 1 个、机关党支部 4 个、其他党支部 19 个）。

2006 年，太阳宫乡有乡机关党支部、乡机关退休党支部、乡农工商总公司党总支、莱太花卉公司党支部、新纪房地产开发公司党支部、新纪物业公司党支部、太阳宫建筑公司党支部、综合服务中心党支部、太阳宫村党支部、十字口村党总支、牛王庙村党支部。

6月5日，地区召开新建社区党委成立大会，宣布太阳宫等10个社区党委正式成立，分别为芍药居一社区党委、芍药居二社区党委、芍药居三社区党委、芍药居四社区党委、太阳宫社区党委、十字口社区党委、牛王庙社区党委、夏家园社区党委、惠忠庵社区党委、尚家楼社区党委。

2008年，全乡有党组织55个，其中党委11个、党总支2个、党支部42个。2009年至2010年，太阳宫乡开展楼宇党建工作，让党组织“上楼”，在芍药居四社区“北京中远劳捷斯有限公司”商务楼试点成立党组织的基础上，先后建立楼宇企业党组织3个，其中包含楼宇联合党委1个、中远劳捷斯有限公司党支部1个、小型公司联合党支部1个。2010年，全乡设1个乡党委、10个基层党委、2个党总支、47个基层党支部，其中10个基层党委均为社区党委，社区党委下设党支部32个。有机关党支部1个，乡属规模企业党支部3个，非公有制企业党建组织1个，楼宇党员服务站1个。

2011年，乡内有十字口村党总支、牛王庙村党支部、太阳宫社区党委乡机关党支部、农工商总公司党总支、综合服务中心党支部、芍药居一社区党委、芍药居二社区党委、芍药居三社区党委、芍药居四社区党委、夏家园社区党委、尚家楼社区党委、十字口社区党委、莱太花卉公司党支部、新纪物业公司党支部、新纪开发公司党支部、北京中远劳捷斯物资有限公司党委、建筑公司党支部。

2012年6月21日，建立德奥达投资集团有限公司党支部。12月27日，建立太阳宫城管分队党支部。年内，太阳宫乡有党组织68个。其中，党委12个，党总支2个，党支部54个。

2013年6月，分别成立十字口社区非公企业联合支部和朝阳区智耘弘善社工事务所党支部。2014年，全乡有10个社区党委、3个村级党（总）支部、7个乡属企事业党（总）支部、5个非公企业党支部。

图5–1　2015年6月16日，三弦国际投资集团成立党委

2015年1月29日，太阳宫乡党委批准成立太阳宫乡合作经济联合社党总支部。4月29日，批准成立北京天朗世纪体育文化有限公司太阳宫足球俱乐部党支部。6月16日，批准成立三弦国际投资集团有限公司党委。8月10日，批准成立中国青旅实业发展有限责任公司党支部、北京医圣堂中医医院有限公司党支部。9月28日，经朝阳区

委组织部研究决定，中国海外控股集团有限公司党组织关系划归太阳宫乡党委管理。至2015年12月，太阳宫乡有党委12个，以及10个社区党委、1个党总支、55个党支部。

2016年6月14日，地区工委批准成立北京海日盛达建筑装饰工程有限责任公司党支部。6月24日，地区工委批准成立北京正晖基金管理有限公司党支部。10月26日，地区工委批准成立北京安中亿巨投资咨询有限公司党支部，批准成立北京国际和平文化基金会与北京和苑博物馆联合党支部。12月2日，乡党委根据机关党员状况，制定《关于成立机关党总支部委员会工作的意见》，成立机关党总支，下设6个机关党支部和1个退休支部。召开乡机关党总支党员大会，选举出新一届机关党总支部委员7人，分别为兰澎、陶薇薇、王俊娥、刘亚静、孙奕、李永红、尚淑芳。会后召开第一次党总支委员会，选举兰澎为党总支书记，陶薇薇为党总支副书记，6个党支部也分别选举出新一届支部委员3人。至年底，地区有党组织76个，在318家非公有制企业中，单独建立党组织的有12家，联合建立党组织的有2家，商务楼宇党组织有3家。

表5-1　**1956—1995年党组织领导任职情况一览表**

党组织名称	姓名	职务	任职时间
太阳宫乡党总支	王宝成	书记	1956年3月—1957年12月
	宁雪山	书记	1958年1月
	王宝成	书记（免）	1958年2月
太阳宫第三工作站党总支	宁雪山	书记	1958年3月—1959年12月
	王玉璞	副书记	1959年1月—1959年12月
	宁雪山	书记	1960年1月—1961年6月
	王玉璞	副书记	
太阳宫公社党委	王大明	书记	1961年7月—1965年4月
	赵润宽	副书记	
	王玉璞	副书记	
	秦龙海	副书记	
	王德科	代书记	1965年5月—1966年12月
	王大明	书记（免）	1967年1月—1968年1月
	张耀庭	书记	
	赵润宽	副书记	
	张耀庭	书记（免）	1968年2月—1968年9月
	王　朋	书记	1968年10月—1968年12月

续表 5–1

党组织名称	姓名	职务	任职时间
太阳宫公社党委	王　朋	书记	1969 年 1 月—1969 年 12 月
	赵润宽	副书记	
	王玉璞	副书记	
	张耀庭	副书记	
	王　朋	书记	1970 年 1 月—1970 年 12 月
	赵润宽	副书记	
	王玉璞	副书记	
	张耀庭	副书记	
	何广林	副书记	
	王　朋	书记	1971 年 1 月—1971 年 12 月
	张耀庭	副书记	
	赵润宽	副书记	
	何广林	副书记	
	王　朋	书记	1972 年 1 月—1973 年 6 月
	张耀庭	副书记	
	邵文杰	副书记	
	何广林	副书记	
	王　朋	书记（免）	1973 年 7 月—1973 年 9 月
	何广林	书记	1973 年 10 月—1973 年 12 月
	邵文杰	副书记	
	贾印川	副书记	
	何广林	书记	1974 年 1 月—1974 年 9 月
	邵文杰	副书记	
	贾印川	副书记	
	刘增林	副书记	1974 年 10 月—1974 年 12 月
	何广林	书记	1975 年 1 月—1975 年 12 月
	贾印川	副书记	
	刘增林	副书记	
	何广林	书记	1976 年 1 月—1977 年 12 月
	刘增林	副书记	
	贾印川	副书记	
	马长凤	副书记	
	贾印川	书记	1978 年 1 月—1978 年 5 月

续表 5-1

党组织名称	姓名	职务	任职时间
太阳宫公社党委	马长凤	副书记	1978 年 6 月—1978 年 12 月
	丁世增	副书记	
	景　禄	副书记	
	贾印川	书记	1979 年 1 月—1979 年 12 月
	马长凤	副书记	
	赵润宽	副书记	
	景　禄	副书记	
	贾印川	书记	1980 年 1 月—1980 年 10 月
	刘增林	书记	1980 年 11 月—1981 年 2 月
	赵润宽	副书记	
	马长凤	副书记	1980 年 1 月—1980 年 12 月
	刘增林	书记	1981 年 1 月—1982 年 12 月
	武惠琴	副书记	1981 年 3 月—1981 年 12 月
	丁世增	副书记	
	赵润宽	副书记	
	刘增林	书记	1981 年 3 月—1982 年 12 月
	赵润宽	副书记	1982 年 1 月—1982 年 12 月
	武惠琴	副书记	
	丁世增	副书记	
太阳宫乡党委	刘增林	书记	1983 年 1 月—1983 年 12 月
	孙长富	副书记	1983 年 4 月—1983 年 12 月
	武惠琴	副书记	
	闫兴元	副书记	
	刘增林	书记	1984 年 1 月—1984 年 12 月
	孙长富	副书记	
	武惠琴	副书记	
	马常兰	纪委书记	1984 年 7 月—1984 年 12 月
	刘增林	书记	1985 年 1 月—1994 年 12 月
	孙长富	副书记	
	武惠琴	副书记	
	闫兴元	副书记	
	马常兰	纪委书记	

续表 5-1

党组织名称	姓名	职务	任职时间
太阳宫乡党委	刘增林	书记	1995 年 1 月—1995 年 12 月
	孙长富	副书记	
	马常兰	纪委书记	
	武惠琴	副书记	
	宋振江	副书记	1995 年 6 月—1995 年 12 月

表 5-2 **1996—2016 年太阳宫地区工委（乡党委）领导任职情况一览表**

年份	姓名	职务	备注
1996 年	刘增林	工（党）委书记	10 月 16 日任正处调研员
	史贵升	工（党）委书记	1 月 12 日任
	孙长富	工（党）委副书记	11 月 28 日兼任纪工委书记
	马常兰	纪工委书记	11 月 28 日免
1997 年	史贵升	工（党）委书记	
	孙长富	工（党）委副书记兼纪工委书记	
1998 年	史贵升	工（党）委书记	8 月免去工（党）委书记
	桑小为	工（党）委副书记	8 月 25 日任职
	孙长富	工（党）委副书记兼纪工委书记	
1999 年	桑小为	地区工委（乡党委）书记	4 月任职，11 月免职
	宋振江	地区工委（乡党委）书记	12 月任职
	孙长富	工（党）委副书记兼纪工委书记	12 月 16 日免职
	王秋英	工（党）委副书记兼纪工委书记	12 月 16 日任职
2000 年	宋振江	地区工委（乡党委）书记	
	王秋英	工（党）委副书记兼纪工委书记	
2001 年 –2002 年	宋振江	地区工委（乡党委）书记	
	王秋英	工（党）委副书记兼纪工委书记	4 月 8 日免去纪工委书记职务
	苑尚省	纪工委书记	4 月 18 日任职
2003 年	冷雪峰	工（党）委书记	2002 年 12 月 19 日任职 2003 年 9 月免职
	王秋英	工（党）委副书记	
	苑尚省	纪工委书记	

续表 5–2

年份	姓名	职务	备注
2004 年	董万立	工（党）委书记	
	张永贵	工（党）委副书记	
	王秋英	工（党）委副书记	
	苑尚省	工（党）委副书记 / 纪委书记	6 月免职
	李保民	工（党）委副书记 / 纪委书记	6 月任职
2005 年	董万立	工（党）委书记	
	张永贵	工（党）委副书记	
	王秋英	工（党）委副书记	
	李保民	工（党）委副书记 / 纪委书记	
2006 年	董万立	工（党）委书记	
	张永贵	工（党）委副书记	
	王秋英	工（党）委副书记	7 月 7 日免职
	黄宏春	工（党）委副书记	7 月 7 日任职
	李保民	工（党）委副书记	7 月 7 日免职
	李保民	纪委书记	
2007 年	董万立	工（党）委书记	
	张永贵	工（党）委副书记	4 月 3 日免职
	张宏明	工（党）委副书记	6 月 15 日任职
	黄宏春	工（党）委副书记	
	李保民	纪委书记	
2008 年	董万立	工（党）委书记	
	张宏明	工（党）委副书记	
	黄宏春	工（党）委副书记	
	李保民	纪委书记	
2009 年	董万立	工（党）委书记	11 月 6 日免职
	张宏明	工（党）委书记	11 月 6 日任职
	张宏明	工（党）委副书记	11 月 6 日免职
	王　毅	工（党）委副书记	11 月 6 日任职
	黄宏春	工（党）委副书记	
	李保民	纪委书记	

续表 5–2

年份	姓名	职务	备注
2010 年	张宏明	工（党）委书记	
	王　毅	工（党）委副书记	
	黄宏春	工（党）委副书记	
	李保民	纪委书记	
2011 年	张宏明	工（党）委书记	
	王　毅	工（党）委副书记	
	黄宏春	工（党）委副书记	7 月 11 日免职
	李保民	纪委书记	7 月 11 日免职
	李保民	副书记	7 月 11 日任职
	李　军	纪委书记	7 月 11 日任职
2012 年	张宏明	工（党）委书记	
	王　毅	工（党）委副书记	
	李保民	副书记	
	李　军	纪委书记	
2013 年	张宏明	工（党）委书记	
	王　毅	工（党）委副书记	5 月 24 日免职
	贾恩松	工（党）委副书记	5 月 24 日任职
	李保民	副书记	
	李　军	纪委书记	
2014 年	张宏明	工（党）委书记	
	贾恩松	工（党）委副书记	
	李保民	副书记	2 月 7 日免职
	李　军	纪工委（乡纪委）书记	2 月 7 日免职
	李　军	副书记	2 月 7 日任职
	喻存根	纪工委（乡纪委）书记	2 月 7 日任职
2015 年	张宏明	工（党）委书记	
	贾恩松	工（党）委副书记	
	李　军	副书记	
	喻存根	纪工委（乡纪委）书记	

续表 5-2

年份	姓名	职务	备注
2016 年	张宏明	工（党）委书记	3 月 4 日免职
	李　华	工（党）委书记	5 月 20 日任职
	贾恩松	工（党）委副书记	
	李　军	副书记	7 月 8 日免职
	兰　澎	副书记	7 月 22 日任职
	喻存根	纪工委（乡纪委）书记	7 月 22 日免职
	陶学丽	纪工委（乡纪委）书记	8 月 19 日任职

第二节　党员代表大会

1962 年 8 月 3 日，太阳宫人民公社召开第一次党员代表大会（以下简称“党代会”），党委书记作报告及总结几年来的工作、分析形势，部署任务以及党的工作。

1975 年 8 月，太阳宫人民公社召开第四次党代会。

1981 年 3 月，太阳宫人民公社召开第五次党代会。

1987 年 6 月 2 日，太阳宫乡召开第六次党代会。93 名代表出席会议。会议审议通过乡第五届党委会工作报告和纪律检查委员会工作报告，并选举产生第六届党委会委员 9 名和纪律检查委员会委员 3 名。

1992 年 5 月 29 日至 30 日，太阳宫乡召开第七次党代会，应到代表 107 人，实到 102 人。会上，乡党委书记刘增林、乡纪委书记马常兰分别代表乡党委、乡纪委作工作报告。大会采取差额选举无记名投票的方法，选举产生党委会委员 9 名，分别为丁世增、马常兰、王世泉、孙长富、刘增林、苏沛、武惠琴、闫兴元、韩瑞宝，其中刘增林为党委书记，副书记有武惠琴、闫兴元、孙长富；纪律检查委员会委员 5 名，分别为马常兰、王桂荣、佟德海、高荣芳、洪玉杰，其中马常兰为纪委书记，高荣芳为纪委副书记。

1996 年 11 月 27 日，太阳宫乡召开第八次党代会，98 名乡党代表出席会议，会议由孙长富、宋振江主持，乡党委书记史贵升作工作报告，乡纪委书记马常兰作纪委工作报告。通过投票，选举产生第八届委员会委员：史贵升任书记，宋振江、孙长富任副书记，丁世增、纪海义、韩瑞宝、郭京升为委员；乡纪律检查委员会委员：孙长富兼任纪委书记，文艳萍、杜永旺为委员。

1999 年 12 月 14 日，太阳宫乡召开第九次党代会，107 名乡党代表出席会议，会议由党委副书记鞠正义、王秋英主持。乡党委书记宋振江作党委工作报告，党委副书记王秋英作乡纪律检查委员会工作报告。经过代表投票，选举产生新一届党委委员、纪委委员。党委委员为：宋振江、鞠正义、王秋英、冷雪峰、丁世增、李亚珉、郭京升；纪委委员为：王秋英、杜永旺、文艳萍。

2002年12月18日至19日，太阳宫乡召开第十次党代会，111名党代表出席。乡长张永贵主持开幕式，乡党委书记冷雪峰代表第九届委员会作题为《认真落实十六大精神为我乡率先实现城市化而努力奋斗》的工作报告。大会采用无记名投票的方法，差额选举出新一届乡党委委员、新一届纪委委员。乡党委委员为冷雪峰、张永贵、王秋英、苑尚省、张军茹、田康宁、张燕伟；新一届纪委委员为苑尚省、杜永旺、刘晓玲。

图5–2 太阳宫乡第十次党代会会场（2002年摄）

图5–3 代表们依次进行投票（2002年摄）

图5–4 乡领导班子成员分组讨论（2002年摄）

2006年10月12日，太阳宫乡召开第十一次党代会，99位党代表出席。朝阳区委组织部正处级组织员齐国仲、区农工委副书记、纪委书记胡杰华出席会议。与会代表听取和审议乡党委书记董万立所作的题为《加快发展步伐、强化城市管理、提高市民素质，为构建和谐太阳宫地区而努力奋斗》的工作报告。10月13日，大会以无记名投票的方式，选举产生新一届乡党委委员9名，分别为董万立、张永贵、黄宏春、李保民、田康宁、徐燕华、蒋萍、张燕伟、赵建忠；新一届纪委委员3名，分别为李保民、张红霞、林斌。经过投票选举，董万立当选中共太阳宫乡第十一届委员会书记，李保民、张永贵、黄宏春当选副书记，李保民当选太阳宫乡纪律检查委员会书记。

2011年9月20日至21日，太阳宫乡召开第十二次党代会第一次会议。107名党代表及16名列席人员参加会议，大会选举出新一届乡纪律检查委员会书记1名、委员5名。纪委书记李军，纪委委员李军、李全杰、张亚杰、林斌、徐宏桢。

2013年3月18日至19日，太阳宫乡召开第十二次党代会第二次会议。104名党代表、15名列席代表参加会议，市委组织部、区委组织部领导全程观摩大会。大会审议并通过乡党委书记张宏明所作的工作报告、乡纪委书记李军所作的纪委工作报告，乡党委副书记李保民部署《关于开展“凝聚正能量促进发展，践行宗旨创新发展”解放思想大讨论活动的实施意见》；大会提案审查委员会审查代表提出的6件提案，最终确定4件作为提案办理。

2014年1月27日，太阳宫乡召开第十二次党代会第三次会议，107名党代表、15名人大代表参加会议。大会审议并通过乡党委书记张宏明作的工作报告、乡纪委书记李军所作的纪委工作报告。会上，广泛征求各位代表对太阳宫乡今后发展和工作方向的意见及建议。

2015年2月5日，太阳宫乡召开第十二次党代会第四次会议。应出席代表105名，因病、因事请假17名，实出席代表88名，会议由乡党委副书记、乡长贾恩松主持。会上，乡党委书记张宏明代表中共太阳宫乡党委作工作报告，并请与会代表进行审议，报告回顾总结2014年工作开展情况。纪委书记喻存根作中共太阳宫乡纪律检查委员会工作报告，会议全票通过乡党委工作报告和乡纪委工作报告。

2016年1月29日，太阳宫乡召开第十二次党代会第五次会议，79名党代表参会，乡党委书记张宏明作党委工作报告。会议审议并批准纪委书记喻存根所作的中共太阳宫乡纪律检查委员会工作报告。

2016年9月12日至13日，太阳宫乡召开第十三次党代会，乡党委副书记兰澎主持会议。乡党委书记李华代表太阳宫乡第十二届委员会向大会作《凝心聚力，创新发展，为全面建设太阳宫新街区而努力奋斗》的报告。地区纪工委书记陶学丽代表太阳宫乡纪律检查委员会向大会作《坚持全面从严治党，聚焦监督执纪问责，坚定不移推进党风廉政建设和反腐败工作》的报告。会议审议关于乡党委、纪委工作报告的决议（草案），选举产生新一届乡党委委员 11 名、新一届纪委委员 7 名。乡党委委员为王伍、王广军、兰澎、李华、李军、林敏、贾小培、贾恩松、徐宏桢、郭新生、陶学丽，其中李华任党委书记，兰澎任党委副书记。纪委委员为史文革、张亚杰、张俊杰、林斌、赵中忠、陶学丽、韩娟，其中陶学丽任纪委书记。并选举出席朝阳区第十二次党代会代表。

第三节　组织建设

入党积极分子培养与党员发展

1957 年，太阳宫乡有入党积极分子 60 人。1963 年，对入党积极分子普遍进行一次培训，并根据不同程度进行党的基本知识的教育，为发展党员工作做准备。

1969 年，新发展党员 6 名。1970 年，发展党员 19 名。1975 年至 1981 年，太阳宫公社党委按照加强教育、慎重发展的方针，5 年发展新党员 74 名。1987 年，太阳宫乡发展党员 13 名，其中男 5 名，女 8 名。

1991 年，乡内发展党员 11 名，其中男 9 名，女 2 名。1996 年至 1999 年，太阳宫乡党委按照“坚持标准、保证质量、改善结构、慎重发展”的方针，发展党员 27 人。

图 5-5　新党员面向党旗庄严宣誓（2001 年 6 月 29 日摄）

2000 年至 2002 年，乡党委坚持按照组织发展“十六字”方针（控制总量、优化结构、提高质量、发挥作用），实施党员发展公示制度，增强党员发展的透明度。同时，认真做好积极分子的培养教育工作，组织积极分子培训班。3 年间，发展党员 37 名，举办积极分子培训班 3 期，培训人数达 150 人次。

2004 年，乡党委把“三级联创”落实到党员队伍建设中。围绕提高素质、增强党性、发挥作用的总体要求，进行党员发展、教育和管理工作。将关口前移，通过积极分子培训班，召开座谈会等多种形式对发展对象进行把关。针对部分党员年龄偏大，身体条件差，文化水平低的状况，坚持政治、生活上关心，采取多种多样的形式使他们参加组织活动，从源头上抓好党员的发展工作，把青年中优秀分子培养成党员，解决党员结构老化的问题。开展创建学习型支部、学习型个人的活动，举办各种类型培训、讲座 50 余场，受教育达到2000多人次。

2008年，乡党委严格落实发展党员“坚持标准、保证质量、改善结构、慎重发展”的“十六字”方针，做好党员发展和预备党员转正工作。通过组织入党积极分子培训班，完成农村地区重点发展对象的考察排序，党员发展全面实行票决制、公示制，建立新形势下党员发展程序，使党员发展工作更加规范化、民主化。年内，发展党员21名，19名预备党员如期转正。

2010年5月11日至14日，为加强地区党建工作，奠定创建工作坚实的组织基础，乡内举办“太阳宫地区社区党委、新党员和入党积极分子培训班”，社区党委委员、新党员、入党积极分子等90余人参加培训。同年，全乡有村级领导班子15人，社区领导班子88人，企业领导班子32人。全乡党员1904名，其中60岁以上党员1190人，占63%。

2013年，乡党委按照“建组织、建阵地、建服务体系”的要求，夯实基层组织基础，丰富阵地建设内涵，加强服务体系建设，为全乡各项工作的开展提供坚强的组织保证。4月24日至25日，举办入党积极分子和新党员培训班，来自机关、社区（村）、企事业单位、非公企业106人参加培训。9月10日，在乡机关第一会议室召开中共朝阳区委党校太阳宫分校2012年至2013年度培训班结业仪式，乡处级领导、机关副科级以上干部和各社区、村、企事业单位领导班子成员，以及非公有制企业党建负责人等120余人参加。2014年4月21日至22日，举办地区入党积极分子培训班，邀请朝阳区委党校老师董淑玲、姜岩和卢韦给预备党员和积极分子授课，74名入党积极分子全部通过考核毕业。2015年5月5日至7日，举办入党积极分子和新党员培训班，77人参加培训。年内，太阳宫乡党委进一步完善《太阳宫地区基层党组织发展党员工作规定》，按照“控制总量、优化结构、提高质量、发挥作用”的工作要求，坚持慎重发展，均衡发展，有领导、有计划地进行。全年共有14名（其中女8名）表现优异的积极分子加入党组织，其中包括机关1名、非公党支部1名、社区村11名、企业1名，均为基层骨干分子。

2016年，根据中共中央办公厅印发的《中国共产党发展党员工作细则》精神，按照“控制总量、优化结构、提高质量、发挥作用”的总要求，坚持标准，严格程序，严肃纪律，慎重发展党员，办理预备党员转正手续14名，发展党员13名。

党员数量与构成

1949年10月，惠忠庵村建立党支部，有党员9名。1950年冬，在“土改”工作组协助下，十字口村发展第一批党员，有赵广树等。

1958年，辖域有党员215名，其中预备党员10名。性别方面，男党员131名，女党员84名。职业方面，农民112名，职员45名，其他58名；年龄方面，25岁以下44名，26 ~ 45岁130名，46 ~ 60岁37名，61岁以上4名；入党时间方面，1937年7月至1945

年8月入党18名，1945年9月至1949年9月入党32名，1949年10月至1952年12月入党36名，1953年1月至1957年12月入党129名。文化程度方面，初中30名，高小69名，初小63名，文盲53名。

1961年，太阳宫人民公社成立。1962年，太阳宫公社有党员165名。1969年，全公社有党员245名，其中预备党员58名。1971年，全公社有党员265名。其中，农业战线（指机关、生产大队、生产队、综合厂、牛奶厂）党员232名，非农业战线（指学校、财贸、下放干部）党员33名。1977年，全公社有党员446名。其中，正式党员443名，预备党员3名；男党员292名，女党员154名；汉族440名，少数民族6名；25岁以下30名，26～35岁179名，36～55岁206名，56岁以上31名。

1987年，太阳宫乡有党员304名。其中，正式党员289名，预备党员15名；男党员192名，女党员112名；汉族300名，少数民族4名；1937年7月7日至1945年9月2日入党的有2名，1945年9月3日至1949年9月入党的有2名，1949年10月至1966年4月入党的有94名，1966年5月至1976年10月入党的有123名，1976年以后入党的有83名；25岁以下的有6名，26～30岁的有7名，31～35岁的有38名，36～45岁的有112名，46～50岁的有35名，51～55岁的有39名，56～60岁的有27名，61岁以上的有40名；大专学历有5名，中专学历有7名，高中学历有16名，高中以下学历276名。

1991年，太阳宫乡有党员350名。其中，正式党员339名，预备党员11名；男党员243名，女党员107名；汉族347名，少数民族3名；25岁以下4名，26～35岁28名，36～45岁121名，46～55岁92名，56～60岁49名，61岁以上56名；1937年7月7日至1945年9月2日入党的有1名，1945年9月8日至1949年9月入党的有6名，1949年10月至1966年4月入党的有94名，1966年5月至1976年10月入党的有133名，1976年以后入党的有116名；大专以上学历11名，中专学历12名，高中学历26名，初中学历171名，小学学历125名，文盲5名。

1996年，太阳宫乡有党员379名。其中，正式党员373名，预备党员6名；男党员253人，女党员126人；汉族369人，少数民族10人；25岁以下12人，26～35岁27人，36～45岁82人，46～55岁99人，56～60岁47人，61岁以上112人；1937年7月7日至1945年9月2日入党的有1人，1945年9月3日至1949年9月入党的有3人，1949年10月至1966年4月入党的有96人，1966年5月至1976年10月入党的有113人，1976年11月至1992年9月入党的有120人，1992年10月以后入党的有46人。其中文盲5人，小学学历116人，初中学历201人，高中学历24人，中专学历21人，大专以上12人。

2002年，全乡有党员693名。其中，正式党员679名，预备党员14名；男党员409名，女党员284名；汉族668名，少数民族25名；25岁及以下24名，26～35岁67名，

36 ~ 45 岁 95 名，46 ~ 54 岁 187 名，55 ~ 59 岁 120 名，60 岁及以上 200 名；1937 年 7 月 7 日至 1945 年 9 月 2 日入党 1 名，1945 年 9 月 3 日至 1949 年 9 月入党 4 名，1949 年 10 月至 1966 年 4 月入党 140 名，1966 年 5 月至 1976 年 10 月入党 156 名，1976 年 11 月至 1992 年 9 月入党 183 名，1992 年 10 月以后入党 209 名；大专以上学历 147 名，中专学历 68 名，高中学历 106 名，初中学历 255 名，小学及以下学历 117 名。

2005 年，乡内有党员 1230 名。其中，正式党员 1211 名，预备党员 19 名；男党员 677 名，女党员 553 名；汉族 1183 名，少数民族 47 名；35 岁及以下党员 82 名，36 ~ 45 岁党员 135 名，46 ~ 54 岁党员 269 名，55 ~ 59 岁党员 245 名，60 岁及以上党员 499 名；1945 年 9 月 3 日至 1949 年 9 月入党的有 10 名，1949 年 10 月至 1966 年 4 月入党的有 189 名，1966 年 5 月至 1976 年 10 月入党的有 315 名，1976 年 11 月至 1992 年 9 月入党的有 418 名，1992 年 10 月以后入党的有 298 名；研究生学历 5 名，本科学历 162 名，大专学历 249 名，中专学历 171 名，高中学历 106 名，初中及以下学历 537 名。

2008 年，全乡党员 1742 名。其中，正式党员 1720 名，预备党员 22 名；男党员 934 名，女党员 808 名；汉族 1685 名，少数民族 57 名；35 岁以下 136 人，36 ~ 45 岁 239 人，46 ~ 54 岁 437 名，55 ~ 59 岁 269 人，60 岁及以上 661 人；1937 年 7 月 7 日至 1945 年 9 月 2 日入党的有 1 人，1945 年 9 月 3 日至 1949 年 9 月入党的有 7 人，1949 年 10 月至 1966 年 4 月入党的有 222 人，1966 年 5 月至 1976 年 10 月入党的有 401 人，1976 年 11 月至 2002 年 10 月入党的有 923 人，2002 年 11 月及以后入党的有 188 人；研究生 20 人，大学本科 285 人，大专学历 346 人，中专 215 人，高中、中技 224 人，初中及以下 652 人。

2012 年，全乡有党员 2237 名。其中，正式党员 2218 名，预备党员 19 名；男党员 1179 名，女党员 1058 名；汉族 2146 名，少数民族 91 名；35 岁及以下入党的 205 名，36 ~ 45 岁入党的 158 名，46 ~ 54 岁入党的 276 名，55 ~ 59 岁入党的 373 名，60 岁及以上入党的 1225 名；1937 年 7 月 7 日至 1945 年 9 月 2 日入党的有 1 名，1945 年 9 月 3 日至 1949 年 9 月入党的 5 名，1949 年 10 月至 1966 年 4 月入党的有 220 名，1966 年 5 月至 1976 年 10 月入党的有 471 名，1976 年 11 月至 1978 年 12 月入党的有 68 名，1979 年 1 月至 2002 年 10 月入党的有 1150 名，2002 年 11 月及以后入党的有 322 名；研究生学历 43 名，本科学历 465 名，大专学历 523 名，中专学历 277 名，高中及中技学历 293 名，初中及以下学历 636 名。

截至 2016 年年底，全乡党员 2826 名。其中，男党员 1480 名，女党员 1346 名；汉族党员 2704 名，少数民族党员 122 名；30 岁及以下党员 119 名，31 ~ 35 岁党员 142 名，36 ~ 40 岁党员 143 名，41 ~ 45 岁党员 116 名，46 ~ 50 岁党员 113 名，51 ~ 55 岁党员 198 名，56 ~ 60 岁党员 342 名，61 ~ 65 岁党员 637 名，66 ~ 70 岁党员 469 名，71 岁

及以上党员547名；1937年7月7日至1945年9月2日入党的有1名，1945年9月3日至1949年9月入党的4名，1949年10月至1966年4月入党的有177名，1966年5月至1976年10月入党的有497名，1976年11月至1978年12月入党的有95名，1979年1月至2002年10月入党的有1496名，2002年11月至2012年10月入党的有474名，2012年11月及以后入党的有82名；研究生学历155名，本科学历702名，大专学历646名，中专学历344名，高中及中技学历352名，初中及以下学历627名。

表5-3　　**1996—2016年太阳宫乡党员情况统计表**

年份	党员总数	男党员人数	女党员人数
1996年	379	253	126
1997年	407	278	129
1998年	435	312	123
1999年	444	300	144
2000年	547	352	195
2001年	558	370	188
2002年	693	409	284
2003年	867	520	347
2004年	1007	566	441
2005年	1230	677	553
2006年	1408	783	625
2007年	1620	884	736
2008年	1742	934	808
2009年	1890	1008	882
2010年	2000	1069	931
2011年	2187	1161	1026
2012年	2237	1179	1058
2013年	2336	1260	1076
2014年	2484	1316	1168
2015年	2593	1365	1228
2016年	2826	1480	1346

党员干部管理

20世纪80年代建立乡党委后，制度建设提上议事日程。按照“集体领导、民主集中、个别酝酿、会议决定”的原则，完善书记会、党委会、党委扩大会的议事规则和决策程序，做到重要人事变动、重要发展规划、重要工程项目、大额资金使用等在调研基础上写出可行性报告，经乡党委集体研究决定。建立党委工作制度、党员干部管理制度、领导干部离任审计制度、重大问题民主决策制度、集体财产处理公开制度、干部考核奖励制度等，使党委各项工作有章可循，照章办事。

20世纪90年代初，太阳宫乡党委建立起理论学习中心组学习制度，坚持以邓小平理论为指导，围绕发展地区经济，加快农村城市化的步伐，紧抓理论学习中心组学习不放松。每年初制定当年学习计划，党委班子每位成员认真落实计划安排，年底写出学习总结。学习方法采用集中学习与自学相结合、专题学习与随机学习相结合、通读原文与座谈讨论相结合、理论学习与调查研究相结合等方式，力求运用理论指导实践。

进入21世纪以后，乡党委进一步加强领导班子建设。党委理论中心组学习制度、重大事项集体决策制度、党风廉政监督制度、领导干部挂村包片制度等，得到全面贯彻与落实。与此同时，继续坚持民主集中制原则，严格落实“三重一大”、集体领导与个人分工负责制等工作制度，做到用制度管权管事管人。完善党委内部议事和决策机制，班子成员做到“三个三”，即三相互：相互信任、相互配合、相互学习；三不要：大事不要独断、小事不要纠缠、难事不要推诿；三主动：主动交心通气、主动出谋献策、主动搭台补台。大事集体研究，小情及时通报，有效提升领导班子决策的民主化和科学化水平。

图5-6 红芍社党史教育活动示范基地

2009年5月，太阳宫乡党委、乡政府打造集组织、党建、社区、品牌、家的文化于一身的社区党建品牌——“红芍社”党员服务中心。2010年9月21日，朝阳区红芍社党史教育活动示范基地正式挂牌成立。“红芍社”以“热心接待、耐心受理、细心承办、真心服务”为宗旨，以“秉红芍美溢自然之行，承党员先进本色之魂”为理念，以打造区域性、开放式、多功能、专业化的党员服务平台为目标，内设社区党员教育培训中心、党员志愿服务站、聊聊吧、能人协会、文体活动中心、“两新”组织指导服务站、党员服务中心、枢纽型组织指导中心等15个功能室，涉及210项服务内容，努力构建党组织服务党员的温馨家园、党组织和党员服务群众的窗口、“两新”组织的孵化器、区域党组织的资源平台、流动党员的接纳地。

图 5-7　2011 年 6 月 22 日，北京市人大常委会主任杜德印（左）视察和参观芍药居二社区“红芍社”，全国劳模、社区党委书记刘爱英（中）为杜德印讲解

图 5-8　太阳宫地区工委理论中心组学习（扩大）会议（2015 年 9 月 25 日摄）

在做大做强“红芍社”服务品牌的基础上，地区工委加大对“红芍社”的扶持力度，投入 50 万元对党员服务中心进行整体的装修设计和硬件的完善，并引导“红芍社”树立典型，培育七彩袖标志愿行动队，开设“天天课堂”等服务品牌。同时，地区工委不断扩大“红芍社”在党员群众中的影响力，邀请北京电视台、人民日报社等媒体加大对“红芍社”的宣传，为“红芍社”更好地发展出谋划策。“红芍社”建成以来，党员主体地位得以体现，党组织的凝聚力得以加强，党员的先锋模范作用得以彰显，夯实基层党建工作基础，创新基层党建工作的新模式，而且巩固党在基层的执政地位，提高党的执政能力，成为党员的温馨之家。

2013 年，乡党委加大干部的培养培训力度，修订完善《中共朝阳区委党校太阳宫分校管理暂行办法》，充分利用有效学习载体，开展理论学习和形势教育活动，用党的最新理论武装干部头脑，激励斗志，用专业知识增强干部推动科学发展、促进社会和谐的能力。在选拔任用干部上，严格按照区委的要求，贯彻落实中共中央《党政领导干部选拔任用工作条例》，加大竞争性选拔干部力度，不断深化干部人事制度，引入社会人力资源测评，完善机关干部竞争上岗机制和程序。换届以来，通过公开选拔竞争上岗、轮岗等方式对 46 名干部岗位进行调整，为干部的成长、进步提供平等的机会和平台。

2016 年，以“两学一做”学习教育为契机，加强干部教育培训。开设中青干部培训班，依托基层党组织，利用“三会一课”、组织生活会、书记讲党课、主题党日、观看宣教片等多种形式开展学习活动，全面提升地区党员干部的素质水平，为地区发展提供智力支持。

同时，针对乡联社及所有乡集体经济组织干部队伍现状，制定《太阳宫乡集体经济组织领导干部任免、交流和管理制度（试行）》。进一步规范和明确乡联社机构设置、乡企业干部管理任用权限和程序、企业干部免职、解聘条件、企业干部交流使用原则等内容，为推动全乡集体经济持续快速发展提供人才和制度保障；组织开展社区优秀年轻干部到机关挂职锻炼工作，制定《关于选调优秀社区干部到机关挂职锻炼的实施意见》，明确挂职锻炼人员范围、条件、挂职时间和挂职岗位，建立起基层优秀干部选调交流工作长效机制，采取基层单位推荐和组织决定相结合的方式，完成 8 名社区干部到机关挂职锻炼工作。另外，继续做好社区工作者招聘和培训工作，根据地区社区工作需要，全年招录 25 名社区工作者，按照招录的条件和要求，以及区农委统一安排，完成报名、审核、面试、体检、转档和岗前培训等工作。7 月到 12 月，针对社区“两委”一站的 150 名工作人员，每月组织 1 ~ 3 次培训，开展社区管理创新、社区治理和社区营造等系列培训，对社区工作者如何做好社区工作起到借鉴作用。

第四节　宣传教育

1963 年，太阳宫公社党委落实区委宣传工作会议的精神，采取对党员和干部进行集中训练和经常教育相结合的方法，对群众进行以贯彻《农村人民公社工作条例〈修正草案〉》和《中共中央关于进一步巩固人民公社集体经济、发展农业生产的决定》等政策教育；对党员提出更高更严的要求，加强对党员的教育，以中央组织部、宣传部编印的“怎样做一个好的共产党员”为主，坚持党课教育，使大家进一步了解什么是共产主义，什么是共产党，怎样做一个好的共产党员等，使党员对党的基本知识有了系统的了解，提高其政治思想觉悟，增强其党性。

1965 年，公社落实北京市委、朝阳区委宣传工作会议的精神，开展学习毛主席著作活动。

1976 年后，公社党委采取集中办班轮训的方法加强党员思想建设。举办 5 期支委轮训班和一期党员轮训班。学习《中国共产党章程》，广大党员和干部紧密联系个人的思想和工作实际，进行“思想大检查”，找出自己身上的不正之风。坚持“三会一课”制度，学习党的路线和一系列方针政策，坚持民主集中制的组织原则和批评与自我批评的作风。批判林彪、江青反革命集团在党的建设方面推行的极“左”路线。

1987 年，太阳宫乡党委制定下发《中共太阳宫乡委员会关于认真学习和宣传十三大文件的意见》，对各基层党支部学习报告的时间、方法、步骤和重点以及具体要求都做了明文规定。11 月中旬，乡党委组织党支部书记和全体党委人员集中学习两天。

1996 年，乡党委坚持理论学习中心组学习制度，突出强化六种意识，即学习、勤政、廉洁、公仆、全局和团结意识。对党员干部重点进行邓小平理论和党的十五大精神的学习。同时加强党的基本理论、基本路线、基本知识以及以廉政勤政为主要内容的党风党纪教育，深入开展“双学一评”活动，有针对性地举办各种业务知识培训班、党课教育等。1998年，通过多种形式，加强对党员、干部的理论学习和思想教育，提高广大党员、干部的思想觉悟和政治素质。在党员、干部中广泛开展学习邓小平理论，学习十五届三中全会、北京市第八次党代会文件和《中国共产党章程》的学习教育活动。

2000年，乡党委坚持以“三级联创”为主线，开展“三个代表”重要思想学习教育活动，全面加强党的建设。为改进党建工作方式，乡党委通过党委会议、中心组学习等形式，专门研究辖区非公经济组织、新社会组织和商务楼宇党建工作，以中远劳捷斯为试点，派驻专职党建工作领导员，开展适应“两新”组织人员特点的思想政治工作。

图5-9 区委党校老师在“三个代表”重要思想村级干部培训班上授课（2001年9月12日摄）

图5-10 培训班人员进行分组讨论（2001年9月12日摄）

2003年，乡党委和各党支部根据区委学习的要求，把学习、宣传、贯彻、落实中共十六大精神作为首要政治任务和中心工作来抓。组织专题党课辅导讲座，通过学习讨论、开办宣传栏、组织听党课等多种形式对十六大精神进行全面准确、深入浅出、生动活泼的学习宣传，努力使十六大精神深入人心。在全乡开展创建学习型机关、乡村、社区、企业、科室、家庭的活动，不断提升地区文明程度和文化品位。

2004年，乡党委本着理论武装头脑、理论指导实践、理清工作思路、提高业务能力推动工作、转化工作作风、理论学习与工作实际相结合的原则，先后学习世贸组织的基本知识、行政法律法规、人口与计划生育工作、以“三个代表”重要思想为主要内容的中共十六大及十六届三中全会精神、《中国共产党党内监督条例》等相关知识。中心组理论学习采取自学与集中学习相结合、党课与双休日讲座相结合、调查研究与联系基层党支部相结合的学习方式。

2005年，为贯彻落实中央《关于在全党开展以实践“三个代表”重要思想为主要内容的保持共产党员先进性教育活动的意见》精神，按照朝阳区委《关于保持共产党员先进性主题教育活动的意见》安排，在农工委督导组的具体指导下，太阳宫地区作为第二批开展保持共产党员先进性教育活动单位，于7月14日召开第一次先进性教育活动领导小组会议，通过《太阳宫地区“保持共产党员先进性教育活动”实施意见》。活动分三个阶段：第一阶段为7月中旬至8月上旬，主要活动是学习动员；第二阶段为8月中旬至9月上旬，主要活动是分析评议；第三阶段为9月中旬至10月上旬，主要活动为整改提高。学习形式分为统一参加区委的封闭式学习、领导小组组织集中封闭学习、利用业余时间进行自学以及普通党员参加乡机关党支部组织的各项学习4种。

2007年，乡党委落实朝阳区委宣传部关于《北京市朝阳区党委（党组）中心组学习实施细则（修订）》和《关于建立健全基层党委（党组）中心组学习档案制度的意见》要求，太阳宫地区成立中心学习领导小组，开展理论学习。中心组学习利用听（报告和讲座）、读（书和文件）、看（电视专题片和录像片）、走（调查和考察）、讲（讨论和交流）、写（写读书笔记和调研文章）等方法，以“周五学习日”为平台，开展集体学习。以“基层日”活动为媒介，开展调查研究。以个人自学为基础，完成学习任务。按照朝阳区委组织部学习安排，结合中心组成员分管工作，乡党委为中心组成员购买《秉政十要十不要》《给领导者的100个思路》《论语别裁》《领导哲学要略》等学习书籍，配合区下发的相关书籍、辅导光盘开展读书活动，保证每名中心组成员完成一篇读书笔记。中心组学习中围绕地区经济社会发展稳定大局，以提高执政水平和先进性建设为主线，在学习内容上有针对性地进行重点学习，深入学习和贯彻中共十七大精神、中国特色社会主义理论体系，深入研究“全力服务奥运，统筹改善民生，推进科学发展”等重点问题。学习过程中乡党委以学习促发展，全面推动各项工作取得实效，将理论学习中心组学习会办成为发展清障、替工作解惑、帮群众谋福祉的推进会，地区各项工作成效显著。

2008年10月，乡党委深入开展学习实践科学发展观活动。10月21日，乡党委召开“太阳宫地区第一批开展学习实践科学发展观活动动员大会”，并发挥《太阳宫报》、地区网站、宣传窗等媒体的作用，积极宣传学习实践科学发展观活动的重要意义以及关于科学发展观的理论知识，及时通报地区活动动态。地区采取封闭学习与个人业余自学相结合，视频学习与书本学习相结合，学习交流体会和研讨问题相结合，走出去学和请进来学相结合的方法推进学习实践活动。同时，将学习实践活动与地区的各项工作相结合，与改革开放30年来的成功经验相结合，创新学习载体，确保学习效果。至2009年2月，结束第一批深入学习科学发展观活动，完成学习调研、分析检查、整改落实三个阶段九个环节的各项规定工作。2009年4月至8月，组织开展第二批学习实践科学发展观活动，村、乡属企事业党委、社区共20个单位，19个党组织，约1740人参加学习实践活动。活动中共召开4次专题工作会议，基层单位汇报会3次，下基层单位检查10余次。为便于党员学习和营造良好的学习氛围，专门编发学习手册，成立科学发展观讲师团，为各基层单位进行辅导。经统计，学习活动中共进行专门辅导讲座20余次，2000余名党员、群众参加辅导。通过发掘、总结、推荐，“红芍药”和芍药居二社区党委书记刘爱英被区科学发展观指导组评为先进单位和个人，该社区的学习实践成果被区委作为朝阳区第二批科学发展观学习实践活动成果，向全市推广。

2012年1月13日，乡党委召开2012年第一次理论学习中心组学习（扩大）会议，集中学习市委、市政府印发的《北京市实施〈关于实行党风廉政建设责任制的规定〉办法》的通知、《关于进一步加强廉政风险防控管理的意见》的通知和区委农工委印发的《关于2012年元旦、春节期间加强党员干部廉洁自律和厉行节约的通知》等3个文件。充分利用有效学习载体，落实理论学习中心组学习制度，依托朝阳区委党校太阳宫分校开设主题班和专题班，开展理论学习和形势教育活动，用中共十八大精神武装头脑、激励斗志，把乡党委确定的发展思路、重大举措转化为领导班子共同意志和自觉行动。在全乡上下开展“实干加快发展、廉洁公正和谐发展”为主题的第三次解放思想大讨论活动，进一步增强领导班子和干部群众的凝聚力，逐步破解影响全乡发展的突出矛盾和问题，在解放思想中统一思想，在统一思想中推动工作。11月30日，召开学习贯彻宣传中共十八大精神报告会，乡党委副书记李保民传达朝阳区关于学习贯彻中共十八大会议精神并作动员。邀请区基层讲师团成员、党校综合教研室副教授姜岩作题为《深入学习贯彻党的十八大精神》的宣讲报告。地区领导班子成员、机关科长、基层单位班子成员等100余人参加会议。12月12日，举办北京市学习宣传贯彻中共十八大精神百姓宣讲团报告会。乡领导班子成员、机关科长，基层单位班子成员100余人参加。

2013年1月22日，地区举办学习宣传中共十八大精神宣讲团报告会。领导班子成员、机关副科长以上人员，乡人大代表等100余人参加报告会。4月19日，中国共产党中央政治局召开会议，决定从2013年下半年开始，用一年左右时间，在全党自上而下分批开展党的群众路线教育实践活动。2014年3月10日，根据上级党委开展党的群众路线教育实践活动的精神，太阳宫乡在机关第一会议室召开基层党组织党的群众路线教育实践活动培训会，机关处级干部，地区工委党的群众路线教育实践活动领导小组办公室和各督导组全体成员，各社区、村、乡直属企事业单位书记、副书记、党支部书记，地区非公经济组织、社会组织党组织负责人以及部分群众代表共120余人集中观看重大革命历史题材影片《周恩来的四个昼夜》。3月11日，召开党的群众路线教育实践活动督导工作会议，乡领导班子成员、乡五个督导组成员、党的群众路线教育实践活动领导小组办公室成员共30余人参加会议。3月17日，召开基层党组织党的群众路线教育实践活动阶段汇报会。地区群众路线教育实践活动领导小组办公室成员，各社区、村、乡属集体企事业单位书记、副书记、党支部书记，地区非公有制经济组织、社会组织党组织负责人共60余人参加会议。

3 月 20 日，乡党的群众路线教育实践活动领导小组邀请朝阳区党校党建研究室教授潘德金作题为“坚持党的群众路线，迎接新的时代大考”的专题讲座。乡全体机关党员干部，社区、村书记、基层企事业单位一把手，地区非公经济组织、社会组织党组织负责人共百余人参加讲座。

4 月 14 日，举办党的群众路线教育实践活动专题党课活动，乡党委书记张宏明以“践行党的群众路线，履职尽责，实现太阳宫强乡富民的新局面”为题作党课报告，从三个方面讲述践行党的群众路线对地区健康发展的重要性。领导班子成员、机关科级以上干部，各社区、村、乡直属企事业单位领导班子成员近 100 人参加学习。4 月 28 日，召开处级领导干部党的群众路线教育实践活动学习交流会，为进一步做好党的群众路线教育实践活动开展交流讨论。乡处级领导干部和区督导组成员参加会议，会议由乡党委书记张宏明主持。5 月 19 日，召开党的群众路线教育实践活动第二环节工作部署会暨集中学习会。机关处级干部，乡督导组全体成员，机关副科级以上干部，各社区、村、乡直属企事业单位书记和副书记，非公经济组织和社会组织党组织负责人共 70 余人参加大会，会议由乡长贾恩松主持。8 月 5 日，按照朝阳区委和地区党的群众路线教育实践活动领导小组整体安排和部署，太阳宫乡基层党组织召开专题组织生活会和开展民主评议党员工作部署会。机关处级领导，机关副科级以上干部，地区群众路线办和地区督导组全体成员，各社区、村、乡属企事业单位党政一把手、党组织副书记和政工负责人共 110 余人参加会议，区委第十五督导组李明哲到会指导。乡党委副书记李军就基层党组织召开专题组织生活会和开展民主评议党员工作进行专项部署。随后，乡党委书记张宏明就下一步教育实践活动如何召开高质量的专题组织生活会和做好民主评议党员工作提出 5 点意见。10 月 24 日，召开党的群众路线教育实践活动总结大会。

图 5-11　党的群众路线教育实践活动部署会（2014 年 3 月 20 日摄）

图 5-12　“两代表一委员”征求意见建议座谈会（2014 年 4 月 9 日摄）

第五节　纪检监察

1981年前，党组织的纪律检查工作由政工组负责。1981年，太阳宫人民公社纪律检查委员会（以下简称“纪委”）成立。公社纪委、乡纪委（地区纪工委）的工作机构设置依次为纪委办、监察科。

1981年太阳宫公社纪委成立后，重视党员干部的党性、党风、党纪教育，经常对党员干部进行《中国共产党章程》、党纪条规准则的再教育，增强党的纪律观念；采取“预防为主”的方针，利用党课进行社会主义道德教育和政治思想教育，自觉抵制资产阶级腐朽思想侵袭，使党课教育起到敲警钟、打预防针的作用。公社纪委成立后，重点抓违反规定动用公款、请客送礼、大吃大喝等不正之风。违纪案件逐年下降，群众来信来访也逐年下降。

1982年，公社纪委重点抓经济领域里的不正之风。1983年，贯彻中纪委《必须坚决制止党员、干部在建房分房中的歪风——致全国党政机关企事业单位各级领导干部的公开信》（以下简称《公开信》），重点抓建房、分房、招工、招生、转户口的不正之风。结合乡内实际情况，以建房为重点，召开党的民主生活会。乡党委作出明确规定，凡是《公开信》发表后建房的党员干部都在用工、运输、房基地等方面做检查，在检查中部分党员主动补交运费。

1984年上半年，乡纪委与党委办公室配合，进行整党文件的学习。每季度按主要内容布置，并定期听取各支部组织党员的学习情况汇报。学习阶段，结合市、区下发的反面教材，充分讨论，提高对整党必要性、紧迫性、重要性的认识，并召开组织生活会。下半年，根据区纪委的要求，在全乡党员中继续进行党性、党风、党纪的教育，先后在全乡党员中进行增强党性、端正党风、坚定共产主义信念和共产主义实践，彻底否定“文化大革命”、同党中央保持一致等党课教育活动。

1987年，根据《中共中央关于当前反对资产阶级自由化若干问题的通知》，对广大党员进行正面教育。年内，乡党委每季讲党课，支部每月利用讲党课、放录像、放录音、组织外出参观、请英模作报告、开展向身边的优秀党员学习等多种形式组织活动。1988年春节前，乡党委制定《关于春节期间端正党风的规定》并转发北京日报文章中提倡勤俭、节约、严格禁止党员参与赌博等有关规定，发至每个党员，从而起到警示的作用。同时，坚持经常性的党纪教育。除讲党课外，利用《太阳宫乡通讯》每期刊登一篇有关党纪的文章进行党纪教育。

1989年，乡党委传达学习区委领导讲话，并结合贯彻区纪委、区监察局下发的《关于党政机关保持廉洁的规定》，转发《党风与党纪》上的有关文章。1月底，进行一次全面的党风大检查，在各支部自查的基础上，乡党委自身召开生活会，乡纪委深入基层，抽查一个村支部、一个厂支部。1990 年，坚持每季度一次以召开各种类型座谈会的形式，进行党风自检自查，座谈会上党员和群众讲真话、说实话，同时结合乡制定的廉政九条，对乡内的党风状况进行评估。

1991 年，在二、三季度，集中时间进行党纪条规教育，4 月作出《关于在全乡党员中开展党纪条规教育的安排意见》，并列入组、宣、纪百分赛之中。为支委以上党员干部购书 80 本，复印下发重点题材材料 270 份，为各支部准备有关录像片 3 部，各支部认真地组织党员进行学习。1993 年，为认真学习中共十四大精神，学习邓小平南方谈话，乡内聘请区委党校老师来乡讲课、辅导，进一步提高党员执行党的基本路线自觉性和坚定性。举办支委以上干部培训班，政工员、党风监督员培训班，以提高干部素质，充分发挥党员先锋模范作用、党支部战斗堡垒作用和发挥党风监督员队伍的作用。举办党建综合知识竞赛活动，对党员进行建设有中国特色社会主义理论教育、党风党纪基本知识教育、党纪条规教育和党的优良传统教育。

1996 年，太阳宫乡纪委坚持"预防为主、教育为主"的方针，对党员、干部进行党风廉政教育，为提高党员、干部的思想觉悟和纪律观念，抵御腐朽思想的侵蚀，起到积极预防和舆论导向作用。乡纪委与组织、宣传部门密切配合，继续坚持每季度给全乡党员讲一次党课制度。发挥录像教育优势，各支部组织党员收看，并组织党员干部观看话剧和参观市举办的反腐倡廉的展览，利用党建综合知识竞赛形式，使党风廉政教育深入人心。1999 年，在党员干部中广泛开展学习邓小平理论、学习中共十一届三中全会和《中国共产党章程》的学习教育活动。通过上党课、举办干部培训班、开展党建知识竞赛、学习参观先进事迹进行专题座谈讨论等活动，促进党员、干部观念的转变，使得广大党员干部的思想更加解放、思路更加开阔，提高广大党员、干部思想觉悟和政治素质。同年，根据区纪委的要求开展行政效能监察工作，修改和补充各项工作制度及考核标准，并注重与日常工作相结合、治标与治本相结合、奖励与惩处相结合。

2003 年，为加强行政和经济工作方面的监督，太阳宫乡成立行政效能监督领导小组，切实加强对政府行政工作和经济部门的监督检查力度，确保各项工作的依法健康运行。坚持副处级以上领导按期进行个人收入申报礼品登记制度、个人重大事项报告制度，并将这项制度延伸至全乡副科级干部，及乡直属建制村、企事业单位党政企主要负责人。坚持重大项目开支申报审批制度，乡基层单位凡属涉及全乡整体利益和发展的生产、经营、服务等项目均应上报主管部门，经乡党委研究同意后方可实施。实行乡政务公开、村务公开和厂务公开制，乡、村、企三级均建立公开栏，并按期公布有关内容和账目，自觉接受群众的监督。实行廉政档案制度，为每位领导干部建立廉政档案，定期进行检查和填写有关材料，并将个人情况及时存入档案，作为考核干部自律情况的依据。补充完善《太阳宫乡党风廉政建设责任制》《太阳宫乡行政效能监察责任制》，把党委及政府的相关工作做了详细分工。分别提出工作要求，明确工作任务，制定牵头单位、协办单位、完成时间及分管领导等。为乡内党员干部从政行为得到规范，3 月 28 日起制定并实施《太阳宫乡党员、干部廉洁从政行为规范》。“非典”期间，为确保党令、政令畅通，确保人民群众的身体健康和生命安全，制定惩处责任制和监督举报机制。乡党委分别与各基层支部签订《党风廉政建设责任书》，指导各单位研究制定党风廉政建设责任制和《党员领导干部廉洁自律规定》，进一步规范村级和企事业单位领导干部的廉洁自律行为。

2005 年，针对区政府制定的目标管理双百考核办法、2005 年为民办 60 件实事任务分解书和地区工委及办事处 2005 年主要任务分解书要求，加大对涉及部门和科室完成情况和进度的监察力度。通过建立和坚持领导干部“基层日”制度，使领导班子能够及时了解和掌握各项工作的完成情况以及基层单位对开展的各项工作的意见、建议和要求，切实把好事办实。同时，按照“想问题、抓落实、找规律”的要求，结合党风廉政建设责任制、领导干部廉洁自律、优化发展环境等相关制度，重新修订乡重大工程监管办法、拆迁程序和管理办法、维护地区安全稳定方案等制度，以及违反相关制度的纪律处分规定。2007 年，围绕党委、政府的中心工作，制定地区《党风廉政建设任务分解》。围绕责任分解、责任考核、责任追究三个关键环节，强化党政领导班子、党政一把手的责任主体地位，确保党风廉政建设和反腐败任务得到落实，各支部根据自身情况，逐级建立健全党风廉政建设责任制。地区工委与各支部签订党风廉政建设责任书，做到党风廉政建设责任制向基层科、队、站、所和社区、农村“两委”延伸。建立健全廉政文化制度，推进地区党风廉政教育。制定并下发《太阳宫乡廉政文化建设工作意见》及《太阳宫乡廉政文化建设工作制度》。是年，太阳宫乡纪委传达党的十七大、北京市委十届二次全会、市纪委二次全会和朝阳区委十届六次全体（扩大）会议精神，贯彻落实《中共中央纪委关于严格禁止利用职务上的便利谋取不正当利益的若干规定》。

2007 年，为进一步转变工作作风，提高工作效率和工作质量，做到行为规范、运转协调、公正透明、廉洁高效，以区政府“目标管理双百考核”工作为切入点，围绕效能监察考核指标体系，确定行政效能监察项目，并制定下发《乡效能监察工作实施方案》《乡行政效能监察办法》。同时，进一步加强对党员干部特别是领导干部工作作风的监督，通过逐级签订党风廉政建设责任书、建立领导干部廉政档案等形式，强化领导干部廉洁自律。在工作中坚持“规范程序、明确责任、认真办理、客观公开”的原则，把每一个关系百姓切身利益的“热点”“难点”问题作为政府贴近百姓、为民办实事的工作来抓，确保各类投诉、举报、建议、咨询在规定的时限内得到落实。全年共接到涉及环境整治、乡容乡貌、违章建筑、施工扰民、拆迁补偿、违规收费、违法违纪等方面信件186件。其中投诉类171件、建议类2件、咨询类13件，在机关各科室的配合下，办结率达100%。2009年，加强对政府职能转变和工作作风的监督。年内乡纪委在基层聘请24名纪检监察干部和12名党风廉政监督员，加强对政府行政工作和工作人员工作作风的监督检查，明确职责任务，规范行政纪律，拓宽监督渠道，扩大监察范围，避免违法违纪问题的发生。

2011年，根据朝阳区委、区农工委《关于在农村系统开展党纪条规知识测试的通知》要求，组织机关全体公务人员、各基层单位领导班子成员开展以《关于实行党风廉政建设责任制的规定》《中国共产党党员领导干部廉洁从政若干准则》《关于领导干部报告个人有关事项的规定》和《关于对配偶子女均已移居国（境）外的国家工作人员加强管理的暂行规定》等党纪条规为内容的综合知识测试。在测试活动中，发放试题187份，其中机关公务人员99份，乡直属企事业单位31份，社区、村57份。2013年，太阳宫乡全面落实党风廉政建设责任制，坚持专项教育，深入开展教育整顿活动。在芍药居二社区和太阳宫社区打造党员廉政文化宣教活动室，建立地区级党员廉政文化活动宣传教育基地，探索“学习倡廉、阵地促廉、活动兴廉”的廉政文化宣教模式。修订完善《太阳宫地区决策责任和决策过错责任追究制度》《太阳宫地区行政投诉工作制度》等一系列规章制度，并制定和下发《太阳宫乡关于改进工作作风、密切联系群众的实施意见》，从加强调查研究、联络联系基层、改善政务行为、加强督促检查等方面，提出18项具体措施。

2014年，强化监督制约，优化初级领导班子的权力配置，制定太阳宫乡处级党政正职“三不直接分管”制度，建立“副职分管、正职监管、集体领导、民主决策”的工作机制，达到“分担责任、化解风险、调动力量”的目的，实现不同岗位之间、环节之间的制约和监督。按照《太阳宫乡关于规范各级党组织权力运行的工作意见》要求，完成对全乡18个二级党组织及75位班子成员的794项权力的清权确权工作，通过依章理权、编制权目录、绘制权力运行图，规范基层党组织的权力行使，做到让权力在阳光下运行。

2015年，太阳宫乡继续开展勤廉宣教活动。结合乡域实际，在全乡范围开展党风廉政教育月活动，通过广泛开展纪律教育活动和各单位一把手讲落实主体责任廉政党课活动，进一步促进全乡广大党员干部严格遵守政治纪律和政治规矩，切实做到“把纪律和规矩挺在前沿”，增强自身廉洁自律意识；组织印发《太阳宫廉政制度汇编》，在全乡广泛开展“学党纪知党规促廉洁”学习教育活动，组织全乡各级党员干部共计300余人重点学习中央八项规定、十八届中央纪委五次全会精神、朝阳区落实党风廉政建设“两个责任”意见等内容，进一步增强全乡广大党员干部的党性观念和纪律约束意识；组织机关干部、基层单位领导班子成员观看《为官为不为》动漫片、《“任性”的区长》等专题警示教育片，向基层单位发放各类反腐倡廉宣传材料2000余份；加强廉政文化宣传主阵地建设，建成

图 5-13　机关党员干部党风廉政专题教育（2015 年 7 月 10 日摄）

图 5-14　党风廉政建设民意调查（2015 年 10 月 13 日摄）

芍药居四社区党员廉政文化宣教室，使芍药居四社区的党员群众居民有了自己的“廉政之家”，并在《太阳宫报》上开辟“清风廉韵宣教园地”专栏，促进地区广大党员干部知廉、学廉、守廉；举办第五届“清风廉韵伴我行，文化文明太阳宫”廉政文化文艺演出活动，在太阳宫社区举办“太阳宫地区廉政文化作品展”，各社区党委在“七一”期间分别组织开展一场廉政专题文化教育活动。通过丰富多彩的廉政文化宣传教育活动的开展，进一步从价值取向、生活方式、行为方式、社会评价等各个层面扎实有效地推进廉政文化建设，不断激发全乡党员群众参与廉政建设的热情，营造清正和谐的廉政文化氛围。年内，乡纪委以落实党风廉政建设责任制为龙头，分层分责严格做好党风廉政建设责任书逐级签订工作，认真落实党风廉政建设情况逐级汇报的监督，深入推进党员干部的廉洁自律。全乡签订责任书 252 份，其中机关处级干部 14 份、科级干部 33 份、副科级以下 99 份、社区村领导班子成员 80 份、乡属企业领导班子成员 26 份。同时，乡各直属单位党组织还按照逐级签订的要求，同重要部门、重点岗位人员签订《廉政承诺书》。进一步落实“一岗双责”的要求，形成层次分明、职责明确的网状责任体系。

2016 年，持续推进党风廉政责任制建设，落实《太阳宫乡全面完善惩防体系建设实施意见》和《太阳宫乡党风廉政建设和反腐败工作任务分工》，履行“一岗双责”，开展党风廉政建设全程纪实工作，定期听取分管科室、联系单位党组织负责人的汇报，形成层责分明、分工协作的党风廉政建设工作机制。坚持标本兼治、综合治理、惩防并举、注重预防，加强教育深化廉洁意识，以“两学一做”为载体，开展理想信念、党性党风党纪教育，重点开展以中共中央新修订的《中国共产党廉洁自律准则》和《中国共产党纪律处分条例》为主要内容的学习教育。推进廉政文化建设，建设夏家园社区党员廉政文化宣教室，举办第六届“清风廉韵伴我行、文化文明太阳宫”廉政文化文艺演出和廉政书法笔会活动。

严抓元旦、中秋、国庆、春节等节假日廉政纪律的执行，对于发现的问题及时查处。加强自查自纠，在廉政提醒谈话工作中，对苗头性、倾向性问题，及时提醒和督促，限期整改。严肃换届纪律，建立全方位监督换届选举的机制，畅通举报渠道，把严肃换届纪律各方面的要求落到实处。在2016年度党风廉政建设责任书逐级签订工作中，全乡各层级干部签订责任书244份，其中机关处级干部15份、科级干部27份、副科及以下81份、社区村领导班子成员95份、乡属企业领导班子成员26份；并组织乡各直属单位党组织按照逐级签订的原则，同重要部门、重点岗位人员分别签订《廉政承诺书》。全年开展专项监督检查23次，使机关、社区的政风行风进一步好转、群众满意度进一步提高。开展对环保问题处理情况的监督检查，向全乡下发关于进一步加强对推进生态文明建设和环境保护工作监督检查的通知，下发督办通知书11份，对2处重点部位进行实地检查，有效推动地区各项重点工作的落实。

表5-4 **太阳宫乡（公社、地区）历任纪（工）委书记一览表**

职务	姓名	任职时间
纪委书记	武惠琴	1981年—1983年6月
纪委书记	孙长富	1983年6月—1984年11月
纪委书记	马常兰	1984年11月—1993年8月
纪（工）委书记	马常兰	1993年8月—1996年10月
纪（工）委书记	孙长富	1996年10月—1999年11月
纪（工）委书记	王秋英	1999年12月—2001年4月
纪（工）委书记	苑尚省	2001年4月—2004年5月
纪（工）委书记	李保民	2004年5月—2011年7月
纪（工）委书记	李　军	2011年7月—2014年2月
纪（工）委书记	喻存根	2014年2月—

第六章　乡人民代表大会

中华人民共和国成立初期，太阳宫地域采用普选方法，由选民直接选举产生人大代表，并陆续召开7届人民代表大会。1983年，撤社建乡，太阳宫乡随后建立乡人民代表大会。1991年，乡第十届人民代表大会设立乡人大主席团。2006年，自乡第十五届人民代表大会起，乡人民代表大会及乡人大代表的任期由3年改为5年，区、乡两级人大同步换届，区、乡两级人大代表同日投票选举。各届人大代表依法行使决议决定权、监督权、人事任免权，提出批评建议、议案，监督政府工作，履行职责等。建立有乡人大常委办公室，负责乡人大在闭会期间的各方面工作。

第一节　人民代表大会会议

第一届至第七届人民代表大会

1954年，太阳宫乡（小乡）第一届人民代表大会召开。

1956年，太阳宫乡（小乡）第二届人民代表大会召开。

1958年，根据国务院选举工作的指示和北京市选举工作计划，东郊区第三届区、乡人民代表大会召开，太阳宫乡作为试点单位参加大会。太阳宫公社第四届、第五届人民代表大会资料不详。

1965年，太阳宫公社第六届第一次人民代表大会召开。太阳宫公社第七届人民代表大会资料不详。

第八届人民代表大会

1983年，建立乡人民代表大会，按照区人大常委会要求，乡人代会的届次与全区统一，故1984年，太阳宫乡召开第八届人民代表大会。

1984年11月23日，太阳宫乡召开第八届人民代表大会第一次会议，出席代表45人，选出乡长1名，副乡长2名。

第九届人民代表大会

1987年5月11日，召开太阳宫乡第九届人民代表大会第一次会议。出席代表45名，会议审议通过乡第八届政府工作报告和第九届政府工作任务，选举武惠琴为乡长、蔡泉为副乡长。1988年4月，召开第二次会议，会议通过《关于加强法治建设的意见》。1990年3月，召开第四次会议，会议通过《太阳宫乡人民代表大会议事办法》和《太阳宫乡关于贯彻“市政府加强农村村民建房用地管理若干规定”》的规定。

第十届人民代表大会

1991年1月，召开太阳宫乡第十届人民代表大会第一次会议，出席代表45人，选举武惠琴为乡长、苏沛为副乡长，通过《太阳宫乡“八五”绿化规划》。8月14日，召开第二次会议。大会应到代表45人，实到40人，补选韩瑞宝为副乡长。会议通过《1991年上半年工作报告》和《太阳宫乡“八五”计划》报告草案。1992年3月26日，召开第三次会议。乡长武惠琴作《乡政府工作报告》，与会代表在认真讨论的基础上举手通过。1992年8月31日，召开第四次会议。1993年9月15日，召开第六次会议，应到代表39名，实到36名。会议审议并通过乡长武惠琴作的《乡政府工作报告》。

第十一届人民代表大会

1994年2月28日，召开太阳宫乡第十一届人民代表大会第一次会议，应到代表45名，实到44名，选举武惠琴为乡长，会议通过《太阳宫乡政府关于禁止违章建房的规定》和《太阳宫乡政府关于加强外来人口管理的规定》。8月30日，召开第二次会议。1995年8月18日，召开第四次会议。1996年3月20日，召开第五次会议，应到代表43人，实到代表39人，会议审议通过乡长武惠琴作的《乡政府工作报告》。9月，召开第六次会议，实到代表40人，补选副乡长1名。会上听取并审议《太阳宫乡政府1996年上半年工作报告》。

图6-1　第十二届人民代表大会第六次会议会场（1999年摄）

第十二届人民代表大会

1997年1月，召开太阳宫乡第十二届人民代表大会第一次会议，选举宋振江为乡长，韩瑞宝、马淑琴、李亚珉为副乡长。7月28日，召开第二次会议，会议由党委副书记孙长富致开幕词，大会听取和审议乡长宋振江所作的《乡政府工作报告》。12月29日，召开第三次会议。1998年7月，召开第四次会议。1999年3月16日，召开第五次会议，43名乡人大代表参加，审议和通过乡长宋振江所作的《乡政府工作报告》、财政所所长洪玉杰所作的《太阳宫乡一九九八年财政预算执行情况和一九九九年财政预算草案的报告》，同时通过《太阳宫乡外来人口管理办法修订（草案）》。7月30日，召开第六次会议，35名乡人大代表参加，通过乡长宋振江作的《乡政府工作报告》。

第十三届人民代表大会

图6-2　第十三届人民代表大会第一次会议会场（2000年摄）

2000年1月14日，召开太阳宫乡第十三届人民代表大会第一次会议，45名正式代表出席，大会由王秋英和孙长富主持，乡长鞠正义作《乡政府工作报告》，人大副主席孙长富作《依法履行职责，为推动全乡经济快速发展和社会不断进步而努力奋斗》的工作报告，乡财政科作《财政与预决算报告》。经过投票，选举产生新一届人大和政府班子，人大班子成员：乡人大主席宋振江，副主席孙长富；政府班子成员：乡长鞠正义，副乡长李亚珉、张军茹、徐燕华。7月18日，召开第二次会议，44名乡人大代表参加，会上听取并审议乡长鞠正义作的《乡政府2000年上半年工作报告》，并通过《太阳宫乡政府关于加强外来人口管理规定》中不合法收费的有关条款的规定。此次会议解决太阳宫村和牛王庙村17名在乡办企事业单位工作的临时工转正的问题以及十字口村几十户村民吃水难的问题。2001年1月，召开第三次会议，7月召开第四次会议。12月12日召开第五次会议，42名乡人大代表参加，大会审议并通过《乡政府工作报告》《乡财政预决算报告》《太阳宫乡2001—2005年经济和社会发展规划》。经过讨论，同意鞠正义辞去乡长职务，选举产生冷雪峰为乡长。2002年1月31日，召开第六次会议，应到代表44名，实到37名。乡长冷雪峰作《乡政府工作报告》，乡财政所所长魏永红作《太阳宫乡政府2001年财政预算执行情况和2002年财政预算草案的报告》，乡人大主席宋振江作《乡人大主席团工作报告》。经投票选举，原农工商总公司副总经理张保军当选为太阳宫乡副乡长。2002年7月22日，召开第七次会议，39名正式代表出席，会上听取并审议通过乡长冷雪峰作的《太阳宫乡人民政府2002年上半年工作报告》。

第十四届人民代表大会

2003年1月6日至7日，召开太阳宫乡第十四届人民代表大会第一次会议，45名正式代表出席大会，张永贵代表上届政府作《乡政府工作报告》。会议听取并审议《太阳宫乡人民政府工作报告》《乡2002年财政预算执行情况》《2003年财政预算草案的报告》《乡第十三届人民代表大会主席团报告》。经过投票，选举出太阳宫乡第十四届人大主席、乡长、副乡长，宋振江为新一届乡人大主席，新一届乡政府领导班子由张永贵、张军茹、徐燕华、张保军、王灵组成。7月28日，召开第二次会议，43名与会代表听取并审议张永贵所作的《太阳宫乡人民政府2003年上半年工作报告》，大会由乡人大主席宋振江主持。2004年3月11日，召开第三次会议，区人大常委会办公室副主任吴冰参会，乡十四届人代会主席团主持会议。会上，与会代表分别听取和审议乡长张永贵所作的《乡政府工作报告》和财政科副科长邓新玲所作的《2003年财政预算执行情况和2004年财政预算草案》的报告，并对两个报告作出决议。会上，补选乡人大代表及主席团成员。因冷雪峰、苑尚省辞去乡人大代表，补选董万立、李保民为人大代表。12月，召开第四次会议，代表们为地区农村城市化建设进程献计献策，反映群众呼声，对乡政府工作提出10条意见。2005年2月28日，召开第五次会议，38名人大代表出席会议。会上，乡长张永贵作《乡政府工作报告》和《太阳宫乡2004年财政预算执行情况和2005年财政预算草案报告》，与会代表讨论、审议并通过这两个报告。2006年2月22日，召开第七次会议，43名乡人大代表出席，听取乡长张永贵所作的《乡政府工作报告》、副乡长张军茹宣读的《太阳宫地区经济和社会发展第十一个五年规划纲要》后，分组进行讨论。2月23日，与会人大代表以举手表决的方式，分别通过《乡政府工作报告》《乡政府、乡财政工作报告》《地区“十一五”规划》《乡人大主席团工作报告》等决议。

第十五届人民代表大会

2006年11月，召开太阳宫乡第十五届人民代表大会第一次会议。2007年8月，召开第二次会议，会议听取和审议《太阳宫乡人民政府2007年上半年工作报告》，并依法履行补选乡长的程序。会议应到代表43人，实到40人，经过主席团提名、代表团酝酿、大会选举等程序，于8月31日依法补选张宏明为乡长。2008年2月20日至21日，召开第三次会议，到会正式代表44人，审议通过《乡政府工作报告》。2009年1月，召开第四次会议，会议听取和审议《2008年太阳宫乡人民政府工作报告（审议稿）》。2009年7月28日至29日，召开第五次会议，44名正式代表出席，大会听取并通过《太阳宫乡人民政府2009年上半年工作报告（审议稿）》，并选举出新一任乡人大主席马跃农。2010年1月20日至21日，召开第六次会议，44名乡人大代表参加，主要议程包括依法补选产生乡长王毅；听取并审议乡长王毅所作的《太阳宫乡人民政府2009年工作报告》；与会人员分组进行讨论，对2010年的政府工作积极建言献策，提出意见建议。2010年8月26日至27日，召开第七次会议，44名乡人大代表参加，主要议程包括听取并审议乡长王毅所作的《太阳宫乡政府2010年上半年工作报告》；与会人员分组进行讨论，对2010年下半年的政府工作积极建言献策，提出意见建议。2011年2月21日至22日，召开第八次会议，44名乡人大代表参加，会上听取并审议乡长王毅所作的《太阳宫乡人民政府2010年工作报告》，与会人员分组进行讨论，围绕各自的工作，结合乡域发展提出意见建议。

第十六届人民代表大会

2011年11月22日至23日，召开太阳宫乡第十六届人民代表大会第一次会议，会议审议并通过《太阳宫乡政府工作报告》《太阳宫乡人大工作报告》和《太阳宫乡2011年财政预算执行情况和2012年财政预算报告》。大会依法选举产生新一届政府和人大领导。2012年7月17日至18日，召开第二次会议，代表听取并审议乡长王毅所作的《太阳宫乡人民政府2012年上半年工作报告》。2013年1月22日，召开第三次会议。大会审议并通过乡长王毅作的《政府工作报告》和乡人大主席马跃农作的《人大主席团工作报告》。会上，乡党委书记张宏明作《凝心聚力　真抓实干　开拓进取　努力开创太阳宫强乡富民新局面》的讲话。2013年8月1日至2日，召开第四次会议，会上听取并审议乡长贾恩松所作的《太阳宫乡人民政府2013年上半年工作报告》。张宏明当选乡人大主席，贾恩松当选为乡长。2014年3月8日，召开第五次会议，代表听取和审议《乡政府工作报告》《乡人大主席团工作报告》及《太阳宫乡关于加强乡级集体经济统筹管理工作意见》，并通过三项决议（草案）；补选李保民为乡人大主席、徐宏桢为副乡长。2014年8月8日，第六次会议以代表视察和会议座谈的形式召开。2015年2月13日，召开第七次会议，会议听取和审议《太阳宫乡人民政府2014年工作报告》《太阳宫乡2014年财政预算执行情况和2015年财政预算草案报告》《太阳宫乡人大主席团2014年工作报告》。2015年8月18日，召开第八次会议，会议听取和审议乡长贾恩松所作的《太阳宫乡人民政府2015年上半年工作报告》，依照法定程序补选王伍为副乡长。乡党委书记张宏明结合乡"一绿"试点乡建设及当前面临的形势，针对下半年工作任务进行部署。2016年2月5日，召开第九次会议，代表们听取和审议《乡政府工作报告》《乡人大主席团工作报告》及《乡财政预算报告》，并围

图6-3　2015年8月18日，第十六届人民代表大会第八次会议召开

绕3个工作报告对“一绿”试点乡建设、重点地区拆迁腾退、回迁楼建设、村级资产处置等提出意见和建议，为全乡的发展建言献策，表决通过3项决议。

第十七届人民代表大会

2016年11月23日至25日，召开太阳宫乡第十七届人民代表大会第一次会议，乡班子领导、人大代表、列席人员以及旁听人员120余人参加，会议审议并通过《太阳宫乡政府工作报告》《太阳宫乡人大主席团工作报告》和《太阳宫乡五年财政预算执行情况和2017年财政预算（草案）的报告》，大会选举产生新一届乡人大主席李军、乡长贾恩松。

表6-1　**1996—2010年太阳宫乡人大代表一览表**

姓名	任期		备注
	任职时间	离职时间	
刘桂英	1996年	2005年	
洪玉杰	1996年	1999年	
盛瑞林	1996年	2005年	1996—2002年任主席团成员
马福刚	1996年	2004年	
魏　俊	1996年	1999年	
武秀兰	1996年	1999年	
徐洪义	1996年	1999年	
崔世环	1996年	2002年	
张　忠	1996年	2002年	1996—1999年任主席团成员
王玉莲	1996年	2005年	
马全喜	1996年	2005年	
杨国海	1996年	1999年	
孙　斌	1996年	2005年	1996—1999年任主席团成员
李亚珉	1996年	2002年	
高俊宝	1996年	1999年	
陈　刚	1996年	1999年	
胡少雄	1996年	2010年	1999—2010年任主席团成员
韩玉玲	1996年	1999年	1996—1999年任主席团成员
孙长富	1996年	2002年	1996—2001年任副主席
陈艳春	1996年	1999年	
张庆锐	1996年	1999年	

续表 6-1

姓 名	任 期		备注
	任职时间	离职时间	
马长凤	1996 年	2002 年	
吴尚信	1996 年	1999 年	
王志成	1996 年	2010 年	
苏松贵	1996 年	1999 年	
韩瑞宝	1996 年	1999 年	
马淑琴	1996 年	1999 年	1994 年 2 月—1996 年 9 月任副主席
张 忠	1996 年	1999 年	
杨瑞明	1996 年	2002 年	
张 成	1996 年	1999 年	
石 柱	1996 年	1999 年	
刘增林	1996 年	1999 年	1996 年 1 月—1996 年 10 月任主席
纪海义	1996 年	1999 年	1997—1999 年任主席团成员
宋振江	1996 年	2006 年	2000 年 1 月—2006 年 7 月任主席
张军茹	1996 年	2006 年	
郭淑兰	1996 年	1999 年	
宋艳英	1996 年	1999 年	
郑慧芳	1996 年	2002 年	
史贵升	1996 年	1999 年	1996—1999 年 4 月任主席
刘仁顺	1996 年	1999 年	
李鸿元	1996 年	1999 年	
赵秀英	1996 年	1999 年	
常家瑞	1996 年	1999 年	
杨 荣	1996 年	2004 年	
景宝善	1996 年	1999 年	
曹关利	2005 年	2010 年	
韩秋云	1999 年	2010 年	
魏 俊	1999 年	2002 年	
王景香	1999 年	2002 年	
路芝林	1999 年	2002 年	

续表 6–1

姓 名	任 期		备注
	任职时间	离职时间	
董月霞	1999 年	2002 年	
杨国庆	1999 年	2005 年	
高淑兰	1999 年	2002 年	
邓新全	1999 年	2002 年	
孙　石	1999 年	2002 年	1999—2002 年任主席团成员
王尧伟	1999 年	2005 年	
杨翠香	1999 年	2005 年	
冷雪峰	1999 年	2004 年	1999—2004 年任主席团成员
尚桂红	1999 年	2002 年	
刘丽华	1999 年	2002 年	
张忠林	1999 年	2010 年	
鞠正义	1999 年	2002 年	1999—2002 年任主席团成员
王秋英	1999 年	2005 年	1999—2002 年任主席团成员
王淑霞	1999 年	2010 年	
韩秋云	1999 年	2010 年	
邓新利	1999 年	2002 年	
徐燕华	1999 年	2010 年	
赵成河	1999 年	2005 年	
李慧元	1999 年	2002 年	1999—2002 年任主席团成员
信世华	1999 年	2002 年	
李保民	2004 年	2010 年	2006—2010 年任主席团成员
田康宁	2002 年	2006 年	
吴长江	2002 年	2006 年	
马福君	2005 年	2010 年	
周殿芳	2002 年	2010 年	
李丙英	2002 年	2005 年	
黄佳利	2002 年	2005 年	
董万立	2004 年	2009 年	2006—2009 年任主席
王　灵	2002 年	2005 年	

续表 6-1

姓名	任期		备注
	任职时间	离职时间	
马 志	2002 年	2005 年	
徐洪义	2002 年	2005 年	
张桂芬	2002 年	2005 年	
付祥瑞	2002 年	2005 年	
李秀华	2002 年	2005 年	
张永贵	2002 年	2007 年	2006—2007 年任主席团成员
张保军	2002 年	2005 年	
邓新利	2002 年	2005 年	
常敏荣	2002 年	2010 年	
李玉中	1999 年	2005 年	
苏卫国	2002 年	2005 年	
李旭波	2002 年	2005 年	
赵守兰	2002 年	2005 年	
李柏松	2002 年	2010 年	
李凤英	2002 年	2005 年	
张宏明	2007 年	2010 年	2010 年任主席团成员
王 毅	2009 年	2010 年	2010 年任主席团成员
马跃农	2009 年	2010 年	2009 年 3 月—2010 年 12 月任主席
冯富强	2006 年	2009 年	
蒋 萍	2006 年	2010 年	
李 军	2006 年	2010 年	2006—2010 年任主席团成员
张燕伟	2006 年	2010 年	
张 静	2006 年	2010 年	
尚淑芳	2006 年	2010 年	
李 仁	2006 年	2010 年	2006—2010 年任主席团成员
杨振辉	2006 年	2010 年	
于 良	2006 年	2010 年	
张俊杰	2006 年	2010 年	
付春喜	2006 年	2010 年	

续表 6–1

姓 名	任 期		备注
	任职时间	离职时间	
马福春	2006 年	2010 年	
孙毓莲	2006 年	2010 年	
宋　健	2006 年	2010 年	
康兰晶	2006 年	2010 年	
李秀荣	2006 年	2010 年	
赵德利	2006 年	2010 年	
马杰英	2006 年	2010 年	
廉　敬	2006 年	2010 年	
王　虎	2006 年	2010 年	
包德芳	2006 年	2010 年	
韩雨生	2006 年	2010 年	
贾勇军	2006 年	2010 年	
李建和	2006 年	2010 年	2010 年任主席团成员
温忠立	2006 年	2010 年	
张　民	2006 年	2010 年	
郭振凤	2006 年	2010 年	
梁桂荣	2006 年	2010 年	
舒　清	2006 年	2010 年	

第二节　履职

1991 年 3 月，太阳宫乡始设乡人大主席团。1997 年，在机构改革中，乡人大建立乡人大常委会办公室，进一步规范和加强乡人大在闭会期间的各方面工作。乡人民代表大会设主席、副主席，主席、副主席由乡人民代表大会从代表中选出，任期同乡人民代表大会每届任期相同。建立代表接待日制度，将每周三作为人大代表接待日。

表 6-2 **1994—2016 年太阳宫乡人民代表大会主席、副主席任职情况一览表**

职务	姓名	任期	
		任职时间	离职时间
主席	刘增林	1994 年 2 月	1996 年 10 月
	史贵升	1996 年 10 月	1999 年 4 月
	桑小为	1999 年 4 月	1999 年 11 月
	宋振江	2000 年 1 月	2006 年 7 月
	董万立	2006 年 7 月	2009 年 3 月
	马跃农	2009 年 3 月	2013 年 7 月
	张宏明	2013 年 8 月	2014 年 2 月
	李保民	2014 年 3 月	2016 年 7 月
	李　军	2016 年 7 月	
副主席	蔡　泉	1991 年 3 月	1994 年 2 月
	马淑琴	1994 年 2 月	1996 年 9 月
	孙长富	1996 年 10 月	2001 年 12 月
	田康宁	2007 年 7 月	2007 年 9 月
	李　军	2007 年 9 月	2011 年 7 月

2001 年，为提高代表素质及参政议政能力，太阳宫乡人大有针对性地组织代表学习法律法规。全乡 3 个代表组分别按要求学习《中华人民共和国全国人民代表大会和地方各级人民代表大会代表法》（以下简称《代表法》）以及《怎样做一名人民满意的代表》等学习材料。同年，乡人大从实践“三个代表”重要思想的要求出发，努力实践代表最广大人民群众的根本利益，在依法监督工作中按照区人大的要求和部署，坚持乡党委领导、乡人大主办，以乡代表为主体，各方配合的原则，在监督方法上不断创新，在监督外延上不断延伸。5 月至 10 月，在全乡开展对派出所工作的评议活动，先后组织有区、乡代表 46 人，群众代表 950 余人参加的评议工作，随后先后召开动员大会、评议大会、落实整改措施大会。发放两次调查表计 500 余张，发放测评表 3 次计 300 余张，先后组织 10 次座谈会，有近千人次参加对派出所的评议工作。

2003 年，乡人大邀请区人大常委会副主任沈乃宏就《中华人民共和国宪法》《中华人民共和国全国人民代表大会和地方各级人民代表大会代表法》《中华人民共和国村民委员会选举法》《中华人民共和国地方各级人民代表大会和地方各级人民政府组织法》，以及人大的性质、地位、作用和代表的职权、职责、职务等内容为乡人大代表进行辅导。是年，围绕乡政府建立环境综合管理的长效机制，乡人大进一步改善地区环境面貌，优化地区发展环境，乡人大组织部分代表座谈会，征求代表对乡政府制定的关于《太阳宫乡环境综合治理达标考核办法（试行）》的意见。

2004年，乡人大要求乡代表们认真学习党的路线、方针、政策、法律、法规及相关文件，领会其精神实质，并在实际工作中学以致用，解决问题。代表们除自学外，积极参加乡党委举办的内容丰富的双休日讲座班。7月，组织区、乡两级人大代表开展爱国主义教育活动，参观中国民兵武器陈列馆，并进行实弹射击。9月11日，组织区乡两级人大代表参观学习邓小平百年回顾展。9月19日，根据区人大的通知要求，认真开展纪念全国人民代表大会成立50周年大型宣传活动，发放宣传材料500余份，区级人大代表联系卡300余张。12月10日，组织召开辖区派出所领导述职述廉汇报会。区、乡两级代表和村、居委会、企事业单位干部，听取和评议3位派出所领导的履行职责和廉洁从警情况。

2005年，乡人大组织代表认真学习《代表法》、《信访条例》、党的十六届五中全会精神。围绕党委“创造新优势，改革促发展，农村城市化”的工作思路，乡人大在对2005年政府工作进行监督基础上，加强对行政效能监察立项项目的监督工作力度。组织乡人大代表对效能监察立项项目的进展与进度工作进行监督、检查和视察。2007年，乡人大围绕党委、政府确定的重点项目，认真落实监督。对乡级资源性资产的清查摸底、领导干部任期经济责任审计、农民二期回迁楼、拆除违法建设、环境整治等工作进展情况进行重点监督，确保工作目标落实。是年，乡人大组织代表参观奥运重点工程太阳宫热电厂、朝阳区看守所和朝阳区农村党风廉政教育展。

2008年，乡人大组织代表学习党的十七大报告、《中国共产党章程》、《信访条例》、《城市房屋拆迁管理条例》、《代表法》等相关知识。组织代表开展形式多样的各项活动，以奥运为契机，组织代表参观北京市反腐倡廉警示教育基地，参加地区半年工作总结大会暨奥运决战动员大会，“迎奥运”环境秩序百日专项整治义务劳动，慰问奥运重点工程太阳宫热电厂的奥运建设者，参加2008名奥运志愿者誓师大会，部分区、乡人大代表加入奥运志愿者的行列，广泛参与到乡“人文奥运进学校、进军营、进工地、进社区、进企业、进家庭、进机关”的“七进”活动。

2011年，为保障宪法和法律的正确实施，不断加大监督力度，提高监督实效，充分发挥人大监督作用，采取定期与不定期的方式听取乡政府的工作汇报。为切实发挥乡人大代表的作用，乡人大把提高代表素质摆在重要位置。坚持理论学习制度，不断提高政治、法律、业务素质。为加强代表的法律意识和责任意识，使代表更好地发挥职责作用，为代表订阅《中国人大》和《北京人大》等杂志，组织人大代表学法、用法，提升自身素质，切实推动人大工作水平的提高。组织人大代表学习区农村工作会精神以及乡党委书记在人代会上的讲话。此外，组织人大代表观看电教片等。2012年，乡人大围绕全乡中心工作，加强对政府的工作监督和法律监督，不断深化人大统筹协调，有力推动政府工作。乡人大紧紧围绕党委、政府确定的重点项目，认真落实监督。对农民回迁楼后期入住、违法建设、环境整治等工作进展情况进行重点监督，确保工作目标落实。6月，乡人大组织召开乡人大代表履职培训会，就人民代表大会制度、人民代表大会权利、人大代表的职责和义务以及人大代表的履职进行培训。为代表订阅《北京人大》杂志，加强代表的法律意识、人大意识和责任意识，使代表更好地发挥职责作用奠定基础。

2013年年初，乡人大深入走访10个社区进行调研，针对群众反映的热点难点问题认真梳理分类，与人大代表逐项进行分析研究。充分发挥区、乡两级人大代表的优势，及时把群众的建议和意见反映到有关部门，并认真加以督办。同时，利用每年召开两次乡人代会，组织代表听取乡政府对全乡重点工作、折子工程、为民办实事等各项工作的安排部署，加大对各项重点工作的监督力度，督促各职能部门予以推进落实，促进全乡发展的合力；组织代表参加集体三资管理相关会议，听取集体三资“1+4”管理办法、村集体经济组织预算管理、集体经济合同清理、联预审、全乡集体经济合同、一卡一账对三图式标准化管理等相关工作的汇报，了解全乡集体经济的整体情况。通过实施有效监督，与政府形成合力，将人大督办与政府工作协调一致，确保各项工作任务的落实。4月10日，乡人大召开乡人大代表业务知识培训会。乡人大主席马跃农主持会议，区人大常委会专职常委张健顺结合农村地区工作实际，从“如何深刻理解人民代表大会制度、如何做好乡人大工作、如何当好乡人大代表”等三个方面进行培训。是年，为更好地发挥代表作用，为代表依法有效履职创造良好条件，积极组织代表开展形式多样的活动。结合乡党委解放思想大讨论活动，组织代表开展“讲大局、树正气、比奉献”专题征文活动，代表围绕“三个想一想”，即“我为地区和谐发展应尽什么力；我为选民应做什么事；我为政府工作应谏什么言”上报19篇征文，并评选出4篇优秀作品。同时，积极组织代表参与地区综合工作会议、第四届文化节、“两代表一委员”启动仪式、转居安置工作部署会等重要会议和重大活动，使代表全面了解地区的整体工作，为代表履职构筑载体，搭建平台，提供知情知政渠道。

2014年，乡人大确定3项重点监督工作，即对地区人口与安全管理、环境综合整治、集体经济监管等重中之重工作加大监督力度，并确定监督内容、监督的方法步骤，明确责任领导、责任科室及完成时限。8月，40名区、乡人大代表参观视察太阳宫南街绿化广场、新纪家园热力改造工程、尚家楼48号院小区综合整治情况、太阳宫税务所、乡联社职工培训基地、圣馨家园小区群租房拆除情况等6项重点工作。视察活动结束后，召开代表座谈会，代表们结合参观视察活动，围绕全乡的经济发展、村级集体资产、环境整治、社会管理等工作进行交流座谈，提出意见和建议。同年，乡人大以党的群众路线教育实践活动为主线，以开展“摸实情、听民声、访民意”联系群众活动为重点，对乡域10个社区、3个村及7个乡直属企事业单位进行实地走访调研，针对基层单位及群众反映的热点难点问题及意见建议进行认真梳理分类，梳理出道路交通、乡域统筹管理、小区管理、卫生服务配套设施、环境卫生、教育等6大类13件问题，及时把群众的建议及意见转交到政府相关部门，并认真加以督办，切实协助党委政府解难题、办实事，化解社会矛盾。同时，积极组织人大代表开展形式多样的活动，丰富代表活动内容，拓宽代表履职渠道，开阔代表思路，提高代表履职能力，进一步发挥代表在闭会期间的作用。组织代表参加《太阳宫乡启动绿隔试点乡工作部署会》，主管此项工作的领导向与会代表通报绿隔试点乡工作方案；人大代表积极参与到乡转非安置工作中来，进行走访入户和宣传动员工作，配合乡党委、乡政府完成十字口村、太阳宫村和牛王庙村1366人的转非安置工作；组织区、乡人大代表参加太阳宫派出所2014年上半年工作报告暨治安状况民意大走访工作会，派出所所长李树强对上半年工作情况及地区治安状况进行述职；区、乡人大代表上台发言，针对派出所工作进行评议；组织代表参与太阳宫文化节开闭幕式、“三八”妇女节、义务植树等活动，了解地区丰富多彩的各项活动；邀请代表参加地区开展的“解放思想大讨论”、党的群众路线教育实践活动等活动，提高代表的思想认识和责任意识、代表意识；组织代表参加每月开展的安全稳定日、环境整治日、党建活动日等主题活动，使代表全面了解地区的整体工作，为代表履职构筑载体，搭建平台，充分调动代表履职的积极性。

2015年，根据《乡政府工作报告》及《2015年太阳宫地区重点任务分解》，乡人大确定5项重点监督工作，即对“一绿”试点乡建设工作、产权制度改革、集体经济管理、环境整治、社区“两委”班子换届选举工作加大监督力度，并确定监督内容、监督的方法步骤，明确责任领导、责任科室及完成时限，充分发挥乡人大及人大代表的职能作用，依法加强对政府重点工作的监督。是年，乡人大以“围绕中心、服务大局、关注民生”为重点，对村、社区及乡直属企业进行实地走访调研，针对基层单位及群众反映的热点难点问题及意见建议进行认真梳理分类，梳理出环境治理、小区管理、教育等5项意见建议，比上年调研的13件问题和意见建议减少8件。调研问题的减少，说明在乡党委、乡政府的重视和支持下，在各职能部门的努力下，切实解决乡域一些难以解决的问题，为地区群众创造良好的生活环境，得到地区群众的认可和好评。全年组织代表参加各类活动 5 次，180 余人次。

2016 年，乡人大拓宽学习渠道，加强代表的法律意识、人大意识和责任意识，为代表订阅《北京人大》《朝阳人大》等书刊，为代表更好地发挥职责作用奠定基础。同时，开展“到基层、摸实情、听民声、访民意、解民难”的专题活动，加强与代表及选民的联系，听取选民意见，倾听选民心声。针对基层单位及选民反映的热点难点问题及意见建议进行认真梳理分类，及时转交到乡政府相关职能部门，及时沟通协调反馈意见建议，督促帮助予以落实。加强对政府重点工作的监督，推进各项重点工作的落实。针对“一绿”试点乡建设、地区人口与安全管理、环境综合整治、产权制度改革、集体经济监管等工作加大监督力度，组织代表集中视察，听取汇报，全面了解各项工作的进展情况，促进全乡整体发展。

第七章　乡人民政府

1954年，始建太阳宫乡人民政府。1958年，撤销乡建制，隶属和平人民公社。1961年，成立太阳宫人民公社。1983年，撤社建乡，太阳宫乡恢复人民政府建制，管理机构和建制几经变化调整。1993年，成立太阳宫地区办事处，与乡政府实行“两块牌子、一套班子”体制，至2016年未变。2016年年底，乡机关设置工作机构26个。历届乡政府加强自身建设和政务工作，带领全乡人民艰苦奋斗、努力拼搏，全力推进乡域城市化进程，把一个地处城乡接合部、经济并不发达的太阳宫，逐步建成为四通八达、经济繁荣，人民生活走向富裕，城市管理和谐有序，基本实现城市化的太阳宫。

第一节　机构沿革

1949年1月11日，解放战争平津战役进入攻坚阶段，中共北平市委宣布，中共北平市第十三区、第十四区工作委员会和区人民政府成立。2月11日，根据中共北平市委《关于废除保甲制度，建立街乡政府的初步意见》，两区工委将工作重点转向废除保甲制，建立新政权和恢复生产方面。4月11日，两区分批开展废除保甲制，建立新政权工作。至4月30日，废除保甲制，建立新政权工作全面结束。太阳宫地域各村响应上级号召，分别建立起村政府。

1954年6月，成立太阳宫、左家庄、小黄庄、五路居4个小乡，并建立乡人民政府。1956年3月，4个小乡合并为太阳宫乡，其所辖初级社合并为光明高级农业生产合作社，下辖8个生产大队。

1958年8月，太阳宫乡（光明高级社）建制撤销，成立太阳宫第三工作站，属和平人民公社所辖。1961年6月，撤销太阳宫第三工作站，成立太阳宫人民公社。

1967年12月，成立公社革命委员会筹备小组。1968年1月13日，太阳宫人民公社革命委员会成立。赵润宽、蔡泉、王玉甫、王玉清、牛锡贵、张书茗、常振林、赵桂芳、马长兰任常委，赵润宽任主任委员，牛锡贵、王玉清、王玉甫、赵桂芳为副主任委员。赵润宽之后，又有刘增林、贾印川相继担任革委会主任。这一时期，公社划分为太阳宫生产大队革委会、革命生产大队革委会、东风生产大队革委会、红旗生产大队革委会、友谊生产大队革委会、向阳生产大队革委会、红卫生产大队革委会、东方红生产大队革委会。

1983 年，农村政社分开，结束持续 20 余年的人民公社体制，恢复成立太阳宫乡人民政府。1993 年，太阳宫乡设立地区办事处，并保留乡政府建制，实行“两块牌子、一套人马”，其中“乡”代表农村，“办事处”代表城市。地区办事处作为区政府的派出机构，对管界范围内的街道工作和农村工作实行统一管理和领导，享受两种政策待遇，行使街、乡两种职能。截至 2016 年，此种职能未变。

1983 年建立乡人民政府后，太阳宫乡按照社会主义市场经济和社会发展要求，本着“精简、统一、效能”原则，乡政府组织机构历经数次改革和调整，加大对公务员队伍的教育和管理。干部年轻化、知识化程度得到提升，干部队伍得到优化，工作效率得到提高。至 2016 年，乡政府坚持依法行政，努力改进机关工作作风，自觉接受人大监督和民主监督，认真办理人大代表建议。开辟政府网站，畅通沟通渠道，扩大群众参与权、知情权、表达权和监督权。行政服务大厅高效运转，行政审批服务效能进一步提升。与此同时，乡政府坚持实施“民心工程”，采取有效措施，解决百姓身边事，扎实推进为民办实事工作。着力改善民生，加强道路、水电、通信、医疗、教育等基础设施建设，极大地改善乡域面貌。持续做好城市化进程和转工转居工作，确保辖区居民的生活质量不断提高。

表 7-1　　**1956—1995 年政府领导任职情况一览表**

政府机构	姓名	职务	任职时间
光明高级农业生产合作社	王玉茹	社长	1956 年 3 月—1956 年 12 月
	赵润宽	副社长	
	王玉茹	社长	1957 年 1 月—1958 年 4 月
	赵润宽	副社长	
太阳宫第三工作站	赵润宽	站长	1958 年 5 月—1958 年 12 月
	王玉茹	副站长	
	赵润宽	站长	1959 年 1 月—1959 年 12 月
	王玉茹	副站长	
	赵润宽	站长	1960 年 1 月—1961 年 6 月
	王玉茹	副站长	

续表 7–1

政府机构	姓名	职务	任职时间
太阳宫公社	赵润宽	主任	1961 年 7 月—1961 年 12 月
	赵桂芳	副主任	
	赵润宽	主任	1962 年 1 月—1962 年 12 月
	赵桂芳	副主任	
	赵润宽	主任	1963 年 1 月—1963 年 12 月
	赵桂芳	副主任	
	赵润宽	主任	1964 年 1 月—1964 年 12 月
	赵桂芳	副主任	
	赵润宽	主任	1965 年 1 月—1965 年 4 月
	赵桂芳	副主任	
	蔡　泉	副主任	
	赵润宽	主任	1965 年 5 月—1966 年 12 月
	赵桂芳	副主任	
	蔡　泉	副主任	
	渠俊杰	副主任	
	牛锡贵	副主任	
	李惠兰	副主任	
	徐秀珍	副主任	
	赵润宽	主任	1967 年 1 月—1968 年 9 月
	蔡　泉	副主任	
	赵润宽	主任	1968 年 10 月—1968 年 12 月
	蔡　泉	副主任	
	赵润宽	主任	1969 年 1 月—1969 年 12 月
	蔡　泉	副主任	
	赵润宽	主任	1970 年 1 月—1970 年 12 月
	刘增林	副主任	
	蔡　泉	副主任	
	赵润宽	主任	1971 年 1 月—1971 年 12 月
	蔡　泉	副主任	
	刘增林	副主任	

续表 7-1

政府机构	姓名	职务	任职时间
太阳宫公社	赵润宽	主任	1972 年 1 月—1973 年 9 月
	蔡　泉	副主任	
	赵润宽	主任	1973 年 10 月—1974 年 9 月
	蔡　泉	副主任	
	刘增林	主任	1974 年 10 月—1974 年 12 月
	赵润宽	副主任	
	刘增林	主任	1975 年 1 月—1975 年 12 月
	赵润宽	副主任	
	刘增林	主任	1976 年 1 月—1976 年 12 月
	赵润宽	副主任	
	刘增林	主任	1977 年 1 月—1978 年 5 月
	赵润宽	副主任	
	刘增林	主任	1978 年 6 月—1978 年 12 月
	赵润宽	副主任	1978 年 6 月—1978 年 12 月
	蔡　泉	副主任	
	闫兴元	副主任	
	刘　荣	副主任	
	赵润宽	主任	1979 年 1 月—1980 年 10 月
	丁世增	副主任	
	蔡　泉	副主任	
	刘　荣	副主任	
	赵润宽	主任	1980 年 11 月—1980 年 12 月
	闫兴元	副主任	1980 年 1 月—1981 年 2 月
	赵润宽	主任	1981 年 3 月—1981 年 12 月
	闫兴元	副主任	
	蔡　泉	副主任	
	赵润宽	主任	1982 年 1 月—1983 年 3 月
	闫兴元	副主任	
	蔡　泉	副主任	

续表 7–1

政府机构	姓名	职务	任职时间
太阳宫乡	武惠琴	代乡长	1983 年 4 月—1983 年 12 月
	蔡　泉	副乡长	
	丁世增	副乡长	
	武惠琴	乡长	1984 年 1 月—1984 年 10 月
	蔡　泉	副乡长	1984 年 11 月—1984 年 12 月
	武惠琴	乡长	1985 年 1 月—1985 年 12 月
	蔡　泉	副乡长	
	武惠琴	乡长	1986 年 1 月—1986 年 12 月
	蔡　泉	副乡长	
	武惠琴	乡长	1987 年 1 月—1987 年 9 月
	蔡　泉	副乡长	
	苏　沛	副乡长	1987 年 10 月—1987 年 12 月
	武惠琴	乡长	1988 年 1 月—1988 年 12 月
	蔡　泉	副乡长	
	苏　沛	副乡长	
	武惠琴	乡长	1989 年 1 月—1989 年 12 月
	蔡　泉	副乡长	
	苏　沛	副乡长	
	武惠琴	乡长	1990 年 1 月—1990 年 12 月
	蔡　泉	副乡长	
	苏　沛	副乡长	
	武惠琴	乡长	1991 年 1 月—1991 年 7 月
	苏　沛	副乡长	
	韩瑞宝	副乡长	1991 年 8 月—1991 年 12 月
	武惠琴	乡长	1992 年 1 月—1992 年 12 月
	苏　沛	副乡长	
	韩瑞宝	副乡长	

续表 7–1

政府机构	姓名	职务	任职时间
太阳宫乡	武惠琴	乡长	1993 年 1 月—1993 年 12 月
	苏　沛	副乡长	
	韩瑞宝	副乡长	
	武惠琴	乡长	1994 年 1 月—1994 年 12 月
	苏　沛	副乡长	
	韩瑞宝	副乡长	
	李亚珉	副乡长	
	武惠琴	乡长	1995 年 1 月—1995 年 5 月
	苏　沛	副乡长	
	韩瑞宝	副乡长	
	李亚珉	副乡长	1995 年 6 月—1995 年 12 月

表 7–2　**1996—2016 年太阳宫地区（乡）政府领导任职情况一览表**

年份	姓名	职务	备注
1996 年	武惠琴	办事处主任（乡长）	10 月 16 日任正处调研员
	苏　沛	办事处副主任（副乡长）	8 月 7 日退休
	韩瑞宝	办事处副主任（副乡长）	
	李亚珉	办事处副主任（副乡长）	
	马淑琴	办事处副主任（副乡长）	9 月 18 日任
1997 年	宋振江	办事处主任（乡长）	
	韩瑞宝	办事处副主任（副乡长）	
	李亚珉	办事处副主任（副乡长）	
	马淑琴	办事处副主任（副乡长）	
1998 年	宋振江	办事处主任（乡长）	
	韩瑞宝	办事处副主任（副乡长）	
	李亚珉	办事处副主任（副乡长）	
	马淑琴	办事处副主任（副乡长）	

续表 7-2

年份	姓名	职务	备注
1999 年	鞠正义	办事处主任（乡长）	11 月 16 日任职
	李亚珉	办事处副主任（副乡长）	
	徐燕华	办事处副主任（副乡长）	11 月 16 日任职
	张军茹	办事处副主任（副乡长）	11 月 16 日任职
2000 年	鞠正义	办事处主任（乡长）	
	李亚珉	办事处副主任（副乡长）	
	徐燕华	办事处副主任（副乡长）	
	张军茹	办事处副主任（副乡长）	
2001 年	鞠正义	办事处主任（乡长）	10 月 8 日免去办事处主任职务
	冷雪峰	办事处主任（乡长）	10 月 8 日任办事处主任，12 月 12 日乡十三届人代会五次会议上当选为乡长
	李亚珉	办事处副主任（副乡长）	
	徐燕华	办事处副主任（副乡长）	
	张军茹	办事处副主任（副乡长）	
2002 年	冷雪峰	办事处主任（乡长）	
	张永贵	办事处主任（乡长）	11 月任职
	李亚珉	办事处副主任（副乡长）	11 月免职
	徐燕华	办事处副主任（副乡长）	
	张军茹	办事处副主任（副乡长）	
	王　灵	办事处副主任（副乡长）	11 月任职
	张保军	办事处副主任（副乡长）	1 月 31 日当选为副乡长
2003 年	张永贵	办事处主任（乡长）	
	徐燕华	办事处副主任（副乡长）	
	张军茹	办事处副主任（副乡长）	
	王　灵	办事处副主任（副乡长）	
	姓名	职务	备注
	张保军	办事处副主任（副乡长）	
2004 年	张永贵	办事处主任（乡长）	
	张军茹	办事处副主任（副乡长）	
	徐燕华	办事处副主任（副乡长）	
	张保军	办事处副主任（副乡长）	
	王　灵	办事处副主任（副乡长）	

续表 7–2

年份	姓名	职务	备注
2005 年	张永贵	办事处主任（乡长）	
	张军茹	办事处副主任（副乡长）	
	徐燕华	办事处副主任（副乡长）	
	张保军	办事处副主任（副乡长）	9 月 9 日免职
	王　灵	办事处副主任（副乡长）	
2006 年	张永贵	办事处主任（乡长）	
	张军茹	办事处副主任（副乡长）	7 月 7 日免职
	徐燕华	办事处副主任（副乡长）	
	王　灵	办事处副主任（副乡长）	
	蒋　萍	办事处副主任（副乡长）	7 月 7 日任职
	历广权	办事处副主任（副乡长）	7 月 7 日任职
2007 年	张永贵	办事处主任（乡长）	4 月 3 日免职
	张宏明	办事处主任（乡长）	6 月 15 日任职
	徐燕华	办事处副主任（副乡长）	
	王　灵	办事处副主任（副乡长）	
	蒋　萍	办事处副主任（副乡长）	
	历广权	办事处副主任（副乡长）	
2008 年	张宏明	办事处主任（乡长）	
	徐燕华	办事处副主任（副乡长）	
	王　灵	办事处副主任（副乡长）	
	蒋　萍	办事处副主任（副乡长）	
	历广权	办事处副主任（副乡长）	5 月 8 日免职
	张燕伟	办事处副主任（副乡长）	6 月 6 日任职
	蒋春茂	办事处副主任（副乡长）	5 月 8 日任职
	杨　军	办事处副主任	5 月 8 日至 9 月底任
2009 年	张宏明	办事处主任（乡长）	11 月 6 日免职
	王　毅	办事处主任（乡长）	11 月 6 日任职
	徐燕华	办事处副主任（副乡长）	
	王　灵	办事处副主任（副乡长）	
	蒋　萍	办事处副主任（副乡长）	
	张燕伟	办事处副主任（副乡长）	
	蒋春茂	办事处副主任（副乡长）	

续表 7-2

年份	姓名	职务	备注
2010年	王　毅	办事处主任（乡长）	
	徐燕华	办事处副主任（副乡长）	8月28日免职
	王　灵	办事处副主任（副乡长）	6月2日免职
	蒋　萍	办事处副主任（副乡长）	
	张燕伟	办事处副主任（副乡长）	
	蒋春茂	办事处副主任（副乡长）	
2011年	王　毅	办事处主任（乡长）	
	蒋　萍	办事处副主任（副乡长）	7月11日免职
	张燕伟	办事处副主任（副乡长）	7月11日免职
	姓名	职务	备注
	刘灵霞	办事处副主任（副乡长）	7月11日任职
	吕　英	办事处副主任（副乡长）	7月11日任职
	贾小培	办事处副主任（副乡长）	7月11日任职
	蒋春茂	办事处副主任（副乡长）	
	喻存根	办事处副主任（副乡长）	5月16日任职
2012年	王　毅	办事处主任（乡长）	
	刘灵霞	办事处副主任（副乡长）	
	吕　英	办事处副主任（副乡长）	
	贾小培	办事处副主任（副乡长）	
	蒋春茂	办事处副主任（副乡长）	
	喻存根	办事处副主任（副乡长）	
2013年	王　毅	办事处主任	5月24日免职
	王　毅	乡长	7月13日辞职
	贾恩松	办事处主任	5月24日任职
	贾恩松	乡长	8月5日任职
	刘灵霞	办事处副主任（副乡长）	
	吕　英	办事处副主任（副乡长）	
	贾小培	办事处副主任（副乡长）	
	蒋春茂	办事处副主任（副乡长）	
	喻存根	办事处副主任（副乡长）	

续表 7–2

年份	姓名	职务	备注
2014 年	贾恩松	办事处主任（乡长）	
	刘灵霞	办事处副主任（副乡长）	9 月 26 日提前退休
	吕　英	办事处副主任（副乡长）	
	贾小培	办事处副主任（副乡长）	
	蒋春茂	办事处副主任（副乡长）	
	喻存根	办事处副主任（副乡长）	2 月 7 日免职
	徐宏桢	办事处副主任（副乡长）	3 月 8 日任职
2015 年	贾恩松	办事处主任（乡长）	
	吕　英	办事处副主任（副乡长）	
	贾小培	办事处副主任（副乡长）	
	蒋春茂	办事处副主任（副乡长）	
	喻存根	办事处副主任（副乡长）	
	徐宏桢	办事处副主任（副乡长）	
	王　伍	办事处副主任（副乡长）	5 月 15 日任副主任 8 月 25 日任副乡长
2016 年	贾恩松	办事处主任（乡长）	
	吕　英	办事处副主任（副乡长）	
	贾小培	办事处副主任（副乡长）	7 月 22 日免职
	蒋春茂	办事处副主任（副乡长）	7 月 22 日免职
	徐宏桢	办事处副主任（副乡长）	
	王　伍	办事处副主任（副乡长）	
	张红霞	办事处副主任（副乡长）	7 月 22 日任副主任
	陈　鹏	办事处副主任（副乡长）	8 月 19 日任副主任

第二节　内设机构

1952 年 9 月，太阳宫地域开始以行政村为单位成立互助组。1954 年 8 月，太阳宫地域开始成立初级社和高级社，1955 年正式扩社。

1956 年，实行合乡并社，成立光明高级农业生产合作社，作为一级地方政府接受北京市东郊区人民委员会领导。主要任务是开展农业合作化运动，巩固新生政权。在贯彻上级党和国家的路线、方针、政策的前提下，在辖域内实行行政领导，执行人民代表大会的决议，以及上级行政机关的决定、命令，接受各党派和群众的监督帮助。规定辖域内的行政措施，对辖区各项工作进行决策；任免辖区内部机构的工作人员；执行国民经济和社会发展计划和预算；管理辖区经济、教育、科学、文化卫生、体育事业和财政、民政、公安、民族事务、司法、行政等工作；保护社会主义财产和劳动群众财产；维护社会秩序；保障公民的人身权利和民主自由；办理上级国家机关交办的其他事务。内部机构设有会计室、信用社、妇联、民兵、共青团，负责全社经济核算、资金管理、妇女工作、民兵训练、民兵联防及青年工作。

1958 年 5 月，撤销原农业生产合作社的建制。太阳宫地域属和平人民公社三站，管辖范围扩大，内部机构设置有政工组、团委、妇联、办事组、生产组、武装部，基本职能未发生变化。

1961 年 6 月，从和平人民公社析出并成立太阳宫人民公社，管辖范围为：太阳宫生产大队、十字口生产大队、尚家楼生产大队、惠忠庵生产大队、左家庄生产大队、牛王庙生产大队、小亮马桥生产大队、小黄庄生产大队、五路居生产大队。公社内部机构设有政工组、办事组、生产组、财务组、武装部、妇联、团委、信用社。

1967 年 11 月，朝阳区成立革命委员会筹备小组，太阳宫公社在此期间也相继取消党委和政府，建立临时机构，设立第一线指挥部，成立大联合委员会和革命委员会。1972 年，太阳宫公社内部机构设有：政工组、办事组、生产组、财务组、畜牧组、后勤组、工副业办公室、武装部、妇联、团委。

1983 年，恢复太阳宫乡党委、乡政府。随着改革开放的深入，设立农工商总公司。内部机构设有：党委办、政府办、总公司办、各专业公司、团委、妇联、武装部、计生办、经管站等 19 个部门。

1993 年，成立太阳宫地区办事处，与太阳宫乡人民政府实行“两块牌子、一套班子”，履行街乡双重管理职能。1996 年，太阳宫乡（地区）机关设置 24 个科室。1997 年至 2000 年，乡机关设置 25 个科室，原居民科、工业公司、菜粮畜牧公司被撤销，同时成立人大常委会办公室、工会、劳动科、企业科 4 个科室。

2001 年，乡机关设置 27 个科室，原房管科撤销，增设审计科、城管监察队等，文化站改设为文化服务中心。2002 年，精简机构之后全乡科室明显减少，共设 19 个科室。原政府办和党办合并为党政办公室；原组织科和宣传科合并为组宣科；原文化教育科和计生办合并为计生文教办公室；原建设管理科和规划科合并为规划建设管理科；原总公司办公室、企业科、审计科、纪委办、交通安全办公室、防范和处理邪教办公室 6 个科室被撤销，新增设司法所、社会保障事务所、社会治安综合治理（交通）办公室、监察科 4 个科室；经管站改为经济管理办公室，人大常委会办公室改为人大；其他 8 个科室（武装部、团委、工会、妇联、统计科、财政科、民政科、城管监察队）无变化。

2005年，全乡共设21个科室。原团委和妇联合并为团委妇联，监察科和人大合并为一个科室：监察科（人大）；增设信访办、残联办公室、文化服务中心、产权制度改革办公室4个科室，其他科室无变化。2006年，全乡共20个科室，除产权制度改革办公室撤销外，其他科室无变化。2007年，全乡共计21个科室，团委、妇联和工会合并为一个科室；增设社区办、08办（2008奥运会备战办公室）2个科室；撤销统计科，改设统计所。

2008年，全乡共有22个科室，团委、妇联和工会拆分为两个科室：团委和妇联办公室、工会办公室，其他科室无变化。2009年，全乡共计21个科室，除08办被撤销，其他科室无变化。

2010年，全乡共计24个科室，增设安监科和经管站两个科室。2012年，增设社会公共事务服务中心，民政科更名为社会事务管理科，并将残联划归社会事务管理科。2013年，增设全模式办公室，全乡共设26个科室。截至2016年，科室设置未再发生变化。

第三节　乡村管理

环境整治

拆除违法建设

1998年，以城乡接合部环境整治为重点，将8000余平方米侵占绿地、街道、耕地和水利设施的违法建筑列入拆除计划，分三阶段进行拆除。11月，对东城开发征而未用的芍药居小区15000平方米的违法建筑进行拆除；对望和铁路太阳宫段进行整治，拆除违法建筑5000余平方米，新建和整修铁路两侧2000米长的围墙，并对沿线两侧进行绿化、美化。同时，整修路面12000平方米，粉刷、修补墙面1080平方米，撤除大街棚、亭、阁21个，拆、砌墙面540平方米。

2006年到2008年，拆除违法建设63处81261平方米。2012年，全年查处环境违法行为2286起，拆除违法指路牌等户外广告386块，拆除违法建设5975.42平方米，实现新增违法建设“零指标”，确保全乡环境整洁有序，被评为2012年“北京市环境秩序整治工作突出贡献先进集体”。

2013年至2015年，以控违拆违为突破口，发挥巡察队伍作用，加强督查督办，严格控制新生违法建设，加大拆除力度，3年来累计拆除违法建设3.47万平方米，实现违法建设“零增长”。

2016年，通过网格派专属巡查员、群众举报、街景巡查，发现新生违法建设1525平方米，全部拆除，实现新生违建“零增长”。同年，在地区办事处协调组织下，执法队积极促成国际村、热力管线宿舍等3处存量违建的拆除工作，拆除面积5250平方米，完成市级台账全年任务的100%。

环境美化

2000年，乡政府落实《北京市城市建筑物外立面保持整洁管理规定》，对三环路、四环路、机场辅路、乡门前路、示范街等道路两侧建筑物进行粉刷，粉刷楼房11栋、23792平方米，粉刷围墙3284平方米，粉刷平房3714平方米，基本完成全乡外立面粉刷任务。

2006年到2008年，地区在实施拆迁与建设相结合、配合市区重点工程建设的同时，先后完成优美大街、景观广场、街心花园等“2468”项目的环境建设以及建筑物外立面粉饰、铁路沿线环境整治、五大环境秩序整治、户外广告及牌匾标识整治、城中村整治、拆除违法建设、整治出租大院、老旧小区改造、绿化新建改造等诸多工作，通过对地区12条主要道路、城铁13号线、地铁10号线周边及重点地区的整建、绿化和管理，市容环境明显改善。

2009年，地区开展门前净化活动，全年规范“门前三包”单位756次。保持对各类城市管理违法案件的高压态势，取缔无照经营，没收和清除各类小广告，清除乱倒垃圾渣土，查处工地夜间施工扰民，规范和拆除各类违法广告牌匾、条幅、灯杆旗。9月，对辖区内主要道路、重点地区、单位门前进行重点布置。到15日，太阳宫地区花卉景观和硬质景观环境布置工作全面完成。

2012年，完成圣馨家园小区环境改造工程、太阳宫中路优美大街亮丽工程，对太阳宫北街街巷道路、十字口村、土角楼村、曙光路三角地、校园周边等进行环境整治。另外，实行联勤联动，开展环境秩序整治，全年查处环境违法行为2286起，拆除违法指路牌等户外广告386块，收缴各类非法宣传页10余万张，规范“门前三包”事项356起，办理网格案件26312件，拆除违法建设5975.42平方米，实现新增违法建设“零指标”，确保全乡环境整洁有序，被评为2012年“北京市环境秩序整治工作突出贡献先进集体”。

2014年，完成APEC环境保障工作，粉饰道路沿线建筑物外立面25.7万平方米，更换铁艺围墙7800平方米，拆除广告牌匾2000平方米。完成西坝河路环境优美大街建设和40亩平原造林工作任务，建成4000平方米的太阳宫南街绿化广场，完成芍药居5号院老旧小区综合整治和太阳宫中路路面恢复工程，进一步提高地区环境质量。严格落实“门前三包”责任制，充分发挥环卫应急保障队伍作用，每日对辖区所有道路、街面进行不间断巡查，全年清除小广告230公斤，涂鸦445平方米，清除树挂1100余处，清运渣土、垃圾82吨。开展老旧楼房节能改造、爱国卫生月、垃圾分类、减煤换煤等专项行动，地区环境面貌得到改善，居民爱护环境、保护环境的意识不断提高。

2015年，地区统一部署，组织开展每月一次的环境整治主题日活动。相继开展“干干净净迎接新春”“爱护花草树木 创造美好家园”等活动。到10月份，活动出动车辆58台次，机关、社区1200余人次参加，发动社会志愿者1000余人次，整治环境脏乱区域300余处，清运堆物堆料、各类垃圾28吨；清除纸质小广告9000余张，涂鸦500余平方米，清除树挂2000余处，清理白色污染1690公斤，清运渣土、垃圾458吨。

2016年，以迎春节、全国两会、国庆、创建全国卫生文明乡镇、中央生态环境保护督察等环境保障为重点，围绕环境问题比较突出的文学馆路、育慧南路、曙光西路、拆迁腾退区等环境脏乱区域，集中进行环境整治，整改首都环境办公室环境问题点位18处、区环境办公室环境问题台账12处，清除纸质小广告8500余张，涂鸦450平方米，清除树挂1800余处，清理白色污染800公斤，清运渣土、垃圾160吨，覆盖防扬尘绿网6万余平方米，接受和保障上级环境检查巡查22次，完成各项环境保障任务。持续开展“环境整治主题日”活动，在机关科室和社区支持下，开展“迎新春佳节，打造清新优美环境”“爱护花草树木 建设美好家园”“干净整洁迎国庆”等为主题的环境整治活动10次，机关、社区1500人次参加，发动社会志愿者900人次，集中整治环境脏乱区域120处，清运堆物堆料、各类垃圾28吨。

污水处理

太阳宫公社的明渠始建于20世纪70年代，位于太阳宫中路以西，京承高速路以东，主要集中在十字口村和太阳宫北村，总长度为5950米。

1996年10月，太阳宫地区完成太阳宫村和太阳宫北村的排水和衬砌工程，初步解决雨污水排放难的问题。1999年，地区投资对芍药居一居、二居的排水问题进行整治，拆除排水沟上的违法建筑，更换水泥管，使排水沟外露便于及时清淤，解决污水排泄问题。同年，为七圣庙村、牛王庙村改装自来水管线。

2003年，针对太阳宫路建设年代久远、雨污水管线遭到破坏、沿线雨污水排水不畅问题，乡政府组织有关部门重新铺设雨污水管线200延长米，新砌雨水井46个。夏季入汛以来，针对排水沟内垃圾、杂物较多这一现状，辖区各防汛组借助5月份“环境整治周”契机，全方位地对整个辖区进行治理。8个防汛组清理排水沟9440延长米，清除垃圾、渣土6109吨。同年，在芍药居社区清理疏通下水沟渠3000米，衬砌马路边沟1000米，明沟盖板1800米，新铺下水管道260米，铺方砖路280米，砌雨水井22座。

2004年，对西坝河路、太阳宫路疏通雨污水管线2400延长米。2005年，对西坝河路、太阳宫路2400延长米雨污水管线进行疏通更换，保证汛期排水通畅。太阳宫地区工业和生活污水均通过市政管道运送到污水处理厂集中处理，居民的生活污水有些地区则先通过域内明渠再排入市政管道。

2007年，改治乡自管排水沟渠10条，共计2584延长米。2008年，在牛王庙村铺设上水管线1120延长米，整修排污管线630延长米。7月4日，北京市防汛办下达雷电黄色预警。当日下午，综合服务中心出动工程班及清扫员40余人对太阳宫路中段南侧马路堵塞的边沟进行集中清理，开挖、清理排水沟200余米。经过4个多小时的紧张奋战，至晚上9点终于将积水排出，路况明显好转，隐患得以及时解决。

2009年，对夏家园社区内部道路泄水排水设施进行安装，启动太阳宫西路（三环至太阳宫大街段）道路建设工程，安装排水管线，有效缓解排水堵塞状况，解决历史遗留问题。同时解决西坝河北里社科院小区污水横溢问题，社科院小区的污水多年来一直通过太阳宫西路的临时排水沟进行排放，自7月中旬开始，因临时排水沟内常年淤泥堆积，污水涌出沟外，致使社科院小区东侧太阳宫西路路面大面积积水，严重影响周边小区居民的出行和生活。地区办事处领导积极协调宝嘉恒公司提前展开太阳宫西路道路施工建设工作，并责成施工单位城建公司对该积水路段的污水管线进行重新安装填埋，安装污水管线400余延长米，截至8月21日，滋扰居民生活出行的污水横溢问题得以彻底解决。

2010年4月，太阳宫大街至三环路段开工建设，进行雨污水、中水工程施工。2015年，对圣馨家园4、5、6号楼及小区南门周边坍塌堵塞的雨污水管道和塌陷道路进行改造，工期历时1个多月，雨污水管道和道路改造工程全面完成。修复道路3500余平方米，新建污水管线403米，雨水管线50米，污水井15座。彻底解决小区南侧路面塌陷、雨污水管道长期堵塞问题，改善小区生活居住环境，为居民出行提供便利。

垃圾管理

垃圾清运

1985年，太阳宫乡建立起卫生清扫队伍，卫生工作实现经常化、制度化管理。同年，乡内出动12350人次清运垃圾粪肥20520立方米，渣土541立方米，实现90%以上街巷长年干净整洁，80%以上住户达到“卫生之家”、清洁户的标准。

1989年，按市、区环境整治要求，在夏家村进行试点并召开现场会，推动全乡清理垃圾、渣土等村容村貌整治工作。全年清运垃圾渣土56100立方米，腾地还田20多亩，三环路、京顺路、太阳宫路的整治工作经区检查验收基本达标。

1991年至1993年，清运垃圾、渣土11.57万立方米，基本做到全乡生活垃圾及时清运到区指定地点。1994年，太阳宫地区新建、改建一批垃圾池。结合环境综合整治，全体清扫保洁人员进一步明确职责，加紧清扫保洁工作，乡清运队及时清运，全年清运垃圾3万余吨。1996年，全乡有垃圾池171个，全年全乡分3次突击清理长期遗留的卫生死角和垃圾堆13处，清运垃圾2万余吨；在第三次环境整治中，以清理垃圾积存点和撤销太阳宫路市场、曙光西里市场为主。同时，还保证全乡年产5万余吨垃圾的日常清理任务。

1997年，区、乡、村投资在全乡新建垃圾池20个，“五一”前后全部投入使用。同年，乡政府投资44万元为清运队添置4部装卸、运输车辆，保证全乡日产150吨垃圾的及时清运和环境整治任务的完成。1998年初，乡政府为乡垃圾清运站新购两部运输车，全乡日产垃圾180吨，清运站每天超负荷工作，同时还要协助各村、各单位清理积存垃圾。仅上半年，为全乡清理垃圾即达4万余吨。

1999年，为迎接国检团对首都第四次城市卫生和城市环境综合检查，太阳宫乡投入大量人力、物力、财力，对机场高速路太阳宫段大环境片林的垃圾、白色污染，河道桥头处积存垃圾，四元桥下45亩片林内垃圾、白色污染进行彻底清除。为保证街巷干净整洁，铺装方砖路面3000余平方米。年内，全乡清除垃圾1500余吨，清运渣土3000余吨；新建垃圾池16个，维修垃圾池18个；更新添置垃圾运输车辆，建成芍药居、牛王庙村2个垃圾转运站，由区环卫局统一运输，做到乡域垃圾日产日清。

2000年，为清运站购置新车4部，全年清理长期遗留的卫生死角13处，清运垃圾7000吨。2001年，地区新建60座封闭式垃圾管理房，基本实现垃圾无暴露。2002年，继续加大对环卫基础设施的投入，新建9座封闭式垃圾房。清理废旧物资和垃圾渣土50余吨。

2003年11月，完成对位于十字口村、牛王庙村两座各占地600平方米垃圾转运站的封闭改造工作。同年，太阳宫保洁队和太阳宫清运站合并，统一地区的保洁和清运力量，使地区垃圾得到日产日清，无堆积暴露现象。年内，新增保洁车20辆，密闭式清运车2辆，垃圾压缩车2辆，大幅增加地区保洁车辆的机械化程度。2005年，在新纪家园小区新建密闭式垃圾楼一座。2006年，新建压缩式垃圾中转站3座，购买4台压缩式垃圾运输车。

2007年，以城市垃圾管理为标准，改善垃圾清运运作方式，将垃圾清运工作移交至区环卫中心，实现垃圾清运与城市接轨。同时启用京承高速路和太阳宫北街两个密闭式垃圾中转站，并在牛王庙村新建一座密闭式垃圾管理处。十字口村、牛王庙村和太阳宫村加大资金和人员投入，实施全天候保洁，环境面貌明显改善。全年清运生活垃圾近10万吨。2009年，在牛王庙村新建400平方米的压缩式垃圾中转站一座，进一步改善周边卫生环境。2011年6月10日，西坝河北里密闭式清洁站改造完成，正式向社区开放。

垃圾分类

2003年，地区按照减量化、资源化和无害化的原则开展垃圾分类收集工作，实行生活垃圾分类管理。2010年，地区按照“文明向上、优美宜居”的要求，向辖区各单位发放宣传资料、张贴宣传画和培训垃圾减量垃圾分类志愿者，努力营造良好的社会氛围，宣传和推进垃圾分类、减量工作。10月，对地区10个社区213栋居民楼房，56个餐饮单位和3个村的基本情况进行数据调查，建立地区垃圾减量垃圾分类基础台账。积极协调有关部门对地区7个密闭式清洁站进行垃圾分类更新改造，裘马都小区作为先行试点新购置垃圾分类桶 100 个，分发家庭户用桶 1436 个，城管分队帮助协调清除无主垃圾渣土 60 吨。

2011 年，将地区 8 个小区垃圾收集设施更换为制式的垃圾分类桶，在大部分小区的垃圾收集设施上设立垃圾分类标识，方便居民群众进行垃圾分类。2014 年，全面加强垃圾分类工作的管理力度，通过开展“绿足迹行动”扩大垃圾分类工作的影响力。针对垃圾分类中出现的问题和不良现象加强检查整改力度，对不按要求进行工作的物业公司下达整改通知书，对不称职人员进行撤换，取得较好效果。

2015 年，在太阳国际公馆、社科院、国展新座、和泰园等 4 个小区 1500 余户家庭中开展以“留下减排足迹，营造和谐生机”为主题的宣传活动，发放宣传资料、宣传品 4400 份，签订绿色承诺书 1100 份，发动绿色宣讲员、指导员和志愿者 110 余人次，活动激发居民家庭参与垃圾减量分类的积极性，促进垃圾分类工作落实。创建 5 个垃圾分类达标小区，组织太阳宫社区、十字口社区、各物业公司，在圣馨家园、西坝河北里 1 ~ 5 号楼、太阳绿园、太阳公元、红玺园 5 个小区 5433 户家庭中开展垃圾分类活动，完成垃圾分类小区创建任务。在各小区安装宣传公示栏 8 个，分类桶站 76 组，为 5433 户家庭配发分类垃圾桶 10866 个。2012 年至 2015 年，太阳宫乡连续 3 年被确定为“北京市生活垃圾分类街道、乡镇贡献奖”单位。

图 7–1　太阳宫乡保洁队（2001 年摄）

图 7–2　奥运期间，加大环境整治力度（2008 年 7 月 13 日摄）

图 7–3　规划建设管理科对非封闭式垃圾房安装挡门后进行检查（2009 年 6 月 23 日摄）

图 7–4　志愿者在捡垃圾（2015 年 3 月 27 日摄）

2016年，深入开展“绿足迹行动”，对14个分类达标小区开展以“留下减排足迹，营造和谐生机”为主题的宣传活动，发放宣传资料、宣传品6000余份，签订《万户家庭垃圾减量垃圾分类绿色承诺书》1500份，发动绿色宣讲员、指导员和志愿者150余人次参与活动。其中，按垃圾分类示范小区创建工作标准和要求，对火星园小区垃圾分类基础设施进行改造，新换制式桶站13组、更换宣传公示栏，组织垃圾分类宣传培训活动4次，向居民家庭发放宣传品、奖品2000余份，签订“绿足迹行动”承诺书1000余份。日常运行中，严格落实日常运行管理机制，认真执行“桶换桶”收集模式和厨余垃圾直运模式，及时做好基础设施维护，保证投放、收集、运输、处理得到有效衔接，顺利通过示范小区验收。在组织垃圾分类宣传培训活动中，全年组织社区和14个分类小区在圣馨家园、火星园、太阳绿园等小区和太阳公园门口开展以“时尚环保，低碳先锋”“国际家庭日”“积极参与垃圾分类　共同呵护绿色家园”等为主题的各类宣传活动12场，发放垃圾分类图书3000余册，宣传品4000余份，进一步提高居民群众对垃圾分类的知晓率和参与率，为地区开展垃圾分类营造积极氛围；组织惠忠庵社区居民代表48人到朝阳区经济产业园参观学习，对餐厨垃圾处理场、生活垃圾焚烧发电厂和生活垃圾卫生填埋场所等各类垃圾处理环节有了直观了解；组织社区、物业负责人、分拣员、宣传员等220人次参加中华环境保护基金会和办事处组织的专业培训4次，提高管理人员、作业人员的岗位履职能力，促进辖区垃圾分类工作落实。通过各种活动，进一步调动居民家庭参与垃圾减量垃圾分类的积极性、主动性，提高大家动手操作能力，促进辖区垃圾分类工作的深入开展。

公厕建设

1991年，开始对辖域公厕进行改造。1992年全乡新建、翻建公厕15座。同年，十字口村组建公厕卫生管理专职队伍。1994年，全乡新建、改建公厕10座，其中改建高标准公厕2座。1996年，乡、村两级财政共同投资维修和新建部分公厕、垃圾池等公共设施，垃圾池达到171个，基本满足使用需要。

1998年，区、乡两级财政投入60万元，于3月份动工，在辖区主要街巷、道路两侧新建、翻建高标准公厕26座，并于“五一”前后全部交付使用，这一举措基本解决了乡域内如厕难的问题。

2000年，乡、村两级财政投入10万元新建、维修公厕10座，新建、翻建垃圾池39个。2002年，完成4座水冲式公厕、3座粪便处理池的建设。2003年，全年新建水冲式公厕3座，改造1座。在牛王庙村建旱厕1座，十字口村建旱厕1座，芍药居地区建旱厕11座。

2004年，与区环卫中心配合在三环路旁建设环保公厕一座；在育慧南路新建二类公厕一座。

2006年，地区新建和改建公厕29座，解决公厕破旧和脏乱问题。2007年，新建公厕3座。2009年、2010年，在太阳宫中心广场新建2座公厕。

第四节 信访工作

太阳宫乡认真对待人民群众来信来访，由党委委员、党办主任负责信访工作，党委办公室负责来信来访登记、分类、落实，由纪委副书记、纪委办、乡政府副乡长、民调员负责查处或催办，各村和乡直属企事业支部也均设一名支委分管信访工作，做到层层有人管，件件有人抓。对群众揭发重要问题的文件，由乡党委书记批示进行查处，对于一些查处有阻力、不能按期结案的，向上级纪委讲明原因，做到件件有登记、有着落、有结论。

1981年至1986年，受理来信216件。到1986年年底，均已调查清楚，作出结论，并及时向上级机关反馈。

1987年，党员、党员干部的来信来访由乡纪委查处，群众信件由政府民调处查处。对涉及各村、各企业支部书记的来信来访由党委集体把关，研究查处办法。乡纪委、民调处也按来信问题情况分别由各基层支部负责查处，乡负责催办并限定期限。一般群众来信来访问题查处时间不超过一个月，较重大的最多不超过两个月完成，并要求实事求是地上报结果，做到不推、不拖，件件有结果。年内，有群众来信来访13件。

1990年，乡受理人民来信16封，接待来访6人次。对其中7封重要信件，纪委直接进行调查核实，并在适当场合做了答复，减少重复信访。对上报结果的信件，证明材料齐全，手续完备，领导过目签字，保质、按时报区信访办和区纪委。

1991年，根据区信访办及区纪委信访室的要求，年内正式实行信访目标管理。在基层建立信访网络和信息员队伍，基本做到来信来访有登记、有领导批阅，件件有查处结果，上级信件按时保质回复。年内受理来信13件。1999年，乡纪委书记、纪委办公室亲自查办，加强调查研究，依靠群众，坚持“事实清楚、证据确凿、定性准确、处分恰当、手续完备”的20字方针对待群众来信来访。年内受理群众来信4件次。

2003年，乡纪检监察科受理群众来信、来访7件次。在调查处理信件时，坚持重事实、重证据的原则，本着对举报人和被举报人负责的态度，与举报人当面核实、取证，力争做到周密调查，准确定性，妥善处理。

2005年，根据市、区关于学习、宣传、贯彻国务院新修订的《信访条例》的意见，地区纪工委在积极做好对党员干部信访案件的查处和答复的同时，还积极筹划并参与到地区大信访的工作格局之中，重新修订和完善地区突发事件应急处理机制、集体访协调处理机制、重要信访件集体排查督察机制以及信访工作责任追究制度，进一步建立健全地区信访排查调处工作机制，强化各级领导干部和工作人员的信访责任意识。同年，太阳宫地区建立以各村、单位政工副书记或政工负责人、社区党支部书记为组成人员的信访工作网络组织。各村、直属企事业单位、社区居委会均按要求成立居民事务接待室，设立专兼职接待员。基层信访接待室的设立，拓宽地区群众的信访窗口，延伸信访网络，也进一步前移信访关口。截至11月底，完成领导包案7件，同比下降14.3%；乡领导信访接待日接待群众来访28批324人次，同比分别下降65.2%和89.8%。对于群众来访做到件件有落实，事事有回音。党政领导亲自阅批区转立案信访件，向上级主管部门答复率达到100%。

2007年，乡里开展信访宣传工作。在信访接待场所、社区、农村、企业以及群众便于观瞻的地方设置公开栏，宣传信访举报受理的渠道，向辖区群众公开纪检监察机关的举报电话、举报网址、接待场所、接待时间、领导接待日安排、查询方式等。同时，制定相关的制度。从规范信访举报工作办事公开入手，建立和完善相关制度，实现信访举报工作办事公开的程序化、规范化、制度化，做到公开受理渠道、公开政策法规、公开受理情况、公开办理过程、公开处理结果。并且加大对信访疑难问题的处理力度，对群众反映时间跨度大、涉及范围广的疑难复杂问题，如集体资产处置等问题，运用会议公开、问题通报会、群众见面会、现场咨询和请群众代表见证有关工作形式，让群众清楚谁来办理、怎样办理，实行阳光操作，消除误解，化解矛盾。同年3月，朝阳区人民内部矛盾调处中心太阳宫分中心成立，2个村委会、10个社区居委会也同时挂牌成立工作站。2009年，乡里对群众反映强烈和涉及群体性的重点疑难问题，加大解决力度。认真落实责任制，确保基层调处工作站有效运转，全年办理群众诉求148件，初信初访和重信重访化解率均达到100%。

2011年，全年化解群众诉求374批次，接待群众来访、来电（立案）330批次，办理区信访网件31件、市长信箱网件29件、区转件2件，领导包案2件、信访代理2件、信访风险评估1件。乡政府领导充分发挥“第一责任人”作用，信访办坚持《每周三上午地区副职以上领导信访接待日制度》和《领导包案制度》，截至11月30日，参加领导信访接待日的地区副职以上领导44人次，接待群众来访59批618人次。

2015年，信访办接待群众来访112批390人次，市长信箱网信15件、纸信13件、来访件84批次。通过各级领导和信访

图7-5 太阳宫乡信访工作宣传（2015年5月21日摄）

办工作人员协调，都较好地得到处理，100% 进行回复。完成初信初访化解率 98%、重信重访化解率 97%、重点矛盾结案率 100% 的绩效目标。

2016 年，信访办积极畅通民意诉求渠道，落实联合接待，网上信访。年内接待群众来信来访 627 人次；联合接访 20 人次；领导接访 12 件、50 人次；积案化解 1 人次、网信 61 件次。认真接待处理群众的初信、初访、初电等信访案件，使群众反映的信访问题在第一时间内得到处理。建立联合接待制度，落实领导接访和下访制度，对群众反映强烈或涉及群体性的重点疑难问题，按照职责分工，处级领导和相关部门及时接待上访群众；对于涉及多个部门的复杂疑难信访问题、历史遗留问题，实行上下联动、条块结合的工作模式，并经党委会研究决定解决方案。

第五节　社会保障

敬老养老

1956 年，全国人大颁布《高级农业生产合作社示范章程》，对孤寡残困难户吃、穿、烧、教、葬五方面作出明确规定。同年，太阳宫辖域内有五保户 23 户、救济户 4 户，在生产、生活等方面都得到照顾和救助。1958 年后，对农村基本丧失劳动能力、生活无依靠的老、弱、孤、残人员，实行吃、穿、住、医、葬五保。享受五保的人员，有入敬老院集中供养和散居供养两种形式。

1958 年 7 月，在转角楼建成幸福院，设有男、女宿舍各 3 间，并组织小车会、腰鼓队等文娱节目，迎接无依无靠的 11 名老人入院养老。公社从农业社抽出两名社员，为老人们做饭并照顾他们的生活。

1996 年，太阳宫地区完成超转老人的生活补助金发放工作。2002 年，为配合太阳宫大街的建设，太阳宫敬老院实行拆迁，为使敬老院的两名老人得到妥善安置，主管副乡长张军茹和民政科科长李军查看居住环境，直到老人们满意为止。同年，为方便老人们出行，为地区 220 位 60 岁以上的老人办理老年证，并为地区 473 位 60 岁以上的老人建立健康档案。为给地区行动不便的老人提供服务，为地区 23 名老人安装应急服务门铃，得到老人们的肯定。在重阳节到来之际，太阳宫地区开展多项尊老敬老活动，对地区 69 名 85 岁以上的老人进行走访慰问，并给老人们带去鲜花和祝福。组织地区 105 位 60 岁以上的老人参观中华世纪坛和中央电视塔下的海底世界，坐船游览京城水系，地区办事处在重阳节期间的活动花费 18000 元。

2003 年 1 月，民政科完成对地区 60 岁以上老年人基本情况的调查统计工作。地区在册老人2191人，其中男性1102人、女性1089人，85岁以上的老人有82人。3月份在实施“星光计划”中，地区投资10余万元，建立地区中交建安、尚家楼48号院、芍药居居委会的老年活动中心。9月29日，地区投资近2万元，为地区孤老及128名85岁以上的老人们购买慰问品。全年举办地区“老年健康知识讲座”6期，500多名老年人参加讲座学习。是年，为地区322位60岁以上的老年人办理老年人优待证，并完成33户空巢老人家庭的应急服务门铃安装工作，给14个单位修建无障碍设施。

2004年，全年为地区385名老年人办理老年人优待证。重阳节期间，地区办事处投资2万余元购买慰问品，办事处主管领导、民政干部与社区干部一起对地区146位85岁以上的老人、6位孤老及67户空巢老人家庭进行走访慰问。太阳宫地区老龄委举办老年健康知识讲座6期，以各社区为单位举办健康讲座15期，1200余人次参加。同时着力加强老龄工作，建立健全老年人组织机构，成立17个老年人协会。积极推进无障碍设施建设，完成对芍药居和48号院等社区楼门口的无障碍设施改造工作。

2005年春节前夕，对地区孤老、困难老人家庭、空巢老人家庭及2位百岁老人家庭等开展送温暖走访慰问活动。慰问活动期间，走访92户老人家庭，送去慰问金、慰问品折合12000余元。同年，地区办事处举办一期老年人健康知识讲座，题为“糖尿病的预防及合理用药”，170余人参加，并组织部分老年人参观在朝阳文化馆举办的“第八届中日老年书画艺术交流展”。11月，地区办事处以空巢及孤老家庭为重点，详细安排布置“120”急叫呼救系统安装的前期准备工作，第一批报装18户。全年为地区387位60岁以上的老年人办理老年人优待证。同年7月10日起，太阳宫地区组织落实针对辖区范围内村、社区60岁以上现住老年人口情况的调查统计工作，统计工作于8月初结束，统计结果为：60岁以上老年人口共计4878人，其中60～70岁2888人，71～84岁1828人，85岁以上162人，百岁老人2人。

2008年，太阳宫地区将十字口村393名农村劳动力一次性纳入城镇社会保障体系，为71名符合条件的农村退休人员缴纳新型农村医疗保险，实现农村劳动力社会保障无盲点。加大对农村劳动力转移就业的扶持力度，为4家乡属企业及其职工申请“社会保险补贴”和“转移就业补贴”115.3万元。同时极力整合救助资源，搭建救助平台，创新救助形式，成立地区“爱心家园”。同年，为地区400余名60岁以上的老人办理老年优待证，为8户80岁以上高龄、空巢或病残老年人家庭安装120急救呼叫门铃，并为辖区内2393名65岁以上的老年人办理“优待卡”。是年，民政科经过认真筛查和初审，并经过市老龄委等部门的审核，确定地区有50位90岁以上老人（其中90～99周岁有49名，百岁及以上有1名）符合享受政府高龄津贴。在民政科、社保所以及基层村、社区通力配合下，到12月底，首批高龄津贴全部发放到老人手中。此次是补发2008年1月至12月高龄津贴，凡符合条件的老人，90 ~ 99 周岁每月发给 100 元的高龄津贴，对百岁及以上老年人每月发给 200 元的高龄津贴，涉及总金额 49500 元。从 2009 年 1 月起，符合高龄津贴发放条件的老年人可每月 20 日前凭发放的存折到银行领取津贴。

2009 年，地区总人口为 51531 人，其中 60 岁以上人口达 5703 人，占总人口的 11%，太阳宫地区进入老龄化社会。随着人口老龄化速度的加快，地区办事处重视老龄工作，坚持定期召开会议听取情况汇报，加强监督检查，及时协调解决老龄工作中的重大问题，初步形成齐抓共管的良好局面。半年来，为 90 岁以上 58（其中百岁以上 2 人）名高龄老人发放高龄津贴 70500 元；为 60 ~ 64 岁 230 名老人办理老年卡，为 65 周岁以上 780 人办理老年优待卡。同时，积极筹办地区老年协会，并积极探索地区居家养老分中心工作的政府购买服务的内容，全地区 80 ~ 89 岁的老人有 600 多人，已申请并享受服务的有 328 人，累计享受服务的有 1096 人次，发放政府购买服务补贴 54372.8 元。自此，地区居家养老服务工作步入正轨，较好地满足老年人的养老服务需求，居家养老工作呈现出稳步整体推进的良好局面。同年，认真落实城乡居民养老保险制度，全年为 141 人办理城乡居民养老保险，为 51 名无保障城乡居民办理养老保险手续。

2010 年 4 月 28 日，地区居家养老服务商福地雅酒楼举办“太阳宫地区养老（助残）餐桌、日间照料室启动仪式”。朝阳区民政局副局长谭孔辉、区老龄办科长王彦军、太阳宫乡人大主席马跃农、地区工委副书记黄宏春、乡人大副主席李军、乡长助理喻存根，以及社区（村）书记、主任、老龄专干、残联专干、所有签约服务商共计 80 余人参加启动仪式。同年，全面推进全乡居家养老（助残）服务工作，发展 16 家服务商，开办 6 家养老（助残）餐桌，为 75 名老人配备“小帮手”电子服务器，建成 8 个日间照料室，为 21 户肢体残疾人家庭实施无障碍设施改造。同期，地区办事处认真落实“九养”政策，在地区形成以地区居家养老服务分中心为核心、社区居家养老服务站为基础，指定服务商为骨干的养老服务网络。全年，地区办事处为全地区老年人开展洗衣美发、家电维修、送餐上门、家政服务等十几个服务项目。年内，协调相关部门解决涉及社会保障方面的历史遗留问题，为 77 名农民和 185 名城镇居民办理城乡居民养老保险参保手续。

2011 年，继续开展养老助残活动，地区实施养老（助残）餐桌、日间照料室项目，36 名老年人和残疾人享受定点餐厅用餐；继续落实“九养”政策，完成地区 29 户 70 岁以上老年人如厕把手的安装。年内，农村居民应参保人员 900 人，参加城乡居民养老保险 71 人，其余参加城镇保险，完成率 100%。

2012 年，新签 5 家服务商，为符合条件的 161 名 80 岁以上老年人申请办理居家养老服务。截至年底，全乡有 1018 名 80 岁以上老年人享受到居家养老服务。推出太阳宫社区贴心“小棉袄”志愿服务、芍药居一社区“幸福夕阳”为老服务。年内，为 221 人办理城乡居民养老保险手续。

2013年，完成全乡1305名剩余农民的转非工作，212名超转老人移交民政局纳入社保，完成382名劳动力自谋职业公证和743名劳动力建档工作，并为200人办理城乡居民养老保险。年内，太阳宫地区新增6家居家养老服务商，并投资8万元新建2所市级规范化托老（残）所，为老人提供日间照料、文化娱乐等服务，提高居家养老规范化建设水平。

2015年，重阳节期间，走访慰问644名85岁以上老人和60岁以上大病特困人员。为地区1330名80岁以上户籍老人和为老志愿者购买意外伤害保险。到10月份，共为440名60岁京籍和外埠老年人办理优待证，为1105名65岁以上京籍和外埠老年人办理优待卡，发放高龄津贴12.85万元。年内，为108人办理城乡居民养老保险。

2016年，稳步推进老年优待卡换卡工作。同年，历经10余月对65 ~ 79周岁京籍和常住外埠老年人信息核对采集工作后，地区首批北京通养老助残卡于11月正式向社区符合条件的老年人换发，为1204名符合条件的京籍和外埠老年人办理北京通养老助残卡信息采集申领工作。重阳节期间，为8名地区2016年度孝星发放奖励款0.8万元，走访慰问638名85岁以上老人和60岁以上大病特困人员；为地区1330名为老志愿者购买意外伤害保险；为121名高龄老人发放高龄津贴13.95万元。同时，严格落实"两节送温暖""特殊老年人关爱"等为老工程，把政府对老年人在生活照顾、精神关爱、身体健康等方面的关心和重视落实到位，为33名低保、失独的特殊老年人发放"五个一"服务补贴共计1.3万元。年内办理城乡养老保险缴费手续94人。

新型农村合作医疗

1996年，太阳宫地区完成农村合作医疗试点工作，着力完善医疗保障体系，解决农民基本医疗问题。截至1998年4月，全乡3个建制村全面实行农村合作医疗，人口覆盖率达到90%以上，提前一年完成朝阳区下达的任务。全乡共有社区医疗服务站2个，均已投入使用。

2004年，朝阳区正式实施新型农村合作医疗办法。新型农村合作医疗分为以区办区管为主的大病医疗统筹和乡村联管的基本医疗两种形式。资金采取个人缴费、集体扶持和政府资助相结合的筹资方式。全地区有2533人参加区新型农村合作医疗，其中农业户口参加人员达到88%。至10月31日，已经为56人次办理大病医疗报销33.8万余元。

2005年，太阳宫地区新型农村合作医疗有1902人参加，其中参加大病统筹的农业户口人数为1781人，居民参加人数为121人，农村居民大病参保率达到91.9%，其中个人缴费65530元，村集体扶持35620元，乡政府扶持26715元，合计127865元。至10月20日，参保人员大病报销31人次，上报总金额604049.23元，支付总金额172273.57元。

2006年，地区有1417人参加新型农村合作医疗大病统筹，筹资140320元，参保率达到96%以上。截至6月，为地区35名大病患者报销费用211364.58元。2007年，有1064

人参加新型农村合作医疗大病统筹，筹资 105445 元，参保率达到 97% 以上。截至 11 月份，为地区 22 名大病患者报销费用 226816.26 元。

2008 年 6 月 25 日起，地区正式启动城镇劳动年龄内无业居民参加大病医疗保险工作，采取加大宣传力度、制作相关政策幻灯片、组织社区协管员学习业务知识等三项措施，当天共登记 25 人。同年，为地区全体居民建立健康档案，认真落实新型农村合作医疗制度，全乡 916 人参加新型农村合作医疗大病统筹，936 人参加农村基本医疗，其中新型农村合作医疗大病统筹筹资 178620 元，农村基本医疗筹资 210600 元，参保率均达到 100%。从 2008 年起，基本医疗取消乡村联管的管理形式，改作实行乡办乡管。

2009 年，继续实行新型农村合作医疗乡办乡管，468 人参加基本医疗、308 人参加大病统筹，参合率均达到 100%。2010 年，地区重新制定新型农村合作医疗管理办法及实施细则，调整新农合参保标准，有 453 名农民参加新型农村合作医疗大病统筹及基本医疗，筹资 394110 元，参保率达到 100%。

2011 年，地区有 451 名农民参加新型农村合作医疗大病统筹及基本医疗，筹资 391500 元，参保率达到 100%。全年为 1747 人次报销基本医疗 222088 元，为 21 人报销大病医疗 247020 元。2014 年，完成地区新型农村合作医疗 1129 人的参保工作，其中包括 3 名低保人员免费，比去年同期增加 670 人，增加 145.9%，参保率为 100%。

最低生活保障

1996 年，全乡开始建立和推行最低生活保障制度（以下简称“低保”），对五保户、患重病人员、经济特困人员采取生活救济、人手帮忙等方式，为他们解除后顾之忧，并落实最低生活保障金，完成助贫工作任务。

2002 年，地区有 47 户 88 人享受最低生活保障，每月保障金达 18059 元。2003 年，国家开始实行低保政策。太阳宫民政科对全乡 64 户 114 名低保对象重新进行调查整理、核实登记、建档分类、登记造册等，准确掌握低保对象的基本情况，有 61 户 109 人享受到低保保障金的优惠政策。

2004 年，太阳宫地区将农村低保由每月 180 元提高到 290 元，实现城乡低保并轨。到 11 月底，发放各类社会保障金累计金额为 190.2 余万元。完成全乡 76 户 145 名低保对象的低保复审工作后，取消 6 户 11 人的低保待遇，调整 33 户 76 名低保对象的低保金，为 22 户 33 人办理最低生活保障待遇，并已将全部低保人员的详细情况全部录入管理网络，实施分类救助。

2005 年，地区享受低保者共计 79 户、159 人（其中 2 户、2 人为农村低保），累计 463 户 883 人，月低保金额为 4.17 万元，累计 50 余万元。2007 年，地区落实“一老一小”政策，推进“五个确保”，整合救助资源，切实做好“政策性”农转居人员的生活补助工作，为符合条件的76名农转居人员申请办理最低生活补助，建立定期走访征地超转的孤老和85岁以上老年人制度。

2009年，截至10月份，享受国家城乡低保待遇的有115户237人，其中农村户口2户3人。全年发放低保金100284.04元，办理医疗救助4人，发放救助金3462.28元，为7名享受高等教育新生入学低保家庭子女办理助学救助2.8万元。利用“爱心家园”平台，累计为地区115户低保家庭提供10万余元生活用品。以“捐赠中心”为平台，为因灾因病家庭争取“扶助金”的救助，3户家庭获得1.2万元的救助金。

2010年，截至11月份，辖区内享受城乡低保补贴的有120户236人，其中农村1户1人，城市119户235人。全年为符合城乡低保条件的人员发放低保金1124031.37元，利用“爱心家园”发放价值62899.91元的物品。

2011年，截至10月，地区享受国家城乡低保待遇的有92户94人，全年发放低保金1033073.61元。2012年，为符合城乡低保条件的96户187人发放低保金114万元，对困难户做到应保尽保。

2015年，完成2户4人新增低保对象入户、初审工作，84户140人低保对象的复审工作，至10月份发放低保金105.4万元，全年为低保对象办理医疗救助药费报销1.1万元。2016年，完成326人次低保人员的复审工作，新增低保对象5户9人，减少3户4人，为87户147名低保人员累计发放低保金、过节费143.9万元，为1名散居孤儿发放生活补助1.69万元。

培训就业

20世纪90年代以来，太阳宫地区加强就业安置工作，主要由民政科与社保所负责。

1999年，全乡劳动力总数达2160人，面临较大就业压力。为促进本乡人员充分就业，乡总公司对全乡各直属企业实行全员定编，对新建、扩建单位重新审核用工比例，规定各单位必须安置本乡人员就业的比例与数量。通过各种努力，乡、村两级安置劳动力241人，其中乡直属企业安置45人，本乡人员就业压力得到缓解。

2000年6月，十字口居民董秀兰给乡政府送来锦旗，上书“为民服务，为民解难”，感谢乡政府为她这位下岗女工办了实事、解了难题。

2002年，针对社会“劳动力自主择业、市场调节就业、政府促进就业”的就业状态，社保所起到桥梁作用，做好失业人员的职业指导，帮助失业人员再就业并转变择业观念。社保所工作人员努力学习职业指导的有关业务，7人参加劳动和社会保障部职业指导资格考试，在边学边干中，进行一对一指导800人次，推荐失业人员上岗50余人次。至10月底，接收失业人员档案1527份，办理自谋职业和再就业转出档案157份。办理失业人员求职证433份，出具各类材料170余份。办理失业人员领取救济金申领手续72人，推荐失业人员上岗 50 人次。以及对所有失业人员档案进行微机录入和整理，有利于对辖域内失业人员的管理，同时还完成许多临时性工作。随着绿化隔离地区建设和乡域开发的逐步深入，太阳宫乡产业链的经济格局基本形成。一是围绕乡域改造形成的“开发建筑产业链”，即太阳宫住达塑钢门窗有限公司、太阳宫混凝土搅拌站、北顺达股份有限公司、新纪物业管理有限公司等；二是围绕莱太花卉流通形成的“花卉经营产业链”，即莱太文化广场、花卉特色商业街、鲜切花批发市场和莱太物流中心。积极发展“产业链”经济效果显著，这两条“产业链”的形成为全乡解决 330 多名劳动力的就业问题。

2003 年，根据失业人员中农转非比例加大，就业压力递增的特点，太阳宫地区采取对失业人员分类管理、重点解决的方式，按失业人员的特点划分，组织不同形式、不同内容的政策宣传活动提升就业率。7 月 8 日，太阳宫地区社保所以“拓宽就业渠道，促进城乡就业”为主题举办首届人才招聘会。20 余家企事业单位参加，提供 391 个就业岗位，其中 62 个再就业岗位中，一般工种 50 多个，实用技术工种 10 多个。应聘人员达 600 多人，通过双向选择，118 名下岗职工、失业人员和农村富余劳动力与用人单位当场达成就业意向。同时积极推进以市场为导向的就业机制，全年开发就业岗位 1500 个；对 189 名下岗、失业人员进行免费技能培训；实现就业提档 259 人。

2004 年，太阳宫地区积极培育产业，加快新兴产业的建立，以产业促就业，以就业促保障，扶持民营企业发展，挖掘社会就业空间，扩大农民就业容纳量；同时实行农村富余劳动力就业登记制度，在切实发挥劳动派遣组织作用的基础上，制定优惠政策，鼓励农民弹性就业、自谋职业和自主创业。同时，地区还针对由于政策调整造成的拆迁补偿失衡问题等与农民利益密切相关的问题，研究配套政策。全年完成 854 名农村劳动力的就业转移引导性培训和 420 名农村劳动力的就业技能培训工作。发挥劳务派遣组织和社区劳动保障平台的作用，积极为农村劳动力和失业人员搭建就业与再就业平台，为 465 名农村富余劳动力解决就业安置问题，促使 320 名登记失业人员实现提档就业。

2006 年，地区开展劳动力创业服务工作，出台创业政策，开展创业培训，搭建创业平台，完善创业服务，探索出一条符合地区实际的“扶持创业、带动就业”的工作新模式。全地区实现创业 62 人，带动就业 224 人，办理小额担保贷款 7 笔，贷款金额 35 万元。为鼓励失业人员和农村富余劳动力自主创业，太阳宫地区研究制定一系列支持创业的政策：鼓励和支持地区直属企业单位农转工人员自愿离岗创业，待岗人员主动创业；创业者在创业期间可继续享受待岗工资，对创业业绩突出的个人，给予最高 5000 元的奖励；带动其他劳动力就业的个人，按每安置 1 名给予 1000 元奖励，最高 5000 元的奖励。对农村劳动力参加技能培训、创业培训后并成功创业的个人，按 50% 的比例报销培训费用等。同年 3 月，成立农村劳动力创业实训基地，又于 6 月成立太阳宫地区创业服务中心，成为北京市首家创业服务中心，北京市劳动服务管理中心主任李维和地区工委书记董万立共同为“太阳宫地区创业服务中心”揭牌。

2007年，地区开展“扫零行动”，重点解决“零就业家庭”的帮扶工作。全年开发岗位1093个，解决“4050”就业困难人员129人，征集创业项目2个，实现创业55人，带动就业113人，发放小额贷款3笔，贷款金额15万元，249人免费参加失业人员技能培训。同年，20余家社区用工单位与太阳宫地区社保所建立长期稳定的合作关系，为失业人员提供大量的就业岗位。乡、企“手拉手”机制为企业与社区搭建起用工需求的平台，社保所、社区工作站主动服务、无偿推荐，迅速、及时、稳定地为企业提供符合要求的员工，既保证用工渠道，又解决用工需求。

2008年，地区通过开展形式多样的就业援助活动，举办各类专业培训班和专场招聘会等，有效地提高劳动力就业率。全乡8个社区和3个行政村，全部被朝阳区劳动局认定为“充分就业社区（村）”。失业人员实现就业196人，完成指标53%；岗位开发860个，完成指标610%；“4050”就业困难人员就业68人，完成指标61.8%；征集创业项目2个，完成指标200%；实现创业14人，完成指标233%；带动就业28人，完成指标72%。同时，地区社保所还全面开展“再就业援助月”活动，走访援助对象家庭140户，发放政策宣传材料228份，制定“援助计划书”33份，职业指导78人，为援助对象收集就业岗位97个，援助对象实现就业人数27人，其中公益性岗位就业人数1人，组织就业困难人员参加培训20人，落实灵活就业人员社保补贴38人，金额1.2万余元。

2009年，地区成立“太阳宫地区创业服务中心”，鼓励、引导失业人员参加创业培训，开展创业项目进社区活动，引导创业人员参加创业实训，为创业人员代办小额贷款解决资金难题，跟踪走访“适时扶持”等“七步走”的“就业策略”，使83名失业人员实现创业，并带动266人实现再就业。针对辖区失业人员的实际情况，结合每周一次的职业指导课，举办2009年第一次失业人员谈心会。对特殊情况难以就业的人员，以通俗易懂的方式宣讲就业优惠政策，开展职业指导。截至2月底，共有67名失业人员成功就业。是年，太阳宫地区实施“P-STAR五星就业服务”，P-STAR即主动（Proactive）、简单（Simple）、及时（Timely）、方便（Accessible）、可靠（Reliable）。着力开展P-STAR五星服务文化系列活动，以楼门文化、院落文化的形式，扩大就业实训基地覆盖面。在7家创业实训基地的基础上，新增北京恒川酒店有限公司和北京好生活家政服务公司2家就业（创业）实训基地，并且开展再就业政策“实效行动”，设立“再就业政策实效行动接待室”，向群众公布咨询、举报电话，及时受理就业问题。为积极应对国际金融危机的影响，稳定和促进就业，地区组织近百家企业建立太阳宫地区企业联盟。该联盟积极搭建平台，为辖区企业提供政策咨询、职位发布、人才招聘、管理诊断等服务，促进企业与政府、金融、工商、税务等部门的交流，帮助企业更好地应对危机。是年，继续坚持发展经济与促进就业相结合，通过培育新的经济增长点、发展产业、加强培训、强化监管，重点解决农转居劳动力和特困人员的就业问题。继续采取“政府花钱买岗位”的方式，利用新组建的绿化服务公司安置 109 名劳动力，吸纳 35 名劳动力加入城管协管员队伍，拓宽劳动力就业渠道。建立就业联盟，与地区 50 余家企业签订空岗协议，成立 9 家就业实训基地。帮助受到金融危机影响较大的总公司和莱太花卉公司等 4 家直属企业申请稳定就业补贴 660 余万元。对 103 名失业人员进行免费技能培训和创业培训，带动就业 243 人。全年实现失业人员 588 人就业，其中“4050”人员 298 人，开发岗位 1752 个，地区就业形势保持稳定。

图 7-6 2010 年 2 月 23 日，对辖区失业人员开展家政服务培训

2010 年，地区建立“免费就业连锁超市”，提供一对一职业指导等服务项目，并送服务上门，实现失业人员再就业 459 人，安排就业困难人员就业 228 人，开发就业岗位 1700 个，征集创业项目 1 个，实现创业 27 人，带动就业 59 人。

2011 年，继续加大就业服务力度，完善就业援助机制，进一步加强对就业困难群体的帮扶援助。1 月到 12 月，地区登记失业人员实现就业 486 人，完成指标的 101.67%，就业率 69.59%（指标 68%）；就业困难人员实现就业 257 人，完成指标的 170%；职业指导 1211 人次，完成率 142.94%；开发就业岗位 1700 个，完成指标 103.66%；推荐失业人员就业指标 168 人，完成 174 人，完成 103.57%；推荐失业人员参加再就业培训 67 人，完成率 134%；失业人员创业培训 2 人，完成率 100%；征集创业项目 1 人，完成率 100%；实现创业 24 人，完成率 160%；带动就业 60 人，完成率 100%；推荐创业指导专家 1 人，完成率 100%。农村劳动力转移就业指标 10 人，完成 14 人，完成率 140%。

2013 年，依托免费就业连锁超市，举办“搭平台、促就业”春风送暖和爱琴海专场招聘会等，为失业人员提供多渠道的法律咨询、就业指导，开展职业指导 1176 人次，开发就业岗位 1661 个，实现失业人员再就业 557 人，困难人员再就业 230 人。2015 年，太阳宫地区登记失业人员 573 人，实现就业 412 人，完成指标的 87%，就业率 71%，完成指标的 102%；就业困难人员 401 人，实现就业 277 人，完成指标的 124%；开发就业岗位 1424 个，完成指标的 109.6%；组织参加免费技能培训 53 人，完成指标的 108%；实现创业 12 人，完成指标 100%；新申请灵活就业 281 人，累计办理灵活就业人员达 2145 人。

2016年，地区登记失业人员559人，实现就业377人，就业率67.44%，完成指标的100.65%；就业困难人员313人，实现就业219人，完成指标的102%；开发就业岗位2018个，完成指标的155.35%；组织参加免费技能培训78人，完成指标的222.85%；实现创业15人，创业带动就业105人；新申请灵活就业294人，正在享受850人，累计办理灵活就业人员达2439人。停止享受灵活就业社会保险补贴人员241人；发放小额贷款4笔，共计28万元。同年，太阳宫社区被评为北京市充分就业示范社区，10个社区均被评为朝阳区充分就业社区，太阳宫地区也被评为朝阳区充分就业地区。

第六节　社会救助

灾害救济

1991年，太阳宫乡为抗洪赈灾捐款69143元，募集衣被5640件，捐献粮票1264.5公斤。1993年，为抗洪赈灾捐款69143元，募集衣被5640件。1998年，在长江、嫩江流域遭受特大洪水灾害时，为灾区募集衣被4万件，捐款50余万元。

2002年，太阳宫地区在3月份的扶贫济困送温暖“募捐月”活动中，广泛开展“为困难群众献爱心”的宣传及捐助活动，两次召开地区各单位和村、居（家）委会领导参加的宣传及动员会，在社会各界积极踊跃参与下，辖区61个单位，约15000人次参与募捐活动，张贴宣传画200余张，悬挂横幅4条，出板报8块，捐赠各类衣物2.7万余件，共打包505个，捐款101800.02元。地区办事处还很重视经常性的募捐工作，群众通过收看电视，自发地向捐赠站捐赠衣被，如西坝河北里的居民宋清芳，从电视新闻中得知南方部分地区遭遇洪灾，便特意让女儿把家中的2床新毛毯、2床毛巾被送到太阳宫捐赠中心，太阳宫捐赠站全年收到群众自发捐赠的棉衣被29件，单衣类580件，并由民政科送到朝阳区捐赠中心。

2003年5月，在捐赠活动中，太阳宫乡农工商总公司及所属企业向战斗在防治“非典”前线的医护工作者捐款总计75140元。太阳宫宾馆为安贞街道奋战在“非典”一线的职工送去慰问品，并为安贞医院捐赠爱心款2000元，对医护人员进行慰问。5月1日至3日，新纪物业管理处组织小区居民向战斗在抗击“非典”前线的广大医护工作者捐款972.6元。同年，在为淮河流域受灾地区募捐工作中，计生文教科组织辖区单位及个人开展募捐活动，仅一周时间，捐款总额就达到43000余元。

2004年，继续加大社会救助力度，开展“扶贫济困送温暖”活动，全年接收捐款10.7万元，捐物18450件。2005年，在“募捐月”活动中，民政科募集衣被1.5万余件，人民币10万余元。12月根据上级精神积极开展“温暖行动”募捐工作，募捐衣被4000余件，并及时发运灾区。全年地区捐助特困扶助金96108元。

2007年，实施“博爱在京城、博爱在朝阳”募捐救助及救灾募捐活动，各村、居、企业单位在辖区内广泛宣传、动员，办事处共筹募捐款35777元。地区红十字会组织和动员辖区内社会、企事业单位和社区开展以“每人一元钱，救灾募捐”为主题的活动，筹募捐款10631.2元。

2008年1月中旬，南方大部分地区遭受雪灾，民政科积极组织发动地区的机关、直属企业、社区居民对灾区进行捐款捐物。截至2月20日，收到捐款51780元，捐物166包，累计为灾区捐款共计57280元，送站捐物210包，棉衣棉被1852件。5月12日，四川发生汶川特大地震，机关、企业党政领导带头捐款，各单位以多种形式在单位、辖区掀起捐款高潮，辖区大小社会单位、私人餐馆、小卖店也纷纷伸出援助之手，慷慨解囊。到6月13日，地区捐献抗震救灾款735764.92元。

2009年，在纪念汶川震灾一周年之际，太阳宫地区认真贯彻朝阳区捐赠中心精神，开展捐赠宣传活动，并向朝阳区捐赠中心捐款20314.6元。11月，在为甘肃省陇南市“送温暖　献爱心”捐献棉衣棉被和爱心款的“捐赠月”活动中，辖区7个企业、3个村、10个社区，募集棉衣、棉被2457件，其中全新的衣被1600多件，八成新的800多件，募集善款21345元。

图7-7　地区开展“送温暖　献爱心”捐助活动，图为居民捐赠的物资（2009年11月16日摄）

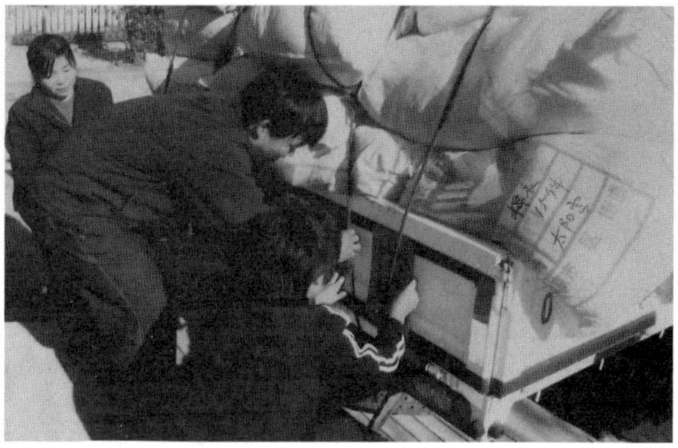

图7-8　仔细检查捐赠物品是否牢固（2009年11月16日摄）

2010年4月26日，太阳宫地区开展“为玉树灾区献爱心捐款活动”，地区党员干部捐款15966.6元。8月18日，地区办事处机关全体干部90余人在机关开展捐款活动，向灾区人民筹集善款4930元。同年，西南五省市地区遭受特大旱灾，地区妇联发动妇女群众为“援助西南五省市抗旱救灾捐款活动”，募集善款23587元，矿泉水320箱。

2011年4月21日，朝阳区慈善协会太阳宫地区分会成立，标志着地区慈善事业向前推进一大步。12 月 14 日，民政科在太阳宫社区居委会召开年度地区捐赠工作座谈会。是年，地区开展 3 次大型的捐助，开展“送温暖　献爱心”社会捐助活动，为灾区、贫困地区群众募集资金 73941.7 元；发动企业捐款，成立地区慈善分会，地区 13 家企业收到募捐善款 108 万元，为地区 10 户特困家庭送去总计 5 万元的慰问金；开展“冬衣送温暖”社会捐助活动，收到八成新以上，干净的棉被、毛毯、棉衣裤、大衣、羽绒服、毛衣、毛裤等御寒衣物 8201 件。

2012 年，在“西部温暖计划”捐助活动中，在向西部贫困地区的小学定向捐助取暖衣物和学习用品中，太阳宫地区募集各种衣物 4250 件、棉被 107 床、书包 22 个、书籍 2 箱、文具若干。

2014 年 10 月到 11 月，地区办事处在全地区开展“冬衣送暖”募捐月活动。各社区广泛动员社会各界力量，积极参与捐赠活动，弘扬团结互助、扶贫济困的传统美德，表达首都人民对灾区、贫困地区群众的关爱之情。累计收捐棉被 54 床，棉衣 3230 件，其他物品 20 件。

2015 年，在“春风送暖”和“冬衣送暖”社会捐助工作中，接受捐款 31817.1 元（其中上交区捐赠中心捐款 20681.1 元，上交慈善协会 11136 元），捐赠衣被 122 包 4497 件。加上日常开展的敞开收捐工作，捐助衣物 74 包 1241 件。

2016 年，以社会互助为宗旨，广泛开展“春风送暖”“冬衣送暖”社会捐助月活动，接收各类捐款 3.1 万元、衣物 2374 件，地区 11 个“敞开式收捐”站点运行良好，每月 25 日定期向社会公开接收捐赠，累计收捐 0.28 万件。认真完成常态化慈善工作，顺利完成云南大厦爱心企业“首都慈善奖”和十字口社区志愿者胡忠诚“朝阳区最美慈善人”推荐工作，开展“新春大联欢饺子宴”“学叶堂助学”“携手助老送健康”“我爱我家　幸福满屋”等项目，累计发放救助金 6 万元，117 人受益。

扶贫济困

1951 年，向军烈属发放优待肉 9 公斤、月饼 111 块，折款 139400 元（旧币）；向困难家庭发放救济小米 150 公斤，发放救济款 471000 元（旧币）。

1952 年 4 月 5 日，向 9 名工人及其家属发放救济金 43 万元，其中工人本人 16 万元，家属 27 万元。5 月 27 日，向军属王振东一家 5 口发放粽子 75 个、月饼 50 个，折合人民券 90000 元；向 7 户军属 13 名应享受人口发放优待款 105000 元；全年向军烈属发放优待粮折合人民券 36 万元。12 月 29 日，向 10 户困难家庭发放救济粮折合人民券 118 万元。

1956 年，向 22 户孤寡、病弱、困难家庭发放救济款 110 元。1963 年至 1965 年，经公社、行政办公室发出优抚和社会救济费 2 万多元，救济单衣、棉衣、棉被等 600 余件。其中，1965 年为 98 户、256 人发放棉上衣 36 件、棉下衣 41 件，发放棉被 18 条，布票 583.5 尺。

1965 年，全公社有困难户 61 户、340 人，其中一类户 28 户、二类户 19 户、三类户 14 户。全公社支出优抚、社会救济费共计 8010.71 元，农村社会救济费 950 元，发至 44 户，计 311 人。居民救济费 2418.89，发至 204 户，计 527 人。老弱病残、退职救济费 573.44 元，发至 33 户，计 339 人。

1966 年，发放救济棉被 10 条，棉袄 3 件，棉裤 40 条，绒衣 3 件，蓝布 116 米。1967 年，为 20 户困难家庭共计 96 人，发放救济棉被 15 条、棉衣 10 件。为 14 户困难家庭共计 69 人，补助公益金 100 元。

1985 年，对全乡 10 名五保老人的生活状况进行三次检查，及时解决发现的问题；妥善安置特殊困难户于德海的生活。1994 年，为贫困山区募集衣被 8312 件。

2000 年，太阳宫地区为 400 余户居民办理住房租金减免，为 9 户 17 人困难家庭解决最低生活保障问题和帮困卡。2002 年，上半年地区办事处为解决地区特困（独生子女特困）、贫困、残疾、家庭人员实际困难，与太阳宫医院共同为地区 41 户特困家庭办理医疗救助卡，持卡到太阳宫医院就医可享受医药、医疗费 5% ~ 15% 的优惠。

2003 年春节前夕，太阳宫地区慰问残疾人家庭、城市困难户、农村困难户、地退人员、孤儿、孤老户、占地超转老人、空巢老人近 300 户，约 500 人次，发放慰问金近 20 万元。春节前夕，劳动科、社保所、民政科等 10 名工作人员在主管领导带领下，走访、慰问地区 10 户特困家庭。全年发放各类社会保障金 201.1 万元，累计救助 3035 人次。

2004 年，全年慰问地区民政对象 205 人次，发放慰问金 13.2 万元。启动“解千家愁，排万户难”工程，把节日送温暖变为经常性工作。2007 年，太阳宫地区为缓解困难群众的生活困境，发放救助金 8000 元，助学金 4000 元。同年，地区计生协会与基层协会开展“幸福工程——救助贫困母亲”慰问及捐赠等系列活动，募集捐款 8293 元。利用节日，慰问计划生育单亲特困家庭 9 户 4500 元；救济帮助 3 户 1500 元，以及米面油等生活必需品。

2008 年春节期间，为 4 名特困学生发放助学金 300 元，慰问地区 6 名特困单亲母亲及儿童。同年，地区红十字会与司法所联合，按类型、分层次开展“送温暖”系列活动，对 25 户特困（含社区矫正）人员进行慰问，送去慰问金 12500 元，以及米、面、油生活用品。2009 年，地区为两户因灾致困家庭申请“扶助金”，发放救灾资金 1.1 万元，并救助退休困难家庭及孤老 10 户，高龄母亲 35 户，大病致困家庭 30 户，缓解困难家庭的生活，逐步扩大特困群众的救助面。

2010 年，为 119 户 239 人发放低保生活补助，为 5 名困难群众申请城乡特困人员医疗救助。2011 年春节，地区领导班子成员广泛开展走访慰问活动，为地区群众送上新春祝福。截至 1 月 26 日，慰问新中国成立前老党员及困难党员、台胞、退休干部、空巢老人、超转老人、军属、优抚对象、困难劳模和职工、大病人员、低保户家庭、失业低收入人员、残疾人等共计 1300 余人，发放米面油等物资 2700 余份，总计金额 80 余万元。

2012 年，通过“爱心家园”为 409 人发放价值 4 万余元的救助物品，让困难群众享受到更多发展成果。2013 年，为 600 余名超转人员办理社保卡，为 49 名政策性转居人员发放生活补助 36 万余元，全年发放低保金 123 万余元。

2015 年，年内为 1 名低保人员、1 名超转人员申请特困救助款共计 0.8 万元，为 1 名困难侨眷申请慰问金 0.18 万元，为 115 户“爱心家园”救助卡的低保、低收入、失独家庭充值 6.9 万元；为地区 50 户困难家庭申报慈善永辉卡，救助金额 5 万元。

2016 年，为地区困难群体办理发放各类救助 217 人 23.66 万元，其中医疗救助 59 人次 10.95 万元、供暖救助 45 人 6.19 万元、临时救助 1 人 0.72 万元、慈善救助 112 人 5.8 万元，构建起地区基本生活的“保障线”。另外，以“慈善超市”为平台，将“年终关怀”转化为“日常关怀”，为地区 123 户低保、低收入、失独家庭充值爱心救助卡金额累计 7.3 万元，充分发挥“超市”救助平台的作用。

第八章　群众组织

1983年，撤社建乡，成立太阳宫乡人民政府。随后，地域所辖的太阳宫村、惠忠庵村、五路居村、小亮马桥村、十字口村5个村分别成立村民委员会。随着五路居村、小亮马桥村、惠忠庵村3个村撤销建制，村委会亦随之撤销。2005年，太阳宫乡对社区进行重新划分调整，成立芍药居一社区、芍药居二社区、芍药居三社区、芍药居四社区、太阳宫社区、惠忠庵社区、牛王庙社区、夏家园社区、尚家楼社区、十字口社区10个社区。翌年，10个社区分别进行社区居民委员会换届选举。中华人民共和国成立后，辖域内共青团、妇联相继成立乡级和村级组织。根据各自特点，围绕中国共产党和人民政府各个时期的中心工作发挥作用。“文化大革命”中，共青团、妇联一度停止活动，后得以恢复。随着乡域改革开放的深入，于20世纪90年代后期成立工会组织。工会、共青团、妇联组织在地区的经济建设和社会发展中利用各自的职能优势，始终发挥着党同人民群众的桥梁和纽带作用。

第一节　群众自治组织

村民委员会

1983年，伴随着太阳宫乡人民政府的成立，各村相继成立村民委员会。1983年底至1992年，陆续撤销五路居村、小亮马桥村、惠忠庵村3个村委会。

1988年，太阳宫乡开始试行《中华人民共和国村民委员会组织法》，1998年《中华人民共和国村民委员会组织法》正式颁布实施，农村民主政治建设得到加强，村委会换届选举工作更趋正规，实现村民自治。太阳宫乡分别于1989年、1992年、1995年、1998年连续进行第一、二、三、四届村委会换届选举。

2001年5月至6月，太阳宫乡进行第五届村委会换届选举，太阳宫村、牛王庙村、十字口村分别进行村委会换届选举工作。当选的17名村委会成员中，党员有14名，女性3名，大专以上学历3名，中专1名，平均年龄44.9岁，整体情况都比往届班子有所提高，选民选举出自己信赖的村委会领导。

2004 年 6 月后，因占地拆迁，太阳宫、十字口、牛王庙 3 个建制村陆续不再参加村委会换届选举。

居民委员会

2005 年，太阳宫乡对社区进行重新划分调整，成立芍药居一社区、芍药居二社区、芍药居三社区、芍药居四社区、太阳宫社区、惠忠庵社区、牛王庙社区、夏家园社区、尚家楼社区、十字口社区 10 个社区。此后，社区居委会的换届选举工作趋于正规和完善。

2006 年 8 月，太阳宫地区 10 个社区进行第六届社区居委会换届选举。2009 年 5 月，太阳宫地区完成第七届社区换届选举工作，7 个社区选举产生新一届居委会成员 35 人，其中主任 7 人，副主任 7 人，委员 21 人；年龄最大的 55 岁，年龄最小的 27 岁，平均年龄 40 岁；党员 17 名，占 49%，群众 18 名，占 51%；女性 24 名，占 69%，男性 11 名，占 31%；本科学历 9 名，占 26%；大专学历 16 名，占 46%；高中及以下学历 10 名，占 28%；书记、主任“一身兼”3 人。

2012 年 4 月初至 6 月中旬，太阳宫地区完成第八届社区居委会换届选举工作，惠忠庵社区因占地拆迁不参加换届选举，其他 9 个社区均参加换届选举。芍药居二社区和十字口社区采取户代表选举方式，其他 7 个社区采取居民代表选举方式。9 个社区登记选民 26964 人，其中有 1 个流动人口参选社区，有选民 6 人；芍药居二社区登记户代表 1879 人，十字口社区 368 人；推选居民小组组长 220 名，居民代表 492 名；9 个社区应选人数 45 名，提名确定正式候选人 45 名，全部实行等额选举。6 月 9 日为投票选举日，选举产生 45 名社区居委会成员，其中主任 9 名，副主任 9 名，委员 27 名。

2015 年 5 月下旬，太阳宫地区进行第九届社区居委会换届选举。经新一届居民代表会议通过，芍药居二社区、太阳宫社区、夏家园社区和十字口社区采取户代表选举方式，其他 6 个社区均采取居民代表选举方式进行。7 月 25 日、26 日，地区 10 个社区严格按照选举大会规定程序，分别召开居委会换届选举大会，产生新一届 54 名社区居委会成员，历时近两个月的选举工作顺利完成。选举产生社区居委会主任 10 名、副主任 10 名，委员 34 名。

图 8-1　2015 年 5 月 29 日，地区办事处召开第九届社区居委会选举工作动员部署会

图 8–2 芍药居二社区第九届居委会换届选举（2015 年 7 月摄）

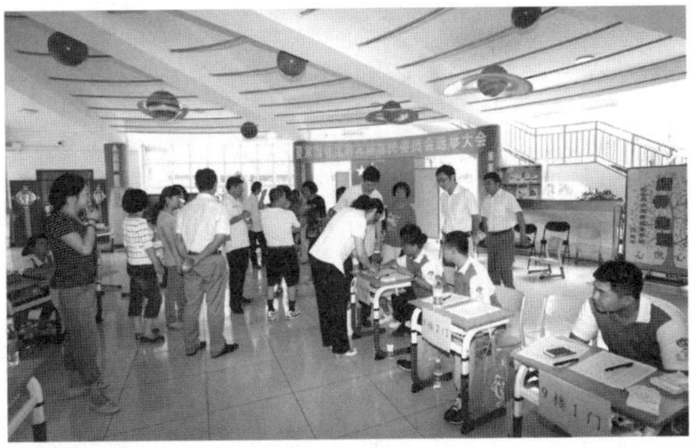

图 8–3 夏家园社区第九届居委会换届选举（2015 年 7 月摄）

第二节 人民团体

工会

机构沿革

1997 年 6 月，太阳宫地区建立起工会组织，并由 3 人组成经费审查委员会。2002 年 3 月，建立由 7 人组成的劳动争议调解委员会和由 3 人组成的劳动保护监督检查委员会。2003 年 4 月，建立女职工委员会，基层也建立相应组织机构。2007 年，为进一步规范工会各项工作任务，加大工会组建力度，扩大工会组织覆盖面，成立“工会工作服务站”。

2010 年 11 月 26 日，召开太阳宫地区总工会第一次代表大会。出席大会的有区总工会常务副主席李琪、地区工委书记张宏明、乡人大主席马跃农和地区班子成员，以及地区 115 名职工代表和列席的社区党委书记共 140 余人。大会由地区办事处主任王毅主持，地区工委副书记、筹备组组长黄宏春作《选举筹备工作报告》，依照选举程序，选举太阳宫地区总工会第一届委员会委员、第一届经费审查委员会委员、第一届女职工委员会委员。太阳宫地区总工会第一届委员会委员 11 人，分别为王翠兰、田凯、刘志强、孙毓莲、张杰、李树强、林敏、赵春海、常敏荣、黄宏春、戴小璐，地区工委副书记黄宏春兼任总工会主席，林敏为副主席；第一届经费审查委员会委员 3 人，分别为李文革、林敏、韩娟；第一届女职工委员会委员 3 人，分别为张建平、李春龙、林敏。地区总工会成立后，通过“党建工作站、社会工作站、工会服务站”三站合一和“党建带工建、工建促党建、党工共建”工作新模式，建立并领导区域内所属的基层工会委员会、行业性区域性工会联合会和联合工会，实现对不同规模、不同类型企业工会组织和工会工作的全覆盖。

2011 年 4 月，成立太阳宫地区联合工会，下辖 9 个社区分会。11 月 11 日，召开太阳宫地区总工会第一届委员会第二次全体会议。选举李保民为太阳宫地区总工会委员、主席。增补霍尼韦尔（北京）技术研发实验有限公司工会主席廖军、北京共济国际酒店有限公司工会主席梁宏为地区总工会委员。

2013 年，太阳宫地区充分整合资源，服务站占地独立面积 120 平方米，整合面积 140 平方米，总面积达 260 平方米。做到档案规范，各项制度完善，室外悬挂全市统一标识、标牌，室内服务站工作制度、职责、辖区情况以及人员职责分工四上墙配备安装，完成服务站的规范化建设，工会服务站设立对外办公区、劳动争议调解室、图书室（职工书屋）、心理疏导室、创新成果展示室、工作档案室、职工诉求中心、会计核算服务中心的 5 室 2 中心的工作格局，并配备工会专职社会工作者 4 名。

2014 年 1 月 17 日，召开太阳宫地区总工会第一届委员会第六次会议，地区总工会主席李保民、副主席林敏、总工会三委委员会全体成员以及地区总工会专职工会工作者参加会议。林敏部署 2014 年工会工作重点，以及朝阳区总工会下达的指标任务。讨论北京市工会第十三次代表大会太阳宫地区代表候选人建议名单。1 月 23 日，地区总工会在办事处进行市工会第十三次代表大会代表候选人选举工会代表会议，会议由地区独立建会企业主席参加，选举应到会 76 人，实到会 60 人。按照程序选举刘爱英为太阳宫乡参加北京市工会第十三次代表大会的代表。5 月 16 日，召开地区总工会第一届委员会第七次全体会议，补选林敏为地区总工会主席，李文革为副主席。

2015 年 6 月 9 日至 10 日，召开太阳宫地区总工会第二次代表大会，全地区各行业 106 名代表参加会议。会上，第一届委员会主席林敏作题为《凝心聚力　发挥职能　团结带领地区广大职工为建设美好太阳宫作出新贡献》的工会工作报告，经费审查委员会主任韩娟作《工会财务工作报告》。全体代表充分讨论报告，并提出意见和建议。依照选举程序成功选举产生地区总工会第二届委员会委员 11 人：于泉、刘爱英、孙毓莲、李军、李春龙、李文革、张杰、林敏、胡素君、韩娟、廖军，其中林敏为总工会主席，李文革为副主席；第二届经费审查委员会委员 3 人：李文革、宋艳、韩娟，其中韩娟为经费审查委员会主任。

会员发展

1996 年，太阳宫地区发展和建立 4 家工会组织，发展会员 33 人。到 2001 年 9 月，全地区发展和建立工会组织 57 家，发展会员 1878 人，职工入会率达 96%。2002 年，有 15 个小型个体企业加入联合工会。

2003 年年底，辖区内新建企业 175 个，职工总数 8486 人，累计建会 70 个。年内建会 46 个，会员总数 2356 人。46 个建会企业中独立建会 20 个，联合建会 4 个，外商投资 3 个，私营企业 18 个，乡镇企业 25 个。46 家企业有 44 家签订集体合同。

2007 年，地区有建会单位 20 家（2 家联合会），会员 2359 人，其中女会员 1147 人。

年内，地区工会加大《中华人民共和国工会法》的宣传和非公企业建会力度，通过多方努力地区 1 家非公餐饮企业建会，发展会员 110 人，签订集体合同 20 个。

2010 年，发展 6 家非公企业单位建立工会组织，其中外资企业两家、上市公司一家，发展会员 392 人。2011 年，地区有建会单位 221 家（其中 75 家为独立建会，146 家纳入地区联合工会），覆盖职工 6655 人，会员 6259 人，其中女会员 3104 人。

2013 年，辖区内有正常经营单位 1157 家，职工 12338 人。有建会企业 338 家，其中独立建会企业 78 家，联合工会组织 3 家，覆盖单位 222 家，其余为市属、中央或行业建会单位，建会率为 30%，会员总数为 8742 人。年内新增会员 1300 人，会员增长率为 25%。

2015 年，辖区内有正常经营单位数为 1157 家，职工数 12338 人。已建会企业 488 家，其中独立建会企业 94 家，联合工会组织 2 家，覆盖单位 392 家，建会率为 33%，会员总数为 11618 人。年内新增会员 2679 人，会员增长率为 30%。

2016 年，全年完成新建会单位 209 家，新增会员 1735 人。截至 12 月份，辖区有基层独立工会组织 96 家，联合工会组织 2 家，覆盖单位 698 家，会员 13364 人。

主要工作与活动

20 世纪 90 年代中期以来，太阳宫地区工会坚持开展走访慰问送温暖活动。1996 年春节期间，工会走访慰问困难职工家庭和孤寡退休职工家庭。1997 年，地区工会组织建立后，主要组织广大职工与单位签订劳动合同。

2001 年“两节”期间，工会与民政科联合开展“进万家门、知万家情、解万家难、暖万家心”送温暖活动，筹措送温暖资金 10 万多元，走访慰问困难职工家庭 107 户，开展贴心人服务队活动 67 次，为孤寡退休职工和困难职工办实事 117 件；组织召开劳模、先进和退休职工团拜会 25 次。

2002 年国庆前夕，乡工会开展全乡宾馆、服务行业系统的职工技能大赛，进一步促进职工爱岗敬业的责任感和主人翁精神。年底，在广大职工中开展“弘扬爱国情、高唱统一歌”活动，增强职工爱国热情。

2003 年 4 月，举办建会培训班。年内，举办系列公务员讲座活动，并为每人发放《公务员须知》手册，从思想、职责、形象、作风等方面提高服务意识。此外，举办“太阳宫乡干部现代化管理高级研修班”“英语 300 句系列培训”“信息培训班”和乡机关干部行政法讲座，并进行竞赛活动，进一步提高在职人员的综合业务素质。工会为机关在职的 35 名女职工办理大病保险。6 月，对不幸因公牺牲的军属家庭进行慰问，并带去慰问金。同时，对乡内历届北京市劳动模范和先进人物进行走访慰问。乡工会组织 40 余人参加区总工会举办的“五月的鲜花”朝阳区职工合唱比赛活动，获优秀组织奖。参加市总工会第六届职工艺术节职工歌手大赛，获优秀歌手提名奖。11 月 20 日，参加区总工会组织的计算机比赛活动，乡机关工会和基层工会组织干部和职工积极参加乡内组织的农民运动会。

2006 年，组织基层工会负责人参加朝阳区工资集体协商指导员培训班、《企业工会工作条例》培训班、2006 年朝阳区厂务公开民主管理培训班以及区工会的培训班等。地区工会和基层工会在“两节”期间对退休职工、生活困难职工和生病职工进行走访慰问，给予适当的补贴和捐助。基层企业为职工及时办理各种保险，组织员工定期体检。同时，为退休的劳模办理 2006 年就医卡、市区游园年票，组织劳模检查身体，参加区工会召开的困难劳模座谈会，开展劳模医疗费负担问卷调查，并对劳模的生活情况进行调查，为困难劳模争取到市区补助资金 1.8 万元，并为 2 名特困劳模办理补助卡，组织劳模参加区工会举办的“五一劳模表彰会”和“劳模一日游”活动以及在职劳模参加的劳模考察活动。

2007 年，进一步强化企业安全和劳动保护意识，充分发挥企业职工对安全生产的监督参与工作，努力提高工会安全生产监督员的能力和素质。5 月 26 日，地区召开安全生产暨“安康杯”竞赛活动大会，制定“安康杯”竞赛活动的实施意见，成立地区竞赛组织机构。同时，为全面贯彻朝阳区总工会人文奥运建设的指示精神，充分发挥工会组织凝聚职工的作用，深化奥运特色品牌，营造浓厚的奥运氛围，激励广大职工“为奥运增光、为发展出力”，地区工会组建文明观众啦啦队。同时，各基层工会结合自身实际开展“太阳宫职工走向奥运 531 达标行动”，组织职工学习奥运知识，开展多种形式的活动。地区工会进一步建立和完善以“两节”送温暖、“三八”助单亲、“五一”关爱劳模为主要内容的困难职工帮扶长效机制。通过向上级申请救助金、街道行政拨款、工会自筹资金等渠道，开展工地慰问“十送”活动、“第二故乡送温情”文艺演出、入户慰问、党员认岗、志愿服务等形式，使更多的困难职工，特别是外来务工者感受到工会组织的关怀与温暖。

2008 年，地区工会选派 45 名企业职工代表参加“首都职工素质教育工程”的培训，并全部考试合格取得毕业证书。乡内窗口行业开展英语培训，针对企业发展对基层工会干部和企业法人开展工会法、劳动合同法等相关内容的多种形式的培训。

2010 年，充分发挥工会“大学校”作用，全面推进首都职工素质建设工程，全面提高职工队伍思想道德、科学文化素质和技术技能水平，全乡 40 多名优秀职工参加职工素质教育学习，其中非公企业单位 18 人，社区书记、主任 22 人，其中 16 人被评为优秀学员。

2011 年 3 月，区总工会开展创先争优理论征文活动，地区上交 10 篇，经过认真筛选上报 7 篇，经选评后地区总工会撰写的《浅谈工会工作融入创先争优活动的必要性》被评为“朝阳区创先争优理论征文优秀奖”。5 月，根据市总工会相关工作部署及《朝阳区工会会计核算服务中心暂行办法》的相关规定，结合地区实际情况，成立太阳宫地区总工会会计核算中心，负责地区总工会财务管理和为 400 余家非独立开户的基层工会提供经费管理、日常报销、会计记账、财务报表、余额查询等项服务。6 月 21 日，地区总工会在对外经贸大学举办“太阳宫地区庆祝中国共产党成立 90 周年文艺会演”，地区职工文化队伍通过合唱、舞蹈等多种文化表演形式，显示出地区职工健康向上、文明和谐、安居乐业的精神风貌，向中国共产党的 90 周岁生日献礼。9 月，开展经验交流会及解放思想大讨论，增强工会干部的责任心和服务会员、服务企业的责任意识。是年，地区总工会实行税务代征代缴。截至 11 月底，缴费登记表上交 600 余家，建工会组织 221 家企业，净增工会企业达 185 家。

2013 年 5 月 9 日至 6 月 3 日，为进一步引导职工努力学习新知识、新技能，全面提升职工队伍整体素质，按照区总工会的要求，结合地区实际情况，为 82 名全部由基层先进、优秀职工学员开办“首都职工素质建设工程”通用能力培训班。通过 32 个学时的学习，全部通过“自我发展与团队管理”“人际关系心理学”“礼仪金说”3 门科目，并取得证书。9 月，开展经验交流会及解放思想大讨论，增强工会干部的责任心和服务会员、服务企业的责任意识和干部队伍的素质。组织开展《女职工劳动保护特别规定》知识竞赛，一线员工畅游园博园、夏季送清凉活动，为职工发放工会电影票、免费庙会门票，为劳模办理公园年票，为地区外来农民工代买回乡火车票等多项服务。是年，地区不断加大对困难职工帮扶救助的力度和形式，创新整合、探索实施项目制帮扶的工作模式，建立帮扶长效机制。全年走访慰问职工 12 人次。为 3703 人办理京卡，搭建工会、社保与医保的联网平台，并核对录入信息，使 68% 的京卡会员享受到医保报销服务。互助保障计划参保达到 449 人次，参保人数较上年增长 36.3%。

2015 年，在 8 月至 9 月的夏季送清凉活动中，地区总工会工作人员走访慰问辖区内以露天、高温生产为主要经营场所的基层企业，为地区所有建会企业的会员发放清凉礼包（包括沐浴露 1 瓶、毛巾 1 条、牙膏 1 盒、香皂 1 块、风油精 1 瓶，每份价值约 55 元）一份，采用现场刷工会京卡领取的形式为地区所有

图 8-4 图 8-5 2015 年 6 月 9 日至 10 日，召开太阳宫地区总工会第二次代表大会

建会单位的 1.1 万余名职工免费发放清凉慰问品一份，向奋战在一线的员工送去清凉慰问。在全年的困难调查摸底工作中，地区总工会通过网络平台或电话联系基层企业，逐一进行询问，争取做到不漏掉一名困难户职工，经过排查上报 5 名困难职工，并且对地区困难职工情况进行详细登记，建立档案，与所在单位工会干部建立一对一的联系制度，以便及时了解和掌握其情况变化。10 月，地区总工会组织辖区内 80 名企业职工进行服务意识和服务态度、实用文体写作两方面内容的职工素质教育培训，并完成技能竞赛 2 场，公益大讲堂 1 场。地区总工会继续深入开展工资集体协商，切实维护职工的合法权益。年内应签订《独立性集体合同》的企业为 83 家，截至 11 月，有 76 家企业完成签订工作，签订比例为 91.5%；纳入地区联合工会签订《区域性集体合同》的企业为 262 家，签订企业为 223 家，签订比例为 85.1%，均完成年初制定的工资集体协商 85% 的签订任务。

2016 年，举办工会干部培训班，开展经验交流会、工作促进会，针对干部思想建设进行解放思想大讨论等多种形式的培训，全年培训基层工会人员达 272 人次。通过学习培训，提升地区工会干部的综合素质，增强工会干部的责任心和服务会员、服务企业的创新意识。地区总工会建立帮扶长效机制，不断加大对困难职工帮扶救助的力度和形式，以“两节送温暖、三八助单亲、五一关爱劳模、日常互助互济”为主题，使帮扶救助工作日趋系统化、规范化，做到集中为困难职工办实事、解难事。“两节”期间，地区总工会主席、副主席在基层工会主席和工会专职社会工作者的陪同下慰问地区所有困难职工和困难劳模 26 人次，将慰问金、爱心卡及粮油蛋奶等共计 61732 元的慰问品送到困难职工和劳模们的手中。在困难调查摸底工作中，地区总工会通过网络平台或者电话联系基层企业，逐一进行询问，上报 4 名困难职工。并对困难职工情况进行详细登记，建立档案，与所在单位工会干部建立起“一对一”的联系制度。是年，稳步推进地区工会核算中心服务与税务代收工作。核算中心现代管 248 家企业工会经费，全年为企业报销 310 万元工会经费。截至 11 月底，区总工会全年税务代收 2068 万的目标，已经完成 2125 余万元，超额完成全年任务，零申报率有所下降。同时，开展地区企业安康杯系列活动，在地区爱琴海和凯德茂等人流量大的地方开展 5 次大规模的宣传材料发放，发放宣传材料 8000 余份，推动辖区基层单位的安全生产应急管理意识，避免发生安全生产事故。全面强化和提升职工对自身安全和公共安全的健康意识，民主管理开展达到 100%。完善工会服务职工体系，坚持服务为本，为地区企业和广大职工做好事。8 月，在全地区建会企业中开展以“服务职工、关注健康安全”为主题的夏季送清凉活动，还为建会企业的会员发放清凉礼包一份，惠及地区职工 1 万余名，投入经费 50 余万元。创新工作方式，积极为地区广大职工办实事。为一线 3000 名职工发放电影票和免费庙会门票，免费为地区 30 余名职工进行体能测试、为地区会员办理京卡 2126 张，利用网络平台向基层企业讲解职工互助保障计划的惠民政策，参保人次达到 1097 人，投保金额 74690 元。

共青团

机构沿革

1956年3月，中国新民主主义青年团太阳宫乡总支部委员会（以下简称“乡团总支”）成立。1957 年 5 月，中国新民主主义青年团更名为中国共产主义青年团（以下简称“共青团”）。1958年11月，乡团总支变更为管理三站团总支，隶属共青团和平人民公社团委。

1961 年 6 月，朝阳区进行公社调整，析出并成立太阳宫人民公社，团总支随之升级成团委。1983 年政社分开，成立太阳宫乡人民政府，公社团委自动变更为乡团委。截至 2016 年，团委机构设置未再发生变化。

表 8–1 **太阳宫乡（公社）历任团委书记一览表**

姓名	任职时间	备注
梁国生	1956 年 3 月—1961 年 7 月	团总支书记
耿桂新	1961 年 7 月—1962 年	
韩志忠	1962 年—1963 年	
潘志军	1963 年—1965 年	
李淑贤	1965 年—1966 年 5 月	
张淑茗	1966 年 5 月—1972 年	
张　健	1972 年—1973 年 10 月	
祁宝林	1973 年 10 月—1974 年	
张　健	1974 年—1975 年	
祁宝林	1975 年—1976 年	
祁宝福	1976 年—1977 年	
尚桂荣	1977 年—1978 年 6 月	
舒栓柱	1978 年 6 月—1981 年 3 月	
方永和	1981 年 3 月—1984 年	
刘仁顺	1984 年—1987 年	
李　仁	1987 年—1991 年	
郭京生	1991 年—1993 年	
陈　晨	1993 年—1996 年 1 月	代书记
路红升	1996 年 1 月—1999 年 12 月	
文艳萍	1999 年 12 月—2003 年 2 月	副书记
文艳萍	2003 2 月—2008 年 1 月	

续表 8-1

姓名	任职时间	备注
秦少芳	2008 年 1 月—2010 年 1 月	副书记
秦少芳	2010 年 1 月—2012 年 3 月	
陶薇薇	2012 年 3 月—2015 年 7 月	副书记
陶薇薇	2015 年 7 月—	

基层组织与团员数量

1956 年，太阳宫乡有团员 148 人。1957 年，全乡设团总支 1 个，支部 6 个，共有团员 153 人。

1958 年，太阳宫管理站有团支部 6 个，团员 123 人，其中男 73 人，女 50 人。年内，增加 2 个团支部，有 8 个团支部。20 世纪 60 年代以后，团员数量不断增加，至 1986 年，乡内有团员 352 人。

1999 年，太阳宫地区有团支部 12 个，团员 154 名，其中 14 ~ 18 周岁 1 名，19 ~ 25 周岁 104 名，26 ~ 28 周岁 42 名，28 周岁以上 7 名。

2000 年，地区有团委 1 个，团支部 13 个，团员 198 名。2002 年，地区有团支部 15 个，有团员 196 名，其中 18 周岁以下 6 名，19 ~ 28 周岁 183 名，29 岁以上 7 名。其中女团员 95 名，新发展团员数 2 名。2003 年，地区有团总支 1 个，团支部 9 个，团员 168 名，其中 19 ~ 25 周岁的有 122 名，26 ~ 28 周岁的有 41 名，29 周岁以上的有 5 名；女团员 82 名；少数民族团员 7 名。

2007 年，地区有团委 1 个，团支部 11 个。有团员 121 人，其中 14 ~ 18 周岁 1 人，19 ~ 25 周岁 66 人，26 ~ 28 周岁 53 人，28 周岁以上 1 人；其中女团员 60 人，少数民族 2 人。2008 年，地区有团委 1 个，团支部 11 个。有团员 97 人，其中 19 ~ 25 周岁的团员 51 人，26 ~ 28 周岁的团员 44 人，29 周岁以上的团员 2 人；其中女团员 50 人；少数民族团员 4 人。

2009 年 11 月，成立北京共济国际酒店团支部，共济国际酒店成为继伊锦园后的地区第二个区域企业设立团组织的单位，开创团组织建设由区属到区域的新局面。2011 年，新建基层团组织 12 个，分别为芍药居一社区团支部、芍药居二社区团支部、芍药居三社区团支部、夏家园社区团支部、太阳宫社区团支部、十字口社区团支部、牛王庙社区团支部、尚家楼社区团支部、北京冠城酒店物业管理有限公司太阳星城金星物业管理处团支部、北京市德意嘉物业管理有限责任公司团支部、北京宾至君悦物业有限公司至尊分公司裘马都社区团支部、北京瑞思特物业管理有限公司广华园管理处团支部，其中“两新”团支部 4 个。年内，全乡在册团员 212 人。

2012年8月20日，北京天旭顺通绿化有限责任公司成立团支部。8月24日，德奥达投资集团有限公司成立团总支。11月29日，金色启萌艺术培训中心成立团支部，燕京都物业管理有限公司成立团支部。12月3日，爱利智婴育婴指导站成立团支部，林业餐厅成立团支部，庆丰包子铺（经贸大学店）成立团支部，东方瑞莱克斯酒店成立团支部，乐展宾馆成立团支部。12月12日，太阳蓝天启航双语幼儿园成立团支部，华泰园田成立团支部，北京金河谷百货商贸有限公司成立团支部。12月21日，太阳宫足球俱乐部成立团支部。

2013年6月18日，十字口社区成立团支部。7月24日，智耘弘善社会工作事务所成立团支部。2014年4月29日，惠众驿站社区青年汇成立团支部。11月28日，三弦国际投资集团有限公司成立团总支。是年，地区有直属团组织35个，有团员451人，其中非公经济组织19个，社工事务所1个并升格为团总支，社区青年汇团组织2个，兴趣协会1个。

2015年1月19日，乡合作经济联合社团支部成立。11月9日，中国海外控股集团有限公司团支部成立。2016年6月20日，北京海日盛达建筑装饰工程有限责任公司成立团支部。7月8日，阳帆社区青年汇成立团支部。7月8日，温馨家园社区青年汇成立团支部。截至年底，全乡有直属团组织42个，含团总支2个、团支部40个，其中非公经济组织26个，社区青年汇团组织4个，新建非公有制经济团组织5个。全年新发展团员86人，团员总数646人。

团组织工作与活动

20世纪50年代，乡团总支在乡党委领导下，发动青年团员积极参加土地改革、“三反”“五反”等运动，配合宣传《中华人民共和国土地改革法》《中华人民共和国婚姻法》，并排演一些时兴剧目、文艺节目供大家观看。在农业合作化和扫盲运动中，团总支发挥积极作用，组织青年团员参加生产竞赛，教授人们识字，在开展“比学赶帮超”的社会主义劳动竞赛中起到先锋作用。

1956年3月20日，乡团总支整团工作开始，团总支根据乡域情况按原来的五里沟、太阳宫、左家庄3个支部分别召开全体团员大会。会上先由一名支委讲述整团的意义和目的，并对团员提出几项要求。由团支部书记作《关于1955年团的工作总结报告》，肯定青年团员在一年中工作、学习、劳动等方面的成绩，表扬一批优秀团员和进步的青年积极分子，同时也批评部分落后团员。之后对一年工作中存在的缺点和问题进行总结，并代表上一届团委会做了工作、思想、领导等方面的检查，特别是检查支委会的落后思想和日常工作中的盲目自满情绪。报告结束后，分小组讨论并对每一个支部委员提出全面、尖锐的指正批评。最后，由团支部书记对会议成绩作总结，同时对全体团员讲述整团要求，从3月21日开始，每天晚上在民校进行两三个小时的会议，经过四五天的时间，团的整顿工作完成。1963年，太阳宫公社团委积极配合阶级教育，组织团员和青年进行村史和家史的调查。

“文化大革命”期间，公社团委组织团员成立毛泽东思想文艺宣传队，利用业余时间排练，并经常到基层单位巡演。各生产大队团支部还组织团员利用业余时间参加集体义务劳动，以独唱、合唱、舞蹈、三句半等文艺形式宣传毛泽东思想。中共十一届三中全会以后，太阳宫乡团委在共青团工作的指导思想、活动内容、组织形式、工作方法等方面都有了相应的转变。广泛开展创建先进团支部活动，在青年中组织开展学文化、学技术、争当新长征突击手活动。有部分优秀基层团支部达到“思想政治工作好、新长征突击手活动开展好、带领青年学习好、组织建设好、团结青年好”的“五好”标准。

1986年，对团小组以上干部上党课4次，开展“争当第一功”的组织活动。1987年第一季度，开展坚持四项基本原则的教育和《中共中央关于社会主义精神文明建设的指导方针的决议》的学习活动，并把学习活动与整团活动联系起来，进行统一思想，增强自觉抵制资产阶级自由化思想的侵蚀。同时，开展立志成才教育，全年评出“七五”立功先进个人19名。第三季度开展宪法、刑法、刑事诉讼法、婚姻法、继承法、经济合同法的教育。党课教育采取定期制。团委每季度与党委合办一期党课学习班。随后，开展形势政策教育，全年各支部都请党支部书记讲了本单位自中共十一届三中全会以来的变化和改革情况。10月19日，乡团委还与党办一同开展十一届三中全会以来改革形势、政策教育展览。这次展览，从经济、党团建设、文明村建设等多方面对全乡发生的变化做了全面的回顾。展览采用巡回的方式在各单位展出。同时，开展“职业道德”教育，并把它作为年内的主要任务。各团支部都组织广大团员、青年认真学习《社会主义职业道德讲话》一书，并进行广泛的讨论。很多支部还把团员的思想体会挂在宣传栏内，通过这次活动的开展，使团员、青年懂了遵守“职业道德”的重要性。

1988年，太阳宫乡团委参加团区委组织的为团旗增光活动，参加区文化馆组织的五月鲜花独唱比赛等。1月17日，在乡机关大礼堂举办第一届羽毛球单打比赛，来自全乡12个单位的12名选手参加比赛。1996年，太阳宫地区团委面对全乡团员开展主题征文及知识竞赛等形式多样、内容丰富的教育活动，并组织全乡团员参加“学雷锋日”“植树节”等活动。2001年，地区团委在团员青年中广泛开展青年知识竞赛、征文、参观中国共产党成立图片展等形式多样的教育活动，并组织“全民参与、清洁城市”“春季卫生清洁日”“学雷锋日”“春季植树”“为残疾人募捐”等10余次活动，累计600多名团员参加。

2002年，地区团委以庆祝中国共产党成立81周年、建团80周年为契机，在全地区团员青年中广泛开展“学习‘七一’讲话，落实‘三个代表’”的知识答卷、知识竞赛、征文、参观中国共产党成立图片等多种形式的教育活动。以“五四”青年节为契机，地区团委表彰3个“五四红旗团支部”，及优秀团干部、优秀团员和青年岗位能手35人。在六一儿童节等时间，地区团委向广大学生儿童宣传《中华人民共和国未成年人保护法》《中华人民共和国预防未成年人犯罪法》，组织未成年人参加“绘出美好家园，积极参与争创全国文明城区”绘画比赛，以及“机关干部子女六一演出会”等活动。是年，地区团委组织举办“第十一届农民艺术节”；组织团员青年观看科教片《宇宙与人》等；组织青年自编自演文艺联欢会；借“七一”与老革命前辈、武警战士以“忆革命历史，抒爱党情怀”为主题召开座谈会；在“八一”前夕与其他科室配合举办军民联欢会，以及“学习‘七一’讲话，落实‘三个代表’”现场知识竞赛、“高唱统一歌，弘扬爱国情”大赛、《公民道德实施纲要》答卷、青年岗位技能大赛、演讲比赛等活动，均受到团员青年的喜欢，调动青年的积极性，为广大团员青年展示自己的一技之长创造机会，提供舞台。

2004年，地区团委加强团员队伍建设。为保证共青团工作的稳定和创新发展，始终坚持定期召开团干部例会，做到定期听取汇报，定期组织学习。对团区委、地区团委布置的工作适时进行总结、检查、考核、抽查，在坚持标准保证质量的基础上，做到合格一个发展一个。地区团委以“做企业主人，为团旗增辉，为青春添彩”为主题，召开民主生活会和团员教育评议活动，对团员青年进行政治教育、团的基本知识、党的基本知识、科学文化知识、社会道德和民主与法治的教育，从而提高全乡团员青年的整体素质，增强团组织观念。地区9个团支部分别采取各种形式组织教育评议会，150余名团员参加评议。是年，开展《北京市未成年人保护条例》等法律法规的宣传学习活动，并发放宣传画，组织《北京市未成年人保护条例》答卷等活动。结合乡内实际状况，举办家庭教育培训班，70余名家长参加培训。积极落实《中共北京市委市政府关于进一步加强和改进未成年人思想道德建设的实施意见》，下发《致地区未成年人家长的倡议书》1000余份，公布朝阳区家教咨询电话，向家庭推荐一批家教知识读本，下发宣传画200余张。各支部联合其他部门围绕“六一”儿童节开展各种宣传、教育活动。积极开展“崇尚科学、珍惜生命、关爱家庭、反对邪教”征文活动，上交团区委18篇。组织青年志愿者参加在洼里乡敬老院开展的“亲情陪伴——共度年三十”慰问联欢活动，为老人送鲜花并表演自编自演的文艺节目。年内组织青年志愿者、团员等100余人参加太阳宫中路的环境整治。积极开展“共建安全北京城”活动，组织地区24名青年志愿者到代表驻地麦子店街道义务执勤12天，为两会的安全贡献一份力量。积极开展“3·5”学雷锋日活动，发起“向雷锋学习”的号召，同时组织志愿者到空巢老人、孤寡老人、残疾人家庭开展活动。联系中医药大学到地区芍药居甲2号院社区开展“雌黄爱心社”健康讲座活动。

2005年，开展《北京市未成年人保护条例》等法律法规的宣传学习活动。邀请煤炭医院儿科专家，为地区儿童进行义诊，并就儿童常见疾病进行讲解和答疑。为全面贯彻团区委文件精神，地区团委制定“保持共产党员先进性，增强团员意识，坚定理想信念”教育活动的工作方案。3月22日，召开动员大会，截至10月底基本结束。各团支部牢牢把握学习和实践“三个代表”重要思想这条主线，保持共产党员先进性，增强团员意识，坚定理想信念这个主题，按照“提高团员素质、加强基层组织、推进各项工作”的总体目标，紧紧围绕学习宣传、总结评议和整改提高三个阶段开展先进性教育活动，通过全体团员的共同努力和广大青年的积极参与和支持，圆满完成先进性教育活动各项任务，团组织建设得到进一步加强。

2006年，落实团的组织生活制度，坚持“三会两制一课”制度。3月初，在全地区开展以“增强团员意识，构建和谐家园”为主题的团员教育评议活动。同时，在社区集中开展“从我做起，践行‘八荣八耻’”主题宣传日活动。落实团的组织工作制度，落实《中国共产主义青年团章程》和团内有关规定，认真完成好团籍管理、团费收缴、团的组织统计和团组织关系的接转等基础团务工作。完善团内信息报送工作，及时上报工作信息和图片，形成上下畅通、交流便捷的信息渠道。召开“五四”表彰会暨座谈会。对地区的先进集体和个人进行表彰，对基层共青团工作进行座谈，交流工作经验，激发团干部和广大团员青年的工作积极性。举办“迎接世青赛　展青年风采”青年运动会。基层团支部有14支队伍报名参加5个项目的比赛，表现出团员青年良好的精神风貌。以“世青赛”的召开为契机，开展“青春朝阳奥运社区文明行动”和“服务世青赛志愿和谐行动”，并将世青赛参赛国家的民俗风情制作成7张展板、1幅板报、1张图片在太阳宫公园进行展示，参加团区委在朝阳公园举办的“青春朝阳奥运社区文明行动”成果展示活动，获得先进单位。同时，深入开展优秀青少年维权岗创建活动，长期开展《北京市未成年人保护条例》等法律法规的宣传学习活动。加强希望工程的运作管理，认真做好“爱心基金”“学子阳光”“希望之星”等捐助项目的申报发放工作，上半年为6名特困生发放捐助资金2600元。在春节前为5名困难家庭的小学生举办“爱心基金”发放仪式。3月月初，邀请安贞法庭有着丰富经验的3名女法官，讲解《中华人民共和国未成年人保护法》相关内容，并结合实际案例教导广大居民如何正确维护未成年人的合法权益。在六一儿童节之际，上门看望、慰问13名贫困儿童。在暑期开展“朝阳区第三届青少年诗书画大赛”作品征集活动，征集绘画作品236件、书法作品10件、诗歌作品3件、剪纸作品5件，共254件。

2007年，地区各级团组织组织团员青年认真学习邓小平理论和“三个代表”重要思想，用科学理论武装头脑，重点学习胡锦涛总书记5月4日《致中国青年群英会的信》和中共十七大报告，30余名团员书写学习体会。是年，坚持党建带团建，加大“推优入党”工作力度。制定下发《太阳宫地区推优入党实施细则》。进一步明确推优入党工作的职责，各基层党组织要把推优工作纳入党建工作目标管理责任制，在制定党员发展规划时，把推优工作作为一项重要内容，并积极帮助团组织解决推优工作中遇到的困难和问题，落实好推优的各项联系、培养、反馈工作。5月，地区组织的入党积极分子培训班中，有团员11人、团干部2人，经过学习、考试及平时的工作表现，有6名团员和2名团干部成为2007年度预备党员。同时，深入开展“学习型青少年文明社区”和“优秀青少年维权岗”创建活动，长期开展《北京市未成年人保护条例》等法律法规的宣传学习活动。加强希望工程的运作管理，认真做好“爱心基金”“学子阳光”“希望之星”等捐助项目的申报发放工作。为1名特困学生发放捐助金400元。在春节前慰问8户特困单亲母亲及儿童。开展“文明、安全燃放烟花爆竹”宣传教育活动，在全地区青少年中广泛进行烟花爆竹安全燃放教育。在六一儿童节之际，各基层单位以各种形式开展庆祝活动。

2008年，地区各基层团组织始终把团员青年的思想道德和理想信念教育作为首要任务，在广大团员青年中广泛开展学习共青团第十六次全国代表大会精神和《太阳宫乡政府工作报告》，引领广大团员青年立足本职岗位，争创一流业绩，增强团员青年的紧迫感，为建设太阳宫发扬主人翁精神。组织团员参加团区委举办的“迎奥运、展风采——朝阳区共青团团干部暨骨干城市志愿者VR车比赛”，太阳宫乡取得第三名的好成绩。汶川地震后，团员青年为灾区群众捐款12720元。

2009年，地区团委开展团员教育评议活动，基层各团支部分别召开团员大会。在第二批科学发展观学习活动中，基层团支部积极组织团员青年参与所在单位科学发展观学习实践活动，团支部书记广泛听取团员青年的真实呼声和意见，抓住突出问题，坚持边学、边查、边改，使学习实践活动成为真正为团员青年办实事、解难题的满意工程，活跃共青团工作的基础工程。同年，深化“青年文明号”和“青年岗位能手”等争创活动，在“五四”青年节前，团委获得“朝阳区五四红旗团委”和“朝阳区志愿者行动组织”等荣誉称号。在“3·5”学雷锋志愿服务日之际，团员青年结合地区特点，开展军民共建志愿服务、慰问弱势群体、环境整治等多种形式的志愿活动。为迎接共和国六十华诞，团委会同妇联在9月至10月期间开展“迎国庆”城市志愿者服务活动。

2010年，按照“三会两制一课”制度，开展团员教育评议活动。基层团支部分别召开团员大会进行自评，团员对自己一年来思想、工作、学习等方面情况进行总结，查找不足，明确努力方向，并进行民主测评。同时，发挥学校、社区、家庭三位一体的教育阵地作用，加强青少年思想教育，开展以“敬老爱亲”“百川博闻讲堂”“弟子规”等为代表的大讲堂活动，教导青少年从小要有孝心、责任心，以及待人接物、求学应有的礼仪和规范。同年，共青团工作以“五四”青年节等重大纪念日为契机，开展各种活动。在元旦、春节、“3·5”学雷锋日、国庆节、“12·5”国际志愿者日之际，团员青年参与地区军民共建、慰问弱势群体、环境整治等志愿服务活动。4月24日，太阳宫地区团委在太阳宫公园举行“青年责任助推文明创建”活动启动仪式，团区委副书记汪斌、乡党委书记张宏明、副书记黄宏春，辖区共济酒店、太阳宫燃气热电厂、对外经贸大学、北京化工大学、朝师附小等社会单位负责人以及基层各单位青年代表共计200余人参加活动。活动分三部分进行：由地区团委负责人宣布“青年责任助推文明创建”活动方案，由太阳宫燃气热电有限公司赵文娟代表地区青年发言，地区工委书记张宏明讲话，并启动地区青年、少先队员参与文明城区创建活动；由参加活动的领导和青年代表、少先队员共同播种“播种阳光，收获希望”的花种；参与观看各基层单位制作的志愿服务展板。通过启动“青年责任助推文明创建”活动，激励地区青年、少先队员在全地区文明创建的热潮中，以主人翁的姿态投身创建活动，从身边做起，从现在做起，从一点一滴做起，人人争当传播文明的先锋，用实际行动兑现自己的社会职责与使命。

2011年，以教育青年为首要任务，组织广大团员青年深入学习邓小平理论、“三个代表”重要思想和科学发展观，用社会主义核心价值体系统一青年思想、凝聚青年力量、坚定青年信念。加强国情、市情、区情、团情和团员意识教育，带领团员青年深入学习市区乡各级领导的讲话和深刻领会共青团会议精神，树立正确的价值观。同时，地区团委充分发挥未成年人保护委员会的作用，结合地区工作实际，结合文明城区创建，贯彻、执行、宣传《中华人民共和国未成年人保护法》《中华人民共和国预防未成年人犯罪法》《北京市未成年人保护条例》“两法一条例”等法律条规，增强未成年人自我保护、自我发展的意识和能力，积极维护青少年的合法权益，通过讲座、问题活动等形式，创造有利于未成年人健康成长和全面发展的良好环境。

2012年是“五四”运动93周年，也是中国共青团成立90周年。为继承和发扬“五四”运动的光荣传统，践行“北京精神”，弘扬“太阳宫精神”，同时贯彻落实团区委关于组织广大团员青年积极参与平原地区造林工程的要求，于4月23日组织地区广大团员青年在朝阳区“共青团青年林”开展主题为“高举五四旗帜，践行太阳宫精神”的“植树造林”活动以及参观北京“798”艺术区活动。同时，积极培育芍药居四社区国学教育基地·社区青年汇，与团市委下属“北京市老百姓国学会”合作的“国学冬令营”拉开帷幕，探索建立社区青年组织建设和活动开展的新阵地、新方式；推进未成年人权益保护。暑假期间，与地区妇联一起开展“践行北京精神和太阳宫精神——争当‘学雷锋社区文明小使者’”主题教育实践活动，深入开展以“青少年星光自护”、志愿服务等为主要内容的校外教育活动，以申报社区教育项目为依托，对各社区“五老”队伍（老教师、老专家、老党员、老模范、老战士）进行调查摸底，评选出167名社区文明小使者，推动形成关心支持未成年人健康成长的良好环境；组织辖区青年团员参加“第三届太阳宫地区文化节”——“青年才艺展示”文艺专场演出，在地区团委提供见习岗位，为青年成长成才搭建平台；与地区妇联、总工会携手举办“太阳宫地区第一届青年交友联谊会”，倡导青年树立正确的交友观、婚恋观，有 80 多名单身青年开展现场互动交友联谊活动。

2013 年 3 月 5 日是“学雷锋日”，地区开展以“志愿大家行，秀美太阳宫”为主题的青年志愿服务活动，10 个社区结合青年志愿服务项目认领情况，各村、直属企事业单位、社会单位结合实际到相应社区参与活动，分别开展入户高龄空巢老人和残疾人家中打扫卫生、陪伴聊天、采集单身青年信息、清理小广告等活动。5 月 4 日，在乡机关第一会议室举办以“志愿大家行，秀美太阳宫”为主题的太阳宫地区青年志愿服务项目启动仪式。整个活动设主会场一处，分会场 3 处，主会场启动仪式结束后，志愿者分赴分会场开展志愿服务活动，100 余名志愿者参加。5 月 13 日，在第一会议室开展“让青春在太阳的照耀下，在地区的发展中闪光”主题团日活动。前期征集稿件 50 篇，参加初选人员 34 人。当日，有 4 名团干部和 10 名地区青年分别通过团干部主场讲演和青年专场展示，为地区发展提供有益的思路和新的灵感。9 月 1 日，在惠忠庵社区的惠众驿站·社区青年汇举办太阳宫地区第二届青年交友联谊会。同年，开展“争当社区文明小使者”主题实践活动，以“星光自护培训”、国学冬令营体验和社区环境整治活动等为载体，不断推动未成年人健康成长环境的形成。积极扩大地区 2 家社区青年汇的品牌影响力，深入贯彻落实《北京市朝阳区关于进一步加强社区青年汇建设工作的方案》有关要求，统筹指导社区青年汇工作，选取 2 名社区书记担任总干事，配备 2 名专职社工，为其提供办公、活动场所和办公条件，不断完善相关保障措施，实行社区青年汇专题工作例会制度。开展新青年城市体验营、新青年学堂、朝阳外语游园会、国学教育、交友联谊、阳台菜园和拳击运动等活动 50 多场次，密切联系青年 200 余人，诠释“一个好玩的俱乐部、一个靠谱的朋友圈”的内涵。

2014 年，坚持党建带团建、团建促党建，举办“加强党的建设，托起地区发展希望”党建活动日暨“践行社会主义核心价值观，让青春在‘强乡富民’的伟大工程中闪光”主题团日活动，地区团员青年、基层单位党组织负责人、入党积极分子等深入学习习近平总书记“五四”北大重要讲话精神，围绕如何践行社会主义核心价值观，在地区“强乡富民”的伟大工程中传递青春正能量等方面，结合自身工作实际，交流个人心得，为地区发展建设作出贡献。不断深化以“志愿大家行，秀美太阳宫”为主题的太阳宫地区青年志愿服务项目，制定《2014 年太阳宫地区青年志愿者项目实施方案》，实现月月有活动，贯穿于全年，推动地区青年志愿服务活动制度化、实现学雷锋活动常态化。在“学雷锋”日、“五四”前后开展“美丽太阳宫”义务植树和参观学习活动、“温馨太阳宫”亲情陪护出行活动等，积极扩大影响力，吸引更多社会团体和爱心人士参与到志愿服务活动中来，推动形成覆盖全地区的、统筹联动、充满活力的青年志愿者组织体系，引领青年新生活、新风尚。同时，深入贯彻落实《北京市朝阳区关于进一步加强社区青年汇建设工作的方案》有关要求，统筹指导社区青年汇工作，新建2家社区青年汇，不断完善相关保障措施，实行社区青年汇专题工作例会制度，加强对专职社工的指导与监督，统一宣传口径，配备活动物资经费，筑牢青年活动阵地。完成4家社区青年汇的终期考核工作，按照每星期至少一次活动的要求，开展市级、区级和自主策划的活动200余场次，囊括新青年城市体验营、新青年学堂、朝阳外语游园会、交友联谊和拳击运动等，密切联系青年400余人，深入青年居住、工作的聚集区域，努力建设团组织主导的、青年身边的活动平台。

2015年，严格落实组织管理制度，为共青团工作的顺利开展奠定组织基础；此外积极主动争取非公有制企业党组织的重视和支持，落实党建带团建的工作任务，加大在建党组织的非公有制企业中建团力度。着力抓好区域化团建工作。5月，召开团委扩大会议和团组织工作会，为团委班子配备13名专兼职团干部，其构成除所属团组织负责人，还广泛吸收区域内企业、学校、机关事业单位、非公有制经济组织和社会组织中有代表性的团青骨干。同时，利用北京市区域化团建工作信息管理系统，及时、如实填报工作的信息、图片，展示区域化团建工作成果，展示驻区团青组织参与区域化团建工作的情况。是年，深入实施基层团组织活力提升行动，通过活动联系广大青年、引导广大青年、服务广大青年，并带领地区青年形成合力，为地区发展做出更大贡献。在地区层面，每季度至少开展一次区域联合活动，每次活动至少2家驻区单位参加，如第一季度开展学雷锋志愿活动、道德讲堂活动，第二季度开展五四青年节志愿服务活动、社会主义核心价值观知识竞赛等；在社区层面，按“一社一品”要求，每个社区团组织打造一个品牌活动，每季度至少开展1次活动，每次至少20人参加，每个品牌活动至少持续2年时间。地区10个社区均按照要求开展活动，如芍药居四社区呵护青少年视力讲座、惠忠庵社区开展跳蚤市场活动、十字口社区开展志愿者进社区清扫垃圾等活动。同时，根据辖区实际情况，在各社区开展青年创业大讨论，并形成青年创业调研报告上报团区委。同时，深入贯彻落实《北京市朝阳区关于进一步加强社区青年汇建设工作的方案》有关要求，统筹指导社区青年汇工作，不断完善相关保障措施，实行社区青年汇专题工作例会制度，加强对专职社工的指导与监督，统一宣传口径，配备活动物资经费，4家社区青年汇初步实现平均每周开展一次活动、每次活动不少于20名会员（其中不少于30%新会员）的要求，开展“生活与科学”夏令营、涂色减压、公益英语培训、杂技演出、摄影培训等活动40余场次。

2016年，地区团委围绕地区加快农村城市化进程的总体要求和部署，以践行社会主义核心价值观为中心，按照“党建带团建，团建促党建”的思路，着力推动区域团组织格局建设和区域青年再组织工作。推进团组织格局创新和区域化团建工作，制定每季度召开区域化团建工作例会制度，制发《太阳宫地区基层团建工作手册》和通讯录，按照“青春朝阳网”信息上报要求，完善信息上报制度。运用QQ群、微博、微信等新媒体，探索与社区网络、辖区单位的合作机制，发挥网络的社会化动员和便捷化联系作用，努力构建以地区团委为核心的网络化、扁平化团建格局。深入推进区域化团建工作，整合区域内央属、市属、区属等各级党政机关、企业、事业单位、学校等团组织，以及非公有制经济组织团组织、青少年社会组织等各类团青组织资源，积极开展非公有制经济组织和社会组织建团工作，完善组织制度，规范组织生活，巩固区域团组织工作会议制度，每季度召开 1 次工作会，建立沟通机制、轮流主办区域联合活动的工作机制，因地制宜地开展组织活动，实现区域内团青组织的联建联动。在第二季度区域团组织工作会上启动“学党章团章，学系列讲话，做合格团员”学习教育活动及“两学一做”专题学习会，与会人员就团组织工作情况进行交流，在太阳宫“强乡富民”的伟大工程和地区团委工作安排上，结合自身工作实际，交流个人心得，建言献策。深入开展推优及青年人才培养工作，经过民主评议、提出推荐对象、初步审核、综合评定等环节，确定 5 名同志进入推优入党名单，为党组织输送新鲜血液。推进社区青年汇发展，以社区青年汇考核评估指标体系调整为契机，统筹指导社区青年汇工作，优化活动体系，丰富服务项目，充分发挥社区青年汇联系服务青年的平台和阵地作用，利用青年聚集度高、影响力大的网络平台，加强政治引领和思想建设，扩大对青年群体的覆盖面，努力建设团组织主导的、青年身边的活动平台。同时，开展“践行五四精神征文”和青年能人招募活动；在学雷锋日组织志愿者开展“蔚蓝力量，美丽街区”青年志愿服务活动，在五四青年节举办篮球友谊赛；在 5 月 8 日举办太阳宫地区第五届青年交友联谊活动；在暑假期间，地区团委联合妇联设计“童心向阳”之红色观影、3D 课程打印、指定书目阅读和才艺展示等 4 项活动，通过系列活动为青少年营造一个积极向上、健康文明的暑期文化氛围；在 9 月启动共青团助力生活困难家庭青少年精准帮扶工作，引导团员青年投身志愿服务活动，引领青年团员新生活、新风尚。

妇联

组织机构

1956 年撤小乡并大乡时，太阳宫乡即已建立起妇女组织，有乡妇联和各村妇代会。1961 年太阳宫人民公社成立后，公社及各生产大队均设有妇女组织，公社设妇联主任，大队设妇女队长。

1980 年，公社有基层妇代会 9 个，妇女代表 168 名，55 个妇代小组长。至 1983 年撤社建乡前，太阳宫公社妇联共召开 6 届妇女代表大会。

1984 年，召开太阳宫乡妇联第七届妇女代表大会。1987 年 7 月，召开乡第八届妇女代表大会，会上选举出新一届妇女委员会。其中马长凤为妇联主任，柏玉梅为副主任，王素琴为宣传委员，狄启昭、孙春香为委员。

1991年10月，召开太阳宫乡第九届妇女代表大会，有61名妇女代表参加，妇联主任马长凤代表乡第八届妇联委员会作工作报告，狄启昭宣读第九届妇联委员会委员选举办法（草案），选出第九届妇女委员会。1997年10月16日至17日，召开太阳宫乡第十届妇女代表大会，65名代表出席会议，妇联主任马长凤作题为《解放思想、开拓创新、为推动妇女事业的发展而奋斗》的工作报告。

2001年7月16日至8月8日，全乡3个建制村、10个直属企业和乡机关妇代会进行换届选举，通过投票，选举产生新一届妇女委员63名。2005年，太阳宫地区有基层村级妇女组织3个，直属企业妇女组织4个，机关妇女组织1个，社区妇女组织14个。

2011年，地区有基层妇女组织18个，其中包括9个社区、2个建制村、7个直属企业，乡内成立挂牌“妇女之家”10个。2012年8月10日，召开太阳宫乡第十二届妇女代表大会，75名妇女代表参加。选举产生妇女联合会执行委员11名，妇联主席1人、副主席2人。

截至2016年，地区妇联下辖3个建制村妇女组织，10个社区居委会妇联，6个乡属企业妇代会（总公司、莱太、开发、物业、绿化、乡联社），4个姐妹驿站（冠城物业、三弦集团、中海外控股、海日盛达）。

表8-2　**太阳宫乡（公社）妇联历任负责人一览表**

姓名	职务	任职时间
朱美霜	妇联主任	1956年3月—1963年
李惠兰	妇联主任	1963年—1964年
徐秀珍	妇联主任	1964年—1968年10月
李惠兰	妇联主任	1968年10月—1978年6月
毛秀清	妇联主任	1978年6月—1980年11月
马长凤	妇联主任	1980年11月—2002年12月
文艳萍	妇联副主任	2002年12月—2003年9月
文艳萍	妇联主任	2003年9月—2007年3月
林　敏	妇联主任	2007年3月—2012年3月
尚淑芳	妇联主席	2012年3月—2013年4月
文艳萍	妇联主席	2013年4月—

妇联工作与活动

中华人民共和国成立后，广大妇女同胞翻身得解放，走出家门参加各项生产劳动和社会活动。妇女干部的主要工作是发动和带领广大妇女宣传土改政策，积极参加土改；宣传《中华人民共和国婚姻法》（以下简称《婚姻法》），反对封建包办婚姻，组织妇女放足、剪发；参加扫盲识字班等。在农业合作化运动中和进入人民公社时期以后，动员广大妇女积极参加农业生产劳动，在生产中发挥“半边天”的作用。

20世纪80年代，太阳宫公社妇联坚持开展“三八服务组”活动，为老人送温暖，帮助孤寡老人。为军烈属、五保户、困难户做好事，慰问老人。1980年初，太阳宫公社妇联对基层妇女组织进行思想和组织整顿，举办三级妇女干部学习班，传达和学习中央及市有关领导的讲话材料，学习妇女工作的方针和政策，以及做好妇女工作的业务知识。3月，根据区妇联要求，公社改进妇联委员会，从公社到基层妇代会普遍制定每月一次例会制度，建立工作和学习计划，定期或不定期组织妇女干部学习党在新时期的政治路线、思想路线、妇女干部的工作方针，学习五中全会文件和关于加速农业发展的两个文件，学习7部法律及有关妇女工作的业务知识。

1981年，为落实中央领导的讲话精神，帮助妇女干部提高对形势、改革的认识，举办三级妇女干部学习班，有96人参加。1980年至1984年，为落实中央领导关于兴建儿童乐园的指示，公社妇联积极响应市妇联的号召，开展捐献一角钱的活动，捐款2196.19元。

1984年，太阳宫乡妇联在加强思想政治工作基础上着重抓妇女干部文化素质提高工作，进行业务培训，举办2期妇女干部学习班，参加人次达200人。结合妇女工作任务和改革后妇女工作面临的新形势，组织学习张帼英在全国第五次妇代会上的讲话，邓颖超、康克清的讲话以及市妇联主席李钢钟在市妇代会上的工作报告等。2月，乡妇联开展以保护妇女儿童合法权益为主要内容的法制宣传活动。利用各种形式向干部群众进行广泛的宣传，组织干部群众学习法律知识，各级妇女组织对本单位侵害妇女儿童、虐待老人的问题进行调查和解决，对妇女中确实有困难的均进行安排。同时，乡内成立法律咨询站，组织由600人参加的报告会。邀请区巡回报告团人员作关于维护妇女儿童合法权益的报告。通过这些活动，在全乡树立起尊重妇女、爱护儿童、关心老人的良好社会风气。

1986年，全乡有150多名妇女参加农工商总公司举办的各种养殖业学习班，帮助妇女提高技术水平和管理水平。在妇女干部中，进行3次法律知识辅导。是年，太阳宫乡成立维权领导小组，并责成妇联牵头做一系列准备工作。从教育宣传入手，由党委召开全乡党团员各级负责人会议，布置工作安排意见。广大干部群众积极行动起来，参加打击刑事犯罪活动，维护妇女儿童的合法权益。同时，在维权中，对妇女进行“四有”（有理想、有道德、有文化、有纪律）、“四自”（自尊、自信、自立、自强）、“五爱”（爱祖国、爱人民、爱劳动、爱科学、爱社会主义）教育，组织她们学法、知法、守法，运用法律武器开展工作。

1988年，乡妇联从妇女干部的思想和业务方面出发，组织妇代小组长以上的干部认真学习中共十三大文件，请乡党委副书记孙长富作十三大的指示，帮助妇女干部深刻领会精神实质，充分认识社会主义初级阶段的理论，提高妇女坚持党的社会主义初级阶段的基本路线的方针指引，激发妇女自力更生、艰苦创业、建设社会主义现代化国家的热情。在学习班中，帮助妇女提高法律知识，观看《婚姻法》《中华人民共和国继承法》（以下简称《继承法》）的案例录像，通过以图讲法、案例分析，提高妇女干部的法律知识水平。同时，邀请区妇幼保健站的人员讲解如何做好妇女更年期的保护工作和应注意的问题，使妇女干部对做好妇幼保健工作的重要性有了一定的认识。乡妇联坚持开展义务服务的活动。在重阳节，各级妇女组织积极开展为老人做好事活动，走访慰问老人，帮助困难户打扫卫生，有 78 人参加。走访老人 518 户，送去慰问品 10 余种。1996 年，太阳宫乡妇联开展法律法规讲座活动 4 次，发放婚姻法等宣传材料 120 份。

2001 年，结合地区妇女工作的实际，从妇女干部队伍思想道德建设入手，定期组织妇女干部学习中共十五届六中全会文件、《公民道德建设实施纲要》《中共中央关于加强和改进党的作风建设的决定》《农村妇女代表会工作条例》《中华全国妇女联合会章程》等文件。4 月，乡妇联以宣传、实施《婚姻法》为重点，结合全国“四五”普法教育，采取发放宣传材料、举办培训班及报告会等形式，在妇女群众中广泛开展普法宣传教育活动。为各基层妇代会发放《婚姻法》40 余本、婚姻法宣传材料 167 份，培训妇女代表以上干部及维权志愿者近 200 人。地区妇联开展维权进社区活动，通过无偿提供法律咨询、文书指导等服务和知识辅导，保护妇女群众的合法权益，促进地区稳定。是年，紧紧围绕北京申办 2008 年奥运会、争创区级文明乡和绿化隔离带建设，在太阳宫示范街、万米绿化家园多次组织约 850 余人参加的绿色家庭志愿者和志愿者家庭活动，在活动中发放各种宣传材料 3500 余份，《建设绿色社区手册》75 本，并进行出版报、展板，捡拾白色垃圾、清理卫生死角等活动。在“实施科技致富工程”项目上，以开展“巾帼创新业”活动为主线，开展“巾帼文明示范岗”“巾帼文明示范单位”“巾帼文明示范窗口”等争优创先活动。并以“三八”妇女节为契机，召开纪念“三八”国际劳动妇女节表彰大会，会上对出席 2000 年度的 8 个先进妇代会、8 名“三八”红旗手、30 位“巾帼服务标兵”进行表彰，有力推动地区妇女工作。

2002 年，地区妇联结合实际情况在每年的元旦、春节、残疾人日、“三八”、巾帼志愿者等活动日，以多种形式开展为贫困家庭、病退妇女、残疾儿童、妇女群众送温暖的慰问活动，发挥“三八服务组”、家庭志愿者的作用。2003 年，地区妇联积极开展“扶贫济困送温暖，邻里互助献爱心”等活动，与基层妇代会一起慰问“关爱工程对象”、地区孤儿、低保户、残疾人家庭。在“三八”妇女节期间，表彰 2002 年度 6 个“先进妇代会”、4 名“三八红旗手”、13 名“巾帼服务标兵”，激励广大妇女干部、职工巾帼建功，岗位成才。同时，在全国掀起学习“妇女九大”精神高潮时，地区妇联为使广大妇女群众真正学到文件精神，在全地区 21 个妇代会组织中开展“学妇女九大，展巾帼风采”知识竞赛。经过笔试初赛、现场决赛，其中 6 个代表队分别获得竞赛一、二、三等奖。

2004 年，组织妇女干部到南磨房地区进行工作交流、参观、学习。在开展“零家庭暴力社区”的创建活动中，组织妇女干部参观劲松街道的妇女“庇护所”。为提高地区妇联系统的工作整体水平，利用年终、年初、半年工作总结等形式，组织交流学习讨论会，互相学习工作经验，为妇女工作的开展起到借鉴作用。开展“女性素质教育工程”系列活动。为提高妇女的就业能力，使其掌握多种技能，组织 2 期 6 个班 105 人的“纵横输入法”学习班。为在地区掀起编织学习的高潮，将作品送东岳庙展卖。为提高妇女队伍的素质，举办女性礼仪讲座等。同时，以“巾帼建功”为载体，积极抓好“巾帼志愿者”队伍建设。地区妇联系统中组建 20 支志愿者服务队，吸纳各种志愿者 400 余人参与志愿服务活动。为进一步深化“五好文明家庭”的创建成果，开展“学习型家庭”为主题的创建活动，把评选“学习型家庭”与“特色型家庭”活动贯穿于全年工作中。地区妇联开展创建“零暴力家庭社区”活动，成立领导小组，下发宣传材料。通过广泛宣传，警示地区广大妇女儿童远离家庭暴力。全年接待 20 人次来访，给予热情的服务和法律咨询援助，并就有关问题进行协调。加强 0 ~ 6 岁儿童家庭教育的指导，认真做好《当代家庭教育报》的宣传工作，提高学前家庭教育水平。

2007 年，全年定期召开妇联干部学习例会，深入学习和掌握新时期妇女群众工作理论和政策，学习朝阳区、地区和各级妇联重要文件的精神以及有关的法律法规，使基层妇联组织能够紧密围绕朝阳区和地区的中心工作认真开展妇联工作。重点学习中共十七大报告，并逐级学习贯彻落实，在地区掀起学习中共十七大的高潮，使广大妇联干部的理论素养、业务知识水平有所提高。组织 18 名妇联干部参加朝阳区 2007 年度和谐家庭指导员一期培训班，进行“家长教育现状及问题”“为人父母与有效家长”等内容的培训，并出色完成 18 份家庭公约作业，顺利取得 CPEP（初级）家庭指导员结业证书，在 11 月参加《家庭公约》实践经验交流会，并进行典型发言。推荐一名村级妇联干部参加北京市农村妇女 SIYB 创业培训班，通过 10 天十个部分的创业知识培训和考试，取得 SIYB 创业培训合格证书。是年，太阳宫地区两个“双学双比”示范基地——北京市明宫宾馆和太阳宫乡农工商总公司开展“岗位状元评比”“奥运英语学习”等系列活动，并顺利通过北京市、朝阳区妇联的检查验收。地区妇联在“三八”妇女节期间表彰辖区“巾帼文明示范岗”“巾帼服务标兵”“妇女之友”等先进集体和先进个人，激励这些优秀集体和个人再建新功。地区的“巾帼文明岗”以推进行业文明服务、优质服务为重点，开展巾帼文明岗服务活动。在“5·15”国际家庭日开展宣传活动，积极推进“五好文明家庭”和“平安家庭”创建活动。组织 50 名妇女参加“全国亿万妇女健身活动展示大赛”开幕式。参加北京市“妇女发展与和谐社会建设”

征文活动，上交16篇，有3篇入选，3名作者参加市妇联研讨交流会。组织地区妇女参加“迎奥运、颂朝阳”妇女诗联书画大赛，上交49幅作品，其中1幅获得参展奖、1幅获得优秀奖、1幅获得纪念奖。地区妇联主任带领2名妇联干部参加“妇女健身与奥运同行”主题活动，并学习金玫瑰健身操。之后，地区成立17支20人的金玫瑰健身操队伍。组织2人参加朝阳区“迎奥运盛会、展巾帼风采”演讲大赛，1名选手获得第三名。组织1组3人参加区妇联举办的“平安家庭”知识竞赛。同时，地区妇联充分发挥维护妇女儿童合法权益的作用，从促进公平正义、保障社会和谐稳定的高度，切实履行好代表和维护妇女权益，促进男女平等的基本职能，为最大限度地减少不和谐因素作出贡献。积极推进妇女权益保障法、未成年人保护法的宣传、贯彻、落实，全年在各个社区开展《中华人民共和国妇女权益保障法》《婚姻法》《继承法》等法律法规讲座12次。开展“三八”维权周活动、“零家庭暴力示范社区（村）”的创建活动；健全妇联组织维权网络，逐级进行调解、维权，及时处理家庭矛盾，有效地减少家庭暴力的发生。

2008年，在迎接奥运会期间，地区妇联对地区250余名金玫瑰志愿者进行文明礼仪、手语、奥运英语、自救互救等系统知识的培训，其中206人取得北京市红十字会初级急救员证。5月底，妇联成立2支24人的“金玫瑰姐妹指路队”。7月8日至9月20日期间，为外国友人指路、各种服务1000余次。同时，对辖区单亲贫困母亲、困难儿童进行调查统计，建立19位特困单亲母亲帮扶档案。“两节”期间，对4位单亲母亲进行慰问，为4名特困学生发放助学金。

2010年，西南五省市遭受百年一遇的特大旱灾，地区妇联发动妇女群众开展为“援助西南五省市抗旱救灾捐款活动”，募集善款23587元，320箱矿泉水。2月21日，为庆祝“三八”国际劳动妇女节100周年，丰富地区广大妇女精神文化生活，繁荣地区文化氛围，体现地区妇女的良好精神风貌，展示地区妇女才华和风采，推进地区和谐社会建设和精神文明建设，乡妇联在北京共济国际酒店举办“歌唱舞动的太阳宫”暨太阳宫地区首届妇女“卡拉OK”大奖赛。此次大赛参与人数多、涉及面广，大赛评出一等奖1名、二等奖2名、三等奖3名，纪念奖若干名。3月5日，在北京电子科技职业技术学院召开“巾帼风采、和谐无限”庆祝“三八”国际劳动妇女节100周年大会。会上表彰在太阳宫地区建设中作出特殊贡献的148名各行各业优秀妇女，同时结合文明城区创建，地区工委向全地区妇女姐妹们发出“金玫瑰在行动，文明行为我先行”倡议书。

2011年，在“三八”国际劳动妇女节前夕，地区妇联于2月23日至25日，对辖区内16户单亲特困母亲、下岗生活困难及在职大病女工进行走访慰问，发放慰问金和物品共计7400余元。3月8日，地区妇联以庆祝“三八”国际劳动妇女节101周年为契机，开展丰富多彩的活动，提升地区文化文明。2月19日至21日，举办地区第二届妇女卡拉

OK 大赛，并于 21 日举办大赛颁奖暨慰问演出，地区人大代表、党代表、机关领导、基层企事业单位领导 150 余人参加活动。2 月 28 日，为提高女性生活质量和健康指数，妇联组织 156 名优秀女性、妇女干部进行健康体检。3 月 4 日，组织上年评选出的 148 名优秀妇女，参观优秀企业莱太花卉及朝阳区党史学习教育基地“红芍社”，并召开优秀女性座谈会。活动的开展，营造有利于地区妇女事业发展的良好氛围，推动妇女事业和地区各项事业的蓬勃发展，促进地区精神文明建设及社会和谐稳定。

2013 年，地区妇联在“三八”妇女节期间开展系列普法宣传活动。活动现场发放《婚姻法》《妇女权益保障法》《中华人民共和国未成年人保护法》等相关法律法规宣传资料 300 余份，并现场为 10 多名妇女提供法律知识和政策咨询服务。12 月，地区妇联组织基层 18 名妇联主席，认真学习中国妇女第十一次全国代表大会精神。年内，坚持每月例会制度，每季度组织一次妇女干部培训会，学习有关妇联工作文件精神，组织有关妇女儿童法律知识和业务知识的培训。

2014 年 3 月 7 日，在北京电子科技职业技术学院举办太阳宫地区纪念“三八”国际劳动妇女节 104 周年大会暨文艺会演。地区领导班子成员、机关全体女干部、社区、村及直属企事业单位领导、女职工代表以及地区妇女代表、优秀女性、金玫瑰志愿者、巾帼标兵等 700 余人观看演出。4 月 9 日，地区妇联邀请国家认证情商管理咨询师王斌哲就“如何提高沟通技巧”进行专题培训。4 月 25 日，利用以会代培的形式，召开妇联系统的工作交流分享会。5 月 28 日，举办主题为“太阳宫地区女性‘轻松减压，精彩人生’”的心理健康知识讲座，基层妇女干部 50 余人参加。5 月 31 日，地区妇联与 Baby Power 国际儿童早期发展中心联合举办“爱在太阳宫，大手牵小手——2014 年‘六一’儿童节亲子乐园活动”，30 多个家庭参与。同时，地区妇联对辖区内 18 个单亲特困母亲、3 户因大病致困妇女等弱势群体进行走访慰问，送去慰问品共计 4800 元。在十字口社区、芍药居一社区、芍药居四社区、太阳宫社区 4 个单位针对 6 名困难儿童开展“恒爱行动”活动。经过各社区的发动，辖区内爱心巧娘，放弃休息时间，为辖区的困难儿童采取“一帮一”的结对编织。并在“三八”妇女节期间，各单位以各种形式，亲自为 6 名生活困难的儿童送上一份温暖和牵挂。

2015 年 3 月 6 日，在北京电子科技职业技术学院举办太阳宫地区纪念“三八”国际劳动妇女节 105 周年大会暨文艺会演。地区领导班子成员、机关全体妇女干部、社区、村及直属企事业单位领导、女职工代表以及地区妇女代表、优秀女性、金玫瑰志愿者、巾帼标兵、“最美家庭”代表等 600 余人观看演出。会上，对地区 2014 年度 25 户“最美家庭”进行表彰，地区领导为家庭代表颁发荣誉证书，并印制事迹汇编下发到群众中。以“我们的生活很精彩”为主题，在地区征集到 300 多幅巧娘纯手工编织作品等，利用 4 月 20 日至22日3天时间，在太阳宫社区二层大会议室举办展览，为广大妇女提供一个展示自我的平台，乡党委领导及辖区广大群众到现场参观展品，受到震撼，很多作品非常精致。随后，在“5·15”国际家庭日到来之际，邀请国家二级心理咨询师王燕斌教授为大家讲解在生活中如何减压、管理情绪，并结合居民家庭的生产、生活等特点，为40余名家庭代表讲解儿童日常安全注意事项。5月31日，地区妇联组织应用《家庭公约》手册及地区个别困难家庭的小朋友共计27户家庭55人，参加朝阳区妇联在蟹岛恐龙岛举办的庆“六一”亲子嘉年华活动。活动中孩子们按照年龄段，分别参加2 ~ 3岁年龄组《童话世界》项目，体验穿越到侏罗纪时期及恐龙的内心成长，走进日本作家宫西达也的恐龙绘本，小朋友们参与手工制作小恐龙、亲子泡泡秀竞技比赛等。

2016年3月4日，在对外经济贸易大学图书馆二层报告厅，举办太阳宫地区纪念“三八”国际劳动妇女节106周年大会，会上为张静玉等20户“最美家庭”及姜昆阳等10户“学习型家庭”代表颁发荣誉证书。5月6日，地区妇联组织辖区58名“最美家庭”代表，参观北京佐特陶瓷艺术中心。5月27日，地区妇联举办太阳宫地区“我家最美”——故事汇。参加故事汇的10个演讲者，最大的76岁，最小的38岁，她们将自己家庭或者身边“最美家庭”的优秀事迹和感人故事搬上演讲台，传递出“最美家庭”的正能量。是年，地区妇联利用区妇联的资源，为基层10个社区募集巧娘老师培训课20节。每个社区充分利用此次机会，开展手工剪纸、手工编织、旧衣翻新、中国结、丝网花、绿植种养等培训班，深受妇女群众的喜爱。“两节”期间，对“单亲特困母亲、低保边缘妇女、两癌妇女”等27人的走访慰问，发放慰问金11200元。下半年，积极开展志愿家庭与困难儿童“结对子”活动，分别在十字口社区及太阳宫社区启动，并推荐太阳宫社区的帮扶对象成为朝阳区首批50户对子的行列。地区妇联在“三八”维权周、“12·4”法制宣传日等期间，开展《妇女儿童权益保障法》《未成年人保护法》《婚姻法》《中华人民共和国反家庭暴力法》等宣传、讲座活动，不断加大政策、法律、法规的宣传力度；利用地区、基层二级妇女组织的网络，认真做好妇女的来信来访工作，建立妇女来信来访记录本，积极热忱为妇女群众服务，力争做到件件有着落，事事有回应，调处率达100%。

第九章 安全治理

中华人民共和国成立初期，太阳宫地域各村分别成立治安保卫委员会。1961 年 5 月，太阳宫派出所成立，受朝阳公安分局领导。至 2016 年，地区有公安派出所 1 个、警务站 10 个。20 世纪 50 年代，地区党组织、政府组织开展防匪、防特，肃清反革命分子的活动，维持社会治安，经过有针对性地重点打击，社会局势逐渐有所好转。70 年代末 80 年代初，刑事犯罪活动猖獗，乡党委、乡政府安排部署“严打”活动，开展社会治安综合治理和专项整治活动，对辖区社会生产、人民群众生命财产直接构成破坏和威胁的各类案件、犯罪团伙等加大打击力度，侦破犯罪案件，地区人民安居环境不断改善。进入 21 世纪，乡域农村城市化快速推进，乡党委、乡政府适应城市化发展要求，将地区稳定工作提上日程。2009 年成立维稳工作领导小组，负责地区维稳工作的组织领导，并建立维稳工作长效机制，细化各项工作实施措施。同时，实行“科技创安”工程，完善治安设施建设，配置现代化通信和技术设备，积极构建治安防控体系架构，维护治安秩序和社会和谐，进一步稳定和净化区域环境。

第一节 治安管理

机构

中华人民共和国成立初期，在土地改革和镇压反革命运动中，太阳宫地区各村逐步建立起治安保卫委员会（简称“治保会”），受同级党组织、乡政府的领导。治保会的主要任务包括防匪、防特、防火、防盗、防治安灾害事故和监督改造反革命分子、被管制分子，维护社会治安秩序。

1961 年 5 月，太阳宫派出所成立，隶属北京市公安局朝阳分局。派出所负责辖区内打击违法犯罪和治安防控工作；排查整治突出治安问题；抓好群防群治队伍的教育、管理和培训工作，组织开展日常治安巡防工作；收集掌握辖区内各类矛盾纠纷的情况信息；辖区户籍管理工作。

“文化大革命”初期，治保会机构一度瘫痪，后得到恢复。1983年5月，公安部发出《关于继续贯彻执行治安保卫委员会组织条例的通知》。太阳宫乡人民政府针对长期以来各村治保会人员老龄化问题进行人员调整，一批年富力强的复转军人充实到各村治保会担任治保主任。

1987年，为进一步推动社会安保工作的开展，乡政府、村委会、厂站健全治保会组织，配备治安员306人；乡有联防组织，配备联防队员46名。1999年，太阳宫地区设立社会治安综合治理办公室（简称“综治办”），负责安全生产、安全防火、私房出租、外来人口管理以及重大政治活动和重要节日的安全保卫等各项工作。地区逐渐形成较为完备的社会治安管理群防群治工作体系。

2009年，太阳宫派出所获朝阳区同邪教组织作斗争先进集体。2012年，太阳宫派出所一警区破获特大贩毒团伙案，办案组获集体三等功。2013年，为进一步维护居民生活秩序，将治安工作深入到基层，地区投资180万元新建惠忠庵等5个警务室，新建警务室建设标准不低于50平方米，改扩建尚家楼等3个社区警务室，使每个警务室增加到约30平方米。7月，在地区推行“一警三专”（社区民警、社区警务工作站文员、专业协警、专业巡逻队）模式。

2014年，地区有10个警务站全部投入使用，运转正常。地区办事处投资30万元为所有警务工作站配备饮水机，开通互联网及其他办公器材。在实际工作中实行“警务搭档制”“时段工作制”“便民承诺制”等制度，有效提高小区安保工作效率。截至2016年，辖区面积5.9平方公里，实有人口达10万余人，治安秩序良好、稳定、和谐。

治安维稳工作

中华人民共和国成立初期，由于当时黑社会帮派和封建会道门等多种势力残余仍然存在，太阳宫地区整体社会治安形势较为严峻，斗争形势复杂。当时，太阳宫一带各种邪教活动猖獗，对社会秩序和民众生活造成极大困扰。地域各村在政府的领导下，开展防匪、防特，参加肃清反革命分子的活动，维持社会治安。经过有针对性地重点打击，社会局势逐渐有所好转。

20世纪60年代初，正值三年困难时期，由于粮食紧张和生活困难，有的村民在下地劳动时，难免会有顺带偷拿生产队粮食的现象。各大队以治保会、民兵组织为骨干在田间地头加强巡逻，逢遇粮食、果蔬收获季节，治保会、民兵一起昼夜巡逻，发现偷盗行为，轻者批评教育，重者交派出所处理，偷盗现象基本杜绝。

20世纪70年代末，刑事犯罪活动猖獗，案件较多，社会治安形势十分严峻，人们法治观念淡薄。1983年8月至1984年7月，朝阳区贯彻党中央“依法从重从快，一网打尽”的方针，在全区范围内集中开展严厉打击刑事犯罪的“一次严打”第一战役，乡域由此开启改革开放以来持续数次的“严打”。太阳宫乡积极开展调查摸底，党员干部责任分工，层层动员，发动群众营造严打态势，走访违法犯罪人员家庭，宣传政策，协助公安部门侦破案件。

1985年，太阳宫乡发案10起，破案8起。1987年，重点打击赌博活动，抓获赌博8起，收缴麻将3副，赌资200余元，收缴凶器5把。有效缓解辖区的赌博问题，澄清社会风气。是年，全乡发生的刑事案件由上年的23起下降到年内的19起，破获其中8起。治安案件由上年的43起下降到23起，破获其中22起。

1991年至1993年间，全乡发生刑事案件85起，破获68起，破获率80%；发生治安案件129起，破获99起，破获率76%。重点打击部分犯罪团伙，其中打掉“倒卖火车票”、卖假烟、盗窃等4个团伙。1994年，全乡发生刑事案件30起，比去年下降6%；破获24起。发生治安案件68起，破获60起。

1997年，太阳宫乡政府投资12万元，在全地区新建4个治安岗亭，为执法队配备两辆摩托车。太阳宫批发市场自1993年成立以来因为流动商户和顾客密集，社会治安问题一直十分严峻，形成多个不同性质的犯罪团伙长期危害市场秩序。1999年，针对太阳宫批发市场严重的治安问题采取措施，由公安机关刑拘3人、收容39人，治安状况明显好转。

进入21世纪以来，太阳宫地区积极推进和加强“科技创安”工作。2000年到2002年，全地区建立“打、防、控”一体化的治安管理体系，太阳宫地区科技创安覆盖率达25%以上。

2000年1至8月，发生各类刑事案件446起，破案48起，破案率仅为11%，属于朝阳区案件高发区域，且治安案件和刑事案件呈现出马路拎包盗窃多、入室盗窃多、外来人员的犯罪多等特点。基于此，派出所着力提高民警执法工作的整体水平，充分发挥派出所预防和打击犯罪的主力军的作用，并实施警务制度的重大改革，将以前公安部门对治安管理以“条块结合”的原则变为“以块为主”的原则，将全地区重新划分为1个内勤警务区、1个治安警务区、3个外勤警务区，所里除少数内勤人员外，其他民警全部下到警务区，以加强基层警区的力量，并且3位副所长兼任警务区的警长（不设副警长），加大管理上的力度。

2001年年初，太阳宫乡政府分别与3个建制村，13个居委会，乡直属企业，中央、市、区属单位等236家机关或企事业单位签订《太阳宫地区2001年社会治安综合治理责任书》，并部署工作任务。以后每年综治办都会与相关责任单位签署类似文件。2001年全年发案率同比下降44.3%，破案率同比提高36.3%，治安拘留、刑事拘留人数及破案总数均排在朝阳区前列，取得较大进步，为居民生活打造更加安定的环境。

2003年，全年刑事发案率同比下降10.7%，破案率同比提高3%，全年未发生安全生产重大事故和因甲方责任造成的交通安全事故。同年，地区实施“科技创安”工程，完成对新纪家园小区、长途保修厂宿舍区和劳动部宿舍区的安全技术防范设施安装工作，地区科技创安覆盖率达到40%以上。科技创安方面投入24.5万元。完成33户空巢老人家庭的应急报警门铃安装工作。

2004年，集中开展大规模安全联合检查6次，完成重要时期安保任务。充分发挥乡综治小分队、社区保安、护村联防队伍和治保积极分子队伍的作用，配合公安、城管等专业队伍，对辖区实施24小时联合互动巡逻。

2005年，加强宣传，累计挂宣传横幅270余条、出动广播宣传车176次，收效良好。注重群防群治策略，重要时期组织发动1500多人的治安积极分子和群众队伍，他们按照要求统一佩戴红袖标，在重点区域24小时不间断巡查，作用明显。

2006年，太阳宫地区成立平安建设领导小组和平安建设办公室，制定《地区平安建设工作方案和验收标准》。全年治安管理工作以安全稳定大格局为依托，以村、社区为基础，以护村队、治保积极分子为防范的基层防范体系，建立完善的社会治安防范网络。是年，地区巡防大队有140名队员，巡防大队所有队员均配备对讲系统，与派出所、指挥中心、城管分队实现对接，巡防队员每天实行四班三运转的工作模式，保证每天24小时有人巡逻。

2008年是"奥运"年，太阳宫地区重点以奥运为核心推出系统举措，尤其以安保工作为重中之重。同时加大"科技创安"工作力度，完成391套老旧小区门禁对讲系统的安装工作。为预防处置奥运期间发生各类突发事件，地区办事处组建69人的专职巡防大队，负责全地区道路和重点部位巡视及处置突发事件。巡防大队分成4个小分队，其中指挥中心留守3支分队，3支分队进行12小时轮换换位；1支小分队负责留守应急，2支小分队用两辆巡防车交替循环，保证24小时巡防、职守不断人；每支队由支队长负责，做好巡防记录和交接班记录等。按照领导指示要点，整个辖区划定100余个固定岗位、30余条线路、10余个面的防控网络，并开展整体防控演练，达到预期效果。按照"地区奥运安保社会面控制立体化防控工作方案"要求，自7月20日以全地区立体防控指挥中心为平台，以派出所、专职巡防大队为主体，全面组织社区奥运巡逻志愿者、社区干部、社区保安、民兵、流动人口协管员、社会单位等共同参与，从安保方面有力高效地配合完成北京奥运这一历史盛事。全年"110"警情大幅下降，总量（5760件）比上年同期（7714件）下降25%。其中，刑事类警情（84件）比上年同期（202件）下降58%，治安类警情（367件）比上年同期（1102件）下降66.7%。年内刑事发案率实际发案214起，比上年同期（457起）下降53%。

2009年，太阳宫地区成立维稳工作领导小组，领导小组主要负责地区维稳工作的组织领导、计划制定、工作落实、督促检查等工作。领导小组以"全面排查、准确评估、积极化解、依法打击、有效稳控"为工作目标，强化岗位责任制，建立维稳工作长效机制，细化各项工作措施，确保地区在元旦、春节、两会、“五一”、中华人民共和国成立60年大庆等特殊时期的安全和稳定，实现上级提出的“五个不发生”维稳工作指标。

2010年7月开始，地区增加夜间巡逻力量，以减少发案数量，社区发动治安志愿者红袖标等群防群治力量，加强小区内的治安巡视。太阳宫地区悬挂宣传横幅10条，张贴民警提示贴2000份，印制《致居民的一封信》6000份。维稳工作领导小组加强地区维稳工作的组织领导、计划制定、工作落实、督促检查、宣传报道、情报信息等工作，下设维稳办公室，安排2名维稳专职干部。建立维稳工作机制，领导小组每个月定期进行会商，全年召开12次会议，研究维稳工作和分析工作形势。同时完善维稳基本情况库、应急决策支持库整合信息资料，建立情报研判预警关、科学决策关、督查考核关，确立监督归责机制，规范涉稳事件标准化处置流程。乡政府自筹资金50万元，在发案率高的芍药居一、二、三、四社区和太阳宫社区成立一支40人的夜间巡逻队伍，配发相关巡逻装备，每天晚7点至第二天早6点进行巡逻。同年，地区按照《太阳宫地区“平安创建”活动工作计划》要求，积极推进基层“平安社区、平安村、平安单位”创建活动，进一步明确5个方面、15项重点工作，将创建任务分解到各社区、村、企业、学校。3月，召开地区平安创建工作落实会议，进行再部署、再安排。各社区各单位各部门均成立由一把手任组长的平安创建领导小组，建立创建办公室，做到人员、场所、设施、经费四落实。同年，用于平安创建活动的经费达260余万元，拨出专款120万元用于城区治安防控体系建设，增拨50万元用作治安巡逻专项工作经费；制定考核办法，对平安创建工作实行月调度、季检查、年考核。并扩大宣传工作，组织集中宣传活动6次，发放宣传材料35000余份。地区在辖区显要位置、各主要道路口设置宣传牌，悬挂横幅，所有社区、村全部建立起宣传一条街，形成浓厚的创建氛围。综治办年内购买安装防撬锁800把，红外线报警器1000个，维修居民楼门禁系统453个。同时也加快推进地区指挥中心建设，打通瓶颈穿越机场路，增设监控探头，推进技防全覆盖。

图9-1 加强学校周边安保值岗（2010年9月16日摄）

图9-2 推进平安建设，社区无毒宣传（2010年9月16日摄）

2011年，综治办完善社会面立体化防控体系，按照多个部门协作，各种力量联动，乡、村（社区）、小区与公安、巡防、内保相对接的原则，层层签订责任书，逐级落实工作责任，完善主要领导负总责的三级管理网络，建立以公安民警为主、治安巡逻队和专职保安为辅、治安巡逻志愿者为依托的“打、防、控”三位一体治安防控体系。同时整合充实基层专项组织建设，在基层社区和村成立综治维稳工作站、志愿者协会分会、“市民劝导队”，构建网格化社会面防控体系，明确具体职责任务，发挥社会治安第一道防线的作用。是年，综治办将校园周边环境整治及校园安全保卫工作作为工作重点，同辖区派出所一道摸排情况，制定措施，落实人员，建立长效工作机制。由综治办、派出所、计生办、维稳办、司法所、残联、城管组成监督检查巡视组，按要求每天分3个时间段，对校园周边环境及安保工作进行检查；同时督促各校园全部配齐“一校两保安”、安装“紧急报警铃”；5月到9月，综治办会同派出所、工商所、消防大队、卫生监督站等部门，联合开展5次校园周边环境及内部安全专项整治行动，提升校园内外安全系数。

2013年，综治办对地区老旧小区的450个门禁系统全部进行维修保养，并将4个社区损毁严重的60个门禁系统全部进行更换，使用率和完好率达到98%以上。2014年，地区协调物业部门修建小区封闭设施，对小区实行封闭管理，增建自行车棚、机动车库，安装电子防盗门和楼道照明灯，安装率达100%。同时在社区（村）组建一批“红袖章”，由社区干部和治安积极分子组成群防群治队伍，广泛借助民力加强社区巡逻工作。截至9月28日，地区已建立9支共130人的专职巡逻队，包括4支40人的夜间步行巡逻队、4支40人的巡逻车队、1支50人组成的民兵应急小分队。全年发案74起，同比下降8.6%。

2016年，对牛王庙、太阳宫、十字口3个村实行村庄封闭式管理，并配112名保安，成立准物业管理公司。深入开展平安建设，继续完善社会面防控体系建设，依托综治维稳中心，以城市管理指挥中心为平台，社区综治维稳工作站、社区警务站为基础，信息员为保障，形成三级网络管理体系。加强地区志愿者队伍建设管理，全年对治安巡逻队伍和各种安保力量开展3次培训活动。在重大活动期间由乡属企业40人组成的车巡小组，分四路覆盖全地区进行全方位治安秩序巡逻。由200人组成的社会治安志愿者佩戴红袖标每天在指定的区域巡逻，全方位保护辖区社会面安全。地区巡防队24名专职保安，配备电动警用自行车、特勤服装、警棍、马甲等装备，在辖区全方位开展巡防工作。建立安全预警机制，形成覆盖全地区的信息网络，提升治安防范管理水平。安全预警工作做到早发现、早报告、早解决。全年配合公安、交通、城管等部门取证、搜集证据175次，极大提高破案率。

第二节 消防管理

1997年，太阳宫地区组织检查68个重点防火单位，消除火灾隐患4起。1999年，针对太阳宫批发市场存在的消防隐患，乡党委做出系列举措，安装消火栓10个，商户灭火器全部备齐，重点防火区贴警示牌30块，铺设消防管线795米，并修建220立方米的水池作为备用消防水源，购进安富业消防工程公司全自动供水设备一套，全部微机控制，自动巡检。对有私拉电线、灶火做饭等行为的商户发出限改通知书13份。在油区、水果大棚等处安装漏电保护器。南北市场备齐800米水龙带，重点防火区调料大厅每夜派8人值班。投资73.8万元专款添置和更新改造原有消防设施。太阳宫批发市场的消防安全水平得到全面提升，有效改善了商户及顾客的经营和交易环境。

2008年，为消除消防安全隐患，迎接奥运盛会，自6月20日至7月15日，综治办组织城管监察分队、派出所、工商所、巡防大队等成立联合执法队，对全地区地上安全隐患进行集中整改。使全地区范围内得到全面的消防安全保障。同年，按照朝阳区防火安全委员会关于开展“119”消防宣传周活动的通知要求，从11月3日至11月9日，太阳宫地区组织开展以“关注消防、珍爱生命、共享平安”为主题的宣传周活动。11月3日，在太阳宫公园南门启动活动，各社区（村）主任和主管领导、重点单位负责人、安保部经理参加活动。活动现场悬挂横幅2条、展板10块，发放致地区居民关于消防安全的《一封信》和消防知识手册等宣传材料1500余份。组织社区专干讲解灭火器的使用方法，并做了灭火试验。11月7日，在女人街和莱太花卉安保部、市场部联合组织灭火演习。演习结束后，女人街和莱太花卉安保部对餐饮商户再次进行消防知识培训。此次演练动用消防水带4条、消防井2口、壁挂2个、灭火器30个，出动各种力量200余人。晚上6:00接到绿植厅报火警，接到报警后莱太花卉和女人街迅速组织联合救援。中控室立即用中英文（双语）进行紧急消防疏散广播，各楼层疏散人员70余人迅速按应急预案制定位置跑点，进行疏散。通过全面的消防演习，有效加强人们的消防安全意识和消防常识。

2013年，乡党委召开多次专题会议对全乡消防安全各项工作进行部署和分析研究，并与各社区、村委会、乡直各单位、消防安全重点单位签订《太阳宫乡2013年消防安全责任书》《太阳宫乡2013年消防工作目标责任书》。并按要求将消防安全工作经费列入年初财政预算，将消防安全工作与干部晋职、晋级、奖惩挂钩，按照“谁主管，谁负责”的原则进行严格的考核奖惩，并实行乡领导班子成员包社区（村），社区（村）领导包楼组，楼组长包门户的考核责任制，积极开展“平安消防”创建活动。通过落实责任制强化消防安全工作方面的实施强度，使地区居民得到更好的消防安全保障。

2014年，在政府机关、各社区、村委会、部分单位组织建立12支志愿消防队，在落实人员、完善制度的同时，对有条件的机关志愿消防队、十字口村志愿者消防队、德奥达汽车销售公司志愿消防队配备灭火器。制定并完善《太阳宫乡重特大火灾事故应急救援预案》（以下简称《预案》），根据《预案》要求，在全乡开展培训和演练活动。继续加大技防投入力度，基本实现摄像头覆盖全地区。

第三节　安全生产

2004 年，按照区委、区政府的统一部署安排，6 月 1 日起在全区广泛开展为期一个月的“安全生产月”活动。太阳宫地区成立领导小组，下发通知，转发区总工会关于安全生产月活动的实施方案。同时结合地区安全生产部署，对基层单位进行多次大检查。

2005 年，太阳宫地区制定《2005 年安全生产大检查工作方案》，加大安全生产检查力度。年前，综治办与地区 3 个建制村和 14 个居委会签订《2005 年安全生产责任书》；与地区 1036 个社会单位和个体门店签订《2005 年安全生产及交通安全责任书》。全年组织由地区主要领导带队、相关部门参加的安全工作大检查 6 次，各时期发放检查单 4250 份，及时发现和处理事故隐患。加强宣传工作，全年开展大型宣传活动和巡回展 7 次，发放各种宣传材料合计 3.4 万余份，悬挂条幅 150 条，图片巡回展览 5 次。针对辖区经营场所存在违法行为的现象，综治办、城管分队联合派出所、工商所等执法部门连续开展执法活动，关闭黑发廊 16 处，清理无照二手手机销售店 9 家，取缔区级挂账门店 23 处。

2006 年 9 月，地区对挂账的无照经营门店进行拆除和取缔，对正规经营的单位完成整改。2007 年，开展“安康企业”“安康企业家”评选活动，提高企业干部职工的安全生产责任意识，动员广大职工参与企业的安全生产、管理，推进安全生产工作。年内未发生一起安全生产责任事故。

2008 年，为确保商户和各单位强化奥运安全意识，综治办特制定《奥运期间安全稳定责任书》。综治办与各社区、村及乡直企业签订《安全生产责任书》17 份，与辖区内单位签订《安全生产责任书》近 490 份。按照安全生产整治工作计划，自 6 月 21 日起对全地区生产经营单位进行分类分片整治，到 7 月 15 日，组织大规模联合执法 18 次，总计查出安全隐患 500 多个，下达整改通知单 270 余份，整改隐患 400 多个，关闭无证无照、超范围经营的小门店 60 余家，对不听劝阻继续经营的 30 家小门店依法进行查抄。

2009 年年初，按照朝阳区安监局的要求，太阳宫地区安全生产监察科正式挂牌成立，安全生产工作日益得到重视。2010 年，突出“坚持安全生产，落实安全责任，创建全区文明城区”主题，稳步、扎实地推进太阳宫地区安全生产月的各项活动。年初至 11 月，安监科检查生产经营单位580余家次，发现安全隐患230余处，下达安全检查通知单580余份。大多数生产经营单位发现问题后积极行动起来，绝大部分隐患得到及时处理。

图9-3 安监科工作人员与社区干部一起向群众发放安全生产宣传材料（2009年6月摄）

图9-4 安监科、综治办、城管分队开展联合执法，治理违法生产经营行为（2009年9月摄）

2012年，地区办事处进行机构改革，安全生产监察科更名为安全管理科。到11月份为止，安全科检查生产经营单位520家次，下达执法文书647份，执法检查单位和下达执法文书数量，均完成年初制定的任务。其中，对隐患严重、事故高发的餐饮行业下达执法文书320多份，整改隐患170余处。2月25日至3月25日，太阳宫地区开展“建筑系统安全生产月”活动，对全地区所有在施工地进行检查，对大型机械进行备案排查。检查工地48次，停工2起。

2014年，由综治办、安监科、食药所、工商所、城管分队等部门组成的联合执法队，开展5次无照经营专项清理行动，出动执法人员356人次，检查各类市场主体5870户次。检查中发现无照经营269户，其中有90户属拆迁范围，均对其下发停业通知书，对无特殊原因未办照经营的86户经营户依法进行取缔。其中，将莱太鲜花早市列为重点，出动检查车辆50辆次，出动执法检查人员210人次，检查无证照非法生产经营单位176家，现场下发限期关闭通知书176份。截至12月全部关闭。

2015年，截至11月，安全管理科检查生产经营单位612家次，下达执法文书517份，执法检查单位和下达执法文书数量，超过全年任务要求的工作进度。已对隐患严重、隐患整改不及时的7家单位进行行政处罚。

2016年，集中对太阳宫村、十字口村、牛王庙村、文学馆路开展取缔无照经营、废品回收，拆除违法建设等整治行动，全面改善地区治安环境秩序和社会秩序。为巩固成果，在文学馆路辅路安装护栏550延长米，在便道加装隔离护栏200延长米、隔离桩125个。同时，积极开展安全生产宣传教育，指导专职安全员独立开展工作，组织开展“安全生产主题日”活动，全面推动安全生产月活动，督促辖区企业完善安全生产应急体系，继续推进安全生产标准化建设。年初，安全管理科与各社区（村）居（村）委会、直属企事业单位、各类社会单位签订安全生产责任书，包括与各社区居委会签订的责任书10份，与直属企事业单位签订的责任书6份，与各类社会单位签订的责任书870余份。深入开展综合执法检查工作，检查生产经营单位374家次，下达执法文书312份，执法检查单位和下达执法文书数量均超过任务要求的工作进度，并对隐患严重、隐患整改不及时的7家单位进行行政处罚。

第十章　司法行政

1956 年至 1983 年间，太阳宫地区一直沿用司法与行政相结合的模式，没有设立专门的司法机构。20 世纪 80 年代中期，太阳宫乡建立人民调解委员会，调解民间纠纷。2002 年，地区建立司法所，始有正式的乡级司法机构。从此，太阳宫地区人民调解组织、社区矫正与帮教安置、法制宣传教育等诸多方面的司法工作，步入健康、有序、正规、法治的发展轨道。

第一节　机构与队伍

人民调解委员会

从 1956 年撤小乡并大乡时建立太阳宫乡人民政府，到 1961 年建立太阳宫人民公社，再到 1983 年政社分开复建太阳宫乡人民政府，在相当长一段时期内，地域一直沿用司法与行政相结合的模式，没有设立专门的司法机构，只建立了乡、村两级人民调解组织，作为司法行政的补充。

20 世纪 80 年代中期，太阳宫乡建立人民调解委员会（简称“调委会”）。负责调解民间纠纷，防止民间纠纷激化；通过调解工作宣传法律、法规、规章和政策，教育公民遵纪守法，尊重社会公德，预防民间纠纷的发生；向村民委员会、居民委员会、所在单位和基层人民政府反映民间纠纷和调解工作的情况。至 1985 年，全乡各村各单位都设有调委会和民调小组。

2005 年 9 月，太阳宫地区成立人民调解联合接待室暨联合调处接待室。全地区有调委会 17 个，其中村级调委会 3 个、社区调委会 14 个，调委会主任、委员共 98 人，调解小组 139 个，信息员 165 名。一类调委会 5 个，二类调委会 12 个。

2006 年，地区有调委会 11 个，其中社区调委会 10 个、社会治安综合联合接待委员会 1 个，调委会主任、委员共 66 人，调解小组 64 个，信息员 101 名。有一类调委会 7 个，二类调委会4个。

2011年，地区有调解中心1个，社区、村调委会11个，各项调解工作有序进行。2013年5月，司法所开展人民调解员业务培训活动，地区10个社区人民调解委员调解员和地区专职人民调解员共计70余人参加培训。

司法所

2002年，太阳宫地区建立司法所，地区始有正式的乡级司法机构。从此，太阳宫地区人民调解组织、社区矫正与帮教安置、法制宣传教育等诸多方面的司法工作，步入健康、有序、正规、法治化的发展轨道。司法所负责协助地区办事处、乡政府依法管理社会事务，为决策提供法律咨询；处理社会矛盾纠纷，指导、管理人民调解工作；指导管理基层法律服务工作；组织开展法制宣传教育工作；组织开展对刑满释放和解除劳教人员的过渡性安置和帮教工作；组织开展法律援助工作；完成上级司法行政机关和地区工委、办事处交办的其他有关工作。

2003年，为落实朝阳区司法局《关于进一步加强法律援助工作意见》等文件，乡司法所于6月上旬成立法律援助服务站。同时，2名工作人员通过市、区组织的3次司法助理员职业技能考核。

2008年，司法所被市司法局评为“北京市司法行政系统2008年奥运工作先进集体”。区司法局授予乡司法所全体成员“奥运安保工作贡献奖章”，司法所所长李军获朝阳区委、区政府银质功勋表彰奖励。2009年，被评为“朝阳区优秀司法所”。2010年，被评为“朝阳区法律援助工作先进单位”。

多元调解专项组办公室

2011年8月，朝阳区综治委成立社会矛盾多元调解专项组。按照区综治委的要求，太阳宫地区依托综治维稳工作中心，充分整合综治、信访、行政调解、人民调解资源，建立地区社会矛盾多元调解专项组，办公室（简称“多调办”）设在司法所。用以提升各部门合作程度，降低成本，提高维稳工作效率。

2012年7月4日，太阳宫地区下发《社会矛盾多元调解专项组建设工作方案》，并以召开专项组成员单位第一次工作会议形式成立太阳宫地区社会矛盾多元调解专项组。会上明确专项组的主要职责、人员组成，明确地区司法所作为专项组办公室的工作职责及人员组成、成员单位职责分工等内容。建立每一季度召开一次专项组工作会议运行机制，沟通工作情况，会商工作中存在的问题。多调办坚持定期在乡长办公会议上汇报多元调解工作进展，以及市区关于多元调解工作重要会议精神，使地区领导及时了解多元调解工作新进展新要求。同时，地区建立多调办成员单位联席会议制度。多调办每季度召开一次成员单位联席会议。日常工作中，建立“矛盾纠纷会商机制”，对存在矛盾风险点的问题，召集各成员单位进行协商。建立健全人民调解、行政调解、司法调解相衔接的三大调解联动机制。除加强原有的治安联合调解模式外，进一步将地区的人民调解与信访、综治、工青妇等工作紧密结合，形成以行政部门调解为主、人民调解委员会主动介入联合化解的工作模式。在人民调解与司法调解衔接方面，多调办主动加强与亚运村法庭的互动，利用法庭资源，通过法庭观摩、模拟法庭、法官进社区授课等形式，共同做好对调解员队伍的培训指导。在司法调解和行政调解衔接方面，搭建专门沟通平台，即在政府信息办公平台上开创法律知识园地，以政府工作信息形式，每月刊登一期法庭提供的典型案例，将地区内的调解事务提升到全新的高度。是年，多调办开展“和风运动”，排查出矛盾纠纷 112 起，纠纷排查率达 100%，矛盾纠纷和苗头隐患登记率达 100%，调处成功率为 96%，对一时难以解决的重点矛盾实行稳控措施。

2013 年，多调办开展对太阳宫乡十字口村早市拆迁拆除、乡域规划范围内农民转非安置等重点工作引发的矛盾纠纷的排查调处。在太阳宫乡十字口村早市撤市后，部分租赁商户上访讨要经济损失纠纷中，多调办与信访部门共同接待上访商户 4 批次 200 余人次，解答法律咨询 60 余人次。在乡域规划范围内 1129 人的转非安置工作中，多调办全程参与转非安置政策的解答工作，并协调朝阳公证处，完成其中 386 名自谋职业人员的协议书公证工作；在太阳宫乡“三资”管理合同预审工作中，多调办协助乡经济联社及乡属企业，处理解决经济合同类纠纷 2 件，完成 25 份经济合同的审查和修订工作。

第二节　司法

人民调解

中华人民共和国成立初期，民间纠纷主要集中在土地、房屋、婚姻方面，由于体制变革，许多旧时代的律法被废除，因此集中爆发许多埋藏多年的矛盾，成为这一时期调解工作的重心。

1985 年，全乡各村及各企业单位都设有调委会和民调小组。年内全乡发生各种纠纷 50 起，其中乡调委会深入下去，协助各村解决疑难问题 6 起；乡转法院离婚案件 2 起、村委会转 2 起，其余大部分问题解决在基层。1987 年，乡政府建立信访网，制定岗位责任制。对全乡 5 个调解委员会进行整顿。全年调解民事纠纷 29 起，比上年下降 11 起，调解成功率 95%。

1988 年，全年受理民事纠纷 38 件（包括调委会和乡司法助理自收），涉及婚姻 10 件、家务 13 件、赡养 1 件、继承 2 件、房屋宅基地树木 6 件、生产经营 1 件、邻里纠纷 4 件、赔偿及其他 1 件。其中有 4 件移交法院，调解成功率 91%。调解涉及范围较大，尤其关于宅基地及相关权利纠纷为此阶段显著特征。1994 年，及时调解民事纠纷 57 起，调解成功率 98%。案件数有所上升同时调解成功率明显回升。

2000 年到 2002 年的 3 年间，调解民事纠纷 135 起，成功率达到 90% 以上，调解效率较为稳定。人民调解工作牢固树立纠纷无小事的观念，认真对待每一起纠纷，把人民内部矛盾化解在基层，化解在萌芽状态，基本做到“小事不出社区，大事不出地区”。加强矛盾纠纷排查，严格遵循“排查得早，发现得早，控制得住，解决得好”的工作要求。

2003 年，司法所重点抓社区 2 个专用调解室的试点工作。以设立专用调解室的方式将调解工作带到更专业更关键的位置上。全年开展 4 次民间纠纷专项排查调处工作，排查 16033 户、34252 人，调解解决各类纠纷 42 起。召开 4 次地区调解工作会，传达市区司法工作会议精神，同时以会代培为调解人员讲解《中华人民共和国继承法》《中华人民共和国婚姻法》有关知识，学习最高法院《人民调解工作若干规定》，针对具体问题点，组织 2 次调委会主任、委员参加的系统学习班，邀请安贞法庭法官用理论联系实际的方法，深入浅出地为大家讲解案例，组织学习班现场开庭旁听。全年对调委会成员进行 2 ~ 3 次培训。年内，调解民事纠纷 116 起，调委会调解成功 114 起，成功率 98.2%。通过培训提升调解工作人员的整体法律素养和工作能力，加强其使用法律的能力。

2006 年，地区制定《太阳宫地区工委关于加强新时期人民调解工作的意见》，进一步完善太阳宫地区人民调解量化考核办法，并根据考核情况，选聘出 10 名人民调解首席调解员，颁发聘书，优化调解员队伍，使调解员人员配置更为专业化。是年，联合调解室受理纠纷总数 521 起。其中，治安行政纠纷 484 起，矛盾纠纷 37 起。达成书面协议 2 件。联合调解室工作效率较为显著，更加深入社区内部，更好地解决社区居民的具体问题。同年，全地区开展集中排查 5 次，调解民间纠纷 114 起，调解率 100%，调解成功率 95% 以上。制作书面调解协议 2 件。司法所协助基层调委会调解复杂纠纷 10 起，解答法律咨询 53 起。民间纠纷数量较上年有所下降。

2008 年，太阳宫地区在北京市范围内率先推出人民调解补贴机制，并在此基础上完善调解体系，建立健全排查、联调、联动处理突发应急机制。年内，地区排查出矛盾纠纷及隐患 148 件，已有 98% 的纠纷得以及时解决。地区人民调解员对矛盾纠纷的知晓率、参与率、排查率、调解率达到 4 个 100%，纠纷标的额度达 150 余万元。在机制逐渐完善的基础上，奥运年也再创新高，取得更好的调解效果，使居民的纠纷得到及时排解。

2011 年，司法所加大投入，改善太阳宫社区、牛王庙社区和芍药居一社区 3 家调委会硬件建设，新增办公用房共计 100 平方米，购置电脑、打印机等办公设备 9 台。根据地区实际，地区法治建设领导小组成立莱太花卉、农工商总公司等 3 个商业纠纷调解室，调解室主要负责调解企业与商户以及商户之间的矛盾纠纷。全年两级人民调解组织开展矛盾纠纷集中排查 12 次，调处矛盾纠纷 364 件，成功 358 件，成功率 98%。

2012 年，强化排查化解工作，全年成功排查化解各类矛盾纠纷隐患 356 件。2014 年，地区排查矛盾纠纷 344 起，调处成功 342 件，成功率为 99%。制作调解协议书 59 份。

2016 年，采取定期或不定期的方式深入到各社区进行排查、调解矛盾纠纷，共排查受理各类纠纷 130 件，调解成功 130 件。制作调解书 4 份，简易调解书 39 份，解答相关法律咨询 130 多人次。较好地把矛盾化解在基层。

法律服务

2003 年，司法所按照区、乡法制要进社区的工作精神，加强社区法制工作建设，3 月在全地区开展法律人才资源调查，地区有法律人才 5 名，其中律师 2 人、法工 3 人，为开展工作打下基础。同年，针对居民对拆迁政策不理解的问题，6 月 27 日，司法所组织乡机关其他相关科室在人员比较集中的新纪家园开展以“把法律交给群众，送法律进万家”为主题的法制宣传咨询活动，为居民解答有关法律咨询，使居民了解、理解拆迁政策。司法所全年为乡政府起草劳动合同 2 份，审理出租房屋合同及企业劳动合同 10 份，解答咨询 60 件。

“非典”疫情高发期间，司法所全体成员在乡抗“非典”指挥部统一布置下立即投入一线工作。检查指导抗击“非典”工作，同时宣传《中华人民共和国传染病防治法》，使大家都能正确对待疫情妥善处置。在非常时期，人员不能集中的情况下，采用宣传橱窗、制作法制宣传专刊的形式宣传国家近期出台的防治“非典”有关法律法规及依法防治措施，受到大家欢迎。针对太阳宫地区是城乡接合部，外来人口及施工工地较多的特点，司法所多次及时发放《依法防治非典宣传材料》《致居民的一封信》等 26 万份宣传品到辖区群众、单位及外来人员手中；发放《中华人民共和国传染病防治法》《防治非典型肺炎基本知识》《突发公共卫生事件应急条例》等宣传手册等 500 余册；为防止输入性疫情的发生，加强居民出入管理，按照社区为战、村自为战的原则，及时为村委会、居委会印制居民出入证约 6 万张，有力支援全地区范围的抗“非典”斗争。

2004 年，由司法所起草、乡政府以政府文件形式发布的《关于规范乡村及各企事业单位经济活动中订立合同的有关规定》和《关于规范乡村及各企事业单位招投标活动的有关规定》，明确乡村和经济组织各项对外经济活动均由司法所出具意见的要求。是年，司法所为办事处提出司法建议 3 件均被采纳；参与审查劳动合同 5 份；解答咨询 70 余件；参与一件标的达 3000 余万元的诉讼，避免了经济损失。

2005 年，为强化法律援助方面工作，司法所印制 500 份法律服务联系卡，在民政科配合下发放到地区弱势群体手中，并对地区弱势群体人员情况进行调查登记，建立弱势群体人员档案。在保护弱势群体方面工作到位，有效地为弱势群体法制维权提供好的环境。落实区委、区政府《朝阳区军民共建学习型军营行动纲要》精神，7 月 29 日，司法所为驻地武警部队开展“送法进军营”活动，对武警战士们提出的各种法律问题进行解答，向战士们发放法律咨询联络卡，以便战士们遇到法律方面的问题能够及时取得联系。为使法律顾问组发挥更大作用，司法所指导法律顾问组对地区村、企单位负责人、合同管理员进行 2 次合同制定、合同管理中应注意的问题与事项和档案保管等知识培训。同时指导法律顾问组规范审查全乡的劳动合同，避免经济损失。由专业律师组成的太阳宫地区法律顾问组，为各单位及社区群众提供更加便捷的法律服务同时节约 50% 的顾问费用。截至 11 月 5 日，司法所为地区办事处提出司法建议 30 余件，均被地区领导采纳。

2006 年，司法所指导地区法律顾问组审理劳动和经济合同 20 余份，为地区办事处提出司法建议 10 余条，均被领导采纳；解答咨询 20 余件；参与解决地区基层单位标的达千万余元的诉讼案件。2008 年，司法所继续发挥法律助手作用，为领导决策提供司法建议，加强与政府法律顾问团的联系，组织顾问律师做好参与政府重大涉法问题论证等工作。年内，司法所审查经济合同 300 余份，审查项目施工合同 4 份，提出司法建议 20 余条，全部被领导采纳，出具法律意见书 2 份，帮助乡政府在诸多关键项目上把好关，提供充足的法律援助。同时也为地区居民打造更加稳定和谐的法制环境，积极发挥地区法律援助工作站和 10 个社区法律援助窗口的作用，做好法律援助工作。为 1 名符合法律援助条件的弱势个体办理初审和上报审核工作，为困难群众解答法律咨询 50 余人次。

2010 年至 2011 年，司法所推行高效服务，针对太阳宫新区 A 区农民回迁上楼等敏感问题，地区做出“三公开”承诺，即公开投诉电话、公开主要领导电话、公开监察机关电话，着力解决群众关心的热点和难点问题。同时，积极推进农村工作规范化建设，依法规范乡村干部的行政行为，从源头上减少各种不安定因素的发生。两年间，办理群众信访 100 余件，解决群众法律诉求 300 余件，办理案件 1 起，调处矛盾纠纷 160 余件，化解率 96%。举办法律宣传和培训 57 场，提供各种法律咨询 220 次，增强服务群众意识。其间，成立由 24 人组成地区违法建设巡查队，对全地区实行 24 小时巡查，实现新生违法建设“零增长”的目标。

2013 年，司法所全年参与化解地区、社区矛盾纠纷 50 余起，解答法律咨询 300 余人次，出具法律意见书 2 份，代理民事诉讼 3 件。2014 年，司法所代理政府行政诉讼案件 2 件，均以政府胜诉办结。审查乡属企事业单位生产经营合同 25 份，提出法律建议 10 条，有效规避合同风险，维护乡属企业利益。2016 年，政府法律顾问工作正常有序开展，完成经管站合同的新签和续签的审核工作，全年新签合同 3 份、续签合同 19 份；代理政府诉讼案件2件，均以胜诉办结；帮助政府职能部门解答法律事务咨询20人次，接待率100%。

社区矫正

1987年，太阳宫乡有应帮教青年41人，分成34个小组，由103名帮教人员分组帮教，使应帮教的失足青年100%受到帮教，没有出现再失足情况。

2004年，司法所健全社区矫正制度，制作《社区矫正宣传管理手册》并印制200份进行分发普及。结合地区被矫正人员特点，为每名矫正对象建立矫正个案；向其发放学习资料和《告知书》，使其明确自己的权利和义务，并制作9种表格11种档案全面管理矫正人员信息。2007年，太阳宫地区有刑释解教人员50名，其中刑释39名，解教11名，安置率达100%，建立帮教对象档案50宗，列入帮教对象50名，帮教率100%，重新犯罪率为0，工作取得明显效果。

2008年，司法所集中开展人户分离刑释解教人员和社区服刑人员转出工作，与2家外区5名人户分离对象签订书面委托管理协议，地区“两类”人员（社区矫正人员和刑满释放人员）中的人户分离人员全部按政策实现户籍地与居住地司法所双列管，并开展对困难人员帮教转化工作。对丧失就业能力、无住房、身体有疾病的管控对象，积极协调民政部门为其办理城镇低保及经济适用房和廉租房手续。身体健康者则协调社保工作站为其办理求职登记，择优推荐其实现再就业。

2011年，司法所全年帮助社区矫正对象和“两劳”帮教人员申请办理低保2人，申请办理廉租房及补贴2人，发放社区矫正特困帮扶基金3000元。2013年，全年新接收矫正对象6人，解除3人。新接收刑释解教人员6人，解除4人。截至12月11日，在管的15名矫正对象和49名刑释解教人员思想都比较稳定，未出现“两类”人员脱管、漏管问题，未发现重新违法犯罪行为。

2014年，全年接收社区服刑人员2名，期满解除7名，实际管理社区服刑人员6名，其中缓刑3名、假释3名。年内，组织社区服刑人员参加集中教育3人次、个别谈话教育200人次，组织公益劳动服务190人次。接收安置帮教人员5名，到期解除5名，截至12月1日，实际管理安置帮教人员49名，其中刑满释放39人，解除社区矫正10人。全年“两类”人员未出现脱管、漏管问题，未发现重新犯罪及其他严重违法行为。

2015年，司法所有帮教对象42人，社区矫正对象8人，全年开展电话教育80余人次，开展家访走访40余人次，开展缓刑前社会调查、居住地核实14人次，开展社区矫正对象集中教育3人次，帮助1名帮教对象联系安排居住地，为1名帮教对象办理650元的困难补助。

2016年，地区有帮教对象44名，监狱刑满释放人员18名，看守所刑满释放人员13名，解除社区矫正人员13名。累计接收社区服刑人员106人，累计解除社区服刑人员100人。

在日常管理上，通过进社区入户对辖区内的社区服刑人员和安置帮教对象，逐一进行谈话教育，及时了解掌握辖区内每个社区矫正和安置帮教对象的思想状况和活动情况。对社区服刑人员、安置帮教对象实行人性化管理，开展“一对一”“多对一”的结对矫正、帮教工作，促使其改过自新；进一步加强社区服刑人员和安置帮教对象档案和信息化管理并积极协调有关部门落实刑释解教人员和社区服刑人员低保、困难救济等措施，切实解决他们在生产生活等方面的实际困难，防止重新违法犯罪。年内，社区矫正工作，电话报到 126 人次、当面报到 48 人次、请销假 2 人次、社区评议 36 人次、社区服务开展 90 人次，走访谈话 36 人次；安置帮教工作，接收和救助 1 人次，走访谈话 28 人次。

第三节　法制宣传与普法教育

1986 年，“一五”普法工作开始。太阳宫乡按照上级党委对普法工作的要求，深入开展普法教育工作，利用广播、发放法律法规学习材料、开展知识讲座等形式，宣传“十法一条例”，即《中华人民共和国宪法》《中华人民共和国民族区域自治法》《中华人民共和国刑法》《中华人民共和国刑事诉讼法》《中华人民共和国民法通则》《中华人民共和国民事诉讼法》《中华人民共和国婚姻法》《中华人民共和国继承法》《中华人民共和国经济合同法》《中华人民共和国兵役法》《中华人民共和国治安管理处罚条例》。通过普及法律常识教育，使广大干部和群众增强法治观念，知法、守法，养成依法办事的习惯。“一五”普法工作是在“文化大革命”后拨乱反正的特殊时期和计划经济体制下开展的全民活动，具有启蒙式的扫盲教育性质。

1991 年，“二五”普法工作开始。“二五”普法是在坚持改革开放、整顿市场经济秩序的情况下开展的全民普法活动。此次普法，将普法规划改为法制宣传教育规划，标志着法制宣传教育活动开始走向学用结合、依法治理的轨道。太阳宫乡把“以宪法为主，专业法为重点”作为“二五”法制宣传教育的重点内容，将乡机关主要领导干部、科级干部及各基层领导干部、企事业党支部书记、厂长（经理）、法制宣传员等作为重点普法对象。坚持学用结合、学建结合的原则，普及以宪法为核心，以专业法为重点的相关法律法规，推动依法治乡、依法治村工作开展，提高群众知法、懂法、守法自觉性，广大干部、群众法律意识、法律水平明显提高。

1996 年，“三五”普法工作开始。同年，太阳宫地区通过征订“三五”普法材料下发基层，聘请专家组织讲座，组织村委会、居委会全体委员集中学习等方式，宣传《北京市标准化调解委员会的若干规定》《人民调解委员会的组织条例》《人民调解委员会的纪律制度》

等法律法规以及社会主义市场经济法律知识等，进一步增强辖区内干部群众的法律意识和法治观念，不断提高各级干部依法办事、依法管理的水平和能力。

2001 年，“四五”普法工作开始，太阳宫地区工委、办事处征订各种普法资料，购买《“四五”普法法律法规汇编》等法律文本 2500 余册，同时司法所、社保所还自行编制《太阳宫地区法制专刊》《社会保障专刊》等期刊。针对辖区公务员，特别是行政执法人员的依法行政水平，地区举办专题性法律法规培训班，采取举办专题法律讲座、法律知识考试等形式，培训《中华人民共和国行政许可法》等 6 种法律法规。同时，采取双休日请法律专家授课的形式，对企业经营管理人员和职工进行法律知识教育，先后举办《中华人民共和国公司法》等 6 次法律法规的讲座。另外，采取多种有效措施，开展青少年法制宣传教育工作，并针对性地进行辖区内外来人口的法制宣传教育工作。“四五”普法期间，地区办事处荣获朝阳区法律知识大赛第一名。2004 年，成立由专业律师组成的太阳宫地区法律顾问组，使域内法律顾问能够按照党委政府要求及时为企业单位及社区群众提供优质便捷的法律服务，同时节约 50% 的顾问费用。

图 10–1　2002 年 4 月 17 日，太阳宫地区召开“四五”普法工作会

2005 年，采取多种形式加强法制宣传工作，全年发放宣传材料 3 万余份，制作横幅 80 条，制作板报 20 块，派出所出动宣传车 420 车次，宣传工作效果较好。结合《中华人民共和国行政许可法》等法律法规的颁布实施，乡政府全年组织 4 次副处级以上领导及全乡中层以上干部 200 余人次进行法律法规的学习和培训。以市区组织的市民法律知识和社区居委会、村“两委”干部法律知识大奖赛为契机，为社区居民印制法律知识答卷，全地区约 80% 的居民参加活动。5 月，司法所邀请北京政法干部管理学院老师对地区 17 个调委会 98 名调解委员及 200 多名群众进行婚姻法、民事诉讼法、继承法等法律法规的宣传和培训。同时，司法所与机关其他相关科室开展多种法律法规的宣传，主要包括行政许可法、新交通安全法、兵役法等；结合人民调解宣传月、社区矫正试点两周年、社区矫正知识宣传周、法律援助宣传月，开展普法活动。邀请对外经贸大学的学生为地区居民进行相关法律知识讲座，同时邀请派出所管片民警为大家讲解社区矫正知识，有效提升地区内整体的法治意识程度。是年，为“四五”普法工作验收年，太阳宫地区成立以地区工委书记、地区办事处主任为双组长，其他相关科室为成员的“四五”普法验收工作小组，负责对地

区基层单位“四五”普法工作进行验收。整理“四五”普法文书档案45卷、727册，其中组长领导与队伍建设、重点普法对象、宣传形式和载体等内容的文书档案41卷、723册；制作“四五”普法宣传成果展板，印制“四五”普法成果宣传画册1000本，验收结果得到市、区领导好评，被市、区评为“四五”普法先进单位。

2006年，“五五”普法工作开始。太阳宫地区的“五五”普法工作坚持“五抓”（抓宣传活动、抓普法机构的健全、抓规划制定和责任落实、抓普法师资培训、抓法律“六进”工作）、“六进”（进机关、进学校、进社区、进企业、进单位、进军营），扎扎实实地开展普法工作。

2007年，根据朝阳区司法局要求，地区调委会结合实际制定人民调解宣传月工作方案。并于5月8日组织召开基层10个社区调委会动员会，按方案部署宣传月活动安排：在各社区居委会采用宣传橱窗、出黑板报的形式进行人民调解知识的宣传，做好高潮日宣传活动。5月18日和26日，司法所分别联合地区综治办、民政、残联、团委、妇联等部门组织开展以“备战奥运、促进和谐”为主题的人民调解及法律宣传高潮日活动。区司法局基层科领导出席活动。律师事务所的律师和社区调委会首席调解员一起参与活动，并邀请地区秧歌队进行表演。活动中悬挂横幅4条、摆放宣传板报5块、向过往群众发放人民调解知识宣传材料200余份，其他宣传材料200余份。社区调委会主任和两名律师现场解答群众提出的咨询和疑问。通过一系列的宣传和咨询活动，有效解决地区居民的大部分法律需求，提高居民的法律素养和法制意识。是年，地区团委充分发挥未成年人保护委员会的作用，进行宣传《中华人民共和国未成年人保护法》《中华人民共和国预防未成年人犯罪法》《北京市未成年人保护条例》（简称“两法一条例”）等法律法规。地区司法所对青少年展开《中华人民共和国未成年人保护法》《中华人民共和国预防未成年人犯罪法》及与之相关的法律法规的培训，受教育人数1000余人，有效增强未成年人的自我保护意识和法律维权意识。针对社区居民开展《中华人民共和国物业管理法》《中华人民共和国民事诉讼法》《中华人民共和国继承法》等相关法律法规培训，组织培训30余次，受教育人数达3万余人。同时以社区为依托开展对外来务工人员关于《中华人民共和国劳动法》的法律法规培训，受教育人数达2000人，帮助居民更好地领会和使用这些与自身利益息息相关的常用法律。开展“送法进企业”活动，组织乡直属7家企事业单位的60名中层以上干部及合同管理员进行《中华人民共和国合同法》知识培训；开展“送法进军营”活动，组织优秀律师、法律工作者深入驻地区部队，采取举办一场法律知识讲座、举办一次现场法律咨询、发放联系卡、送普法书籍等多种形式，受教育人数达200余人；与对外经贸大学法学院联合开展“法律进家庭”活动，通过宣讲《中华人民共和国婚姻法》《中华人民共和国继承法》等法律条规，达到普法效果。同时，地区整合辖区律师资源，在各个社区建立法律服务室，由专业律师定期提供法律咨询服务，让居民不出社区就能得到法律服务。

2008 年，乡政府深入开展“法律六进”活动，组织辖区内社区、村、乡属企事业单位相继开展《中华人民共和国劳动合同法》《中华人民共和国物权法》《中华人民共和国妇女儿童保护法》《中华人民共和国道路交通安全法》等法律法规知识培训，积极开展“民主法治示范村”的创建活动。与计生、城管、劳动、综治等部门结合在各个法制日积极宣传相关部门法律知识。全年司法所组织开展法律宣传活动 40 余场次，受教育群众 5 万余人次。发放各类法律宣传单、读本 10 万余份，活动接待群众咨询 150 人次，解答法律问题 50 多个。其中，为使奥运年普法工作深入人心，成立 150 人的奥运法制宣传小分队，组织法官、律师、法学院学生等专业力量，开展以“人文奥运 · 法治同行”为主题的法制宣传教育活动和“奥运法律知识大讲堂社区行”活动，先后发放奥运法律宣传读本 10 万余册，入户率达到 100%。另外，计生文教科为地区制作 36 条食品安全宣传横幅，推动宣传食品安全。先后开展食品安全主题宣传活动 6 次，发放宣传材料 4000 余份，受教育群众 1300 余人次。截至 8 月 15 日，上门赠送《奥运食品销售单位从业人员卫生知识手册》《奥运餐饮业从业人员卫生知识手册》等 600 余本、《食品安全与消费维权》300 余本、发放食品安全挂图 1500 余张，有效提升食品行业从业人员法律素养和提高法律预防意识。

图 10–2　2009 年 11 月 12 日，芍药居三社区与对外经贸大学法学院的学生以“法律服务进社区”为主题，在社区活动室向居民进行普法宣传

2009 年 4 月，成立流动人口女子读书社，为外来务工人员搭建起学法平台。国庆 60 周年时，组织开展“民生法律大讲堂社区行”活动，发放《生活与法》等各类教材 2 万余册，尤其是为外来人口提供诸多福利。2010 年，太阳宫地区有普法宣传骨干 63 名，普法志愿者 150 名。“五五”普法期间，全地区开展党委理论学习中心组学法活动 20 余场次；举办领导干部法制讲座 8 场次；领导干部学法用法考核合格率为 100%，优秀率达 90% 以上。同时，社区调委会和法律服务室

图 10–3　“五五”普法宣传活动现场中接受居民咨询（2010 年 12 月 4 日摄）

开展法律宣传活动580余场次，发放各类宣传材料20余万份，出宣传栏860期、黑板报1150余块，悬挂法律宣传横幅790余条，举办法律讲座150余场次，预防化解各类矛盾纠纷1678件次。司法所、综治办、劳动科、经管办等多个部门共同对企管人员和在岗职工开展法制教育培训，学习内容涵盖《中华人民共和国安全生产法》《中华人民共和国劳动合同法》《中华人民共和国食品安全法》等法律法规，受教育人数达2000余人，直属企业的依法经营能力明显增强，未发生一起劳动仲裁案件。

2011年，开始"六五"普法工作。从3月开始，司法所在全地区开展法律服务"三进"（进机关、进社区、进企业）活动，以社区为着力点，覆盖辖区所有社会单位和企业。各社区印发《致辖区社会单位和大型企业的一封信》，并组织各种形式的宣传活动。9月20日，召开全地区"六五"普法动员大会，地区领导班子成员全部参会，依法治区领导小组办公室张静科长出席动员会。年内地区组织开展各类法律宣传活动92场次，发放宣传资料20万余份，举办法制讲座45场次，解答群众法律咨询320余人次。各类法制宣传教育活动受教育人数共计62456人，法制宣传教育工作覆盖率达86.9%。

2012年3月9日至15日，开展"3·15"国际消费者权益日宣传周活动。发放食品安全宣传资料400余份，现场解答消费者咨询30余人次，发放法律书籍300余册。2013年，司法所于年内开展"爱民月""开放日""四季行""法律大讲堂社区行"等主题活动。年内组织开展各类法律知识宣传教育活动57场次，其中举办法律大讲堂23场次、法制宣传咨询活动34场次，辖区群众受教育人数超过地区总人数的80%。

2014年，司法所以法律"六进"活动为载体努力开展重点对象宣传教育。建立领导干部、公务员定期学法制度。全年组织开展领导干部和公务员学法用法专题活动4场次。开展法律宣传进学校1次，观摩法庭庭审2次。青少年知识讲座10场次。全年地区开展"市民普法大讲堂"活动40余场次，举办法制宣传咨询活动34场次，辖区群众受教育人数超过地区总人口数的80%。司法所全年申请办理法律援助案件2件，解答法律咨询50余人次，接待群众来访30人次。在实践中强化地区居民的法律素养，激发居民更多地参与法治生活的积极性。12月4日，司法所在恒川广场前组织开展主题为"弘扬宪法精神　建设法治中国"的集中宣传宪法活动，迎接首个"国家宪法日"。地区妇联、统计所、残联、综治等部门共同参与活动。同时，围绕宣传主题，各社区结合实际开展宪法宣传活动。其中，夏家园社区于12月2日开展一次法律知识讲座，社区居民100余人参加。讲座特邀威创律师事务所律师王尉臣主讲，王尉臣结合社区实际情况讲解《中华人民共和国继承法》和《中华人民共和国老年人权益保护法》等，从身边的一件案例讲起，通过案例告诉大家事件中所涉及的法律知识。截至12月4日，地区开展法制宣传活动11场次，其中法制宣传活动7场次、法律知识讲座4场次。制作并悬挂宣传横幅16条，制作宣传展板8块，发放宣传材料2万余份。

2015年是实施“六五”法制宣传教育规划的最后一年，也是对“六五”普法规划的实施情况进行全面总结验收之年。通过深入地自查和互查，司法所撰写地区“六五”普法工作总结，整理普法工作档案40余盒，通过朝阳区依法治区领导小组的检查验收。太阳宫地区圆满完成地区“六五”普法总结验收工作，全民法治意识明显提高。全年，调处各类矛盾纠纷238起，调解成功233起，受理达到100%，调解成功率达98%以上。辖区多个社区调解组织争创朝阳区优秀调解组织。年内接待、解答群众法律咨询600余人次，接待率100%。帮助政府职能部门解答法律事务咨询20人次。

图10–4 “六五”普法宣传活动现场，司法所在给过往行人发放宣传材料（2015年12月4日摄）

第十一章 军事

太阳宫地域自有村落形成，鲜有战事。中华人民共和国成立后，民兵组织在土地改革及每年的防汛、抢险、护秋、挖河活动中发挥着重要作用。1961 年，太阳宫人民公社建立人民武装部，1983 年改为太阳宫乡人民武装部。自武装部成立以来，民兵、预备役、征兵、国防教育等各项工作均取得进展。

第一节 战事与驻军

清光绪二十六年（1900 年），境内有村民参加义和团，反抗帝国主义侵略。抗日战争时期，有共产党的地下组织在境内组织村民参加抗日活动。

1948 年年底，北平和平解放前夕，太阳宫地域曾有中国人民解放军的围城部队在此驻守。1949 年 1 月 31 日，北平和平解放，驻军随即撤走。截至 2016 年，太阳宫地区境内驻有武警支队、消防支队。

第二节 地方武装

人民武装部

1961 年，太阳宫人民公社建立人民武装部，1983 年改为太阳宫乡人民武装部。乡人民武装部是由朝阳区人民武装部直接指挥，乡党委、乡政府直接领导的武装部门，在做好各项工作的同时完成上级有关军事部门下达的各项任务，主要负责辖域内的民兵、预备役部队、征兵等工作。

表 11-1　　太阳宫乡（公社）人民武装部历任部长任职情况一览表

姓名	任职时间	备注
蔡　泉	1961 年 7 月—1986 年	
张　健	1986 年—2001 年 12 月	
张　健	2001 年 12 月—2003 年 9 月	副部长
田康宁	2003 年 9 月—2007 年 12 月	
赵建忠	2007 年 12 月—2012 年	
郭新生	2012 年—	

民兵

1948 年年底，太阳宫一带获得解放，辖域各村随之组建民兵组织。中华人民共和国成立初期，民兵在维护社会治安、保障土地改革顺利进行、防止反动派死灰复燃和地主富农等搞破坏等方面发挥着重要作用，并在冬季农闲时间进行短期集中训练。

进入人民公社时期后，太阳宫公社的民兵组织逐渐完善和规范化。一般 18 ~ 35 周岁的男青年都编入到民兵组织中。随着形势变化和社会发展，民兵组织的军事职能逐渐弱化，主要职能开始转向生产劳动，民兵队伍充分发挥政治思想宣传队、生产突击队、战斗队的“三队”作用。民兵的训练逐渐正规化、制度化，基干民兵按照上级要求在每年冬闲组织训练。

20 世纪 60 年代前期，民兵白天从事生产劳动，夜晚轮流站岗巡逻，并进行检查危险房屋等工作。“文化大革命”期间，民兵响应“深挖洞，广积粮”的号召，边生产，边训练，并维持社会治安。

中共十一届三中全会后，随着党和政府工作重心的转移，民兵在维护社会治安的同时，积极投入到经济建设和精神文明建设之中。太阳宫乡依据实际情况，采取轮训方式进行训练，把基干民兵分成若干批，每年训练几十人，通过学习《中华人民共和国兵役法》、民兵建设基础理论，开展国防教育、步兵武器使用、武器性能、实弹射击等多种内容和相关训练来提高民兵的整体素质，学习训练完毕进行考核。同时，地主、富农等“五类分子”被摘掉“帽子”，他们的子女符合条件者均被编入到民兵组织中来。

20 世纪 80 年代初，成立民兵应急分队，主要负责完成一些急难险重的突击任务。1985 年，太阳宫乡人武部以民兵为主体，组建防汛抢险队，确保安全度汛。90 年代以来，太阳宫乡民兵实行对乡域内 24 小时全天候巡逻。辖区内各民兵连按照每年训练任务分配表的具体内容开展民兵训练，针对训练任务和实际情况，采取自行组织或与部队挂靠的形式进行施训，训练任务以巡防和应急反恐为主，训练的主要内容为队列动作、警棍盾牌术及防暴队形的训练等。

1999 年 10 月 1 日，乡直属企业太阳宫旅馆的李旭波、明宫宾馆的王京京两名女民兵参加国庆50周年阅兵。10月12日，乡政府在明宫宾馆为参加国庆50周年阅兵的女民兵举行庆功座谈会。

2004年，利用休息日组织预备役人员进行以“爱我中华、筑我长城”为主题的准军事化登山活动；组织机关和全乡中层以上干部以及民兵班长以上人员进行实弹射击，通过各种军事训练活动，有效提高地区基干民兵的军政素质，进一步强化党管武装意识和制度。同年，按照区武装部《关于做好2004年民兵组织整顿工作的通知》要求，开展民兵组织整顿工作。从3月初到4月底，组织基层民兵队伍进行组织整顿，对新入伍的基干民兵进行政审，按照民兵组织编制进行编组。民兵组织整顿之后，人武部针对民兵的军事素质和担负的任务，有计划地分批、分类组织民兵训练。5月份，组织基干民兵利用工余时间进行队列训练，并从基干民兵中挑选民兵骨干开展特别训练。

2008年北京奥运会期间，地区人武部组织民兵维护辖域的安全与稳定，24小时巡逻，进行安全生产检查。2009年国庆60周年期间，出动民兵看守桥梁，发动各类志愿者2400人参加社会面防控，确保国庆节期间的安全与稳定。

2010年，完成朝阳区武装部下达的民兵整组任务。编组前，组织人员进行调查摸底，根据摸底情况制定调整方案，科学编组。基干民兵编组不交叉重叠，做到组织落实、政治落实、军事落实，并重点抓好复退军人的编组工作。2012年，完成民兵整组、预备役整组工作，提高队伍整体素质，降低年龄结构。年内，组织基干民兵集训，并派出优秀民兵预备役人员参加区武装部举办的民兵预备役人员集中训练，提升民兵预备役人员执行非战争军事行动的能力。

2013年，完成全国“两会”期间的民兵执勤任务，抽调民兵参与太阳宫桥和太阳宫铁路桥的守护工作。民兵队伍精心组织，执勤民兵认真负责，纪律严明，确保周边的安全和秩序，得到朝阳区人武部的通报表扬。年内，地区人武部对民兵预备役组织进行整组，并派出民兵预备役优秀代表参加北京卫戍区举办的预备役部队比武、防汛演练，得到上级的充分肯定。2014年，按照朝阳区人武部、北京预备役师的要求，地区人武部对民兵预备役组织进行整组，提高编组水平，优化队伍结构。同年，在亚太经济合作组织（APEC）会议服务保障中派出民兵执行辖区主要道路、桥梁的执勤任务。

2016年，进一步提高编组水平，优化队伍结构；规范民兵预备役连部建设，民兵预备役组织设施建设得到加强。着重抓好地区大型社会单位的民兵组织建设，新纪物业公司、东屿物业公司、凯德购物中心、海航大厦等大型社会单位民兵组织都在维护地区安全稳定、承担地区重点工作中发挥重要作用。做好重点时期的安全稳定工作，全国“两会”、国庆节期间，安排民兵对地区重点桥梁、重点区域进行值守、巡查，执勤民兵认真负责，纪律严明，确保周边的安全和秩序。

第三节 兵役

晚清到民国初期，实行募兵制。遇有战争或其他军事行动，募兵困难，只得强行抓人当兵。军阀混战时期，各军阀为扩充自己的实力和地盘，直接到各地设招兵处，张贴“招兵”告示，招募新兵。除少数无业游民和穷苦百姓因生活所迫应招外，多数农家子弟不愿当兵。为凑足募兵数，招兵者派人四处强行抓壮丁当兵。为避免被抓，有的青壮年甚至背井离乡，逃命而去。

中华人民共和国成立初期，实行志愿兵役制。1950 年，响应毛泽东主席“抗美援朝，保家卫国”的号召，辖域各村有多名青年参加中国人民志愿军入朝参战。1955 年 7 月 30 日，第一届全国人民代表大会第二次会议通过并正式颁布第一部《中华人民共和国兵役法》，规定中国人民解放军由志愿兵役制改为义务兵役制。此后，太阳宫乡根据兵役法实行义务兵役制。当时参军政审严格，主要考察家庭成分。各村青年参军热情高涨，每年均有多名适龄青年报名参军。

1984 年 10 月 1 日，重新修订的《中华人民共和国兵役法》施行，其中第二条规定“中华人民共和国实行义务兵役制为主体的义务兵与志愿兵相结合、民兵与预备役相结合的兵役制度”。自此，太阳宫乡征兵执行新的《中华人民共和国兵役法》，高标准做好征兵工作，积极宣传动员，组织报名和体检，为部队输送兵员。通过乡、村两级领导和征兵工作人员的共同努力，多名适龄青年参军入伍，圆满完成征兵任务。新兵入伍时，组织座谈会，为新兵佩戴大红花，敲锣打鼓、热烈欢送。

1998 年 12 月 29 日，第九届全国人大常委会第六次会议审议通过《中华人民共和国兵役法（修正案）》。删掉原兵役法中的“义务兵役制为主体”的提法，保留“两个结合”的基本制度，即“中华人民共和国实行义务兵与志愿兵相结合、民兵与预备役相结合的兵役制度”。20 世纪 90 年代以后，随着改革开放的不断深入，太阳宫地区城市化步伐不断加快。征兵工作克服各种困难，保证超额完成征兵任务。太阳宫地区获评“2002 年度征兵工作先进单位”“2003 年度征兵工作先进单位”。同时，地区武装部与时俱进，创新征兵宣传手段，采取网络聊天、视频沟通等方式，进一步加大征兵宣传力度。

2013 年，地区创新兵役登记方法，改变“等人来登记”的传统方法，实行社区村拉网式登记，登记率达到 95%，在朝阳区位居前列。在适龄青年人数减少、大学升学率提高等条件下，紧紧依靠社区、村级等基层党组织和辖区单位，对适龄青年实行逐人逐户动员，上门宣传参军入伍优惠政策，报名参军人员比往年明显增加，新兵综合素质也有所提高，超额完成征兵任务，被评为“2013 年度征兵工作先进单位”。

图 11-1　2015 年 7 月 20 日，太阳宫地区召开征兵工作会议

2016 年，地区认真开展征兵工作。按照国家新兵役登记办法，实行网上登记，根据各社区适龄青年户口名册进行登记宣传，并同时开展征兵报名摸底工作。由于近年来辖区适龄青年人数大幅减少、大学升学率提高等因素影响，征兵报名工作遇到较大困难。地区依靠基层党组织和辖区单位，对适龄青年实行逐人逐户动员，上门宣传参军入伍优惠政策，动员青年报名应征。

第十二章 乡域经济

中华人民共和国成立后，太阳宫地区进行土地改革，实现“耕者有其田”，农民逐渐组织起来，成立互助组、初级社、高级社，建立起集体经济组织，走上集体化道路；在人民公社时期，实行政社合一、“三级所有，队为基础”的管理体制；改革开放时期，经济体制改革，实行联产承包责任制。进入21世纪，随着城乡一体化进程加快，经济社会进入历史发展新时期，经济总量和财政收入持续稳步增长。自中华人民共和国成立到20世纪70年代中期，太阳宫人民公社产业结构逐渐由以特类菜生产基地的第一产业向以工业加工业和养殖加工业为主的第二产业转变。70年代后期到90年代初，太阳宫乡产业结构进入到以商业、饮食业、服务业为龙头，第二产业与第三产业共同发展的阶段。90年代中后期到2016年，地区经济产业结构在农村城市化进程中规划调整，使太阳宫地区经济产业结构由以开发建设为龙头、第三产业为主体、多产业共同发展的格局，演变到大力发展服务于现代化国际大都市功能第三产业的功能定位，促使地区农村城市化建设迈入跨越式发展的新时期。

第一节 经济体制改革

土地改革

1949年10月27日，在完成一部分行政村的土地改革试点后，以西坝河等村作为第一批土地改革行政村开始进行土地改革，由上级抽调干部组成工作组进驻村内指导开展土地改革工作。工作组进村后，召开群众大会公开讲明来意，教育发动群众，引导农民吐苦水、挖穷根、算剥削账，用农民群众切身经历教育农民，宣传天下农民是一家，启发阶级觉悟。同时宣讲土地改革政策，特别是反复宣传对中农的土地财产绝对不动的政策，讲明划分阶级的标准，采取发扬民主、群众个人自报、大家公议评定、最后上报批准三榜定案的办法，划分村内的阶级成分。之后，进行没收地主土地和征收富农出租土地工作，把没收的土地采取以人口为单位、自报公议的办法，分配给无地少地的农民使用。与此同时，根据区委针对土改试点工作出现的包办问题发出的通知，工作组坚决走群众路线，从当地具体情况出发，接受过去教训，反对包办代替。第一批土地改革工作至 12 月 15 日结束。

随后，第二批土地改革从 1950 年 1 月 5 日开始，至 2 月 10 日结束。第三批从 2 月 22 日开始，至 3 月 20 日，东坝河、七圣庙等村在第三批土改中完成土地改革，太阳宫地区土改工作至此全部完成。封建土地所有制瓦解，无地少地的农民分得土地，并由政府签发“土地房产所有证”。土地改革是太阳宫地域有史以来，也是中国历史上一次范围最大、影响最广的社会变革，它废除了延续数千年之久的土地剥削制度，实现“耕者有其田”。土地改革极大地解放农村生产力，进一步巩固工农联盟，为国民经济的恢复和发展，为国家社会主义工业化和农业社会主义改造创造条件。

农业社会主义改造

互助组 太阳宫地域完成土地改革后，广大贫雇农分得土地，生产积极性大大提高，但由于生产条件有限，生产资料分配不均衡，加上连续两年发生水灾，又遭受虫灾。面对自然灾害的侵扰，人单力薄的村民们生活困难，不得不将土地借贷或出卖，阶级分化现象开始萌芽。

1951 年 12 月，党中央下发《关于农业生产互助合作的决议（草案）》，号召全国农村走互助合作的道路。随后，太阳宫地区响应国家号召，按照自愿互利原则，组织成立互助组。1952 年，牛王庙村成立互助组。互助组一般由几户至十几户组成，实行共同劳动、分散经营。土地、耕畜、农具等生产资料和收获的农产品，仍归私人所有。

互助组生产上的大丰收，使农民的生产积极性大为增强，解决了贫困农户劳动力不足、生产资料不足等困难，在一定程度上促进了农业生产，促进了农业生产技术的有效推广。

初级社 随着生产的发展，互助组暴露出土地私有制和集体劳动的矛盾，自由结合的互助组在生产管理上出现问题，加之互助组规定的工值比一般市价低，参加集体劳动多的农户感到吃亏，挫伤农民集体劳动的积极性。在农业合作化运动中，互助组进一步发展成为初级农业生产合作社。1954 年，牛王庙村成立初级社，农民在自愿互利的原则下将私有土地、耕畜、大型农具等主要生产资料分社统一经营和使用，按照土地的质量和数量给予适当的土地分红，其他入社的生产资料也付给一定的报酬。初级社在社员分工和协作的基础上统一组织集体劳动，社员根据按劳分配的原则取得劳动报酬，产品由社统一支配。1954 年，太阳宫地区完成初级农业生产合作社组建。

高级社 1956 年，太阳宫地域初级社转为高级农业生产合作社，称为光明合作社。

当年有1161户农民加入光明社，未入社的有农户23户（105人）、非农户981户（3986人），未入社户的耕地有260.2亩，其中旱地234.2亩，沙坡盐碱地26亩，未入社的牲畜有牛1头、驴11头、骡2头、山羊3只、猪14头。至1957年全乡有1568户加入光明社。

高级社是社会主义集体经济组织，内部以生产队为基本单位，生产工具和生产资料全部归集体所有，社员统一出工，集体劳动，实行“各尽所能、按劳分配”的原则，男女同工同酬。当时光明社制定劳动定额方案，为每一个参与生产队集体生产劳动的社员指定一个工分标准，按照工作量记录工分，年底根据每个人的工分数进行分配。当时计量工分的单位有分、厘、毫、丝。比如刨春地，打两次坷垃，不要门槛，每完成50地，春季可得工分1厘6毫，夏季可得2厘。再如栽茄子，每次从插苗到封垅地栽完20棵茄子，春季可得工分4厘，夏季可得5厘。再如，摘豇豆，每摘完60斤豇豆并且一斤一斤地捆好，春季可得工分1厘，夏季可得1厘3毫，秋季可得1厘1毫。

劳动定额工分制在一定程度上显示集体生产的优越性，社员生产积极性大涨，但长期的实践之后，由于农业受自然条件影响比较大，多变的生产条件，使得定额工分并不能准确反映每个社员的劳动数量和质量，反而在社员之间造成较大的差别，挫伤社员的生产积极性。

与此同时，在光明社的统一领导下，太阳宫乡还组建青年生产队，即以青年为主要成员的生产组织形式。青年生产队不仅带头学习、推广先进生产经验和新的农业技术，而且能够克服困难，在生产薄弱环节和紧急任务中发挥突击作用。1956年，为完成全面生产任务，太阳宫青年生产队制定春播任务的具体措施，确保全出勤、早上工晚下工、展开竞赛、分组挑战、不挑活，在生产季节中切实发挥青年的突击作用。

人民公社化

1958年8月，中共中央在北戴河召开扩大会议，通过《中共中央关于在农村建立人民公社问题的决议》，决定在全国农村普遍建立政社合一的人民公社，并提出扩大公社规模，在并社过程中自留地、零星果树等都将逐步“自然地变为公有”。之后，全国迅速形成人民公社化的热潮。

1958年11月，朝阳区组建人民公社，太阳宫乡并入和平人民公社，实现政社合一。根据朝阳区委的要求，通过一系列宣传教育，及时总结当年大丰收各个方面经验，进一步发扬共产主义协作精神，批判个人主义、本位主义等思想作风，在思想上拔白旗、插红旗，在生产上把深翻种麦和秋收、秋翻、秋种、水利建设等各项任务向前推进一步，开展社会主义劳动竞赛。

1959 年 2 月 27 日到 3 月 5 日，中共中央举行以解决人民公社所有制和纠正“共产风”问题为主题的政治局扩大会议，会议起草《关于人民公社管理体制的若干规定（草案）》，规定人民公社实行“队为基础，三级所有”的体制，从而确定农村土地以生产队为基本所有单位的制度，并且恢复社员的自留地制度。

1960 年 11 月 3 日，中共中央发出《关于农村人民公社当前政策问题的紧急指示信》（“十二条”），要求各地彻底纠正“一平二调”的共产风以及浮夸风、命令风、干部特殊化风和瞎指挥风，允许社员经营少量自留地和小规模的家庭副业，恢复农村集市贸易。

1961 年，太阳宫人民公社成立，贯彻中央关于“调整、巩固、充实、提高”方针和“农业 60 条”，实行三级（公社、生产大队、生产队）所有，以生产队为基础，纠正“一平二调”错误。并且，在大队内部按照行业不同建立菜、粮、农机、猪、工副业、积肥、运输等专业队。在以蔬菜为纲、粮菜并重，并积极开展多种经营的经济发展原则下，太阳宫公社的农业生产得到恢复和发展。

第二节　经济管理

管理机构

1952 年，太阳宫地区开始成立互助组，互助组设组长，负责组织协调工作。1953 年，开始成立初级社，后逐渐发展至高级社，经济管理工作由乡长和农业生产合作社社长负责。

1958 年 8 月，太阳宫乡（光明高级社）建制撤销，成立太阳宫第三工作站，属和平人民公社，经济管理工作分别由管理站站长和大队长、生产队长负责。1961 年，太阳宫人民公社成立，下设生产大队、生产队，经济管理工作由公社管理委员会主任及各生产大队大队长、生产队长负责。

1983 年，撤销人民公社建制，建立太阳宫乡人民政府，有经管站、工业公司、菜粮公司等部门负责乡内经济管理工作。1993 年 5 月，经朝阳区委、区政府批准，太阳宫乡组建农工商一体的集体经济组织，即太阳宫乡农工商总公司，隶属北京市朝阳区太阳宫乡人民政府，主要负责组织辖区内所属企业进行生产经营活动。

2001 年 10 月，太阳宫乡撤销农工商总公司，由乡政府成立经济管理办公室，行使原总公司的行政管理职能，实现政企分开。并按照《中华人民共和国公司法》组建投资公司，进行资本运营，成为独立法人，进一步理顺乡级经济管理体制。同年 11 月到翌年 2 月，太阳宫乡随同朝阳区进行机构改革，按照朝阳区“关于调整地区、乡属企业的农村服务事业单位的要求”，精简涉农事业单位，将畜牧水产管理站、农业机械管理站、水利管理站、林业技术推广站、农业技术推广站综合设置为农业综合服务中心；保留农村合作经济经营管理站，行使对辖区经济的管理职能。2003 年，以明晰集体资产所有权与经营权为核心，实施乡级集体企业战略性重组，进行重新组建，太阳宫乡农工商总公司重新恢复其经营管理职能。4 月 11 日，副乡长张保军主持召开恢复总公司组织机构会议，书记冷雪峰、乡长张永贵出席。会议决定李仁任总公司总经理、张俊杰任副总经理，恢复乡农工商总公司组织管理结构和经营职能。会上明确乡经济管理体制、总公司性质、总公司主要职责、总公司组织机构、总公司的任务、经济指标考核等。

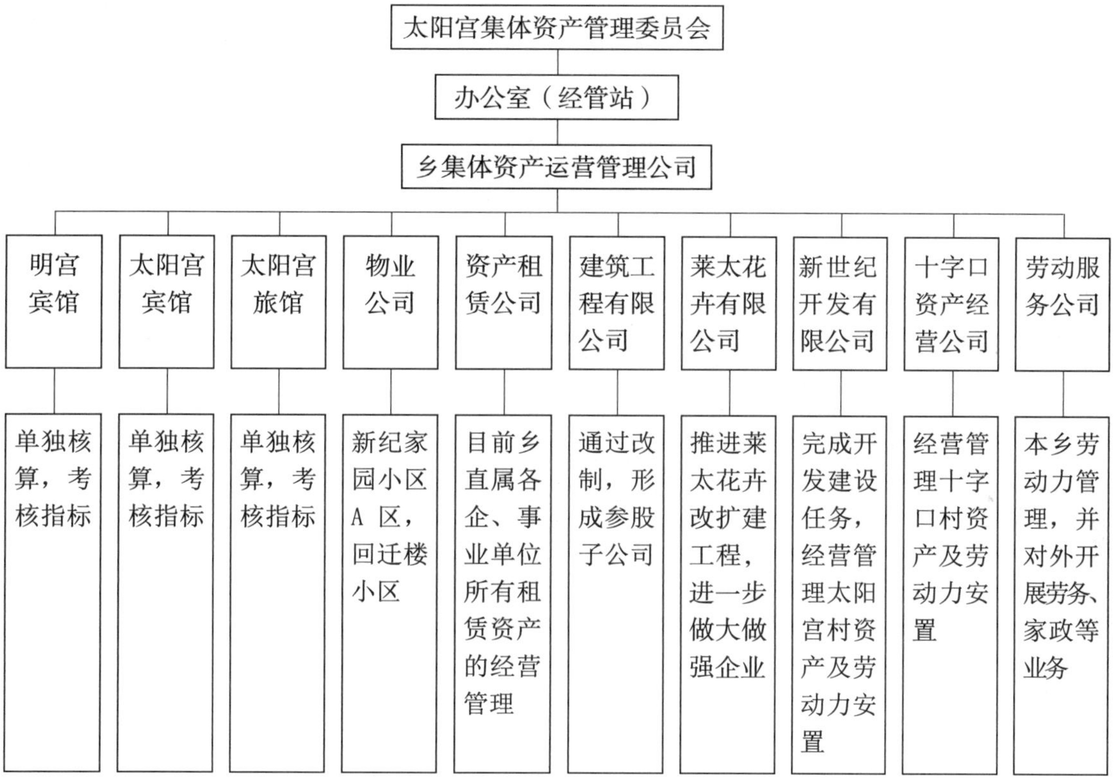

图 12-1　乡集体经济体制改革架构图

太阳宫乡正处于绿化隔离地区建设及乡域开发改造时期，对大多数小微亏企业以关代转，以第三产业为主体，加快地区传统服务业升级和现代服务业建立，完成产业结构调整。随着市场经济体制的完善以及城市化进程的加快，太阳宫乡集体经济在建设、使用和管理等方面存在的问题日益凸显，如管理主体缺位，占有使用单位越位，职责不清，体系不健全等，既有体制性因素、制度性因素，也有观念性因素和管理性因素。为实现全乡经济一体化，使全乡集体经济得以有效整合，机制理顺，形成合力，促进集体资产的保值增值，2007 年，乡农工商总公司在原有基础上，成立太阳宫乡集体资产经营管理公司，对全乡集体资产统一进行经营管理，采取全资、控股、参股等形式经营集体资产，实现全乡经济一体化。在《中华人民共和国公司法》等有关法律法规及政策允许的范围内以资本运作的方式对集体资产进行经营，以保证集体资产的保值增值，并最大限度地获取集体资产的运营效益。主要职责是：行使乡集体资产产权主体的经营职能，从事产权经营和资本运作，保证集体资产的安全和增值；依法收取全资集体资产收益，用于管理性支出和对企业的再投入；依据《中华人民共和国公司法》进一步加大对投资企业的管理力度，获取对所占有股份的收益；统筹全乡劳动力的管理、培训和安置，解决好发展与稳定的辩证关系；实行统一管理下的企业经理聘任制，经营管理公司有聘用及免去企业经理的权力；建立财务核算中心，统一财务管理，负责对直属企业委派财务人员并定期进行审计监督工作；对租赁经营的资产进行集中统一管理，不断提高资产的使用率和效益；建立健全《企业经营业绩考核制度》《企业负责人薪酬管理制度》《企业全员竞聘上岗、统一管理制度》等规章制度，按照现代企业制度进行管理和运作。

图 12-2 2012年6月11日，召开太阳宫乡集体资产（经济）监督管理委员会成立大会

图 12-3 2012年7月19日，召开太阳宫乡合作经济联合社暨第一届第一次社员代表成立大会

2012年6月，成立乡集体资产监督管理委员会，对乡域内的乡村集体经济事务实行统一领导、统一管理，制定下发太阳宫乡“1+4”管理办法。即《太阳宫乡集体经济监督管理委员会机构设置、工作职责及议事规则》，以及《太阳宫乡集体财务管理办法》《太阳宫乡集体资产管理办法》《太阳宫乡经济合同管理办法》《太阳宫乡内部审计监督管理办法》，对乡域内的乡村集体经济事务实行统一领导、统一管理，促进乡村集体经济组织及其所属企业的“三资”管理工作逐步走向规范化、制度化。7月，成立太阳宫乡合作经济联合社，统筹管理乡级集

体“三资”。在加强集体经济管理上，切实落实“1+7”文件要求，完善体制机制，理顺管理关系，加强对集体三资监管。发挥太阳宫乡集体资产监督管理委员会和太阳宫乡合作经济联社的作用，实行集体资源统一管理，集体资产变动统一决策，确保集体资金完全完整、资产经营高效、资源合理有效利用；研究制定企业经营管理考核机制；积极涵养税源，增加地区财政收入。

2014 年 3 月，乡人代会通过《太阳宫乡关于加强乡级集体经济统筹管理工作的意见》，进一步明确乡联社的管理职能，全面加强乡级集体经济统筹管理，不断提高集体资产经营效益，壮大集体经济实力，切实维护集体经济组织及其成员的合法权益。合作经济联合社是劳动群众集体所有制合作经济组织，是全乡集体资产的所有者代表。全乡集体资产统筹管理，实行总社负责制。社员代表大会是合作经济联合社的最高权力机构。集体资产监督管理委员会是社员代表大会闭会期间的常设机构，依法行使集体资产所有权。合作经济联合社设监察委员会，主要行使对集体经营管理过程中的监督检查。合作经济联合社的工作职责是贯彻党和政府有关经济工作的方针、政策，按照乡域规划发展经济，调整产业结构，配合乡政府实施产业项目开发和建设；加快机制体制创新，推进农村集体经济产权制度改革，指导集体企业的改革和发展；管理集体所有的土地、水面等自然资源；行使本级社有资产的所有权和管理职能，对所属企业进行监管，确保集体资产保值增值。

2016 年，坚持以“一绿”试点为引领，注重品质提升，加快城市化建设，激发经济发展活力，深化集体“三资”管理，推动地区经济更有质量、更有效率、更可持续地发展。发挥乡联社主导作用，统筹安置劳动力，统筹管理集体资金、资产、资源。严格履行重大项目及大额资金使用的审批，控制非生产性支出；严格落实集体资产购建及处置程序，定期开展清产核资；严格实施合同联预审制度，全面清理规范调整乡、村两级集体经济合同。按照过程全监管、范围全覆盖的工作思路，聘请有资质中介机构强化集体“三资”管理，不断提高党委、政府公信力。以产业功能区定位，采取合资合作等各种形式，培育新经济增长点，加大力度推进集体资源整合和资产优化重组，有效盘活集体资产存量，提高集体经济收益。提高区域经济水平。坚持“保存量、挖潜力、引增量”，加强与工商、税务等部门的联系，完善服务协调机制，加强税收形势分析，做好重点企业跟踪服务工作。完善楼宇信息台账，加强楼宇物业招商、新企业入驻和重点企业服务的动态管理，积极走访异地纳税企业，争取异地纳税企业顺利回迁，不断扩大辖区税源增量。加大个人出租房屋税代征工作力度，完善个人出租房屋信息台账，加强政策宣传，促使商户在乡域代征点缴税，实现区级财政收入稳步增长。

财税 金融 管理

财政

1958年以前，乡级人民委员会设有财政经济委员会管理财政工作。人民公社时期，公社管委会设有财务部管理财政相应工作。1983年撤社建乡，改变人民公社政社合一的体制，建立起乡一级政府和相应的预算制度。太阳宫乡设立有财政科，其工作职能包括：负责财政预算、决算和收支管理工作；负责财务管理、核算、指导、培训和内部审计工作；协助组织税收征管工作；负责监督指导乡属事业单位的财务和资产管理工作。

财政收入 清代，财政收入以田赋（地税）为主。地方主要财政收入有地税、丁税、租课、田赋、徭役等项目。民国初期，财政收入分为国家财政收入和地方财政收入。国家财政收入仍沿袭清末征收办法，1914年改征银圆。除地丁银外，尚有租课、田赋附加税、杂税等。地方财政收入无定数，一般随地丁银核收。抗日战争时期、解放战争时期，财政收入以实物为主，量出为入，多少不定。

中华人民共和国成立后，财政收入分财政预算收入和地方自筹收入，财政预算收入以农业税为主。20世纪80年代以后，太阳宫乡财政收入的主要来源为农业税（已于2006年取消）、工商税、企业收入及其他收入。90年代以来，全乡经济不断发展，财政收入大幅增长。2016年，完成区级财政收入8.52亿元，超额完成7.73亿元区级指标任务。

财政支出 民国时期，太阳宫地域无财政机构，地方政府官员薪俸及公费开支，由县署按标准统一拨付。抗日战争时期，实行供给制，多以食物为主。中华人民共和国成立后，分预算内和预算外支出。地方财政支出贯彻“量入为出”和发展生产的原则。20世纪80年代以后，太阳宫乡财政支出主要有农业支出、基础设施建设支出、科教文卫支出、抚恤救济支出、行政管理支出及其他支出等。20世纪90年代至2016年，随着集体经济的发展壮大，人民生活水平不断提高，集体公益事业、福利事业也随之发展，财政支出增加，主要支出费用含行政管理经费、城市维护费、教育经费、民政管理费、计生管理费、综合治理费、垃圾清运费、城市绿化费、交通安全费、福利待遇费、环境整治费用等。

税务

太阳宫乡税务所管辖区域为太阳宫地区辖域范围内除个体工商户以外的地方税源的征收管理工作。税务所负责所属辖区内纳税人纳税信息的采集工作，开展纳税评估；查找漏征漏管户，催报催缴等；监控税源户变化情况；负责企业办税人员的日常咨询辅导；对非正常纳税户函告、约谈；发票核查工作；具体办理纳税清算工作；受理纳税人的各项涉税事宜。提供全方位、多功能的纳税服务模式。

1993年至2003年8月，太阳宫地区经济总收入累计完成60.2亿元，累计实现利润6.7

亿元，集体资产总额达到 17.9 亿元。太阳宫地区境内中央、市、区属和社会单位 462 家，税源单位近千家。2002 年，地区税收突破 2 亿元，在朝阳区农口单位中位居前列。

2009 年，太阳宫地区按照北京市、朝阳区的要求，不断加强税源建设，全年地区新增税源企业 39 家。清理异地纳税工作进展顺利，引导 6 家异地纳税单位进行回迁。个人出租房屋房产税代征工作推进较快，为 2727 户办理代征手续，累计代征税款 418.8 万元，比上年增加 75.2 万元，增长 21.9%。高标准、高质量地完成第二次全国经济普查工作，并获得市级先进集体殊荣，通过对主要指标进行归纳分析，为地区发展提供可靠经济数据，实现信息资源共享。

2010 年，税收工作坚持“保存量、挖潜力、引增量”的原则，重点走访沟通占税收比重较大的房地产开发企业，积极协助百盛购物中心落户到辖区，完成区级财政收入 4.15 亿元的目标；加大个人出租房产税收征收力度，全年实现代征税款 502 万元，同比增加 107 万元，增长 27%。

2012 年，引进索尼（中国）有限公司和环球鑫彩（北京）彩票投资管理有限公司落户太阳宫，协助凯德·太阳宫店及店内多家商户完成工商注册工作，进一步扩大税源。2014 年，做好重点企业和新入驻企业的跟踪服务，扩大辖区税源增量。完善商务楼宇信息台账，规范管理异地纳税企业，有 7 家企业将税务关系迁入乡域，促进地区经济增长。加强个人出租房屋代征工作力度，增设太阳宫公园南门代征点，全年完成个人出租房屋税 727.3 万元，同比增长 33%。

2016 年，继续强化税源建设，完善商务楼宇信息台账，做好企业跟踪服务，落实各项优惠政策，进一步涵养税源。中国科学器材有限公司将工商、税务关系迁至乡域，中海油大厦房产税在乡域缴纳，为推动地区经济发展提供新动力。加大个人出租房屋税代征工作力度，完成代征个人出租房屋税 599.9 万元。

金融

信用社 银行

信用社的全称为农村信用合作社。中华人民共和国成立后到 20 世纪 50 年代中期，是信用社普遍建立和发展时期，太阳宫地区的信用社即是在这一时期创办。人民公社时期，对农村信用社进行调整，先后下放给人民公社、生产大队，后来又交给贫下中农管理，信用社的干部队伍、资金和业务在一定程度上受到损害与损失。

改革开放以来，农村信用合作社进行体制改革，实力日益壮大，成为支持农村经济发展的主要力量。辖区内的农村信用合作社不再归太阳宫乡政府直接管理，个人、企业信贷不再有政府行为。2005 年 2 月，国务院批准以农村信用合作社为基础组建全国首家省级股份制农村商业银行——北京农村商业银行。随后，太阳宫农村信用合作社改制为北京农村商业银行太阳宫支行。农村信用合作社从最初的农民以闲散资金入股参与的合作组织，已发展成为具有区域性独立的股份制商业银行，其性质也有了根本转变。

太阳宫地区因临近北京城区，境内驻有中国农业银行、中国建设银行、中国工商银行、中国银行、北京银行、交通银行、邮政储蓄银行等多个金融营业网点，服务项目齐全、迅捷、高效，极大地方便辖区内居民和各企事业单位。

储蓄 理财

1949年年初，北平和平解放后，太阳宫一带开始限期收兑国民党政府金圆券；对国家机关、公营企业实行现金管理；开办保本保值储蓄；采取折实、抵押、信用等方式向国营和合作社经济以及有利于国计民生的私营企业贷款。

为适应工农业发展和改革开放的需要，1970年后调高储蓄利率。同时，接连出台定活两便定额储蓄、长期保值储蓄、定期整存整取有奖储蓄、保值保期有奖储蓄、个人大额可转让定期存单等，村民个人储蓄持续递增。进入20世纪90年代以后，随着经济的发展，居民富余的钱财不仅仅局限于储蓄，还用来进行多元化的投资，如购买基金、股票、保险等，人们在办理金融业务时也不再局限于地域环境，能够方便、快捷办理就好。

综合管理

审计

1999年，太阳宫乡增设审计科，定期对乡域内的企事业单位、村级经济合作组织等资产负债、经营情况、会计核算、收益分配、规范财务管理及重大经营事项等进行例行审计，干部离任时也要接受审计。这一举措有效监督企业财务收支，严肃财经纪律，企业经营走上法治化、规范化轨道。2002年起，审计工作一般是聘请第三方社会审计单位来进行。

进入21世纪，太阳宫乡结合乡村集体经济实际，从加强机构队伍建设、落实管理制度入手，强化对集体资金、集体资产、集体经济合同“三资”监管，着力推进审计全覆盖，全面加强审计监督，发展壮大集体经济。

统计

中华人民共和国成立之初，太阳宫地区尚未设立统计管理机构，统计事务由相关职能部门完成。1958年进入人民公社时期以后，公社和生产大队均配备有统计员。1983年太阳宫乡成立后，不久即设立统计科，各村建统计站。1986年起，乡300户以上的村和工厂、商店、建筑等企业设立专职统计员。2007年，撤销统计科，改设统计所，为朝阳区统计局的派出机构。

统计科成立后，积极做好各项统计数据的采集报送工作，在保证上报率的基础上，严把数据质量关，确保上报数据准确、及时。并加强对基层统计人员的培训，在培训中做到覆盖面大，培训内容实用、易懂，通过培训，为提高统计数据的质量打下坚实的基础。同时，加大统计执法检查力度，采取日常执法和集中执法相结合的方式，日常执法的重点是对迟报和拒报单位及时发放催报单，集中执法检查的重点放在全年营业收入较大，对全地区统计数据影响较大的单位。

统计工作主要是指农业统计、工业统计这两大项，除此之外，依据不同历史时期和社会发展，还包括商业、建筑制造业、交通运输业、金融、财政、教育、卫生、生产（大）队、村庄情况、基本建设、物资、劳动工资、科教文卫体、人口与计划生育、对外贸易、保险、城乡人民生活、固定资产投资、市政建设、批发零售业、服务业等。在统计工作中，由国家统计局和北京市统计局、朝阳区统计局制发的统计报表，乃至太阳宫乡农工商总公司、财务科、统计科需要填报的各项统计报表，收集和整理大量统计资料，为上级和本级党政领导班子制定与调整经济政策、编制和检查经济计划提供重要依据。

2003 年，太阳宫地区以“四五”普法为契机，加大统计宣传力度，按照年初工作计划，创办《太阳宫统计之窗》，里面涵盖的内容有国家的政策法规，身边发生的典型违法案例，以及如何避免违规现象的发生等。一年来，发放《太阳宫统计之窗》500 余份，受到基层单位的欢迎，普遍反映内容比较实用，法规方法制度反馈比较及时，起到很好的宣传效果，在国家统计法律法规和企业之间架起一座信息的纽带和沟通的桥梁。

2004 年，地区各部门单位积极配合上级经济普查工作要求，组织开展第一次全国经济普查工作，辖区划分为 15 个普查区。统计科全体人员在完成日常工作的同时，又全部投入到经济普查的行列。普查工作完成后，辖区有个体户 2677 家，产业活动单位 236 家，法人单位 853 家，其中一产占 0.4%、二产占 6.3%、三产占 93.3%。

2006 年，根据国家相关规定，统计人员持有的“统计证”要全部进行更换。为方便辖区单位人员换证，统计科采取全程代办，为辖区 106 名统计人员办理换证，并借助换证将采集的统计人员基本信息输入计算机，建立“太阳宫地区统计人员信息库”，为统计人员的后期教育建立档案。同时，统计科充分利用所掌握的信息资源，积极为组宣科、残联、规划建设科等科室提供各种统计信息记录多次，有效满足各部门工作的需要，最大程度地实现统计资料的资源共享。

2008 年 8 月，第二次全国经济普查工作开始，成立太阳宫经济普查办公室，共 11 人组成，副乡长蒋春茂兼任办公室主任，统计所所长孙秀玲任办公室常务副主任。此次经济普查划分为 10 个普查区，16 个普查小区，抽调工作人员 11 人，普查指导员 13 人，普查员近百人。从 2008 年 8 月至 2009 年 5 月，历时近一年，完成第二次全国经济普查工作。全地区清查出法人、产业单位 1660 家，个体工商户 2006 家，并筛选出需要参加登记的单位 860 家。

图 12–4　2008 年 9 月 17 日，召开太阳宫地区第二次全国经济普查工作动员会

图 12–5　入户登记，为外籍企业负责人讲解普查工作（2008 年 10 月 20 日摄）

2013 年 9 月至 2014 年 6 月，历时近 10 个月，地区成功完成第三次全国经济普查工作，为地区经济发展提供基础信息依据。截至 2014 年 6 月 15 日，完成单位普查工作登记 2336 家，其中法人单位 1608 家、产业单位 728 家，并对应完成规模以下法人单位普查表的录入工作；个体普查登记 2074 家，其中抽查个体经济指标登记 330 家。

2016 年，统计所从培训全覆盖、服务全方位、提高上报率、降低差错率 4 个方面着手，经过近 4 个月的努力，提前一周完成 73 种、1184 张报表的收审工作，上报率 100%，高质量完成 2015 年统计年报工作及 2016 年定期统计报表的审核上报工作。区统计局从年报工作组织、年报工作布置、统计标准维护和统计数据质量 4 个方面对全区 43 个统计所 2015 年的年报工作情况进行考核，太阳宫名列前五，获评朝阳区统计工作先进集体。

表 12–1　**1999—2010 年太阳宫地区产业结构选年统计表**

年份	第一产业占比（%）	第二产业占比（%）	第三产业占比（%）
1999	2	15	83
2000	3	22	75
2003	0	23	77
2005	0.9	40.8	58.3
2006	0	16.5	83.5
2007	0	17.1	82.9
2008	0	11.6	88.4
2009	0	9.4	90.6
2010	0	8.2	91.8

劳动监察

1997 年，太阳宫地区开始劳动监察工作。2002 年 1 月至 10 月，太阳宫地区劳动和社会保障科通过监察执法为职工追回风险抵押金3万余元，为员工追回拖欠工资120.6万元；为职工补缴社会保险91万余元，补办劳动年检的单位20家。处罚违法用工单位9家，罚款53600元，另外强制执行的单位1家，罚款22528元，维护了劳工利益。

2003年，劳动科和社会保障加强日常巡查，在区劳动监察大队统一部署下，联合北片7个监察小组20余名专职监察员，分成7个执法小组，分别对大屯、安贞的两栋写字楼进行逐层逐户的劳动用工执法检查。检查用工单位45家，涉及职工500余人，对存在问题多的用人单位分别给予行政处罚和行政处理。按照区劳动监察大队的要求，以经贸大学东墙外示范街一侧的用人单位为规范对象，有29家单位被列为重点规范的单位，劳动科对其进行逐一立案、逐一规范，除没有营业执照和关门停业的用人单位外其他都已通过验收合格。通过劳动监察的方式完成社会保险扩面工作，即完成新增10户260人的双指标任务。在年检及复检期间对辖区184个用人单位进行检查，涉及职工4790人。全年对249家用人单位进行日常巡查，超额完成任务指标的166%；立案的单位有82件，完成任务指标100%。其中，受理下移举报案件35件，巡查立案47件。补缴社会保险费4.47万元，为劳动者追回风险抵押金1100元，为劳动者追发工资3.65万元，督促用人单位补签劳动合同358份。处罚违法单位17家，罚款8.1万元。全年开展专项监察工作7次，包括工资专项监察、劳动力市场专项监察、施工工地专项监察、社会保险费征缴专项监察等，在专项监察中对25家用人单位进行检查，涉及职工215人，维护了劳动者的合法权益。

2006年，劳动科监察小组检查用人单位204家，完成全年任务的136%；对156家用工单位进行立案检查，完成全年任务的260%，办结劳动用工及社会保险违法案件149件，结案率达到95%，其中处理举报案件80件，巡查69件；处理社会保险违法案件76件，其中责令28家用人单位补办社会保险登记，责令46家用人单位补缴社会保险费，责令23家用人单位补签劳动合同403份，责令27家用人单位补发拖欠29名职工工资39916.99元。期间下达责令改正通知书101份，对21家存在违法行为的用人单位进行行政处罚，共处罚款71400元。

2008年北京奥运会期间，劳动科开展以拖欠农民工工资为主要内容的专项执法检查活动，会同派出所、建管科、城管队、信访办，妥善处理6起集体工资纠纷案件，涉及金额达300多万元，400多人。截至12月20日，劳动科检查用人单位173家，超额完成全年任务；对105家用工单位进行立案检查，巡查68件；对存在违法行为的用人单位进行行政处罚。2009年，劳动科严格依法行政，使劳动监察影响力逐步扩大。全年对辖区内用人单位进行日常巡查345家，涉及职工人数22765人。立案82家，结案75家，处罚单位17家，处罚金额34280元，追缴工资欠款7730元，受理下移举报案件45件，处理地区劳动用工突发事件12起，涉及人数近千人。

2011年，劳动科巡查180家单位，对61家存在违法行为的用工单位进行立案处理，行政处罚14家，其他处理非法职业介绍机构1家，收取职工财物1家，未办理社会保险登记10家，未给职工缴纳社会保险2家，共处罚金34615元。处理企业劳动用工突发事件11起。这11起群体案件都是打着讨要农民工工资的旗号，但是情况各不相同，人数从几十人到几百人不等，金额从十几万到近千万不等，有的是工程承包权问题、有的是恶意讨薪、有的是小包工头欺诈工友将钱归为私有等等。2013年，全年常规检查各类用人单位652家，涉及劳动者967人，接受局转举报投诉案件11件，立案调查51件，法定期限内结案率100%，为劳动者追讨工资2.5933万元，涉及劳动者62人，补办社会保险登记证15个。

2015年，在“劳动用工规范一条街”工作中，检查涉及的企业单位共计60家，职工934人，其中纠正劳动用工行为及立案调查处理近30件。信息库录入单位138家，检查单位102家，立案60件，其中处罚8件，罚金3700元。全年审查用工单位50家，立案29家，新办社保登记证4家，按时完成劳动监察、失业动态监测、辖区在施工工地工资、社保缴费清空户月报及劳动合同季报、劳动合同期限届满年报等各项工作。2016年，完成“劳动规范用工一条街”检查，纠正劳动用工行为及立案调查处理34件，维护了劳动者的合法权益。

第三节　经济发展

中华人民共和国成立前，受封建生产关系束缚和长期战乱的影响，一家一户的“小菜园”生产日趋没落；太阳宫地域农业的大田作物耕作粗放，农田水利设施很少，抵御不了频繁的自然灾害，只能靠天吃饭。农业发展缓慢，产量一直处于低而不稳状态。1949年10月至1950年3月，太阳宫地域内各村土地改革工作渐次完成和圆满结束。土地改革消灭封建土地所有制，农民获得土地，翻身解放，但缺耘少犁，生产生活仍旧困难重重。

1951年12月，党中央下发《中共中央关于农业生产互助合作的决议（草案）》试行，号召全国农村走互助合作的道路。随后，太阳宫地区响应国家号召，按照自愿互利原则，组织成立互助组。互助组一般由几户到十几户组成，实行共同劳动、分散经营。土地、耕畜、农具等生产资料和收获的农产品，仍归私人所有。

初级社时期，农民在自愿互利的原则下将私有土地、耕畜、大型农具等主要生产资料归社统一经营和使用，按照土地的质量和数量给予适当的土地分红，其他入社的生产资料也付给一定的报酬。初级社在社员分工和协作的基础上统一组织集体劳动，社员根据按劳分配的原则取得劳动报酬，产品由社统一支配。

农业合作化开始后，逐渐由互助组发展为初级社、高级社。新的生产关系，为农民发挥农业生产技术的作用、促进生产力的发展创造了条件。与此同时，副业收入也有所增长。1957年，太阳宫地区副业收入中运输业收入34132.24元，劳力输出收入41953.49元。

1958年8月，朝阳区组建人民公社，太阳宫乡并入和平人民公社，实现政社合一。实行以公社为基本核算单位的公社所有制，盛行“一平二调”，一度出现高指标、瞎指挥、浮夸风、共产风，超越农业生产力发展水平，严重损害群众利益，挫伤社员生产积极性。

1961年，太阳宫人民公社成立，贯彻中共中央关于“调整、巩固、充实、提高”方针和《农业六十条》（《农村人民公社工作条例〈草案〉》），实行“三级所有，队为基础”。公社下设生产大队，大队下设生产队，以生产队为核算基础，纠正“一平二调”错误。并且，在大队内部按照行业不同建立菜、粮、农机、猪、工副业、积肥、运输等专业队。在以蔬菜为纲、粮菜并重并积极开展多种经营的经济发展原则下，太阳宫公社的农业生产得到恢复和发展。1965年，公社工矿业总收入43万多元，比1963年增长56%；农业总收入255.4万元，比1963年增加9.6%。1963年至1965年3年间，公共积累共计673581元。

“文化大革命”期间，太阳宫公社各级党组织和各项工作受到很大的干扰和破坏，家庭副业被视为“资本主义的尾巴”而遭到批判；生产上片面强调以农业为主，产业结构严重失衡；劳动报酬实行计分制，分配极不合理。这一切严重挫伤广大干部群众的劳动积极性，影响太阳宫公社的经济和社会发展。

1978年，五路居生产大队第三生产队在太阳宫公社率先试行家庭联产承包责任制，联产承包到专业队、专业组。同年年底，中共十一届三中全会在北京召开，作出实行改革开放的重大决策，正式拉开中国农村改革的序幕。1979年起，联产承包在全公社逐渐推广，主要实行的是包干责任制，承包单位以专业队、专业组为主。家庭联产承包责任制改革，将土地产权分为所有权和经营权。所有权仍归集体所有，经营权则由集体经济组织按户均分包给农户自主经营，集体经济组织负责承包合同履行的监督，公共设施的统一安排、使用和调度，土地调整和分配，从而形成一套有统有分、统分结合的双层经营体制。家庭联产承包责任制的推行，纠正了长期存在的管理高度集中和经营方式过分单调的弊端，使农民在集体经济中由单纯的劳动者变成既是生产者又是经营者，从而大大调动农民的生产积极性，较好地发挥劳动和土地的潜力。

中共十一届三中全会后，太阳宫公社按照朝阳区第三次党代会提出的“以城市工作为重点，同时要把农村建设成为首都服务的副食品基地之一”的要求，结合区域实际确定以加快农业发展为重点，坚持以种菜为主，农、林、牧、副、渔全面发展。工作中，按照《中共中央关于加快农业发展若干问题的决定》精神，尊重和保障生产队的自主权，克服对生产队的生产计划、分配水平、生产措施、经营管理等方面统得太死的现象，取消社员收益分配的限制，实行联产承包责任制。同时在全公社范围内普遍推行“定收入、定开支、定产量、定产值、超产奖励”的“四定一奖”生产责任制和三级主要干部的岗位责任制，调动干部群众的积极性，杜绝“出工靠打钟、干活磨洋工、计酬卯子工”的现象，真正体现按劳分配的原则，极大地调动广大干部群众的劳动积极性。社员们在种粮、种菜过程中，大力推广先进的生产技术，引进科学的管理方法，粮食和蔬菜产量大幅度提高，推动农业生产迈上一个新台阶。1980年，太阳宫公社工、副、企业产值1442万元，利润258万元，人均收入379元。

1983年撤社改乡，成立太阳宫乡人民政府。在新的形势下，太阳宫乡大力推广农业生产专业化和适度规模经营，使农业开始向专业化、商品化、现代化发展。改变“以粮为纲”的单一经营模式，农、林、牧、副、渔，工、建、运、商、服十业并举，综合发展；以农促工，以工补农、建农的良性经济结构初步形成，乡域各村充分利用地处首都近郊、交通方便、基础设施齐全、距大工厂和科研院所近的地理优势，加快发展二、三产业，支援农业生产发展，改变生产条件，提高农业机械化水平，使大量农业劳动力向非农产业转移，从而为进一步发展二、三产业提供丰富的人力资源；随着农村城市化进程加快，耕地逐年减少，农业内部生产结构日趋合理，成为首都副食品生产基地；以市场为导向，调整产品结构，农业由过去单纯生产初级产品，为食品工业提供原材料，转变为对农产品加工、增值，工业企业由原来进行农机具加工维修，发展到各个行业的多种产品加工维修。1983年，太阳宫乡为城区提供蔬菜1678.3万公斤，粮食32万公斤，猪肉16.7万公斤，蛋44.3万公斤，鱼4.6万公斤，成为名副其实的“菜篮子”。1985年，全乡总收入3285.6万元，纯收入1374.7万元，上缴国家税金270万元，积累281万元，人均收入达1189元，人均收入首次突破千元。

1993年，太阳宫乡设立农工商总公司，实行党政分开、政企分设。当时，太阳宫乡还是一个商饮、服务业方兴未艾，工农业并举的城市郊区，乡域内市政、基础设施薄弱，是一个典型的“都市里的村庄”。同年，按照首都规划委员会的规划，太阳宫乡开始了城市化的进程，在耕地、劳动力大幅度减少的情况下，域内经济仍有较大进步，年底全乡经济总收入达10423.4万元，首次突破亿元大关，纯收入2754万元，人均收入2371元。随着集体经济的发展壮大，人民生活水平不断提高，集体公益、福利事业也随之发展，全乡实现社员退休金制度。

1996年，太阳宫地区充分利用自身的区位优势，经济工作始终贯彻“以商饮服为龙头，大力发展第三产业，优化二产，调整一产”的产业发展战略，以商饮服务业为龙头，逐渐形成开发建设产业链、花卉流通产业链、东北三环沿线服务业，即“两链一线”的经济格局。同年，全乡经济总收入37000万元，利润完成4400万元，社员分配1982万元，集体积累504万元，人均收入6510元，劳均收入11804元。

1996 年至 1999 年间，乡内产业结构得到进一步优化，一、二、三产在 1999 年主营经济收入中的比例达到 2∶15∶83。到 2000 年，全乡一产、二产、三产占经济收入的比例为 3∶22∶75，全乡经济总收入 80737 万元，其中第三产业实现经济收入 5.73 亿元，实现利润 8537 万元，已成为推动太阳宫乡经济快速发展的主力军。

2001 年，由于绿化隔离地区建设进程的加快，太阳宫地区的一产已经消失，二产也受到乡域改造不同程度的制约，三产成为拉动全乡经济增长的主力。地区围绕开发建设发展产业链工程，投资新建塑钢加工厂、混凝土搅拌站、水泥构件厂等新型企业，成立新纪物业管理公司，并广开经营思路，在竞争中求发展，相继建成莱太文化广场、莱太花卉街、鲜切花批发市场、300 米长的花卉交易一条街。年内，全乡实现经济总收入 86069 万元，实现利润 8668 万元，人均收入 13900 元。

2002 年，按照朝阳区“推进农村管理体制改革”的指导精神和朝阳区农村工作会议精神，原“三级所有，队为基础”的管理体制，束缚着生产力的发展，已不适应经济发展的要求，同年 6 月，太阳宫乡对十字口村 4 个生产队建制进行撤销，实现村级专业化管理。这是自成立农村合作社以来农村体制的一次重大改革。此次改革，严格遵循《北京市集体资产管理条例》和《朝阳区关于规范农村集体资产管理工作程序》的规定，本着只撤销生产队建制，不改变各生产队集体资产性质及权属的原则，严格禁止撤队后原各生产队集体资产采取“一平二调”使用，保持撤队后的生产队集体资产的稳定性。撤销生产队建制实行统一管理，集中分别核算，并成立村民管理小组，负责撤队后的日常行政及经营管理工作，行使经济合作社赋予的工作职责。另外，随着乡域改造进程的加快，太阳宫地区原有的乡、村两级企业都受到不同程度的影响，同时企业用地建设还未正式启动，因此在短期内对地区经济发展造成一定影响。鉴于此，地区按照行业相同或相近的原则，扩大行业经营规模，对于管理相对分散的集体资产、资源进行有效的整合，对全乡 90% 的乡、村企业进行全面改制。是年，地区以调整产业结构、培育有市场竞争力的产业为主导，新建太阳宫住达塑钢门窗有限公司、太阳宫混凝土搅拌站、北顺达股份有限公司、新纪物业管理有限公司、莱太花卉有限公司、新纪房地产开发有限公司等一批新兴企业，为乡属经济注入新的活力。并对北京市腾飞龙咨询服务有限公司、北京市朝阳区太阳宫旅馆、北京市明宫宾馆、北京飞天龙腾商贸中心、北京太阳宫水上乐园、北京市太阳宫宾馆等几家公司进行转制。拆迁关闭大发销售公司，撤销奶牛场原联营企业裕兴铝材、北京市新海特种木材厂、北京市朝阳区三环蓄电池门市部、北京市朝阳区十字口金属结构厂、北京市朝阳区京华钢木家具厂、北京市朝阳区太阳宫建筑工程公司、北京市朝阳区除尘设备总厂、北京市朝阳区太阳宫乡水利管理站、北京市朝阳区太阳宫乡人民政府清洁车辆队、北京市朝阳区太阳宫乡电力管理站、北京市朝阳区宏声汽车维修站、北京市朝阳消声器厂、北京市太实公司、北京市北方新盛达商贸中心、北京市朝阳区牛王庙金属结构厂、北京市朝阳区东坝河花木公司等17家工业企业。

2003年，太阳宫地区继续按照“消化一产、整合二产、做大三产”的原则，积极推进产业结构调整，产业结构进一步优化。由于乡域开发建设，大部分土地已经成为待开发用地，至2003年下半年已基本无生产用地，因此农业总产值为232.6万元，包括蔬菜产值31.6万元，林业产值201万元，同比减少212万元。同时，集体经济管理体制改革迈出重大步伐，以实现乡级集体资产优化整合为目标，对7家乡直属企业实施战略性重组，成立新的总公司。到年底，以商、饮、服务为主的三产收入已占经济总收入的70%以上。年内，全乡实现经济总收入84000万元，实现利润9249万元，分别比年计划超额7%和10%，集体资产总额突破13.3亿元，全乡农民劳均和人均收入分别达到27483元和20299元，同比增长2.9%和30.5%。

2004年，地区深入开展经济普查、清产核资、土地清查和林地调查工作，为经济发展提供决策依据。结合首都功能定位，切实发挥乡域区位优势，明确大力发展服务于国际化大都市功能第三产业的产业定位。按照“组团式规划、板块式发展”思路，加快调整太阳宫新区总体规划布局、提高A区容积率和调整合作开发利益分成形式的工作；农民二期回迁楼、产业用地自建项目等专项规划得到进一步优化。完善莱太花卉主题工程、莱太花卉街和地下停车场改造项目规划，完成资产评估、盘活资产工作。拓展绿色产业内涵，积极开发文化产业，稳步推进太阳宫公园、体育休闲园引进合作项目工作。加快新兴产业建设速度，太阳宫中路汽车精品展卖街项目和太阳宫新区E区超市项目相继完成主体结构施工。乡域经济产业结构日趋合理，经济发展后劲显著增强。是年，因为没有大项的绿化工程，农林牧渔业总产值均为林业产值，为75.7万元，比上年有所减少。

2005年，地区采取科学产业定位、优化产业结构、推进体制改革三项措施，积极创新企业经营机制，实施宾馆改造升级，提升服务业竞争能力，大力发展服务于国际化大都市功能的第三产业，积极推进太阳中心一期工程新云南大厦合作项目、莱太花卉市场改扩建工程、体育休闲园、太阳宫公园引进文化产业项目等一批重点项目建设，产业结构进一步优化。莱太商业街成为太阳宫地区重要的商业形象窗口，聚集效应不断增强，辐射效能日趋明显，太阳宫中路汽车精品街、天恒泓混凝土有限公司、天鸿泰投资公司成为当时新的经济增长点和新的企业存在形式。在产权制度改革上，组建产权制度改革办公室，按照“先村后乡、由易到难、因地制宜、稳步推进”的产权制度改革思路，制定全乡集体经济经营管理体制改革的初步方案，稳步实施“先经济管理体制改革后产权制度改革”的“两步走”战略，稳步推进产权制度改革。

2009年，积极应对国际金融危机带来的不利影响，落实保增长的工作任务，保持经济的平稳发展，逐步为实现地区城市化夯实经济基础。全年实现总收入 156987.8 万元，实现利润 2882.4 万元，上缴税金 3783.4 万元，农民人均劳动所得 24229.8 元。

2010 年，坚持按照“开发带动发展、整合推进发展、改造加快发展、管理提升发展、规划指导发展”的思路，推动地区经济社会又好又快发展。全年实现经济总收入 176000 万元，利润总额 3175.4 万元，税金 4330.8 万元，同比分别增长 3.5%、10.2% 和 14.5%。“十一五”时期，太阳宫乡产业结构进一步优化升级，地区综合经济实力稳步提升，逐步发挥现代商业、体育休闲文化产业、餐饮住宿业等竞争优势，服务于国际化大都市功能的区域第三产业逐步完善。通过强化监管，积极引导，集体企业市场竞争力不断增强，经济总收入、利润和税金较“十五”末均有不同程度的提高。

2012 年，地区制定《太阳宫乡产业发展规划方案》，结合区位特点和区域产业发展的客观要求，把产业发展作为推进地区农村城市化的首要任务，扶持朝阳产业，拓展发展宽度，积极争取政策，挖掘发展空间，发挥区位优势，利用现有资源，促进产业升级，形成以现代商业、现代服务业和楼宇经济为支柱，以体育休闲文化产业为补充，与周边地区经济发展业态相融合的产业发展结构，充分发挥地区为周边功能区的服务、配套和拓展功能，全面加快地区农村城市化进程，构建地区“一轴两街一区多点”的产业发展空间格局（一轴是：以太阳宫中路为轴，依托太阳宫公园、太阳宫体育休闲园和已完成建设的 2.6 万平方米商业配套，发展体育休闲文化产业；两街是：打造莱太商业街和四环北侧商业街；一区是：依托云南大厦和即将建设的重庆大厦、太阳宫大厦打造高端商务楼宇经济区；多点是：升级改造乡域外集体企业形成多点现代服务业）。

2013 年以后，太阳宫乡不断取消低级次市场，关停乡级企业莱太环艺发展公司，乡、村两级集体经济受到一定影响。2016 年，乡、村两级集体经济实现总收入 19187.9 万元，同比减少 4874.2 万元，下降 20.3%；实现利润 4398.6 万元，同比减少 954.8 万元，下降 17.8%；实现税金 3351.0 万元，同比减少 746.4 万元，下降 18.2%。

表 12–2　**1996—2016 年太阳宫地区主要经济指标统计表**

年份	经济总收入（万元）	利润总额（万元）	税金总额（万元）	人均劳动所得（元）
1996 年	37000	4400	960	6510
1997 年	46537	5875		
1998 年	60817	6683	988.3	7442
1999 年	72408	7370	1008	7691
2000 年	80737	9575	1463	10249
2001 年	86069	8668	1742	13900
2002 年	92953	10299	350.2	22000

续表 12–2

年份	经济总收入（万元）	利润总额（万元）	税金总额（万元）	人均劳动所得（元）
2003 年	84000	9249	375.2	20300
2004 年	82000	14000	4528	22300
2005 年	88000	11000	3856	17042
2006 年	139900	9539	5332.4	20229
2007 年	132300	6505	5262	21842
2008 年	136000	2707	3932	23035.2
2009 年	156987	2882.4	3783.4	24229.8
2010 年	176000	3175.4	4330.8	26168
2011 年	196600	3505	4770.9	28287.5
2012 年	216000	3855.5	5248.5	29384.7
2013 年	238600	4239.9	5771.7	29449.9
2014 年	262900	4698.8	4794.9	29500.6
2015 年	227635.1	5973.4	5907.4	29559.6
2016 年	19187.9	4398.6	3351	29688

第十三章 农业

太阳宫地区传统农业以粮食种植为主，中华人民共和国成立前，受生产力水平、战乱及自然灾害的影响，农业发展缓慢，粮食产量较低。中华人民共和国成立后，开展土地改革，成立互助组、初级社、高级社，走集体化道路。尤其是人民公社时期，平整土地，兴修水利，发展农业机械，改进耕作制度，实行科学种田，粮食产量大幅增加。与此同时，太阳宫公社大力发展蔬菜生产，于1963年提出“以菜为纲、粮菜并重”的发展原则，商品菜产量大幅攀升。1983年，太阳宫乡为城区提供蔬菜1678.3万公斤，成为名副其实的“菜篮子”。太阳宫乡临近城区，从1969年到1995年的近30年间，因国家建设征地，先后撤销左家庄、小黄庄、五路居、小亮马桥、惠忠庵5个生产大队并征用太阳宫、十字口、牛王庙3个建制村的大部分土地，造成乡域内耕地大幅减少。进入21世纪以来，随着城市化进程的加快，传统农业逐渐从境域退出。

第一节 农业资源

耕地

中华人民共和国成立初期，太阳宫地区人民在党和政府的领导下，大力发展农业生产，开垦荒地。1956年，太阳宫乡有集体耕地13345.746亩，个人耕地337.114亩。

1957年，太阳宫乡农业用地总面积14638.9亩，其中耕地面积14492.9亩（包含菜地448亩、旱地14044.9亩）、鱼池80亩、苇塘66亩。因建筑用地50亩，比之前耕地面积有所减少。1958年后，太阳宫地域经过持续数年的平整土地，园田面积由原来的400多亩增加到近5000亩。

1961年，太阳宫人民公社成立时，全公社有耕地10483亩。1964年，由于大搞平整土地和兴修水利，对盐碱沙洼地和荒地、十边地进行规划和改造，太阳宫公社耕地面积有所增加，旱田总耕地面积达到10546亩，其中园田4510亩、旱地5591亩、稻田445亩。同年，太阳宫公社和各生产大队以开会、广播、表演文艺节目等形式宣传山西省昔阳县大寨思想，教育社员学习大寨精神。1965年新开稻田1000亩，产量大为提高。例如原来尚家楼和五路居有的地块平均亩产不足50公斤，经过新开稻田，亩产量提升到三四百公斤。之后数年，由于国家征地，太阳宫公社的耕地有所减少。至1975年，太阳宫公社有耕地9300余亩，以种菜为主。

20世纪80年代，朝阳区根据辖域农村自然资源、自然条件和生产结构、生产特点的农业分布状况作出调整：在粮食种植上，太阳宫公社土壤肥力较高，水量充沛，灌溉方便，全部划归为小麦水稻区；在蔬菜种植上，太阳宫公社多是老菜田，土壤适宜，肥力较高，水源充足，设备齐全，划归为细菜保护区；在林业种植上，太阳宫公社划归为杨树洋槐农田防护林区，因邻近城市居民区，公社部分地区被划归为毛白杨、国槐环境保护林和葡萄经济林区；在畜牧业发展上，太阳宫公社属于菜牧区，适宜发展养鸡、兔和猪。

1990年10月，朝阳区对原农业区划进行调整，划分为4个区。太阳宫乡人多地少，人均占有耕地0.73亩，土壤肥力较高，水利灌溉条件较好，属于城乡服务绿化保留菜田区。1992年，城乡建设速度加快，土地资源继续减少。为实施农业区域开发总体规划，朝阳区按功能圈专业化商品基地进行开发，分为3个区。太阳宫乡属于城乡接合部保留绿带环境治理开发区，以蔬菜种植和养猪为主。在保留部分粮田基础上，配合城市环境保护，扩大绿化面积，建大型规范化综合农贸批发交易市场。

1993年后，太阳宫乡被纳入首都第一批绿隔地区建设，绿隔建设区集体土地陆续被征为国有。1994年，依据《北京市城市总体规划》和农村区域经济发展状况，按农、林、牧、渔大农业重新规划，农业分成3个区。太阳宫地区属于城市过渡区，农田面积小而分散，重点发展第三产业，促进农业与第三产业紧密结合。

2002年，太阳宫地区有781亩菜地，其中太阳宫村有113亩，十字口村有668亩。同年8月，将十字口村45亩菜地、太阳宫村100.65亩菜地，共计145.65亩农用地转为建设用地。12月，十字口村12.35亩菜地、牛王庙村18亩菜地、太阳宫村37.95亩菜地，共计68.3亩农用地转为建设用地。

2003年年初，地区有农业用地面积783亩，其中太阳宫村54亩、十字口村729亩，包含耕地面积372亩、林地面积411亩。至年末，太阳宫地区有农业用地843亩，其中耕地面积303亩、林地面积540亩，均为十字口村的用地面积。2004年，地区已无从事农业的人员，常用耕地全部取消，仅剩251亩临时性耕地（开发待用地）和811亩林地（含公园绿化）。

2006年，太阳宫村集体土地47.5亩，牛王庙村45亩。是年，根据朝阳区土地利用总体规划，将十字口村7.97亩耕地、0.86亩农田水利田地转为建设用地，用于建设北京太阳宫燃气热电冷联供工程项目，作为2008年北京奥运会的配套项目，并满足周边地区居民的供热需要。

2007年，地区有农业用地810亩，全部为林地。2008年，地区有农业用地783亩，均为林地面积。

自1996年按照首都规划委员会规划进行城市化建设以来，太阳宫地区城市化的进程主要以三种形式来推进：根据国家需要的重点工程，如安贞、小关、和平街、麦子店、香河园、左家庄等地的城市化；重点项目，如牛王庙村，因是京润水上花园重点项目而推进城市化进程；北京市的绿化隔离政策，如太阳宫村、十字口村以及牛王庙村的一部分。通过这三种形式的推进，太阳宫地区城市化进程不断加速发展。截至2014年5月，绿隔建设区内集体土地全部征为国有，农民转非安置工作基本完成。

表13–1　**1949—2003年太阳宫乡农业基本情况统计表**

年份	生产大队（个）	生产队（个）	农户（户）	人口（人）	劳动力（个）	耕地面积（亩）
1949年			75	780	470	7180
1950年			80	880	520	8030
1951年			104	840	510	7450
1952年			96	1020	630	9000
1953年			86	888	590	8930
1954年			86	950	570	8876
1955年			88	949	570	9132
1956年			158	2198	608	9600
1957年			563	4481	863	10030
1958年			2209	10286	919	16150
1959年			2123	9774	2381	14450
1960年			2452	10821	2841	12651
1961年			2454	10203	3067	10326
1962年			2671	11061	3968	10693
1963年			2717	4413	4024	10583
1964年			2762	11894	2993	10546
1965年	8	24	2784	12024	3992	10380
1966年	8	24	2874	12345	4224	10435
1967年	8	27	2953	12612	4316	10421
1968年	8	27	2107	13124	4915	10477
1969年	8	27	3245	13535	5284	9382
1970年	8	27	3341	13267	4633	10068
1971年	8	27	3371	13307	4510	10033

续表 13-1

年份	生产大队（个）	生产队（个）	农户（户）	人口（人）	劳动力（个）	耕地面积（亩）
1972 年	8	27	3428	13417	4871	9870
1973 年	8	26	3463	13542	5260	9886
1974 年	8	27	3527	13726	5758	9735
1975 年	8	27	3667	13724	5497	9686
1976 年	8	29	3712	13813	5742	9376
1977 年	8	27	3861	14020	6188	9372
1978 年	8	27	3972	14216	6437	8975
1979 年	8	23	3515	12137	5671	7560
1980 年	8	23	3646	12493	6361	7383
1981 年	6	17	2412	7934	4215	5343
1982 年	6	17	2595	8195	4379	5286.5
1983 年	6	17	2743	8369	4519	4708.4
1984 年	5	15	2419	7251	3758	4533.2
1985 年	5	15	2487	7156	3641	4285.9
1986 年	5	15	2591	7277	3785	3983.2
1987 年	4	14	2352	6487	3391	3850.8
1988 年	4	14	2429	6567	3362	3814
1989 年	4	14	2561	6662	3464	3688
1990 年	4	14	2707	6740	3566	3674
1991 年	3	9	1887	4600	2442	2648
1992 年	3	4	1938	4690	2454	2280
1993 年	3	4	1937	4695	2483	1947
1994 年	3	4	1876	4567	2357	1769
1995 年	3	4	1741	4061	2177	1769
1996 年	3	4	1781	4080	2234	1237
1997 年	3	4	1811	4094	2243	2280
1998 年	3	4	1824	4115	2517	900
1999 年	3	4	1672	3709	2160	900
2000 年	3	4	1683	3742	2171	900
2001 年	3	4	1182	2651	1760	617
2002 年	3	4	1191	2710	1783	372
2003 年	3	4	1191	2725	1989	303

水利

太阳宫水利管理站

人民公社时期，太阳宫公社设有水利管理站。1983 年，撤社建乡，太阳宫乡延续设置水管站。主要负责辖区内水利规划、水利建设的统一管理及水利设施的运行维护等工作，并协助乡政府做好防汛抗旱，完成汛期雨量监测等水资源监测任务。2002 年年初，水管站并入农业综合服务中心。

水利设施建设

引水工程 大望京引水渠为地域内的引水工程，位于区域中部偏北，呈东北、西南走向。东北起自北小河，经大望京、公主坟村、西八间房、花家地，西南至东坝河村汇入坝河。全长 4.75 公里。因引水渠斜穿大望京，故名。该渠为温榆河灌区的组成部分，始建于 1962 年，初建工程于东坝河附近建闸抬高坝河水位，利用西八间房村向坝河排水的自然沟改建为渠，引水至花家地村南，并在此建扬水站，建扬水机房 25 平方米，装 40 厘米水泵 1 台。

1970 年，拓展大望京引水渠工程，建配套水利设施 10 座，改修西八间房长 70 米的暗涵，在东坝河建 3 孔平板手摇式启闭闸，加高堤防 420 米，新建五里沟引水渠进水闸。1978 年，再次扩改引水渠工程，新配套水利设施 11 座，改建为方涵 270 米。大望京引水工程的修建，解决了太阳宫公社的农田灌溉用水问题，使公社的数千亩土地受益。

灌溉工程 1957 年，太阳宫乡有水井 10 眼，水车 35 部，423 亩旱地面积全部实现灌溉。1958 年起，和平人民公社在辖区进行大规模水利化建设，于太阳宫第三管理站境内陆续修建干渠 81 条，全长 29.5 公里，修建支渠 186 条，全长 50.5 公里，购置电动机、水泵各 105 台，另有其他动力设备，包括汽油机和锅驼机等 23 台，马力 382.5 千瓦。至 1961 年析建太阳宫人民公社时，太阳宫公社水利化程度已达 82.2%。

1964 年冬，太阳宫公社组织修建多条大小渠道，有各种排灌机器 231 台，在旱田总耕地面积 10546 亩的基础上，达到有效灌溉面积 6300 亩（包括稻田），水利化程度达到 70% 左右。1965 年，全公社水利灌溉面积达到 7884 亩，比 1963 年增加 75.2%。

进入 20 世纪 80 年代，太阳宫乡继续加大对农业基础设施的投入。1994 年投资 13 万元，用于农田水利基本建设，疏挖衬砌排灌沟渠。是年，全乡暗管浇灌面积已达全部菜田的 86%。至 90 年代中期，全乡共有电机井 33 眼。

农机具

传统农具

中华人民共和国成立前，太阳宫地区曾使用过的传统农具构造简单，用铁、木、石等材料手工制作而成。耕作器具主要有犁、抬犁、单砘子、双砘子、铁锹、镢头、锄、抓钩、耙子、盖、薅锄、篙头等。播种器具主要使用耧子，有使用一腿耧的，也有使用二腿耧的，播种机推广后便弃用。田间管理主要使用除草、松土工具，包括：锄头、耘锄、大镐、小镐、三角镐、花铲、挠子、铁锹等。灌溉工具主要有辘轳、水车、水桶等，辘轳各村均有。收割工具主要使用镰刀。运输工具有扁担、粪箕子、抬筐、土篮、三角筐、杖筐、背筐、背绳、铁皮车、铁瓦车等，有人力推动的，也有牲畜牵拉的。

脱粒工具主要是碌碡，随着20世纪70年代脱粒机的使用而逐渐弃用。场院器具有木锨、刮板、木杈、扫帚、簸箕、筛子、笸箩、撮子、笤帚、铡刀等。农产品加工有石碾、石磨等。容器有麻袋、粗线制的八斗口袋、蛇皮袋、坛子、罐子、缸、囤、粮仓、仓房等。丈量器具有：斗、镉、升、斛、石、秤、弓、皮尺、量绳、钢尺等。在中华人民共和国成立前和成立初期，太阳宫地区的农民在耕作时，传统的农具发挥突出作用。

农业机械

中华人民共和国成立后，太阳宫地区开始出现新式农具，尤其是在农业合作化和人民公社成立后，半机械化和机械化农业机械逐渐增多。1952年，东郊区农具推广站贷款购置手动喷雾器，太阳宫地区开始使用手动喷雾器用于防治害虫。1954年，北京市拖拉机站开展耕地服务，农忙时节，会派拖拉机来代耕部分土地。1957年，太阳宫乡主要农具有锅驼机1台，三凿耘锄29架，喷雾器59架，胶轮大车32辆，其他大车130辆。

20世纪60年代初，太阳宫公社已有各种排灌机器231台，1965年新添手扶拖拉机14台。1965年，公社各种机器设备发展到334台，比1963年增加105台。1963年，公社的蔬菜种植开始使用手扶拖拉机运输，到1975年，蔬菜进城运输全部实现汽车化。

1972年，公社拖拉机站有拖拉机3台，其中链式东方红75拖拉机1台，轮式铁牛55和轮式东方红28各1台。有农具12台，包括：机引犁4台，其中轻型五铧犁2台，轻型四铧犁、悬挂二铧犁各1台；机引耙3台，其中24片悬挂圆盘耙、钢缘滚动耙、旋转耕作机各1台；机引播种机、16行悬挂播种机2台；平地机械有推土铲、平地机、轮式铲运车各1台。其余还有容量为1.2吨的油罐1个，油桶10个。

截至1991年，太阳宫乡有各式拖拉机13台，播种机2台，植保机械15台，排灌机械52台，场院机械19台，农产品加工机械9台，动力机械125.9万瓦，农用载重汽车94辆。20世纪90年代以后，随着境内农业生产的逐步减少，农业机械数量呈现逐年快速下降的态势，大部分的农业机械被出售或赠与其他有农业种植的地区。

表 13–2　**1972 年太阳宫公社农业现代化情况统计表**

类别	机械化			水利化				电气化	化肥
	机耕面积（亩）	机播面积（亩）	机械中耕（亩）	机（电）井（口）	扬水站（处）	电动机灌溉面积（亩）	旱涝保收面积（亩）	农村用电量（千瓦时）	全年使用化肥（万公斤）
合计	6788.2	1761	110	3	79	6388.58	6913	884520	61.719
一大队	400				6	594.18	504	4600	1.98225
二大队	1459	365			12	1270	1080	23010	11.465
三大队	1323	432			1	777	310	190149	7.212
四大队	1143.4	20			19	1011.8	1127.8	339602	7.78
五大队	900	236	110	3	14	726.8	1030	16342	7.9003
六大队	742.8	338			5	1033.8	966.2	100576	8.1766
七大队	630				10	225	660	2585	6.70285
八大队	190	370			12	750	1235	207656	10.50

表 13–3　**1972 年太阳宫公社主要农机具数量统计表**

类别	合计	数量
动力机械（电动机）	合计（台）	279
	其中排灌用（台）	147
排灌机械	水泵（台）	137
	农排泵（台）	33
场院机械	扬场机（台）	22
	机动脱粒（台）	61
	其中打稻机（台）	41
畜农机械	铡草机（台）	28
	粉碎机（台）	30
	其中风雷式（台）	22
	青贮切割（台）	3
植保机械	机动喷雾器（台）	20
	手动喷雾粉器（台）	95
农产品加工	面粉机（台）	10
	碾压机（台）	10
	粉碎机（台）	8
	小钢磨（台）	7

续表 13–3

类别	合计	数量
运输工具	汽车（辆）	8
	三轮卡车（辆）	1
	手扶拖拉机挂斗（辆）	27
	胶轮大车（辆）	250
	胶轮手推车（辆）	415
耕作器械	手扶拖拉机（台 / 千瓦）	27/167.69
	双铧犁（部）	16
	播种机（部）	4
	手动插秧机（台）	11

第二节　种植业

粮食种植

粮食作物

粮食种植曾是太阳宫地区的基础产业。粮食作物按种植、收获季节区分为夏粮、秋粮两大类别。夏粮主要有冬小麦、春小麦、大麦等；秋粮主要有玉米、谷子、高粱、水稻、甘薯、马铃薯、豆类等。

中华人民共和国成立后，随着农田水利基本建设的发展和农业科技的推广，种植结构逐渐发生变化，粮食作物逐步转化为以小麦、玉米为主，其次为水稻、谷子、高粱和其他杂粮。人民公社成立以后，由于大搞水利，平整土地，精耕细作，太阳宫地区的农业形势迅速提升。20 世纪 90 年代以后，由于城市化进程的加快，尤其是 1996 年太阳宫地区纳入首都第一道绿化隔离地区以后，便逐步停止粮食种植。

玉米　有春播、夏播之分，是太阳宫地区的传统种植作物，种植历史悠久。20 世纪 50 年代种植的玉米以农家品种为主，有快籽白、狗乐、线黄、火葫芦、窝头黄等。与此同时，开始选育、引进推广玉米良种，有白马牙、金皇后、东陵白、小八趟、京早 8 号、京早 10 号、京白 10 号等。春季种植玉米多采用间作种植，间作玉米的行距株距在 1958 年 4 月 25 日的《抗旱小报》有明确介绍。“间作中熟玉米（快秧玉米）、蚕豆、土豆行距 3.2 ~ 3.4 尺，株距 0.9 ~ 1.1 尺或 1.7 ~ 1.8 尺双株。间作晚熟玉米（白马牙、金皇后）行距 3.2 ~ 3.4 尺，株距 1.7 ~ 1.8 尺或 2.1 ~ 2.2 尺双株。扁豆间作玉米每两行扁豆间作一行玉米，中熟种玉米株距 1.7 ~ 1.8 尺双株。”

麦类 种植面积较广，有小麦、大麦之分。小麦又分为冬小麦和春小麦，是主要的夏粮作物。20 世纪 50 年代以前，以农家品种为主，自留、自用，品种多而杂。中华人民共和国成立后，开始引进并推广优良品种，农大 1 号、农大 3 号、北京 8 号、北京 10 号等，普遍生长良好，秆粗，穗长，籽粒饱满。

水稻 20 世纪 50 年代起，太阳宫地区的水稻多是依傍坝河水分散垦种。品种以大白芒、黑马尾、紫金箍为主，株形高大，大穗长芒，着粒较稀，粒重偏轻，耐肥性差，亩产约 50 ~ 100 公斤。60 年代，引入白金水稻、东方红 1 号。70 年代多种植京越 1 号和黄金，80 年代以越富、秋光、中花 8 号等品种为主。

谷子 耐旱、耐瘠，多种植于坡地、薄地、旱地，秸秆是大牲畜的主要饲草。20 世纪 80 年代以前，品种主要有紫根白、小黄谷、丰收红等。80 年代以后，随着城市建设占地和菜田扩大，太阳宫乡的谷子种植逐步停止。

甘薯 甘薯俗名白薯。由于味道甘美，产量颇高，茎蔓又是家畜的好饲料，一度是太阳宫地区的重要粮食作物。曾种植的主要品种有大红袍、大白蛋、胜利百号、一窝红、新大紫、丰薯 1 号、济薯 1 号等。20 世纪七八十年代以后，太阳宫乡耕地逐渐减少，菜田扩大，加之人民生活水平提高，也不再将其作为主粮，需求量减少。因而种植面积逐年下降，最后停止种植。

面积与产量

中华人民共和国成立前，由于受战争与政治变革的影响和旱涝风雹虫病等自然灾害的危害，粮食产量低而不稳。中华人民共和国成立后，经过土地改革和大力开垦荒地，农民不仅分得土地，而且耕地面积大幅增加，粮食产量也逐年增长。

1953 年，五里沟村种植金皇后玉米获得丰产，产量达每亩 189 公斤。金皇后原产美国，50 年代由山西省引进。生育期 120 ~ 125 天。果穗圆筒形，紫红色，籽粒偏长，耐肥喜水，抗涝，亩产 100 ~ 125 公斤，高产田可达 200 ~ 250 公斤。据曾经种植金皇后玉米的王斌在当年丰产后介绍，丰产的主要经验在于，收完上年的芝麻和萝卜后，即耕地，约 20 厘米深，第二年春，惊蛰时节翻二次犁，约 13.3 厘米深，然后铺廊肥，1.77 亩地共铺肥料 1 万公斤。金皇后秧苗长得高，耘锄两遍用小土堆，不用大土堆，因为大土堆高，容易造成秧苗受压，生长缺少力量。

1956 年，太阳宫地域纯粮田面积 11391.2 亩，其中农业生产合作社有 11180 亩，个体农户有 211.2 亩；白薯面积 2525.3 亩，其中农业生产合作社 2490 亩，个体农户 35.3 亩。纯粮食产量 1260828 公斤，白薯折粮数 425215 公斤。是年，种植玉米 5472.5 亩、黄豆 1261.4 亩、谷子 1500 亩、高粱 1158.5 亩、大麦 33 亩、白薯 1565.3 亩、黑豆 150 亩、旱玉米91亩；春季播种小麦2604.7亩，总产量242237公斤，另有社员自留地播种面积47亩，总产量3995公斤，春季小麦总产量为246232公斤。

表13–4　　1957年太阳宫乡农作物收获情况统计表

单位：亩、公斤

农作物名称	农业生产合作社			社员自留地及其他		
	播种面积	亩产量	总产量	播种面积	亩产量	总产量
粮食作物	7554		1877436.15	517		102162.5
水稻	6	200	1200			
谷子	1090	100	109000	25	100	2500
玉米	4089	181.75	743175.75	360	181.75	65430
高粱	1185	80.5	95392.5	42	80.5	3381
黍子	104	80	8320	14	80	1120
小豆	472	65	30680	16	65	1040
其他杂粮	608	100	60800	60	100	6000
白薯	1811	279	505269	40	279	11160
土豆	103	750	77250			
大豆	1121	70.184	78676	81	69.78	5652
黄豆	1036	66	68376	72	66	4752
黑豆	85	100	8500	9	100	900
经济作物	989.3	23	22753.9			
棉花	957	69	66033			
青麻	32.3	25	807.5			
芝麻	37	32.5	1202.5	7	32.5	227.5

1958年起，太阳宫第三管理站经过连续几年的平整土地，再加上现代化农业机械和水利的发展，粮田面积和粮食产量继续大幅攀升。1963年，太阳宫公社以菜为纲，粮菜并重，在搞好蔬菜生产的同时，加强对粮食生产的领导和粮田基本设施建设，粮食产量得以逐年提高。

1965年，种植小麦2400多亩，公社粮食总产量1498382公斤，比上年增加124%。1966年，种植夏收小麦2979.2亩，大麦547.5亩，夏收小麦总产545327.25公斤，比上年419518.6公斤增长30%，单产183公斤，比上年171.2公斤增加11.8公斤。大麦总产72885公斤，比上年9367.5公斤增长678%，单产132.1公斤，比上年88.75公斤增加43.35公斤。

20世纪70年代以后，由于国家建设征地和蔬菜种植面积的增大，粮食种植和产量呈减少趋势。1972年，公社夏粮总耕种面积3300.6亩，亩产205公斤，总产量676623公斤。冬小麦面积2624.8亩，单产220公斤，总产量577456公斤；大麦面积651.3亩，单产150.5公斤，总产量98020.65公斤；豌豆面积24.5亩，单产63.5公斤，总产量1555.75公斤。秋粮种植面积4397.35亩，单产196.5公斤，总产量864079.275公斤。春稻谷面积795.8亩，单产433.5公斤，总产量344979.3公斤。晚稻谷面积297亩，单产269.5公斤，总产量80041.5公斤。春玉米种植面积244.8亩，单产192公斤，总产量47001.6公斤。晚玉米面积409.7亩，单产277.5公斤，总产量93206.75公斤。套种玉米1467.3亩，单产86公斤，总产量126187.8公斤。园田间作玉米238亩，单产160.5公斤，总产量38199公斤。春白薯88.2亩，单产241.5公斤，总产量21300.3公斤。晚白薯面积24.5亩，单产166公斤，总产量4067公斤。春大豆31.9亩，单产84.5公斤，总产量2695.55公斤。晚豆类面积39.6亩，单产168公斤，总产量6652.8公斤。晚谷子面积71.7亩，单产147公斤，总产量10539.9公斤；春高粱66.2亩，单产167公斤，总产量11055.4公斤。晚高粱面积622.5亩，单产123.5公斤，总产76878.75公斤；十边粮面积98亩，单产233公斤，总产22834公斤。

进入20世纪80年代，落实统分结合的家庭联产承包责任制，推行适度规模经营，改革粮食购销体制，推进科技兴农，调动农民发展农业生产、激活农村经济的积极性和创造性，同时不断增强农业设施，增加农业投入，农机、水利等物质条件不断改善，太阳宫公社的粮食生产逐步由传统农业向现代农业转化。到90年代初，太阳宫乡虽然因耕地减少、菜田面积扩大，导致粮田面积逐步减少，但亩产量却不断增长。

蔬菜种植

蔬菜品种

大白菜 20世纪50年代，早熟品种有小白口、翻心黄、翻心白；中熟品种有青白口、抱头青、大青口等。70年代，普及杂交种，主要有北京4号、北京8号、北京106号、北京88号、小杂55号、小杂8号等。80年代，主要杂交品种有青庆、双青、农丰、新1号等，核桃纹、拧心青、青麻叶等农家品种仍占一定面积。到90年代，引进新2号、新3号。

甜菜 作制糖原料的糖用甜菜是两年生作物。甜菜在深而富含有机质的松软土壤上生长良好；施用化肥和粪肥均有良效。普遍实行灌溉，能忍耐盐碱含量较高的土壤。在适宜的气候下，菜用甜菜生长期为8 ~ 10周，某些饲料甜菜则长达30周。

韭菜 太阳宫地区的韭菜品种多为从外地引进，主要有马蔺韭、铁丝苗、大白根、汉中韭、大青苗等。过去，在韭菜种植兴盛的时代，因经济效益好而被称为“聚宝盆”。

菠菜 菠菜是太阳宫地区春季主要绿叶菜类，有尖叶菠菜和圆叶菠菜。20世纪70年代以来，种植面积逐年减少。到80年代，推广种植新育成的菠杂9号、菠杂10号等杂交品种。

黄瓜 20世纪50年代至60年代，有北京小刺瓜、北京大刺瓜、丝瓜青、鞭瓜、宁阳大刺瓜、浆黄瓜。70年代，引进适宜早春栽培的长春密刺，而后又引进抗霜霉病和白粉病及丰产性状好的津研1号、津研2号、津研3号、津研4号。当时，种植黄瓜被称为“摇钱树”。到80年代，京旭黄瓜耐热、抗涝成为夏播主栽品种。1983年，引入适于秋季生产的津研5号、津研7号，同时引入农大各号品系。90年代，引进碧春、春秋绿等。

番茄 20世纪50年代，农家品种有小火柿子、粉红甜肉、苹果青。后来，援蒙专家带回乌兰巴托、红瓦轮特、翻天印、克利克斯大粉。60年代，推广北京10号、粉红甜肉、农大23、北京大典等，苹果青占一定比例。70年代，引进一批抗病性强、早熟丰产的品种，主要有满丝、强力米寿、特瑞皮克、佛洛雷德、加8、佳粉、早粉与加8杂交种。1976年，牛王庙生产大队第三生产队利用大棚试种秋番茄成功，进而在全市推广，供应期延长到春节。进入80年代，强丰为露地主栽品种，佳丰是早春保护地当家品种，秋栽品种以佳红、日本3号为主，同时试种中蔬4号、强辉。搭配品种有佳粉、杂10等。90年代，引进佳粉11、佳粉12、佳粉15、毛粉802。

甘蓝 20世纪50年代，有金早生、小平头、牛心、茴子白。60年代，发展北京早熟、上海黑平头、日本黄苗等。70年代，以双金、报春、庆丰、京丰1号、晚丰等杂交种为主。80年代，推广中甘11号。90年代，引进8398。

茄子 20世纪50年代到60年代，主栽品种有五叶茄、六叶茄、七叶茄、短把老来黑。70年代，推广安阳紫茄、高阳茄。80年代，保留六叶茄、七叶茄、九叶茄，新增耐涝的杂交种丰研茄。90年代，露地引进京研1号，保护地引进京研2号。

大椒 20世纪50年代，主栽品种有三道门、四道门、铁把黑等，引进上海茄门大椒。60年代，普及全区。70年代，推广甜杂1号，露地生产以茄门大椒为主。80年代，推广适宜保护地种植的双丰大椒。90年代，引进甜杂2、3、4、5、6号。

其他 芹菜，先后种过上海芹、西芹、春风、铁杆芹、大粗芹、细皮白等。豆类，先后种有黑法兰豆、花芸豆、北京棍豆、泰国豆、英国豆、美国供给者、丰收1号、双季豆、云丰豆。豇豆有黄花青、线青、十八豆、红嘴雁、之豇28等。大蒜，有红皮蒜、白皮蒜、狗牙蒜。萝卜，有小红水萝卜、露八分、娃娃脸、白萝卜、心里美、天津卫青、象牙白、二英子、鞭杆红、胡萝卜等。菜花，有瑞士雪球、椰尔福、荷兰雪球、法国菜花等。

规模与产量

太阳宫地域处于洪积冲积扇平原，土质多是轻壤到中壤土，比较均一，土地肥沃，再加上坝河从乡域内穿过，水源丰富，适合种植蔬菜，曾是北京市有名的蔬菜之乡。

中华人民共和国成立前，太阳宫地区的蔬菜品种以白菜、菠菜、萝卜等大路菜为主，多为露地春播和秋播菜，采用传统种植方法，产量很少，由于受自然灾害的影响很大，农民种菜基本上是自产自用，仅有少量的蔬菜上市交易换取口粮，解决吃饭问题。中华人民共和国成立后，太阳宫地域加大对蔬菜的种植和管理，蔬菜的种植面积、产量、质量、品种都得到加强与提高。

1956 年，太阳宫地区种植白菜 10.5 亩、菠菜 9.5 亩、大葱 168.3 亩。1957 年，太阳宫地域蔬菜种植面积有 947 亩，其中社员自留地面积有 32 亩，农业社集体种植面积 915 亩。1957 年，全乡种植大白菜 299 亩（其中窖白菜 70 亩）、萝卜 506 亩、雪里红 3 亩、芥菜 65.5 亩、菠菜 25 亩，另有社员自留地及其他播种面积 32 亩。

1958 年，响应“全国农村实现工业化、区乡自办工厂”的号召，太阳宫地域种植甜菜 1000 亩，用于自办糖厂，以增加集体和社员的收入。这是太阳宫地区第一次规模化种植甜菜，在 4 月 26 日的乡办《抗旱小报》上，详细记述甜菜从整地与施肥到种子处理、播种，再到间苗、定苗，中耕、除草、追肥、浇水和防治病虫害等一系列科学栽培方法。

1958 年起，经过连续几年的平整土地，再加上现代农业机械和水利设施建设，蔬菜种植面积和产量均有快速而明显的提升。1963 年，太阳宫公社提出“以菜为纲、粮菜并重”的发展原则，商品菜产量大幅攀升。1965 年，公社成为菜社，全年商品菜完成 2578.5 万公斤，比 1963 年增加 4.19%。

“文化大革命”开始后，片面强调“以粮为纲”，太阳宫公社菜田面积和产量有所下降。1971 年至 1976 年，加强对蔬菜的生产管理，实行“五定三包”（定面积、定品种、定上市数量、定上市时间、定蔬菜质量，包菜农口粮、包统一收购、包价格水平），太阳宫公社菜田面积和亩产迅速提升。

进入 20 世纪 80 年代，太阳宫公社因多是老菜田，土壤适宜，肥力较高，水利方便，成为以保护地为主的细菜区。公社实行家庭联产承包责任制以后，在各生产大队普遍推行“定收入、定开支、定产量、定产值、超产奖励”的“四定一奖”生产责任制，社员们在种菜过程中，大力推广先进的生产技术，引进科学的管理方法，蔬菜产量大幅度提高。1983 年，太阳宫乡为城区提供蔬菜 1678.3 万公斤，成为名副其实的“菜篮子”。

20 世纪 90 年代以后，由于首都绿化隔离地区建设以及产业结构调整，太阳宫地区蔬菜播种面积逐渐减少，所种菜地属于城乡服务绿化保留菜田区，1994 年向首都市场提供商品菜 1020 万公斤。2002 年，太阳宫地区农林牧副渔总产值为 424.8 万元，其中蔬菜种植产业 244.4 万元，林业产值 180.4 万元。2003 年，地区仅剩十字口村还种植 76 亩蔬菜，有菠菜、油菜、黄瓜、茄子等，年总产值 232 万元。2005 年以后，随着城市化进程的加快，蔬菜的种植生产基本从境域退出。

图 13–1 90 年代，蔬菜种植

图 13–2 90 年代，大棚蔬菜种植技术讲授

经济作物

太阳宫地区的经济作物有棉花、花生、大豆、油料作物、土豆等，其中又以花生、棉花为主。

花生

花生种植历史悠久，各村均有种植，但种植面积一般较少。1956 年，太阳宫地域种植花生 21 亩，另有社员自留地种植 1.4 亩，总种植面积 22.4 亩。在物质条件不发达的过去，花生除作为家庭必要的经济补充外，也是不可或缺的油料来源和小零食。

棉花

棉花种植历史悠久，各村均有种植。1956 年，太阳宫地域种植棉花 918 亩，另有社员自留地种植 10 亩，总种植棉花面积 928 亩。由于棉花在管理上费工费时，产量不高，20 世纪 60 年代以后终止棉花种植。

第三节 养殖业

畜牧生产管理

1959 年，太阳宫第三工作站成立以书记挂帅的畜牧领导小组，下设生产办公室。“文化大革命”开始后，由于公社机构被冲击，畜牧领导小组和畜牧生产办公室处于瘫痪状态。“文化大革命”中期，畜牧领导小组陆续恢复。1971 年，太阳宫公社 8 个生产大队中有 4 个大队成立畜牧领导小组，分别由书记或主营生产的主任任组长，有 5 个大队配备专职的畜牧干部。全公社有 29 个猪场，其中有 21 个猪场里的干部，名义上是畜牧队长，实际上则是猪场负责人。有的生产大队设有养猪积肥专业队和专职队长，专业队共有 15 人。

1980年，公社在畜牧组的基础上进一步健全和完善畜牧办公室，并在1983年分别成立菜粮公司和畜牧公司。1994年又合并为菜粮畜牧公司，随着第一产业的比重减少，1997年将其撤销，职能并入乡农工商总公司。

禽畜养殖

中华人民共和国成立前，太阳宫地区的畜牧养殖业附属于小农经济，长期采用传统的农户分散饲养方式，规模不大，发展缓慢，人民生活一直以粮食、蔬菜为主，产品消费很低。畜禽饲料也一直依附于农业生产，其主要来源是粮食加工产生的糠、麸、土面、土粮及秸秆、树叶等，喂养方式处于“一把菜一把糠”“有啥喂啥”的状态。中华人民共和国成立后，党和政府对关系国计民生的畜牧水产十分重视，大力提高饲养、繁殖、疫病防治等各项技术水平，再加上土地改革后，广大农民分到土地，多养畜禽、多积肥、多打粮食的积极性高涨，太阳宫地区的畜牧业有较大发展。

1956年7月，国务院发布《关于发展养猪的指示》。明确指出，“农业合作化后，养猪仍是合作社社员的一项重要的家庭副业，积极组织社员家庭养猪”，“私有、私养、公助，是当前发展养猪的主要办法”。“社繁户养”“私有私养公助”，以及将肥料折价入社或由社队现金收购等措施的实施，激发广大农民养殖畜禽的兴趣，各生产队积极发展养殖业，先后建起养猪场、渔场、牲口棚等，其中牲口棚集中各生产队的牛、马、骡、驴等大牲口。同时发展多种养殖，丰富养殖业，为农民增加收入。1956年，太阳宫地域有骡马154头（匹）、驴185头、牛14头、猪897头、羊80只。1957年，太阳宫地域有牛10头；有马19匹，其中能繁殖的母畜6头；有驴141头，其中能繁殖的母畜14头，能配种的公畜7头；有骡101头（匹）；有山羊24只、绵羊19只，还有鸡4071只、鸭31只。是年，响应国家号召全国各地农民大量养猪的指示，辖域的农民大量养猪，到6月份即发展到1080头。同时，成立养猪委员会，专门指导和帮助社员养猪，并培养防疫员，对预防猪瘟传染治疗起到积极作用。

20世纪60年代初，国家下达“菜、粮、猪”三大指标任务。太阳宫公社贯彻“公私并举，公养为主，私养为辅”的方针，积极发展集体养猪，并鼓励社员养猪。至1969年，全公社有存栏猪2841头，1970年有存栏猪3192头。1971年，太阳宫公社革委会抓革命促生产组提出，在猪饲料的问题上，除充分利用酒精渣和糟渣外，还要组织拉运城市泔水，收集野生植物或野菜，大搞糖化饲料，以适应养猪的新高潮。同时大力推广生猪合作医疗制度，在生产队中培养一名不脱产的防疫员，对集体和社员的猪做到“三针一刀”（猪瘟、猪丹毒、猪肺疫三针和劁骟一刀），防患于未然，发病及时治疗。大搞养猪积肥，每个猪场建立常年不懈的积肥专业队，根据猪场的大小配备车辆和人员。太阳宫公社按照国家有关积极发展集体养猪、鼓励社员养猪和“队繁户养”“队繁队养”的养猪方针政策，每个生产大队设立多名猪场饲养员。截至年底，公社有猪场饲养员149人，其中有高小以上文化的51人；有集体存栏猪1823头，比上年同期1093头增加730头，增长66%；有成年母猪542头，比上年同期381头增加161头；有后备母猪441头，比上年同期418头增加23头；有成年公猪50头，比上年同期40头增加10头；有后备公猪35头，比上年同期50头减少15头；有存栏仔猪522头，比上年同期368头增加154头；有育肥猪233头，比上年同期204头增加29头；产仔窝数803窝，比上年同期534窝增加269窝；产仔成活5714头，比上年同期3974头增加1740头，平均每窝成活7.1头；社员年末圈存3540头，比上年同期2099头增加1441头，增长68.8%；全公社总圈存猪5363头，比上年同期3192头增加2171头；全年累计养猪8263头，比上年同期4959头增加3304头。是年，有专用粉碎猪饲料的粉碎机26台，原有猪圈655间，年内新建342间，有的队还将饲养室改为暖阁。与此同时，在猪饲料上做到多种搭配，并推广使用干饲料。加之在饲料喂养上，大力推广发酵稻草和地窖发酵饲料用于大牲畜的喂养，既节约粮食，又解决大牲畜吃猪饲料的问题，做到专粮专用。

1972年，太阳宫公社累计养猪10051头，年末生猪存栏合计6065头，其中集体养2095头、社员户养3970头，全年出售商品肥猪合计3986头，其中集体出售365头，社员户出售3621头，平均每人养猪0.76头。在存栏中有成年母猪703头，后备母猪289头，种公猪99头，公社有养猪场29个，猪圈有984个，其中年内新建160个。是年，公社发展肉鸡饲养，全年出售商品肉鸡2560只，均为十字口生产大队所饲养。1977年，北京市进一步明确“积极发展集体养猪、养鸡，继续鼓励社员家庭养猪、养鸡，有计划地发展国营养猪、养鸡”的畜牧生产发展方针。为加快畜牧工作的发展速度，公社在各生产大队设立专职的畜牧队长和防疫员，生产队设立畜牧队长和猪场厂长，并选派年轻社员充实饲养队伍，建立健全岗位责任制，大抓饲料和积肥工作，实行公养私养并举的“两条腿走路”政策，鼓励社员养猪，壮大集体经济。

中共十一届三中全会以后，畜牧业在加快国有养殖企业发展的同时，大力兴办乡、村养殖企业，鼓励非农部门和农民自办养殖场，实行“国家、集体、个人一齐上”的方针，同时在畜禽场内推行和建立联产计酬岗位生产责任制，定职定责，实行“按劳分配，多劳多得”的政策，使畜禽养殖经济效益明显提高。1981年12月，太阳宫公社建立养鸡场，数量2万只。至1991年，太阳宫乡有养鸡场10个，年产鲜蛋72.4万公斤。此一时期，乡域也有一些养鸡专业户，规模大小不等，少则几十只，多则几百上千只，基本都是蛋鸡。

20世纪90年代中期，因饲料涨价、经济效益低等因素影响，养鸡数量逐年下降。1994年，太阳宫地区种养业总收入完成829万元，向首都市场提供商品猪794头，商品蛋19.12万公斤，商品鱼12.3万公斤。1995年后，随着地区耕地的减少及绿化隔离带的建设，养殖业逐渐取消。

表 13–5　**1972 年太阳宫公社（大）牲畜统计表**

类别		合计	一大队	二大队	三大队	四大队	五大队	六大队	七大队	八大队	牛奶站	兽医站
年末大牲畜总头数	合计	525	38	92	60	69	63	70	67	59	3	4
	牛（头）	21	1	6	7			2	2	3		
	马（匹）	175	10	25	15	29	26	30	12	24	1	3
	驴（头）	218	16	38	27	27	27	34	31	17		1
	骡（头）	111	1	23	11	13	10	4	22	15	2	
参加农事劳役		466	34	76	47	58	61	69	61	57	3	
能繁殖	小计	72	6	27	9	10	7	3	2	6	1	1
	马（匹）	55	6	15	7	8	7	3	2	5	1	1
	牛（匹）	3			2					1		
当年生仔畜	小计	32	4	13		2	2	4	6	1		
	马（匹）	7	1	2		1	1		1	1		
	驴（头）	13		4		1	1	4	3			
	骡（头）	12	3	7					2			
奶牛	合计	105									105	
	成年母牛（头）	62									62	
	当年生小牛（头）	10									10	

表 13–6　**1978 年太阳宫公社养猪任务分配统计表**

单位：头

队别	累计养猪	年末存栏	商品任务
公社	13820	8240	5580
太阳宫生产大队	1000	610	390
十字口生产大队	1900	1100	800
惠忠庵生产大队	1700	1100	600
左家庄生产大队	1200	650	550
牛王庙生产大队	2000	1200	800
小亮马桥生产大队	1900	1150	750
小黄庄生产大队	2150	1300	850

续表 13-6

队别	累计养猪	年末存栏	商品任务
五路居生产大队	1900	1080	820
种子站	70	50	20

表 13-7　　**1970—1991 年太阳宫乡（公社）养猪情况统计表**

单位：头

年份	养猪	商品猪	存栏	仔猪
1970 年	4959	3498	3192	3974
1971 年	8263	2900	5363	5714
1972 年	10051	3986	6065	6741
1973 年	9906	4370	5536	7062
1974 年	10107	3944	6163	8954
1975 年	11659	5167	6492	9175
1976 年	11818	5219	6599	7484
1977 年	9898	4971	5127	8104
1978 年	9754	5050	4669	9050
1979 年	8839	4469	4370	7544
1980 年	8263	4355	3908	6547
1981 年	6303	4128	2175	4029
1982 年	4297	2034	1993	2130
1983 年	3914	2314	1600	2290
1984 年	3230	1642	1588	1890
1985 年	3226	1571	1655	1885
1986 年	3098	1443	1655	1498
1987 年	3103	1815	1288	294
1988 年	3571	1935	1586	1249
1989 年	4078	2193	1885	1473
1990 年	5110	3048	2062	1273
1991 年	5260	3256	2004	1806

水产养殖

中华人民共和国成立前，太阳宫地域未开发鱼塘，水产以河道野生为主。人民公社成立后，开始兴修水利，辖域的渔业资源才有进一步发展，并有专职渔业生产的队伍。1971年，太阳宫公社有养鱼的单位5个（十字口生产大队、惠忠庵生产大队、牛王庙生产大队、五路居生产大队和渔业队），公社养鱼有种鱼14万尾，小鱼50万尾，生产队自养鱼有5.8万余尾，共计养鱼70万尾。

1972年，太阳宫公社有水面面积206亩，已利用的面积有168亩，鱼种池有7亩，鱼种生产量为5万尾，放养鱼种16.3万尾，全年鱼类捕捞量6900公斤，渔业劳动力有25人。渔业队有水面面积80亩，其中利用60亩，渔业队有劳动力5人。

1973年，北京市农林局提出重点公社设专职水产管理员的通知，太阳宫公社水面面积为200亩以上，特设水产管理员，由杨文生负责。1975年，太阳宫生产大队第三生产队利用水库试养从上海崇明岛引进的长江水系中华绒螯蟹溞状幼体。但试养的螃蟹因未解决防逃问题，螃蟹不适应池塘生活，产量形不成规模，经济效益低，没有得到推广。

1975年前，人工饲料主要用于饲养鱼苗、鱼种及亲鱼。1975年，在十字口生产大队第一生产队渔场试验把整块豆饼拴住吊在鱼池，任鱼食用，后改成使用玉米面、豆饼面攥成团投喂。此后，鲤鱼养殖量逐渐加大，开始用商品饲料投喂鲤鱼。

20世纪80年代至90年代初，太阳宫乡鱼塘面积基本保持在300亩上下。1991年，全乡有鱼塘水面297亩，年成鱼捕捞量12.2万公斤。至1995年，仍有鱼塘水面287亩。迟至90年代末，乡域内不再养鱼，结束水产养殖。

第十四章　工业　建筑业

中华人民共和国成立之前，太阳宫地域内以农业为主，基本没有工业。1961 年成立太阳宫人民公社后，社办和队办企业开始兴起。20 世纪 60 年代末起，国家建设征地，太阳宫公社人多地少，公社大力发展社办工副业，妥善解决富余劳动力不断增多的问题。社队企业的建立，壮大合作经济，促进农业及其他行业的发展，为公社的经济发展奠定良好基础。同时，公社加强对社队企业的规范化管理，加大企业投入，上规模、上水平、求效益。1982 年，太阳宫除尘设备厂生产的 MC24-120-Ⅰ型脉冲袋式除尘器荣获“市级优质产品”称号。进入 20 世纪 90 年代，太阳宫乡属规模企业迅速崛起，乡、村两级企业不断发展壮大，乡域内的民营经济也同时蓬勃发展起来。21 世纪以后，为适应城市化进程的不断加快，太阳宫地区对辖域绝大部分的乡、村企业进行全面改制，企业逐步拆迁和退出。

第一节　工业

乡（社）办工业

发展概况

太阳宫乡的工业起步于中华人民共和国成立初期。1958 年和平人民公社成立后，为适应农业发展需要，解决公社内农业机械零配件购买困难、农机具缺乏并且修理困难的问题，管理站在尚家楼村的原乡政府旧址创建农具修配厂，主要从事农具和机械的修理装备工作。之后，太阳宫公社陆续成立面粉厂、编筐厂、综合加工厂等，主要经营与社员日常生活紧密相关的手工业产品和农业活动有关的业务，社办工业为农业生产提高效率和集体经济增加积累发挥积极的作用。

20 世纪 60 年代初，社办和队办企业开始兴起。太阳宫公社坚持“以农为主、以副养农”的方针，努力增加工副业收入，为巩固集体经济和发展农业生产服务，到 1965 年，太阳宫公社工副业总收入达到 43 万余元。“文化大革命”初期，社队企业曾被当作“不务正业”

受到批判。1966年至1969年，一批公社企业被迫下马，整体上处于停滞状态。

从20世纪60年代末开始，因为国家建设征地，太阳宫公社人多地少，富余劳动力越来越多，为解决劳动力不断增多和社员生活水平日益下降的突出矛盾，公社决定大力发展社办工副业，为农业生产服务，为农机化、现代化服务。1969年以后，在继续提高发展原有工业的同时，陆续成立拔丝厂、牛奶场、砖厂、淀粉厂、米面加工厂、农机具修理厂和手工艺制品厂等。1974年，社队企业承接国营企业下放的国家计划产品，公社办起医疗器械厂。太阳宫公社的副业收入中，米面加工收入11997.94元，农机具修理收入59145.63元，手工艺制品收入1840元。社队企业的建立，壮大合作经济，促进农业及其他行业的发展，为公社的经济发展奠定良好基础。

1980年，太阳宫公社贯彻国民经济“调整、改革、整顿、提高”方针，对社队企业进行调整，生产任务不足的及时调整生产方向，有的在老厂内建新厂，有的转产。太阳宫农具修配厂改产除尘设备，聘请专业技术人员研制、开发出9个系列66个品种，上半年完成产值233万元。

进入20世纪90年代，乡属规模企业迅速崛起。1992年，太阳宫乡有乡、村两级企业41个，其中乡办企业10个，村办企业31个。2002年，太阳宫地区工业总产值1562万元，其中乡办工业产值1268万元。2007年，太阳宫地区有工业企业16个，企业从业人员897人，企业总收入22101万元。

企业选介

太阳宫除尘设备厂　全称为北京市朝阳太阳宫除尘设备总厂，始建于1958年，坐落在十字口村，是朝阳区骨干企业之一，主要经营制造除尘设备、环保机械，制造钣金结构、冲压钢支架，生产用木制品，加工金属结构等。1978年至1979年，除尘厂研制成功并生产出MC-Ⅰ型脉冲袋式除尘器。1982年，除尘厂生产的MC24-120-Ⅰ型脉冲袋式除尘器获“市级优质产品”称号。1984年11月，除尘厂在朝阳分局注册成立，注册资本255.9万元。1980年至1985年，除尘厂先后研制出MC-Ⅱ型脉冲袋式除尘器、XPX Ⅲ型下排烟式旋风除尘器，数年间共生产各型除尘器4182台。

1992年，该厂拥有30个系列，350余种型号，年产量突破1000台，畅销全国。全厂职工350名。

村（队）办企业

发展概况

人民公社时期，太阳宫公社各生产大队、生产队开始围绕自己的地理环境和特点创办适合乡村经济发展的企业，作为集体经济的补充和积累。特别是经济体制改为“三级所有，队为基础”后，以生产队为基本核算单位，促进队办企业的快速发展。

改革开放以来，乡域开发面积不断扩大，带动一些新兴企业的产生，使太阳宫乡的村办产业链工程初具雏形。1986 年，太阳宫村投资 8.5 万元建成蓄电池门市部，经营范围为销售各种电瓶及电瓶零配件、充电灯，蓄电池修理等。进入 20 世纪 90 年代，牛王庙村的金属结构厂、花木公司和华园饭店增收明显，尤其是华园饭店自 2000 年改制后，扩大营业面积，由于经营策略得当，出租率大大提高，同时也带动餐饮收入的增加。2001 年，这三家企业共增收 987.5 万元，超出全村总的增加额。

截至 2001 年，辖域村办企业有太阳宫村的新海木材、蓄电池、照相器材、集贸市场，十字口村的金属结构厂、永兴三轮车厂、消声器厂、宏生汽修、太实五金制品厂、联营企业、太阳宫水上乐园、艺华亚膜厂，牛王庙村的金属结构厂、花木公司、华园饭店、华园出租站、土产建材。

为适应城市化进程的不断加快，2002 年起，太阳宫地区对辖域 90% 的乡、村企业进行全面改制。由于拆迁、改建、被征地等原因，先后关闭牛王庙金属结构厂、新海木材厂、十字口消声器厂、十字口金属结构厂、太阳宫批发市场等工业企业。十字口村关闭 6 个村办亏损小企业，取消 4 个村民小组单独核算制，改为全村统一核算，从此全村的经济组织被有效地整合在一起，集体经济由松散单一型转变为集中复合型。

2003 年初，地区共有乡、村两级企业 22 家，由于乡域改造、绿化拆迁，到年底有乡办、村办企业 18 家，减少 4 家。太阳宫村关停飞天龙腾商贸中心，十字口村关停太实公司、北方鑫盛达商贸中心，牛王庙金属结构厂因乡域改造部分拆除，全年因关停、拆除企业共计影响收入 6500 万元，减少利润 360 万元。

与此同时，围绕乡域开发建设，各村又新建一批新兴企业。如太阳宫村针对自身在激烈的市场竞争中所处的位置及角色，看准申奥成功而存在的巨大的建筑市场，大胆涉足混凝土行业，成立的北京天恒泓混凝土有限公司，2004 年实现产值 2 亿元，在全市 400 多个搅拌站中名列第 14 位。年内，太阳宫村有村级企业 3 个，村域资产总值达 2.6 亿元，同年实现劳均收入 36000 元。

2004 年，地区减少太阳宫除尘设备厂、北京朝阳区京华钢木家具厂、北京腾飞龙咨询服务有限公司、北京新纪知味斋餐饮有限责任公司 4 家企业。年初，十字口村借助德奥达汽车有限公司的优势，对太阳宫中路进行大规模的环境整治，对危旧房屋进行全面改造，改建成 12000 平方米的国际品牌精品汽车展卖厅一条街，成为十字口村新的经济增长点。通过招商引资，引进鹤立华修理厂、蓝驰汽车修理厂等 17 家汽车修理厂，十字口村西街成为汽车修理一条街。建成 28000 平方米的超市，并成立北京天鸿泰投资有限责任公司为集团公司，下设子公司。截至年底，十字口村全村总收入达到9000万元，比上年同期增长4%，利润2300万元，同比增长7%。至此，传统村办工业基本消失。

企业选介

北京天恒泓混凝土搅拌站（有限公司） 太阳宫村党支部、村委会贯彻太阳宫乡第九次党代会提出的“走出去”发展思路，顺应城市化经济发展趋势，探索在地区外开展经济合作与交流渠道，投资1800万元，在黄港乡投资建成占地50亩，年设计生产能力达150万立方米的新型、现代、环保的混凝土搅拌站，经营范围为加工制造混凝土。

图14-1 2003年10月28日，北京天恒泓混凝土有限公司开业典礼，市、区、乡领导参加剪彩

2003年10月28日，举行开业典礼，市建设监理协会、区建委、农委领导、黄港乡和地区工委、办事处等主要领导出席。该厂有计算机控制的搅拌主机4台，生产能力每小时500立方米；厂区配有各类储罐30个，总储量达3800吨；同时建有近万平方米的全封闭环保型砂石储料棚，总储存量可达39200立方米；公司严格按照ISO 9001:2000质量管理模式进行控制和管理，其生产、经营和管理技术人员均为专业人员。至2005年，天恒泓资产总额为25389万元。

个体、手工业

中华人民共和国成立之前，太阳宫地域就有些挑补绣花、打铁、纳鞋底、绑笤帚、食品加工等个体手工业作坊，但大都规模小，产量低。农业合作化时期，私营企业主要从事编筐、编席、挑补绣等手工业和私人人力车的营运。1964年，在“四清”运动当中，各种手工业、工副业被当作“资本主义尾巴”，强行割除。太阳宫公社的社员不再从事各种手工业和家庭副业生产经营活动，个体、民营工业处于停止状态。“文化大革命”期间，个体、手工业更是受到不公正对待，从业人员被批斗，项目被破坏。社员除生产队统一安排的工作外，其他工作均不得从事，个体、手工业陷入低谷。

中共十一届三中全会以后，党的工作重心转移到社会主义现代化建设的轨道上来。尤其是中共十一届四中、五中全会后，国家为解决广大农民温饱问题，针对“三农”问题制定一系列改革开放的方针、政策，开放农村市场，积极发展个体经济。

1991 年 10 月，朝阳区政府制定鼓励扶持发展个体经济的政策和措施。允许优化组合后富余人员从事个体经济或到私营企业就业，允许企事业单位停薪留职人员申请开办私营企业，行政事业单位编余人员，经当事人所在单位同意，可以申请个体经营。由此，太阳宫乡的民营经济蓬勃发展起来。

至 2005 年，太阳宫地区有农民个体私营企业 15 个，分别为 10 个批发零售业企业、4 个住宿及餐饮业企业、1 个社会服务业企业，年营业总收入 202 万元。此后，农民个体私营企业逐渐减少，至 2016 年，已无个体私营企业。

第二节　建筑业

发展概况

从民国时期到中华人民共和国成立初期，太阳宫地域就有农民从事烧砖、烧灰、挖沙、盖房等个体生产。

进入 20 世纪 90 年代，着力改善居住条件成为当地居民的呼声，太阳宫乡积极探索城乡接合部的房地产开发之路，并得到北京市委、市政府和朝阳区的支持。1993 年设立地区办事处之后，伴随着旧村改造和太阳宫新区的建设，房地产业在太阳宫地区萌芽和发展，建筑业也得到快速发展。1994 年，成立太阳宫建筑工程公司。1996 年，北京新纪房地产开发有限责任公司成立，由此开启太阳宫地区房地产开发业的大门。

1999 年，太阳宫建筑工程公司升为国家二级企业，并通过 ISO 9002 国际质量体系认证。年内，企业产值达到 9000 多万元，比 1996 年增长 9 倍，利润达到 260 万元，上缴国家流转税 520 万元，职工人均年收入 3 万多元，注册资金增加到 1500 万元。同年 11 月 18 日，新世纪质量认证中心向太阳宫建筑工程公司颁发 ISO 9002 质量体系认证证书。这是朝阳区继田华建筑集团、朝建公司、二建公司、团结湖建筑公司和三间房构件厂 5 家建筑企业通过此标准认证后的又一家企业，也是继田华建筑集团之后，第一家乡级建筑企业通过此认证。

2001 年，太阳宫地区围绕开发建设发展产业链工程，投资建成塑钢加工厂、水泥构件厂等新兴企业。2002 年，太阳宫地区建筑业总产值 5239 万元。

企业选介

北京新纪房地产开发有限责任公司　为贯彻北京市城市总体规划，实施绿化隔离带建设，按照北京市政府第 81 次常务会议精神，经市建委批准，北京新纪房地产开发有限责任公司由北京市朝阳区太阳宫乡农工商总公司和太阳宫乡建筑工程公司共同出资，于 1996 年 8 月 8 日宣告成立。同年 9 月 16 日，北京新纪房地产开发有限责任公司正式挂牌，初成立时注册资本为 1000 万元，2002 年增加到 5000 万元。至 2005 年，公司有职工 25 人。

北京新纪房地产开发有限责任公司经营范围为房地产项目开发，销售商品房，负责太阳宫乡域规划范围土地的开发建设与商品房销售，按照“以绿引资，引资开发，开发建设，以绿养绿”的方针，开发建设太阳宫新区。公司成立以来，利用绿化隔离带建设政策，通过转让项目、合作开发方式引资，启动太阳宫地区回迁楼、规划道路、市政基础设施和绿化以及旧村改造等多项重要工程。

第十五章 服务业

太阳宫地域自形成村落以来，即有服务业相伴始终。至中华人民共和国成立初期，辖域内的服务业大多仍停留在走街串巷式的分散经营状态，手工操作，设备简陋，收费低廉。1956年实行公私合营，私人服务业陆续停业。中共十一届三中全会后，国家实行改革开放，农村各种服务业开始恢复，并逐渐繁荣起来。进入20世纪90年代以后，太阳宫乡的农村城市化进程加剧，农民开始搬迁上楼，各种新型服务业、个体私营企业应运而生，蓬勃发展。并且随着乡域农民转工转居的陆续增多，太阳宫乡办起明宫宾馆、莱太花卉、新纪物业等集体企业，着力解决劳动力就业问题。截至2016年，地区有乡办集体企业7个，分别是莱太花卉、新纪开发、新纪物业、绿化公司、明宫宾馆、太阳宫宾馆、太阳宫旅馆。

第一节 商贸业

发展概况

辖域内商贸业发展，可追溯到元至元年间（1264—1294年）坝河通漕运。清代中后期到民国时期，每年农历二月初一太阳宫地域有小型庙会。民国晚期，有张姓人家在太阳宫庙开过一段时期的小商铺，售卖日用品。中华人民共和国成立前后，有村民利用自家土房开小铺维持生计，出售一些针头线脑、烟酒糖茶、油盐酱醋、煤油、洋火（火柴）等日用品。此时的商贸业以个体经营为主，货物品种较少，加之人们生活水平不高，购买力较低，有时以物易物，即用鸡蛋、粮食等物品换取自家所需物品。

中华人民共和国成立后，太阳宫地区于20世纪50年代初成立供销社。供销社由辖域各村村民集资入股建成，是个“公助民办”性质的商业组织，设有门市部和代销点。1952年至60年代，有社员在小关联社当售货员。1956年，对私营商业进行公私合营。1958年，这些店铺、商铺私营业主逐步并入国营商业和供销社。20世纪60年代末，供销社迁徙至太阳宫庙。迁至此地后，供销社规模较之以前也有扩大和扩展，前边是门店，后边是基层社办公地，并和粮店连在一起。1969年年底建成后，前边门店全称为“朝阳区太阳宫供销合作社太阳宫商店”。与此同时，原设在西坝河村一处庙产内的西坝河分销店撤销，设在惠忠庵村一户地主房内的惠忠庵分销店撤销，两店人员合并在太阳宫商店，原两个分销店的房产由太阳宫公社处置。太阳宫庙作为古迹拆除确实可惜，但商店为公社几个生产大队的社员群众在购买吃穿用烧等日用商品上又带来很大的便利，是人们购买生产生活用品的主要渠道。至80年代中期，朝阳区内各供销社纷纷转制和关闭。供销合作社自建立以来的30余年间肩负着地域各村物资交流供应和农副产品收购及生产资料购进与供应的主要任务，对村民的生产生活起到很大作用，作出重要贡献。

图 15-1　60 年代的太阳宫商店

20世纪50年代初，国家对粮食实行统购统销，按政策把人们手中多余的粮食，由国家统一购销调剂余缺，杜绝少数人囤粮扰乱市场，由此出现粮票。60年代初国民经济困难时期，商品紧缺，供求失调，许多工业品、副食品先后凭证凭票定量供应，后几乎涵盖人们生活的方方面面，很多商品凭票证购买。市场上流通的票证有布票、油票、糕点票、胶鞋票、手表票等，还有记账的副食本、购货本等。票证按人口数量发放，购买商品时凭票或在副食本、购货本上登记购买。“文化大革命”期间，集体商业以国营为模式，完全禁止个人经商，商店商品品种减少，花色单调，渠道单一，网点大量减少。

中共十一届三中全会后，国家实行改革开放，商品流通渠道扩大，个体、私营商业发展迅速。随着经济社会的蓬勃发展，国家对商品供应逐渐放开，议价商品开始出现。1983年，北京市发放的工业券停止使用。1984年，布票停止使用。1985年，国家除粮食、食用油、肉类、棉布、自行车、缝纫机、手表等主要商品凭票定额限量供应外，其他商品一律敞开销售。流通20余年的票证自此逐渐退出商品流通市场。

与此同时，太阳宫乡集贸市场、早市、晚市和个体摊群经营活跃。1985年5月蔬菜价格放开，太阳宫乡随即建立农副产品批发交易市场，并在20世纪90年代发展成为全区规模较大的农村集贸市场。同一时期，太阳宫乡还兴办一些集体经营的商贸业。1991年2月，鸡场与牛奶场合并。同年11月，太阳宫乡冰棍厂因长期亏损，改建成集贸市场。

2002年，太阳宫地区批发和零售业总产值1060万元。2003年，地区农村批发和零售贸易业产值同比增加1001万元。同年，十字口便民市场开业，位于十字口村村委会南，占地面积18700平方米，主要销售蔬菜、水果等。2004年，地区农村批发和零售贸易业总产值为5905万元，因莱太花卉营业额增幅较大，比上年同比增加3844万元，集贸市场因新增加北京万资聚农贸综合市场，成交额同比增加21058万元。截至2007年，太阳宫地区有第三产业企业454家，企业从业人员8329人，企业总收入830201万元。

2008年，京客隆太阳宫店开业，为区属企事业单位，位于太阳宫中路10号，经营面积3000平方米。随着地区开发建设的逐步完成，房地产业所占区级财政收入比例逐年下降，金融业、批发零售业迅速发展，2016年1—10月增速分别达到84%和46%，形成区级财政收入占比分别达到29%和17%。

企业选介

集（农）贸市场

太阳宫农副产品批发交易市场 1993年，太阳宫村创建太阳宫农副产品批发交易市场。同年5月试营业，以粮、油、蛋的批发为主营方向，当年即实现综合收入近亿元。1999年，对批发市场进行改扩建，改建后市场占地面积7万平方米，建筑面积2万平方米，设9个交易区，主要经营蔬菜水果、肉禽蛋、水产、副食调料、食用油、饮料等，批发品种达到2000多个，年成交量3.4亿公斤，年成交额11.4亿元，全年营业收入1200万元，太阳宫村经济收入的60%以上来源于批发市场。至1999年，批发市场安置劳动力76人，占全村劳动力人口的80%。2003年，由于修建京承高速公路，太阳宫农副产品批发交易市场经过改造平稳撤市，用于太阳宫产业发展用地项目“太阳中心”的建设。

图15–2 90年代的太阳宫批发市场

北京莱太花卉交易中心 北京莱太花卉交易中心（以下简称“莱太花卉”）创建于1998年4月18日，由太阳宫乡政府和北京国朝国有资产运营有限公司联合投资1.5亿元成立，是农业部批准的全国首家定点花卉示范市场。总建筑面积55000平方米，由莱太花卉商城、莱太花卉拍卖中心和莱太花卉街三部分组成，是集花卉及其连带商品的展示、销售、批发、拍卖、进出口贸易和信息网络服务于一体的中国北方最大的花卉集散中心。2002年，太阳宫地区对园艺场资产进行重组，固安花卉基地并入莱太花卉。同年实际完成收入

4641万元，利润424万元，上缴税金192万元。莱太花卉自开业以来，以质量求生存，以信誉促发展。2002年9月，获得ISO 9001国际质量体系认证，并于2003年初通过摩迪国际认证公司审核，取得UKAS证书。至2003年，有员工298人。

仿真花卉销售大楼 2002年落成的仿真花卉销售大楼面积为8000平方米，首层以知名的仿真花卉专卖店组成，主要经营干燥花、绢花、艺术陶器、户外家具；地上二、三层主要经营水晶花、玉雕、根雕和装饰画；地下一层主要经营现代瓷器、家居饰品、宠物用品和园林机械。

花卉拍卖中心 与莱太花卉商城相连的是国内首家专业花卉拍卖交易中心，中心包括拥有408个交易座席的拍卖大厅和2000平方米的花卉贮藏冷库，每晚6点半在这里举行鲜切花拍卖会。此外，莱太花卉还开通网上花店，其开张营业标志着莱太花卉电子商务系统由过去单纯的信息发布向直接参与市场营销的多元化发展迈出重要一步。

莱太花卉早市 作为莱太花卉产业链重要组成部分的莱太花卉早市，主要经营来自全国各地的鲜花，是北京及“三北”地区最大的鲜切花集散地。莱太花卉将俱乐部的管理模式引入早市管理，成立国内首家花店俱乐部，吸纳有从业资格的花店成为莱太花店俱乐部的成员，会员花店凭会员卡进入莱太花卉早市进行花卉交易，将花卉专业批发与零散销售区分开。

莱太花卉贸易部 莱太花卉贸易部拥有独立进出口权、种子种苗经营许可权和完善的基础设施，建有国内一流的大型鲜花保鲜冷库和专业种球储存库（采用进口全自动电脑控制）及设备完善的植物检验室，是多家境外专业公司在中国的特约代理商。

精品盆花销售大厅 紧邻仿真花卉销售大楼的是精品盆花销售大厅，总面积为8600平方米，主要经营国内外高档盆花、鲜切花、绿植以及水族，并设有顾客休息区和总服务台。

莱太花卉街 莱太花卉商城的对面是与马连道茶叶街、东内餐饮街齐名的北京市第三条特色商业街——莱太花卉街，花街设有独立花店48间和早市批发交易大厅。2001年9月8日，莱太花卉街隆重开街，开街仪式上，北京市商业委员会主任梁伟向莱太花卉有限公司总经理李秉成授牌。

莱太花卉物流中心 莱太花卉利用距机场辅路仅0.5公里，距首都机场16公里这一地域优势，于2002年8月1日建立莱太花卉物流中心，负责华北、东北、西北地区在北京转运花卉的接卸、存储、发运和中间结算等工作。

环境绿化工程部 2001年成立的莱太花卉环境绿化工程部是一个提供园林绿化工程咨询、设计、施工、养护管理的专业化服务机构，经过多年的锻炼，拥有园林绿化资质证明和一支技术过硬的施工队伍。环境绿化工程部集土木建筑、园林建筑、园林绿化三位一体，其承建的太阳宫公园闻名京城，成为太阳宫地区乃至京城百姓休闲、娱乐的好去处。

大型商场

太阳宫凯德 凯德 MALL 太阳宫店于 2012 年开业。主要面向 25 ~ 40 岁的时尚、知性、品位客群，为社区居民、白领阶层及周边地区的时尚和家庭消费人群带来更加便捷、国际化、一站式的跨国界生活体验。

太阳宫百盛 百盛商业集团是马来西亚金狮集团旗下的零售业务分支机构，1994 年百盛正式入驻中国零售业市场，在北京复兴门开设首家中高档百货店。百盛太阳宫店 2010 年开业，位于朝阳区东北三环七圣中街，经营面积 60000 平方米，凭着在中国零售行业 20 余年的经验，百盛已然成为中国消费者家喻户晓的百货品牌。

北京爱琴海购物中心 北京爱琴海购物公园是红星商业运作的首个“爱琴海”项目，总建筑面积达 13 万平方米。项目定位为中高端商业场所，除配置传统的国际精品、时尚零售和餐饮美食外，首次引进韩国大型儿童游乐品牌 PORORO，还增加影院、欢唱 KTV、高尔夫会所、美体休闲等业态，打造全生活“一站式”购物和“体验式”消费场所。作为国内首家主打欧陆风情的时尚购物公园，为顾客还原最纯粹的欧式品位购物享受，倡导精致生活和快乐体验，国内首创的“社交式商业空间”定位理念、融合科技与品质感的空间设计、丰富的业态组合、年轻又富于话题性的主题营销，使北京爱琴海购物公园迅速跻身北京一线购物中心。

第二节　住宿餐饮业

发展概况

20 世纪 80 年代以来，随着经济社会的发展和来京务工、经商人员的增多，以及各种会议的举行，太阳宫乡以其临近城区的区位优势占尽地利，集食宿、娱乐于一体的宾馆、酒店业蓬勃发展，且具备很高的档次、规模和接待能力。2002 年，太阳宫乡餐饮业总产值 852 万元。

企业选介

明宫宾馆 明宫宾馆位于西坝河西里 16 号，处于东北二、三环之间，东距首都机场 20 公里，与中国国际展览中心近在咫尺，为涉外三星级宾馆。宾馆于 1995 年 11 月开业，建筑面积 7250 平方米。1998 年重新装修，共 5 层，拥有 200 间客房，普标 22 平方米，总建筑面积 1500 平方米。宾馆备有普通标准间、豪华标准间、豪华单人间、三人间及大小套间等各式客房，宾馆内设有大、小写字间数十间。写字间的管理完全是酒店式的管理，既可办公又可留宿。另外宾馆内还设有“全聚德”烤鸭店、雇员厅、风味餐厅各一个，大小会议室、桑拿浴、台球厅、游艺厅、商务中心、咖啡厅、卡拉 OK 歌舞厅、美容美发厅、保健按摩等附属设施一应俱全。宾馆客房内安装喷淋系统、电子门锁，以及公共区域电视监控等防盗系统。截至 2016 年，总建筑面积达 16527 平方米，以接待会议团队为主，全年出租率在 65% 以上，年接待 50000 余人次，与 20 余家旅行单位保持业务关系，已初步发展成为服务于国展商圈的定点宾馆。

明宫烤鸭店 明宫烤鸭店成立于 1995 年 12 月，属集体所有制非法人单位。主要经营饮食服务、零售烟酒饮料等。截至 2015 年，烤鸭店有职工 38 人，各项收入总计 6466096.01 元，收入来源主要为餐饮收入。

太阳宫宾馆 太阳宫宾馆为涉外二星级旅游定点饭店，位于安定门外，北依安贞桥，内靠二环，外接三环。1993 年 11 月开业，建筑面积 9500 平方米，共 10 层，客房 108 间。设有标准间、三人间、写字间、豪华套间及夫妻套间，客房内设中央空调，闭路电视，IDD、DDD 先进通信设备，功能齐全，还有可容 3000 人同时就餐的以全聚德烤鸭及川鲁菜肴为主的餐厅，并设有娱乐厅、商品部、商务中心等多种服务设施。2003 年重新装修，投资 30 万元改造的宾馆一楼烤鸭店比原来扩大近 100 平方米的营业面积，并于 3 月 6 日开始营业。2005 年，太阳宫宾馆有职工 95 人，各项收入为 6537092.13 元。2006 年，太阳宫宾馆与山东寿光锦华生态园合作，开办胶东渔村餐厅，住宿环境、就餐环境、住宿率、就餐率有明显提高。改建 400 平方米网吧，提高经济收入。2015 年，宾馆有职工 47 人，各项收入合计 6322303.00 元，收入主要来源为宾馆服务收入和出租房屋收入。2016 年，宾馆建筑面积达 9626 平方米，以接待散客和剧组长包房为主，出租率在 65% 左右，全年接待 30000 余人次，与多家剧组保持接待关系，长包房收入较稳定。

太阳宫旅馆 太阳宫旅馆是太阳宫乡办的股份制企业，主要经营范围为住宿服务、零售日用百货、冷饮食品等，主要收入渠道为住宿费收入。1982 年 4 月 21 日，太阳宫旅馆开业。至 2005 年，有职工 109 人，全年各项收入合计 4290149.9 元，同年 4 月和 7 月，沸腾网吧和老广酒楼分别纳入太阳宫旅馆管理。截至 2015 年，旅馆全部职工 47 人，各项收入合计 5595027.07 元，主要收入为旅馆服务收入和出租房屋收入。2016 年，旅馆面积达 9637 平方米，以接待经济散客，培训学生为主，标间出租率 55%，床位出租率 68%，年接待 40000 余人次。

第三节 物业管理

20 世纪 90 年代后期，伴随着太阳宫地区房地产开发业的快速发展，物业管理应运而生。自 2001 年成立北京新纪家园物业管理有限责任公司，标志着地区的物业管理走上正式轨道。

北京新纪家园物业管理有限责任公司（以下简称新纪物业公司）成立于 2001 年 5 月 24 日，由北京新纪房地产开发有限责任公司和太阳宫乡农工商总公司共同出资成立，注册资本 180 万元，位于夏家园新纪家园小区 3 号楼 107 室，主要经营范围为物业管理、机动车停车场经营。新纪物业公司分别于 2002 年 10 月 30 日和 2004 年 3 月 26 日成立两家分支机构：装饰分公司、曦和情逸文化发展中心。装饰分公司位于朝阳区麦子店西路9号，主要经营家居装饰，销售建筑材料和五金交电等；曦和情逸文化发展中心位于太阳宫公园内办公用房，主要经营范围为组织文化艺术交流活动（不含演出）、劳务服务、接受委托代售门票等。2006 年 9 月，曦和情逸文化发展中心停止营业。2003 年 1 月，新纪物业公司接管原乡绿化队的 65 名工人。至 2005 年，公司的主要收入来源包括物业管理费、供暖费、车位租金和房屋租金等，2007 年组建电梯维保、绿化、保洁等专业公司。2011 年至 2015 年，新纪物业公司的经济收入分别为 1651 万元、2092 万元、2185 万元、2273 万元、2828 万元，上缴税金 64 万元、78 万元、94 万元、103 万元、125 万元。

图 15–3 新纪物业保安队伍举行大比武活动，着力提升服务质量，图为列队比赛（2009 年 4 月 21 日摄）

图 15–4 新纪物业开设培训班，图为总经理李柏松在讲话（2010 年 5 月 25 日摄）

新纪物业公司自成立至 2015 年，面向全乡招聘员工 1 次，安置太阳宫乡农民及农转居 5 次，共计安置岗位人员 337 人。物业公司近 90% 的职工为太阳宫乡农转居人员，因此，优化人力资源始终是公司的根本任务之一。通过十余年来的思想引导、教育、专业培训等措施，物业公司已拥有一支服务意识强、专业水平高、技术水平过硬的专业现代化服务团队。截至2016年，公司在管项目面积45万平方米，公司员工294人（含保安、保洁外委职工），具有丰富的人力资源和技术资源。专业构成涵盖企业管理、物业管理、自动化控制、电气、给排水、暖通、工民建、园林等各类相关专业。高级经营管理人员、工程师、专业技术人员占公司总员工的30%。

第十六章 教育

明清时期，太阳宫地域各村有开办私塾授业的。民国时期，地域始有小学教育。中华人民共和国成立后，辖域普遍建立起小学、幼儿园，适龄学生得到良好的教育，并成立有乡级教育机构，从管理和服务上全力做好工作。与此同时，成人教育经历由扫盲班到学历教育、岗位技术培训、再到终身教育的发展过程。2011 年 9 月 1 日，人大附中朝阳学校正式开学，辖区的孩子享受到优质教育。截至 2016 年，地区有中学 2 所、小学 3 所、幼儿园 6 所。

第一节 机构与管理

中华人民共和国成立后，太阳宫地域境内普遍建立起小学。1958 年设立朝阳区后，中小学直接由区教育局管理。进入人民公社时期以后，太阳宫公社各村队尊师重教观念不断增强，较为重视在教育上的投入。

1968 年至 1978 年，区教育局在教学管理上作出调整，辖区农村小学由公社文教组领导，贫下中农管理委员会管理。1985 年，根据北京市《关于乡（镇）人民政府领导和管理中小学教育的通知》，区委、区政府作出《关于乡人民政府领导和管理小学、初中教育的暂行规定》，简称乡管校。1986 年，太阳宫乡成立教育委员会，简称乡教委；又称教育办公室，简称教育办，由一名副乡长兼任主任，对全乡的教育实行统一领导，管理辖区内中小学教育工作。

1991 年至 1993 年，乡、村两级为全乡中、小学和托幼园所投入 30 万元改善办学、办园条件，为教育质量的不断提高提供保障。1992 年，东坝河小学教学楼 3500 平方米立体工作基本完成；乡、村两级全年为全乡 6 所学校投入近 5 万元，用于儿童节、教师节慰问、教师年终奖和教室维修。成人教育方面，乡投入 7.5 万元开办财会中专班和太阳宫宾馆服务员上岗培训班等各种短训班，实现成人学校达标。

1996 年，教育办改称文化教育科，简称文教科。1997 年，通过人大提案的方式，解决太阳宫路段的修复，改善太阳宫小学教学环境问题。2002年，太阳宫地区进行机构精简，原文教科和计生办合并为计生文教科，即计生文教办公室。

2003年，太阳宫地区投资1.2万元在芍药居北里社区服务中心建立体质监测站，并选派6名工作人员到区进行体育监测培训。经测试合格后于2004年7月至9月为地区的800余名居民、学生进行体质测试，为动态观察地区居民、学生体质状况提供科学依据。地区财政保证每年投入一定的资金来保证建立教育服务体系，开展各项教育活动的经常性费用支出和开展终身教育活动必要的设施、设备的建设支出。治理校园周边环境，落实有关保护儿童少年身心健康的法律、法规工作情况。至2010年，几年来共投入教育经费64万余元。

2000年以来，太阳宫地区逐步加大师资队伍建设力度，多方入手提高幼儿教师和小学教师的思想水平和业务水平，不断提高教师的待遇，增加教育经费支出，稳定教师队伍，激励教师不断地更新教育观念，提高教学水平。2005年，辖区内有太阳宫小学、西坝河小学、弘阳中学。2006年，太阳宫地区有流动人口子女学校1所、幼儿园4所，教职工39人，在校学生350人，幼儿园儿童670余人。

2010年，辖区有小学2所（朝师附小和芍药居小学），幼儿园3所。2012年，计生文教办公室改称科教文体办公室，简称科教文体办。截至2016年，有中学2所、小学3所、幼儿园6所。

第二节　学前教育

20世纪50年代进入农业合作化时期以后，村民为不影响参加生产劳动，开始把幼儿集中起来由较为年长的人照看，为幼儿家长提供便利。1961年太阳宫人民公社成立后，各生产大队、生产队基本上都办起幼儿园、托儿所，由村里文化程度较高的社员担任老师，负责照看幼儿，并教幼儿简单认字。“文化大革命”期间，各生产大队的幼儿园大都停办。70年代后期，全公社各幼儿园在公社和大队的关怀下，又逐渐得到恢复。

1985年，太阳宫乡有托儿所、幼儿园10所，全年有27名保教人员参加业务培训，有185名幼儿入学前班，入托率达86.7%，儿童能得到系统的学前教育。还有十字口村的孙桂香自办家庭育红班，共收23名孩子入托，受到儿童家长的广泛好评。20世纪90年代以来，太阳宫地区的幼儿也有一部分进入民办幼儿园接受学前教育。

表 16-1　　**2001—2003 年太阳宫地区 0 ～ 6 岁儿童受教育情况一览表**

年份	0 ～ 6 岁儿童总数（人）	0 ～ 3 岁儿童总数（人）	向社区开放幼儿园数（个）	0 ～ 6 岁儿童受教育数（人）	3 ～ 6 岁儿童入园数（人）	0 ～ 6 岁儿童受教育率（%）
2001	860	460	1	200	400	69%
2002	900	400	1	130	500	70%
2003	1061	548	1	548	513	73%

2007 年，为进一步做好未成年人保护工作，形成合力，对地区未成年人教育进行摸底，做到数字清、底数明。通过摸底，有 0 ～ 6 岁儿童 841 人，7 ～ 18 岁青少年 2560 人，其中正常家庭 13893 户，单亲家庭 375 户，孤儿 2 个（其中芍药居一社区 1 个，芍药居四社区 1 个）。

至 2010 年，地区办事处依托各幼儿园所积极开展 0 ～ 3 岁幼儿早期教育，加强对家庭早期育儿知识的宣传。年内，0 ～ 3 岁儿童看护者及监护人的受教育率达到 95%，3 ～ 6 岁入园率达到 95% 以上，辖区无辍学学生。

截至 2016 年，辖区有幼儿园 6 所，入园幼儿 900 余名。分别是：培基双语幼儿园、金色摇篮幼儿园、蓝天启航双语幼儿园、丰和园石油幼儿园（单位园）、人大朝阳幼儿园芍药居园（公办园）、人大朝阳幼儿园太阳园（公办园）。

第三节　小学教育

太阳宫地区的小学教育始于民国时期。20 世纪 30—40 年代，曾于太阳宫庙设立小学校一所。

中华人民共和国成立后，小学教育得到普及，各村纷纷建起小学校，发展形势颇好。1966 年，“文化大革命”开始后，小学教育受到严重干扰，教学秩序混乱，学校被迫停课。1968 年复课。根据上级指示，贫下中农宣传队开始管理学校。并有部分人员担任教师，称贫下中农“队派教师”。1978 年，地域的小学教育开始逐步恢复正常教学秩序，小学校认真贯彻《北京市中小学管理教育工作中的几项暂行规定》，恢复统一考试制度，合格者升入初中学习。

1985 年，乡、村投入 1 万元，为 6 所小学购置乐器、演出服装，并为部分学生增加课间餐；全乡各单位为教师节捐款 1600 余元。1989 年，太阳宫乡政府投入 2.5 万元，为西坝河小学购置钢琴 1 架。六一儿童节奖励学生 3100 元，教师节发奖金 3000 元，年终为 6 所中小学教师发奖金 14600 元。

1992年，全乡严格贯彻《中华人民共和国义务教育法》，小学继续保持100%的入学率。六一儿童节，为小学生购置新书。1993年，全乡有小学3所，分别是太阳宫小学、西坝河小学、牛王庙小学，共有小学生1300余人，教师近百人。六一儿童节，为3所学校投入4400元购置学习用品，在教师节时送去价值10784元的纪念品。同年，全乡学龄儿童全部入学。

2002年，太阳宫地区办事处投资10万余元与区教委、西坝河小学一起为外来务工人员家庭的子女建立一所西坝河小学分校，解决外来人口家庭的280个孩子上学难的问题，使外来打工子弟的孩子能和本市的孩子一样享受九年义务教育，为外来打工子弟的孩子提供良好的学习环境。

2003年，根据上级规定，太阳宫地区开始为地区的流动人口儿童办理在京就读批准书。2004年9月，为减轻农民子女的学费，区教委将借读批准书改为借读证明，并分为居民及农民借读证明进行办理，地区全年办理借读批准书、借读证明400余份。

2005年，在地区流动儿童办理在京借读证明工作中，地区办事处承担着具体材料审查、出具证明、政策咨询工作，截至11月25日，为地区940人次办理手续。2006年，截至7月，为地区流动人口儿童办理借读批准书、借读证明2980余份。2007年，办理流动人口儿童在京借读批准书、借读证明500余份。

太阳宫地区是城乡接合部，是城市化发展地区，外来人口比较多。至2002年，地区有7所流动人口子女学校，3所幼儿园，入学儿童达2500人左右。针对学校办学条件差、师资力量不足、学科设置较少、教学质量差、管理不规范等问题，地区办事处于2003年成立由计生文教、综治、城管、规划等相关部门领导组成的太阳宫地区办事处民办流动人口子女学校规范管理领导小组，并将办公室设在计生文教科，确保做到分工明确，人员、职责落实到位。借助防治“非典”工作的开展，地区办事处积极与各流动人口子女儿童学校做工作，通过努力取消6所学校，并对学生家长发放《致学生家长一封信》，与地区的公立学校积极协调，接收地区的流动儿童入学问题。地区办事处出资20万元创办一所安民流动儿童学校，基本上保证学生的上学问题。

2015年，科教文体办于5月3日全面开展对辖区外省市户籍适龄儿童、少年就读证明证件材料的收取与街乡初审工作，截至6月16日，已全部完成非京籍少年、儿童借读证明开具工作，完成小学入学系统录入信息117人，街乡初审合格104人，区联审合格98人，发放借读证明98份。2016年5月9日至6月13日，科教文体办开具94名非京籍适龄儿童、少年在朝阳区接受义务教育的就读证明。截至2016年，太阳宫地区有小学3所，分别是：朝阳师范附属小学、人大附中朝阳学校小学部（原芍药居小学）、人大附中朝阳实验学校。

第四节 中等教育

20世纪50年代以前，太阳宫地区有条件上中学的农家子弟寥寥无几，当时小学毕业升入初中的学生只能就近去城里或通县潞河中学等学校读书。五六十年代起，辖域内各村的学生开始到和平街或周边邻近的129中、48中、54中等中学就读，家长对孩子的教育问题也逐渐重视起来。“文化大革命”期间，学校被迫停课，教学工作一度中断，教育事业遭到严重破坏，高考被迫取消。1977年恢复高考后，教育教学迅速发展，太阳宫公社大学生逐渐增多。改革开放以来，随着社会经济条件和生活条件的不断改善，太阳宫乡家家户户渐渐意识到知识的重要性，纷纷加大对子女的教育投入，积极鼓励孩子考大学，考入高等学府的学生人数逐年增多。

1989年，太阳宫乡人民政府颁发《关于奖励升学和自学成才的奖惩办法》，规定：凡读完高中的毕业生，毕业后一次性奖励80元；凡自费读完中专的毕业生，毕业后一次性奖励100元；自费读完大专（包括大专层次）的毕业生，毕业后一次性奖励150元；凡由集体负担学费，并利用工作时间学习的，不予奖励；未取得毕业证书的，学费自己负担。

20世纪90年代以后，随着太阳宫乡绿化隔离带建设和城市化进程的推进，绝大部分农民拆迁搬入社区楼房，彻底改善居住条件和生活条件，促进农民生活方式迅速向城市化转变。望子成龙、望女成凤成为人们的渴求。广大居民加大对子女教育投入，不惜重金，择优选校，竭尽全力送子女到市内接受优质教育，对子女成才寄予厚望。全乡中学生纷纷离乡择校上学，当地生源逐年减少。学生考入高等院校深造已成常见之事，其中不乏名牌大学，地区对考入大学的学生给予现金奖励。

与此同时，地区办事处重视做好考生的相应服务工作。科教文体办每年均全力配合完成高考前报名工作会、信息采集、摄像、体检、填报志愿工作会等一系列工作，确保考生顺利参加高考。

2001年，太阳宫地区有8名学生参加高考。2002年增加到17人，考取12人，进入高等院校学习。2004年，有23名考生参加高考，有18人分别考取大学本科或专科院校。2006年，有29名学生参加高考，14人考取大学本科或专科院校。

图16-1 人大附中朝阳学校（2016年摄）

2011年，太阳宫地区克服困难，着力提升教育水平，引进中国人民大学附属中学优质教育资源，与人大附中联合办校，建成一所由小学、初中、高中 3 个学段构成的 12 年制公立学校——中国人民大学附属中学朝阳学校。同年 9 月 1 日，人大附中朝阳学校如期开学，这一举措让辖区的孩子享受到优质教育，得到居民的拥护和认可。2012 年 11 月 18 日，地区办事处协助人大附中朝阳学校申报教育资源支持社区教育基地建设项目，签订《教育资源支持社区教育基地建设合作协议》，并开办地区第一期家长学校。2014 年，地区有 5 名学生参加高考。2016 年，完成 15 名考生的高考报名资格审查、高考政策宣讲、组织高考生体检、填写高考生思想品德考核、外语口试等各类信息的通知等工作。

第五节　成人教育

中华人民共和国成立前，太阳宫地区各村村民大多数是文盲，只有少部分人读过私塾或初小，妇女基本都不识字。中华人民共和国成立后，人民政府发起扫盲运动，号召农民学习文化，参加扫盲识字班。地域村村开办识字班，大多数都设在小学校，识字班教师多数由当地小学教师兼任，也有教过私塾的先生。农民白天下地干活，晚上到夜校参加扫盲识字班的学习。经过学习，夜校扫盲识字班学员多数达到初小文化水平，能独立看书、读报、写信等。

1956 年，辖域有文化学习三册班 30 名学员、高小班 60 名学员，通过结业测验并领取结业证书。1963 年至 1965 年，太阳宫公社各生产大队都成立有业余教育文化班，培训一批财会人员、拖拉机手、卫生员、医生和农业技术人员等。

改革开放初期，由于受“文化大革命”和“读书无用论”的影响，太阳宫公社很多人年轻时耽误学习，参加工作后深感缺乏科技文化知识的困难，在各领域人才缺乏的情况下，成人教育也应运而生。

1984 年初，太阳宫乡先后投入 4.5 万余元，将乡种子站改建为农民学校。同年，开办两期初中文化补习班，共 58 人通过考试取得成人教育局颁发的初中毕业证书；投入近 5 万元，开办一期司机培训班，学员经过正规的机械常识、交通规则和路考，取得驾驶证。是年，太阳宫乡成人学校创办，最初校名为太阳宫农民技术学校。至 1993 年，先后投入近 7 万元，为学校购置全套电教设备、录音机、电视机、投影仪、摄像机各一台，课桌椅 150 套。

1985 年，选送大专生 5 名，财会中专班学员 43 名，由北京一轻技术学校代培；48 名大中专学员中，34 名成绩优秀并领取奖学金。自 1984 年下半年到 1985 上半年，举办两届青工文化学习班，90 名学员及格率在 80% 以上；举办一届驾驶员培训班，40 名学员参加培训。1989 年，乡办财会中专班和烹饪职业高中班 82 名学员如期毕业，服装裁剪职业高中班在读。此外，农机、畜牧、工业和党政系统根据各自需要，开办各类学习班。

1992年，继续开办财会班，同时在综合服务楼开办服务员培训班。1993年，太阳宫乡成人学校通过验收合格，经朝阳区成人教育局批准实现达标。同年，成人教育实现由学历教育向岗位培训的转变。同年，1992年所办的财会中专班有10门课程结业；太阳宫宾馆40名服务员岗前培训如期结束，并走上工作岗位。同时加强扫盲教育，1990年全乡15岁以上文盲1021人，经过两年巩固、三年提高的扫盲学习，均通过考试，达到国家颁布标准并取得扫盲毕业证书。

1991年至1993年，全乡169名财会人员经过培训取得市级颁发的会计证书；投入7.5万元开办财会中专班和太阳宫宾馆服务员上岗培训班。全乡已实现成人学校达标。1994年，朝阳区农科校代培的九二届财会中专班学期统考全部合格，40名学员中有35人参加并通过区财政局（经管站）组织的会计证考试，领取会计证。对全乡700名餐饮从业人员进行培训。举办工商企业管理专班考前辅导班，共有124人报名。

1996年，太阳宫地区成人教育工作重点为学历教育，全地区有在校大专生31人、预科生5人，应届毕业生3人。同年，有39人在乡政府投资与朝阳职工中专合办的企管中专班就读。随着就业形势的发展，进一步加大对农民就业的培训力度，投入30余万元举办大专预科补习班、财会中专班、成人企管班、中级职称及各类岗位培训班，培训400余人。

1997年至1999年，地区重点抓成人教育。积极组织乡、村企业骨干人员和应届毕业生参加财会、物管、企管中专班和社会各类大专、本科班学习及计算机培训，3年中各类大中专毕业生125人，68人取得计算机培训合格证书。

2000年，按乡党委、乡政府的规定，上半年为55人发放成人教育自学成才奖励42450元，调动全乡青年自学成才的积极性。同年，组织辖区内217人参加中央党校函授大专班复习和考试，首批有145人取得录取通知书。

进入21世纪以后，随着境内绿化隔离带建设和城市化进程的加快推进，太阳宫乡进入产业结构调整和经济转型期，村民大部分已搬迁上楼，并且转型下来的大批劳动力需要培训安置，成人教育也开始向社区教育方向拓展，乡政府于是持续加强对农民的岗位技术培训、就业能力培训等职业技能提升。

2003年，在社保所培训教室，为地区失业人员举办37期基础职业培训班，培训450名失业人员，培训内容涉及社会保险知识、再就业优惠政策、自谋职业、社区弹性就业、“4050”再就业援助政策等方面，对就业困难的失业人员进行“一对一”的就业指导。自1997年太阳宫地区制定《自学成才奖励办法》以来，成人教育工作取得较好的成绩。截至2003年9月，为全地区累计277人报销奖励款353543元，其中55人报销学费134543元，本科奖励16人奖励资金32000元，大专奖励169人奖励资金169000元，中专奖励 37 人奖励资金 18000 元。《自学成才奖励办法》的颁布，使辖区人民整体文化素质有明显提高，达到促进全乡学历教育的目的。为结合乡域农村城市化发展的需要，经乡长办公会研究决定，自 2004 年 1 月 1 日起，乡政府不再承担基层各单位学历报销及奖励费用，各单位可视实际情况自行研究制定奖励办法。

2004 年，太阳宫地区设立地区人口学校和市民文明学校，配有投影、多媒体等现代教学设施，有完善的章程、制度、工作计划。各村、居委会都建立市民文明学校分校，有较完善的社区教育工作计划、培训方案及工作总结。地区的市民文明学校对社区开放率达到 80% 以上，并在基层分校进行巡回讲座、办班，做到月月有讲座，季季有培训。全年利用市民文明学校为失业人员举办插花、物业管理、计算机办公软件应用、客房服务等失业人员再就业培训班，培训 500 余人次。10 月 16 日、17 日，连续两天在轻工职业技术学院为地区 852 名农村劳动力举办农村劳动力转移引导性培训。全年为 1919 名外地来京人员开办 14 期有关法律法规、职业道德、职业技能常识、防火知识、安全生产知识方面的培训班。

2006 年，地区成立就业培训工作小组，开展职业教育，并确保培训工作的质量。2005 年至 2006 年两年来累计完成计算机培训 52 人、创业培训 10 人、引导性培训 753 名、企业班组长 92 名、保绿 47 名、保洁 71 名、家政 49 名。既保证参加培训人员 100% 拿到职业资格证书，又保证培训与就业挂钩，并与企业联合开展订单式培训。

2007 年，推荐失业人员参加免费技能培训 159 人，创业培训 24 人；举办两期插花培训班，参加人数 50 余人；举办农村劳动力初、中级技能培训 1 次，参加人数 55 人；为加强对干部的教育、管理与监督，举办在职中层管理干部培训班，地区支柱企业天恒鸿搅拌站的 35 名中层管理干部参加该次培训；为进一步树立“人文奥运”理念，提高社区劳动保障协管员业务素质，提升协管员服务质量，举办地区劳动保障协管员业务培训班，地区 10 个社区工作站站长、组长、劳动委员、协管员及社保所全体工作人员 70 余人参加培训；组织全地区持有会计证人员进行为期 3 天的继续教育培训，175 人参加培训。

2010 年，协调有关部门帮助新纪物业公司申请物业专业技术培训资金 10 万元，促进职工职业素质的提高。2011 年，地区针对农村劳动力培训就业工作求新求实，有计划地开展多层次、多形式的实用技术培训。突出针对性，开展农村劳动力技能培训，开展订单型、定向推荐型等多种形式的培训班，全年开发就业岗位 1700 个，推荐参加免费技能培训 100 余人，实现就业 486 人；突出实用性，加强在职职工的岗位培训，开展客房服务、计算机、物业管理、保洁员等专业培训；突出服务性，鼓励劳动力转变就业观念，开展就业政策宣讲，农村劳动力专业就业政策培训、职业技能培训、农村劳动力学历进修和职业技能的培训等。

2013年至2014年，联合朝阳区职业技能培训学校“引教下乡”活动，举办4期主食厨房免费技能培训班，把简单易学的项目送到百姓家门口，提高失业人员学习的兴趣，也提高参培率和取证率；在2014年的主食厨房免费技能培训中，地区有60余名学员掌握就业技能，拓宽就业渠道。

2015年，针对失业人员培训需求，开展“引教下乡”活动，与朝阳区职业技能培训学校联合举办为期10天的插花技术培训班，推荐地区53名失业人员参加培训并全部取证。与此同时，将就业工作与充分就业社区创建活动相结合，对辖区内援助对象进行走访，摸清其就业需求和政策落实情况，并依托免费就业连锁超市，采取一系列培训、帮扶措施，搭建学习与交流平台，培招结合，实现多元化就业。

2016年，根据失业人员的不同情况和需求，逐个制定援助方案，指定就业助理员为其寻找适合的岗位进行配对，开展政策援助、“一对一”指导等服务。在就业援助月期间，开展“街乡手拉手”招聘会，定向推荐条件匹配的失业人员参加招聘，大大提升就业成功率。针对地区失业人员中年龄偏大、技能不高、享受办理灵活就业的人员占较大比例，相继举办主食培训、等级插花培训、小菜培训等特色培训班，突出输出性和实用性，不仅增加失业人员择业、就业的能力，也拓宽就业、创业渠道。3次培训班，共有85名失业人员参加培训并取证。

第十七章 科技

人民公社时期，太阳宫公社逐步建立起科技管理机构，公社设有科技站，生产大队设有科技组，生产队设有科技员。实行联产承包责任制以后，太阳宫乡成立科学技术协会，简称乡科协，农业科技推广工作也有新变化。进入21世纪，随着第一产业在辖域内的消失，农业科技推广退出历史舞台，科普活动的宣传和落实成为新时期科普方面的重要工作。太阳宫地区大力进行科普活动的推广，持续开展丰富多彩的“科普进社区”活动，并于2009年5月承办“2009年朝阳区科技周”活动。地区办事处组建起乡、村（社区）两级科普工作领导小组，科普工作领域逐步拓宽，并已形成经常化、制度化，全民科学素质得到提高。

第一节 科技机构

1964年年初，太阳宫人民公社成立农业科学技术领导小组，各生产大队和生产队随之建立科技小组。公社专门举办农业科学训练班，对村干部、老农和青年社员进行农业科技知识培训，并开展科学实验活动。在粮食和蔬菜生产方面搞试验田和样板田，并在良种培育和推广、改进耕作制度等先进经验方面取得一定成效，推动农业生产。此外，还组织开展比学赶超运动，全面促进农业生产。

农业科技小组设组长一人，组员3人。科技组积极参加北京市、朝阳区科普实验及推广活动，曾参加全区秋大棚西红柿生产协作组，并在丰产试验工作中被区政府授予科技成果一等奖。参加区科委组织的“番茄弱株系防治病毒病的效果”和“大棚春黄瓜利用电热线提高前期产量产值”两项试验，分别于1983年和1985年获得区科技成果三等奖。参加区科委组织的到广东湛江育种工作，为全区育种加代繁育工作作出贡献；筹办全乡生产一线人员的技术培训，如病虫害防治等项目。科技的进步使太阳宫乡成为名副其实的“蔬菜之乡”，品质高，产量大，每年为城区居民提供商品菜达上千万公斤。

20世纪70年代，区、公社、生产大队、生产队四级农业科学技术网络基本形成体系，即区有农科所，公社有科技站，大队有科技组，生产队有科技小组或科技员。

1979 年，太阳宫公社《地膜覆盖试验总结》获朝阳区科技成果三等奖。1980 年，《试谈秋棚西红柿丰产栽培》获北京市科技成果三等奖，获朝阳区科技成果一等奖。

20 世纪 80 年代中期，广大农村地区普遍实行家庭联产承包责任制后，四级农科网完成历史使命，但乡级农业技术推广站仍然存留，乡级科协、农民专业技术研究会、农民种养殖业合作社、科技示范户等成为推广农业技术新的组织形式。

20 世纪 90 年代后期到 21 世纪初，随着经济社会的迅速发展和第一产业在太阳宫乡辖域内的逐渐退出与完全消失，农业科技推广也退出历史舞台，农业技术推广站等涉农单位被综合设置为农业综合服务中心，科普活动的宣传和落实成为科普方面的重要工作，并主要由文化教育科、科教文体办等相关科室负责。

第二节 科普活动

科普活动推广、宣传形式主要有科普展览、科普知识广播与电影录像放映、科技刊物等。进入 21 世纪以来，太阳宫地区致力于进行科普活动的推广，持续开展丰富多彩的“科普进社区”活动。2000 年，在“科技周”活动期间，举办以《弘扬科学，破除迷信，实施科教兴国》为主题的讲座，并组织全乡 500 余人参观科技馆，全乡干部、群众对科普重要性的认识得到提高。

2002 年，根据《朝阳区科教进社区活动工作方案的通知》文件精神，文教科制定太阳宫地区“科教进社区”活动工作方案，并于 5 月 15 日召开“科教进社区”工作会，在科普周活动中利用科普讲座、科普咨询、科普影视等活动方式，向地区群众宣传科学观念，倡导科学生活方式，增强居民科学意识和鉴别能力。10 月份在芍药居北里社区服务站进行倡导健康的生活方式、爱护环境、科学健身宣传展板的宣传，受到小区居民的欢迎。同年，太阳宫地区被区科委评为“科普工作先进集体”。

2004 年，根据朝阳区科协 2004 年科普工作主要任务，太阳宫地区广泛动员，积极参与区举办的各种科普活动。5 月 15 日，区科协在朝阳公园举办科技周游园活动，莱太花卉参加此次活动，在这次游园活动中展示花卉养植科技知识。在开展地区性的科普宣传活动的同时，各基层单位同时也开展有特色的科普宣传活动。“科学普及——你我共参与”是太阳宫地区科普工作的活动主题。6 月 29 日，计生文教科与创卫办公室在太阳宫公园联合举办以“科学普及、你我共参与”为主题的“科普法”宣传日活动，500 名群众参加。

2007 年，按照朝阳区科协科技周活动的安排，围绕太阳宫地区中心工作任务，文教科于5月在莱太花卉举办“携手建设创新型国家——和谐北京 科技奥运”为主题科技周宣传活动、养花种花知识讲座、咨询活动。地区办事处在科技周活动中分别在4个社区设立分会点，分会点也开展不同形式的科普活动。9月，在全国科普日来临之际，举办“科技奥运与百姓生活”大型科普宣传活动。利用横幅、张贴宣传画、宣传手册、咨询、义诊、健身队伍表演等宣传形式，向地区居民宣传无偿献血科普知识、红十字会救助等科普知识活动。10月，举办地区奥运科普大课堂进社区活动。北京市绿色奥运绿色行动宣讲团老师周又红用实例与图片向居民讲述贴近居民生活的吃、住、穿三大环境与健康知识，同时，为每个居民发放一份居民科普需求情况调查问卷，以进一步开展有针对性的工作。

2009年5月26日，由太阳宫地区办事处主办、莱太花卉承办的“2009年朝阳区科技周”活动，在莱太花卉商城举行。活动以花艺表演开场，由花艺师现场示范，传授大家花卉色彩搭配、花艺造型技巧。活动中，中国君子兰专业协会副会长赵宝义为现场的来宾讲述花卉植物与环境的相互关系，介绍常见的能够净化环境的植物，以及花卉植物家庭养护的要点。同时他还介绍家庭中不同功能区适合摆放的植物，最后现场解答关于花卉养护方面的提问。通过活动的开展，普及介绍功能性植物这一科学概念，让人们在关注植物的外观的同时，更多地去了解植物的一些特殊功能，了解它们对环境的影响，更加科学合理地选择花卉植物，减少能源消耗，在居室内营造生机盎然、蓬勃向上的氛围。2010年8月19日，夏家园社区与北京天文馆联合组织暑期的200多名学生，举办“科普大篷车巡展”活动。科普大篷车到基层巡展，给社区学生展示天文科普知识和生活科技常识。

图17-1 2009年朝阳区科技周开幕式（2009年5月26日摄）

图17-2 现场学习插花（2009年摄）

2011年5月18日，太阳宫地区办事处与莱太花卉紧密围绕朝阳区科技周的主题“科学发展、关注民生、节能减排、低碳生活”，以节能减排、低碳生活作为宣传重点，普及植物的养护知识，介绍植物的净化环境的特殊功能，共同开展科技周宣传活动，号召大家关注、爱护环境。在活动中利用LED电子显示屏制作宣传节目，反复滚动播出。同时，在网站中开辟科技知识普及专栏，刊登相关的文章知识，让更多的群众了解和学习。通过向区域内群众发放宣传手册，使大家认识各种常见花卉植物，以及其不同的功能特性、养护要点。是年，太阳宫地区成立由办事处主任任组长、主管副主任任副组长，党政办公室、计生文教科、文化服务中心、社保所、司法所、民政科、团委、妇联、组宣科等多部门组成的科普工作领导小组，2个村及9个社区也相应成立科普活动领导小组，各村、社区有专人负责此项工作，确保地区科普各项工作能够得到有效落实。地区财政每年都投入一定的资金，以确保科普各项工作顺利开展，保证科普工作服务体系开展科普日、科技周、科普之夏、科普进社区及科普画廊、科普图书室等科普活动的经常性费用以及硬件必要设施、设备的建设支出。保证科普益民计划专项经费专款专用，地区办事处在太阳宫社区建成一所面积为500平方米的科普场所，为社区居民提供全方位的科普优质服务；投入资金在夏家园社区、太阳宫社区新建3组科普画廊，并围绕科技周、科普日、科普之夏等宣传内容，定期对所有科普画廊的宣传内容进行更换，为地区提供良好的宣传氛围。太阳宫地区着重整合辖区资源，开展科普活动丰富多彩、形式多样。地区办事处整合辖区学校、科普场所、企事业单位的科普资源，与辖区内的2所小学、太阳宫科普场所、莱太花卉企事业等单位建立共建机构，实现资源共享。为推进地区科普工作，倡导低碳生活形式，打造朝阳区“全国科普示范区”的区域形象，利用地区科普资源开展科技周、科普之夏、科普日及科教进社区等活动，并做到在活动前及时上报活动方案，活动结束后及时总结经验，查找不足，同时上报活动总结、信息、照片。同时，太阳宫地区注重建立科普队伍，不断加强科普队伍建设。至2011年，各社区、村兼职科普骨干25人，成立55支有特色的科普健身队伍，志愿者580人，科普宣传员214人。

2012年7月3日至9月2日，为推动《全民科学素质行动计划纲要》的落实，协助朝阳区科协在太阳宫公园举办第二届“太阳宫卡酷科技水乐园”暨“朝阳科普之夏”主题科技探索活动，结合“科技周”活动，有的社区开展农民市民化西式面点培训讲座；有的社区组织青少年到奥林匹克公园参观“看动画、学知识、长技能”“节能减排小常识”“麋鹿苑”“我们身边的有毒植物”等展览。并组织辖区居民参加“北京市百万家庭数字生活技能大赛”活动等。

2013年暑期，太阳宫地区举办科普展，牛王庙社区开展“科普教育、环保、健康知识讲座”的活动。芍药居一社区在居委会一层活动室开展“应急救护进社区”活动。太阳宫百万家庭数字大赛活动，向居民发放第十届北京百万家庭数字生活技能大赛宣传材料，利用社区电子阅览室的电脑，组织辖区家庭、青少年积极参与网上知识答题。2014年，继续开展科技周活动，5月份组织各个社区进行“提高居民低碳环保节能减排意识，推动生态文明建设”为主题的宣传教育活动。继续开展太阳宫百万家庭数字大赛活动，统一部署，各社区广泛宣传。

2015年，年初启动“科教进社区活动”，各社区均精心挑选符合辖区特色的课程，取得良好效果。于5月16日至24日举办以“创新创业，科技惠民”为主题的科技周活动，共10余个项目。夏家园社区为丰富辖区学生的暑期生活，提高社区居民的天文知识，于8月5日在新纪家园小区活动广场开展天文科普大篷车进社区活动。芍药居一社区于11月13日邀请北京信实德环保科技有限公司工作人员来社区开展“健康环保、绿色食品”知识讲座活动。

2016年，落实教育法定职责，强化社区教育，建成惠忠庵社区科普活动中心，推进芍药居二社区“红芍社青少年创客空间”科普项目建设。惠忠庵社区将社区活动中心的部分室内场地、房间、走廊进行改造，分别设置科普互动室、科普阅览室、科普种植室、科普走廊各一处，形成科普教育活动中心，并于1月投入使用，成为社区居民科普教育基地和辖区学校和幼儿园的社教辅助设施。同年，开展2016年朝阳区全国科普统计工作，指导辖区10个社区进行“科教进社区”工作，实施“走进科技殿堂、共享文明生活”主题科普参观活动。

第十八章　文化

中华人民共和国成立前，地域的文化活动主要有赶庙会、听戏。中华人民共和国成立初期，辖域各村纷纷组建起评剧团等文艺团体，并配合当时的中心工作开展宣传，组织业余演出。1961 年后，太阳宫人民公社及所辖各生产大队普遍建立起广播站（室），通了有线广播。1983 年，太阳宫乡设立文化站，2005 年又将文化站改设为文化服务中心。2010 年至 2016 年，太阳宫地区连续举办 7 届文化节，成为地区的特色文化品牌，满足群众日益增长的文化多样性需求。与此同时，广泛开展“读书日”“电影节”等专场文化活动，丰富群众的业余文化生活，推动乡村精神文明建设的开展，互联网也在深度改变和影响着人们的工作与生活。元大都城垣遗址在 2006 年被列为全国重点文物保护单位，清公主坟、太阳宫庙等形形色色的古墓葬、古建筑，从侧面印证着地域深厚的历史文化底蕴。

第一节　机构与队伍

机构

人民公社时期，太阳宫公社辖区内的文化体育活动由政工组负责，包括组织图书阅览、开展文体活动等。1983 年太阳宫乡成立，随后又设立文化站，负责文化体育工作。2004 年，太阳宫地区投资 200 万元建成 2000 平方米多功能的社区文化服务中心，并被评为“全国乡镇综合文化站评估定级一级文化站”。

2005 年 3 月，地区办事处将文化站改设为文化服务中心。文化服务中心负责组织辖区居民群众的文化体育活动，繁荣文化体育事业，并做好精神文明建设等工作。

文艺队伍

2000 年以来，太阳宫地区大力培育和扶持各种自我教育、自我服务、自娱自乐的群众性文体协会，以协会带队伍，以队伍促活动。并不断加强对协会的管理和服务，促进协会之间的交流与合作。一方面调整协会活动内容，抓活动质量；另一方面，邀请德才兼备的老师和社区文体骨干授课，从而使协会会员掌握更多的专业性知识，提升文化素养和表演水平。

2002 年，太阳宫地区有秧歌队 5 支，老年健身操球队 3 支。5 月初，有 2 支健身球操表演队分别获北京市老年健身双球比赛一等奖和三等奖。2006 年，地区成立舞蹈、合唱、乒乓球、足球等文体协会。

2007 年，地区成立、完善诗书画等 9 个协会和 5 支百人以上的文体队伍。至 2007 年，太阳宫地区有专（兼）职文体干部 25 人，文体队伍 33 支、489 人，企事业单位共成立 33 支有特色的健身队伍，文体骨干 30 余人，志愿者 200 余人，社会文体指导员 100 余人，常年参加基层文体活动的群众 10000 余人次。10 月 12 日，在太阳宫公园南门举行以“喜迎十七大，激情迎奥运”为主题的迎奥运倒计时 300 天暨太阳宫地区文体协会揭牌仪式。

2008 年，地区以营造奥运氛围为主要目标，文体队伍建设不断加强，在上年 9 个文体协会基础上又成立和完善健身秧歌、太极拳、腰鼓、健身球操、戏曲、门球、篮球、羽毛球等 8 个协会。通过开展“情系奥运”系列群众性文体活动，丰富地区群众的精神文化生活。

2009 年，地区有专兼职文体干部 35 人，文体骨干 74 人，文体协会 17 个，各种文体队伍 40 余支。2010 年，地区有各类文体协会 14 个，其中地区文体协会已经在民政局注册，社区文体队伍共有 55 支。年内还对文体干部和文体骨干进行组织管理和技能培训；举办地区合唱、舞蹈、民间手工艺、太极拳、太极扇、腰鼓、绸扇、第三套秧歌等培训班，参与培训 10000 余人次。

2012 年，各社区文体专兼职干部逐步配齐，全乡有文体专兼职干部 15 名，文化骨干 30 名，文体协会 17 个，文体队伍 55 支。2013 年，太阳宫地区有下属各类文体协会 10 个，文体队伍 61 支。

2016 年，地区有各类文体队伍 101 支，特色文体队伍 10 支。在文体队伍建设方面，保持文体工作队伍的相对稳定，利于文化活动的组织开展；加大对文体工作者的培训力度，根据基层文化建设需求，有针对性地开展业务培训；发挥文化能人的引领带动作用，通过他们的率先垂范，吸引更多的居民参与其中，传承发展民俗民间文化；鼓励吸引优秀专业人才到基层工作，吸引高素质的文化人才以及有一技之长、热心于基层文化工作的文艺骨干担任专兼职辅导员，建设一支专兼结合的公共文化人才队伍；加强对文体工作的指导，在每个社区打造一支以上的群众参与面广、特色优势明显的文体活动团队。年内对文体干部和文体骨干 50 余人进行组织管理和技能培训班；举办地区文体干部业务培训以及合唱、舞蹈、民间手工艺、诗歌创作、健身操等培训班 100 余期，参与培训 10000 余人次。另外，通过聘请专家进行辅导的形式，鼓励特色文化队伍参与区级公共文化示范品牌评定工作。

年内对文体队伍进行资料审核、实地展演，最后推荐芍药居二社区何慧珠舞蹈工作室为区级工作室。

第二节 文化生活

广播

收音机

早期的收音机，外壳是一个木匣子，俗称“话匣子”“电匣子”。中华人民共和国成立后，随着人民群众生活水平的提高和文化生活的需要，收音机逐步普及。20世纪60年代中后期，由于体积小、重量轻、便于移动和携带，晶体管半导体收音机很快代替电子管收音机进入机关企事业单位和一些富裕家庭。70年代，太阳宫公社逐渐普及半导体收音机。

有线广播

1961年后，太阳宫人民公社及下辖各生产大队普遍建立起广播站（室），通了有线广播，大喇叭一般安装在农村街道和场院，以利于人们在家中或村外劳动时收听。

农村有线广播，一线多用，既能转播中央、北京人民广播电台的节目，也能播送区、公社、生产大队自编自播的节目，还能利用有线广播召开全区、全社、全大队的广播大会。每逢“三秋”“三夏”、大搞农田水利建设等活动，都通过有线广播动员、指挥，表扬先进，传达信息。广播的时间一般分早、中、晚三次，除按时转播中央人民广播电台的新闻节目、北京人民广播电台对郊区农村广播节目外，区广播站还开设定时的全区联播，播放区内自编自演的文艺节目。主要有区党委和区政府对农村的政策宣传和工作指导，各公社、大队通讯员稿件播报，内容多为介绍党员模范事迹、农业科技、朝阳区历史知识、革命故事等。

进入20世纪80年代，由于收音机、电视机在农村的逐渐普及，生产队集体化劳动的解体，农村向城市化发展以及环保部门对噪声的禁令，农村有线广播利用率逐渐下降。至80年代末期，太阳宫乡基本停止农村有线广播。

影视

电影

人民公社时期，太阳宫公社有放映员在农闲时负责放映露天电影，以供人们观看。当时放映的多为战斗题材及农村面貌改变方面的黑白影片，场地一般选择在街头或大队部、场院，放映时，各生产队社员均会去观看，场面极其热闹。当时电影由于资源因素，放映采取“跑片”方式，即将一部电影的上下集或多集同时在相邻的村播放，然后再由放映员骑上自行车将片子送到另一个村，如此交换之后便能完整欣赏一部电影。

20 世纪六七十年代，放映的影片有《铁道游击队》《地道战》《洪湖赤卫队》《红色娘子军》《英雄儿女》《南征北战》等国产影片，另有《列宁在十月》《斯大林格勒战役》等翻译过来的苏联影片。

20 世纪 80 年代以后，随着电视的普及，村民看电影的热情开始降低，露天电影放映逐步衰退，仅残留在有过观看露天电影经验人群的记忆中。进入 21 世纪，村民看电影更加多样化，有的在家里观看电视“电影频道”，有的上网在线观看，还有的为追寻浪漫、舒适而去电影院观看。其中，贺岁档等电影被众多青年人所喜爱。

2007 年 3 月 6 日，太阳宫地区在芍药居二社区进行的数字电影放映工作正式启动。八一建军节，为驻地武警官兵放映专场电影。是年，为进一步活跃群众文化生活，构建和谐太阳宫，促进地区精神文明建设，举办以“紧抓奥运机遇，建设和谐太阳宫”为主题的太阳宫乡数字电影放映启动工作，全年放映数字电影 300 余场。

2009 年 3 月 11 日，在芍药居二社区多功能厅为辖区 100 余名居民放映电影《我的长征》，拉开地区第三届数字电影节序幕。地区以中共十七大会议精神和科学发展观为指导，充分发挥文化软实力作用，利用数字电影、文体协会等载体，发挥文化渗透力，彰显文化影响力，为加强地区和谐、丰富地区群众精神生活营造氛围。此次数字电影节从 3 月 11 日开始至 4 月 11 日结束，历时 1 个月。5 月 13 日，市文化局召开农村电影工作总结表彰会，太阳宫地区放映队获市级先进单位称号，并代表朝阳区出席颁奖仪式。8 月 21 日至 9 月 30 日，在各社区举办太阳宫地区迎国庆优秀电影回顾展活动，放映《上学路上》《健康平安最重要》《人民战士》等优秀影片，为广大群众送去丰富多彩的精神食粮。

图 18-1　第六届数字电影节上，居民们在观看电影（2012 年 2 月 10 日摄）

2010 年 4 月 28 日，在芍药居二社区多功能厅举办“太阳宫地区第四届数字电影节暨爱国主义电影月”活动，来自各社区的 60 余人观看电影《妈妈的手套》。2012 年 2 月 10 日，在太阳宫社区举办“太阳宫地区第六届数字电影节暨优秀电影放映月”活动，80 余人观看首场电影放映。电影节至 3 月 10 日结束，陆续放映《新少林寺》《风声》等影片。2014 年 3 月 24 日至 4 月 4 日，举办“太阳宫地区第八届数字电影节暨清明节经典电影放映周”活动，该次公益电影放映活动吸引1000名地区居民参加。

电视

20世纪70年代初，太阳宫公社各生产大队开始购置黑白电视机，平时放在队部由专人负责管理。晚间播放节目供大家观看，一般能收两三个频道，很多社员群众前往大队部看电视，场景热闹非凡。供销社开始供应电视机后，社员纷纷申请购买。但由于当时电视机数量不多，凭票才能购买，大队也时常通过抓阄来分配购机名额。80年代中期，国家取消票证购买电视机，敞开供应，电视在村民家庭中基本得到普及。

进入20世纪90年代，电视机由黑白向彩色转变，部分家庭开始购买彩电、卡带录音机、摄像机、VCD影碟机、卡拉OK设备等。2000年以来，电视机成为家庭生活必需品，并已接入有线电视，收看的频道和栏目大为增多。不少家庭开始淘汰旧电视，购买更为先进和时尚的大尺寸等离子彩电或液晶电视，电视机不再是家庭奢侈品，有的家庭甚至拥有两三台电视机，如居民家中的客厅、卧室都有电视机以供观看。

2004年4月，根据朝阳区人民政府“朝阳区2004年卫星电视接收设施普查工作”的要求，太阳宫地区自4月22日至5月10日对辖区单位、个人卫星电视接收设施进行全面普查，共有28个单位和个人安装卫星电视接收设施。

阅读

报刊

从20世纪50年代后期开始，太阳宫地区各村开始订阅报刊，其中有《人民日报》《北京日报》，还有一些关于农业生产类的报刊。六七十年代，太阳宫公社和各生产大队订阅有《参考消息》《红旗》《农业学大寨》等报刊。

至20世纪90年代，太阳宫乡政府订阅有《人民日报》《北京日报》《参考消息》《北京日报郊区版》（后更名《京郊日报》）等报纸，还有《党建》《支部生活》《乡镇建设》《求是》等杂志。除订有中央与北京市的综合性、政治性报刊外，还有大量的其他社会性、文化性报刊和专业性报刊，如《劳动午报》《法治日报》等报纸。与此同时，个人也开始订阅、购买报刊，如《北京晚报》《晨报》《京华时报》《北京青年报》等。此外，太阳宫乡政府创办的报刊有《太阳宫报》。

图书

2002年，太阳宫地区办事处斥资120万元在芍药居北里建成一座180平方米的社区万册图书馆，内有藏书区、阅览室、儿童天地阅览区。图书馆建成后，每天到这里来看书的人络绎不绝，尤其深受育龄人群和孩子们的欢迎。

2004年，社区图书馆在加强员工培训基础上，重视信息化建设，积极拓展服务领域，全年发放各类借书证80余个，接待进馆人数300人次，全馆总藏书量7800册。2005年，进一步加强社区图书馆的管理工作，重视信息化建设，积极拓展服务领域，藏书量扩大到10000册。除做好图书室设施建设，地区办事处持续开展读书活动。着力满足居民的文化需求，丰富地区文化生活。2009年3月至4月，太阳宫地区开展题为“阅读、文明、发展”的全民读书月活动，地区广大干部群众广泛参与活动。

图18–2　居民积极参与全民读书月活动（2009年3月摄）

图18–3　芍药居一社区图书室（2015年12月摄）

2012年4月20日，举办“第十七个世界读书日”专场活动。地区干部群众、文化之星、藏书状元、学习型家庭、大众读书协会、诗书画协会300余人参加活动。2014年4月23日，举办以“读书给人智慧，使人勇敢，让人温暖”为主题的第十九届世界读书日活动。地区图书馆与北京市一卡通图书馆实行“通借通还”，在一卡通成员馆借到的书籍可以在地区图书馆归还，方便居民借阅书籍。

表18–1　**2010年太阳宫地区图书馆、图书室分布情况一览表**

名称	地址	建成时间（年）	建筑面积（平方米）	备注
太阳宫地区图书馆	芍药居北里201楼二层	2002	100	藏书1万册
十字口图书室	西坝河北里202号院	1990	52	
芍药居三社区图书室	芍药居10号楼下平房	1998	40	
惠忠庵社区图书室	太阳宫大街	2002	30	
芍药居一社区图书室	芍药居北里	2002	30	
芍药居二社区图书室	芍药居北里203楼	2002	80	
牛王庙社区图书室	东坝河甲1号	2003	30	

续表 18-1

名称	地址	建成时间（年）	建筑面积（平方米）	备注
太阳宫社区图书室	西坝河北里	2004	20	
夏家园社区图书室	夏家园 20 号楼	2004	70	
尚家楼社区图书室	尚家楼 48 号院	2006	20	

网络

进入 20 世纪 90 年代，太阳宫乡多数机关及企事业单位逐渐开始使用电脑办公，大大提高办事效率。2000 年后，太阳宫地区实现电脑办公普及。90 年代后期，太阳宫地区少数居民家庭开始购买电脑并上网。进入 21 世纪，购置电脑的家庭越来越多，能上网的人也随之增多。

2010年前后，太阳宫地区绝大多数家庭拥有电脑，并已连入互联网，上网逐渐成为人们工作、生活不可或缺的一部分。地区政府网站也已经开通，这更有利于居民了解域内情况、关注民生和提出意见建议。

文化活动

中华人民共和国成立前，村民的文化活动主要是赶庙会。因当地庙宇规制不大，人们赶庙会常去北京城里。庙会上一般都有花会表演、戏台唱戏，能花钱去戏园子听戏的是有钱人才可享受的消遣。遇上过年，还时常会请戏班来村中唱戏。

中华人民共和国成立初期，辖域各村普遍成立起评剧团等文艺团体，农闲时自行排演一些当时流行的剧目，如《小女婿》《小二黑结婚》《柳树井》等，逢年过节时搭台唱戏，排演的剧目多为歌颂共产党、歌颂新社会等内容。“文化大革命”期间，太阳宫公社和各生产大队都成立有“毛泽东思想文艺宣传队”，队员是由各生产大队、生产队挑选的文艺爱好者。文艺宣传队排演《白毛女》《红灯记》《沙家浜》《智取威虎山》等样板戏片段，自编自演歌舞、快板、三句半、对口词等曲艺节目，并时常在各村巡演，很受社员群众喜爱。

改革开放以来，特别是 20 世纪 90 年代后，随着城市化进程的加快和文化管理机构的不断加强、文化设施的不断完善，太阳宫地区的文化活动日益丰富多彩。每年全乡都举办“五月鲜花”文艺会演、农民艺术节、文化节等各种形式的大型文化活动。每逢“七一”党的生日、“十一”国庆节、新年等重要节日，全乡都组织文艺演出。日常生活中，人们还常常自发地举行一些诸如读书、读报、看电影、看电视、唱京剧、扭秧歌、下象棋、打扑克之类的自娱自乐性质的文化娱乐活动。

1998年10月28日，太阳宫地区开展"大众读书会"征文等文体活动。1999年5月21日，地区团委举办"献五月鲜花，颂祖国辉煌"歌咏比赛，25名来自基层的青年团员选手，用自己的歌声歌唱伟大的祖国、伟大的党，歌唱太阳宫人美好的新生活。9月24日中秋节，团委、妇联、文教科共同举办"太阳宫地区迎50年大庆联欢会"，会上，演员通过演唱、诗朗诵、舞蹈等艺术形式，歌颂祖国50年来取得的辉煌成就，表达太阳宫人民对祖国明天的美好祝愿。

2000年1月，太阳宫乡多次举办全地区秧歌大赛和农民运动会，积极参加朝阳区农民艺术节的各种活动。年内，举办秋季农民体育运动会、团员青年歌咏比赛、老年秧歌表演等活动。2004年，成功举办庆"七一""草原连着北京"文艺专场，举办第十四届农民艺术节、与内蒙古集宁歌舞团共同举办庆祝中国共产党成立83周年及庆祝建国55周年文化进社区活动等演出，活跃地区群众文化，提高群众文艺观赏水平和文化素养。同时，参加2004朝阳华腾俱乐部乒乓球锦标赛获得女子单打第五名，参加朝阳区农村地区"盛华杯"橡筋操比赛获一等奖；参加朝阳区农村地区"金鱼杯"大众健身操比赛获二等奖；参加朝阳区"蟹岛杯"极限挑战比赛获得过弓背桥比赛奖；组织148人参加朝阳区群众体育大会开幕式表演等等。参加区文化委举办的"社会一家亲"活动并获得组织奖；组织80人参加朝阳区庆祝中华人民共和国成立55周年群众文艺晚会合唱表演。

2006年年初，成功举办太阳宫乡第十六届农民艺术节。活动中，地区舞蹈队、合唱团、幼儿园、残疾人代表等300余名演员表演16个异彩纷呈的节目。"五一"劳动节前夕，举办以"活跃基层文化，构建和谐太阳宫"为主题的"社区一家亲"风采展示活动；5月下旬举办地区登山比赛，机关干部、辖区居民和企事业单位全力支持，参赛选手及工作人员300余人参加活动；举办庆"七一"文艺演出，演出节目主题鲜明，内容新颖，地区合唱团、舞蹈团以及各基层单位130人参加演出，观众500余人。同年，组织地区合唱团40余人参加朝阳区庆祝中国共产党成立85周年暨表彰大会演出；组织地区舞蹈团15人参加区农委在朝阳体育中心举办的"喜迎世青赛，颂歌献给党，青春朝阳艺术团巡演"活动，舞蹈《歌唱祖国》展示太阳宫地区的精神风貌，受到市、区领导和观众的一致好评，该节目又被选上参加区农工委、农委庆祝中国共产党成立85周年文艺会演；在朝阳区农委、体育局举办的"纪念世青赛倒计时100天，朝阳区国际健身风情大展示"群众健身项目比赛活动中，地区代表队50余人在短短10余天时间进行学习、排练健身单球操，并取得优异成绩。

2008年4月23日至25日，太阳宫地区纪工委和北京中国书画研究社以"迎奥运盛会、促廉政和谐"为主题，联合举办廉政书画展暨书画笔会。同时，组织地区舞蹈队在春节期间参加朝阳区国际风情节演出活动，得到区领导的好评；组织居民参加朝阳区"迎奥运杯"

门球赛，并获得第二名的好成绩；组织居民参加朝阳区举办的“社区器乐比赛”和“戏曲大票友、小票友比赛”，获得优秀奖。为营造奥运氛围，地区先后举办太阳宫地区“情系奥运——太阳宫地区社区居民书画作品荟萃展示”及太阳宫地区民间手工艺成果展、“迎奥运、构和谐电影周”优秀电影展映活动、“全民健身与奥运同行”健身科普知识答卷活动、第二届迎奥运和谐社区杯乒乓球比赛和“社区一家亲奥运大舞台”——迎奥运倒计时100天系列活动。

2009年5月20日，在太阳宫公园南门举办“五月鲜花”文艺会演。10月15日，地区民政科与社保所在太阳宫公园南门大广场，联合举办以“庆国庆，迎重阳”为主题的文艺会演。为迎接庆祝中华人民共和国成立60周年，在芍药居四社区开展以“庆祖国华诞　展居民风采”为主题的系列文化活动。此次活动包括书法、绘画、手工作品、摄影作品及诗歌作品展览、诗歌朗诵、英语竞说，京剧演唱、合唱等兴趣班展示。根据朝阳区国庆联欢指挥部安排，太阳宫地区选派52人参加首都庆祝中华人民共和国成立60周年联欢晚会演出任务，并被首都庆祝中华人民共和国成立60周年北京市筹备委员会联欢晚会指挥部授予突出贡献单位。

图18-4　五月鲜花文艺会演，舞蹈表演（2009年5月20日摄）

2010年，地区先后举办第一届太阳宫文化艺术节开幕式文艺会演、国民体质测试、“品味书香太阳宫，建设文明新城区”读书月、第四届数字电影节暨爱国主义电影月、我爱太阳宫大家唱、第四届和谐杯乒乓球比赛、健身快乐行、“五月鲜花”系列活动暨太阳宫地区助残日文艺会演、庆祝中国共产党成立87周年文艺会演、建军83周年慰问演出、创建文明城区庆祝全民健身日健身团队风采展示活动、创建全国文明城区体育电影周、“庆中秋，迎国庆”专题活动、重阳送温暖系列活动等20余次有广泛影响的文化活动。

2011年5月25日，地区办事处在太阳宫公园举办“端午节”健身风采展示活动，辖区健身队、腰鼓队、太极队、舞蹈队100余人参加。6月9日，在太阳宫公园举办新纪家园小区入住十周年文艺会演活动，来自地区机关、企事业单位、社区、村干部群众1000余人参加。同年，继续举办第二届太阳宫地区文化艺术节，从4

图18-5　新纪家园小区入住十周年文艺会演，歌伴舞《江山》（2011年6月9日摄）

月21日的开幕到9月28日闭幕，期间开展朝阳传媒2011幸福传递社区、青年才艺展示、廉政文化文艺演出、百姓大舞台文艺会演等群众喜闻乐见的文艺活动，群众参与人数高达5万多人次。

图18-6 “夏家园之夏”专题活动，大合唱（2012年8月23日摄）

图18-7 “太阳宫之秋”专题活动，扇子舞（2012年10月12日摄）

2012年，举办太阳宫第三届文化节，围绕文化节开展“夏家园之夏”“太阳宫之秋”“芍药之花”系列文化活动。同时开展第六届“和谐杯”乒乓球比赛、健身快乐行等文化体育活动，并组织100人方阵参加朝阳区第八届农民运动会开幕式大型表演，提出“葵花向阳，红心向党”的口号,展示太阳宫人积极向上的精神风貌。举办具有民族传统特色的太阳宫地区首届“端午粽飘香”包粽子比赛活动，提高地区知名度和影响力。同年2月27日，举办“践行北京精神、弘扬太阳宫精神”征文演讲比赛决赛，共有17家单位、60余篇文章参赛。

2015年11月19日，太阳宫第六届文化节闭幕式成功举办。文化节期间开展芍药之花文艺演出、太阳宫地区“读书日”主题阅读活动、“爱家乡、颂家乡、唱家乡”征文、“我们的节日”、夏家园之夏、太阳宫之秋等50余场文体活动，参与群众达5万余人次。年内，依托图书馆、社区文化活动室、电子阅览室、文化广场等设施，组织开展合唱、舞蹈、电脑等培训，国文诵读、世界读书日等活动，为各类人群提供优质服务。举办“太阳宫地区‘悦读 悦美’读书日巡展”“太阳宫地区‘快乐童年’电影放映周”等众多覆盖面广、群众喜闻乐见的文体活动，开展公益性免费艺术培训及讲座项目80余期；各类文化活动50余场次，放映电影200余场；受益人群包括老年人、残疾人、外来务工人员、未成年人以及外国友人，参与群众达5万余人次。

2016年3月4日，在对外经贸大学报告厅举办主题为“党建统领全局 彰显文化魅力”的太阳宫第七届文化节开幕式暨太阳宫第六届“清风廉韵伴我行 文化文明太阳宫”文化演出活动。地区领导班子成员、机关干部、地区党代表、人大代表、地区居民等800余人参加开幕式。12月6日，在北京服装学院礼堂举办主题为“构建和谐太阳宫　建设美丽新街区”的太阳宫第七届文化节闭幕式。地区领导和班子成员、机关干部、地区党代表、人大代表、居民代表等近500人参加闭幕式。文化节期间，地区举办“中国梦　家乡情”芍药之花迎新春联欢会、“创造生活精彩愉快”和谐杯乒乓球赛、“优秀影片进社区”经典电影展演、夏家园之夏、太阳宫之秋、“我们的节日”传统文化活动、太阳宫地区88健身大家庭等50余场群众喜闻乐见的活动，惠及群众5万余人，营造良好的文化文明环境。

第三节　古迹遗址

元大都城垣遗址

元大都城垣遗址，位于中轴路东西两侧及奥林匹克公园、中华民族园南侧，东起太阳宫乡惠忠庵村，西至德清路，北邻土城北路，南与土城南路相接。元大都城垣遗址由若干段东西走向的元大都外廓城墙遗址组成，属于元代古遗址，因其全部用土夯筑而成，故又名土城。

元大都始建于元世祖至元四年（1267年），建成于元至元十三年（1276年）。元大都平面呈长方形，大都城周长为28600米，面积约50余平方公里，设11座城门。其中北城墙辟有安贞门（今安定门小关）、健德门（今德胜门小关）两门。明洪武元年（1368年）攻克元大都后，即将北城墙向南收缩约5里，遂废元大都北土城。遗址为元大都北城墙，城墙历经700余年风雨侵蚀及人为破坏，区域内尚存的遗迹有大小豁口9处。土城遗迹高低不等，东段最高6～7米，西段最低2米；基宽不一，约20～26米。元大都城墙的建筑形式、建造方法和周密严谨的规划设计，成为研究元代建筑和元代城市营造工程以及北京城市发展史重要的实物数据。1957年被公布为北京市市级文物古迹保护单位。2006年5月25日，被公布为第六批全国重点文物保护单位。

在元大都城垣遗址的基础上建立大型带状城市公园——元大都城垣遗址公园，具体位于惠新东街路以东，京承高速路以西，北土城东路以南，占地面积12公顷，其中水面面积1.4公顷，两岸绿化率接近100%。在公园的最东端、城市轻轨和土城沟交会的地方有一块面积17000平方米的北京城区内最大的人工湿地。2003年，元大都城垣遗址公园正式向市民开放。2007年，加强基础设施维护，增加园路铺装，更新双语标示牌，完善一号景区无障碍设施，维修全园路椅、大门、栏杆等服务设施。景区补植乔灌木10650株、花3080株、草坪7500平方米。

寺庙

太阳宫庙

建于清嘉庆十年（1805年），属合村公建。面积南北十弓（约16.5米），东西十八弓（约29.7米），有殿3间、瓦房3间、土房5间，山门1座，砖影壁1座。庙内法物有：大小泥塑佛像4尊、铁磬1个、铁钟1个、绿琉璃瓦香炉1个、蜡扦1对、铁花瓶1对、白石狮子1对，另庙内有榆树两棵、柳树两棵。

殿内供奉的是大明神（太阳神）。旧时，在每年的二月初一到此祭祀太阳神，因为民间传说太阳的生日是二月初一，其目的是祈望一年中风调雨顺，五谷丰登。此外，在正月初七和二月初二，也是进香的日子，香火很旺。

惠忠庵

惠忠庵原址位于现对外经济贸易大学位置。何时修建已无从考证，清嘉庆年间（1796—1820年）重新修缮过。庙内的大钟上留有当年出资修缮者的姓名，其中有员武将赵海就是原太阳宫北村村民赵祥祖父之兄。

惠忠庵有3座大殿：一殿供奉的是关公，叫关公堂；二殿供奉如来、观音、大肚弥勒，十八罗汉侍立两旁；三殿供奉眼光娘娘，有眼睛不好的人烧香祈福，希望娘娘赐予光明。民间有个王奶奶被供奉在后殿，每逢初一、十五都有百姓烧香拜佛祈福求愿望。传说有个叫王东的人，来到庙里摘走王奶奶的一只耳钳，却怎么也走不出大庙。看庙人蔡四儿受王奶奶托梦告之去寻找，果然追回耳钳。从此，灵验之说越传越远，庙里的香火就越来越旺。所谓“王奶奶像前的匾，有求必应”，就来源于此。

惠忠庵虽名为庵，却从来没有尼姑或和尚居住过。中华人民共和国成立前，这里开设私塾，当地许多老一辈人在那里上过学。20世纪50年代，惠忠庵大殿被拆除，殿内的佛像被扔到庙西南角的大沟里，庙改成合作社。

古墓葬

清王爷坟

位于三元庵，墓主为清康熙帝第十二子履亲王胤祹，因其排行十二故称“十二陵”。爱新觉罗·胤祹，生于康熙二十四年（1685年）十二月二十四日寅时，母定妃万琉哈氏，郎中拖尔弼之女。康熙四十八年三月封固山贝子。“自是有巡幸辄从”，康熙五十六年，孝惠章皇后崩，胤祹署理内务府事务。康熙五十九年三月，办理孝惠章皇后后事进入尾声，解任。十二月，管理正白旗满蒙汉三旗事务。康熙六十年，“上以御极六十年，遣胤祹祭盛京三陵”。终康熙一朝，胤祹一直是颇受宠爱和一帆风顺的。

雍正帝即位后，十月授都统，十一月管理内务府、礼部、工部事务。随后几年，胤祹的命运较为坎坷。或因“治事不能敬谨”，或因“圣祖配享仪注及封妃金册遗漏舛错”，解去工部、礼部、内务府职务，革贝子，再降镇国公。直至雍正八年（1730年）五月才复封履郡王。乾隆帝即位，让这位叔父管理礼部、内务府事务，十一月晋封履亲王。乾隆十一年（1746年）十二月，命胤祹担任玉牒馆总裁。十四年五月，充会典馆总裁。十八年三月，擢任议政。二十年二月管理正黄旗觉罗学。二十五年三月，管理药房事务。乾隆二十八年七月二十四日未时薨逝，享年79岁，谥曰懿，史称履懿亲王。

十二陵坐北朝南，占地84亩。两边是履亲王胤祹的大园寝。东边是世子弘昆的小园寝，中间相隔七八亩柴火地。西园寝南端为月牙河、神桥。过桥即是碑楼，内立驮龙碑一方。前行是东西朝房各三间。宫门三间与红墙相连接。院内正中是享殿五间，顶覆绿琉璃瓦。享殿旁有东西角门。享殿后是月台。月台上有火泉顶一座，高四五米，底边周长十米。后墙为圆弧形。院内栽有杨树和槐树，院外有松树、杨树、槐树、柳树。东边的小园寝南端比西园寝往后错有30米。月牙河河漕没有砌砖石。河北面也未建碑楼。北行有东西朝房、宫门。院内享殿三开间，旁边开有角门。享殿后有子墙一道。里边月台上是大宝顶，高3米。十二陵守陵户原有10户，金姓为主，吃钱粮月米。清末，履郡王府让北新桥居住的启顺林来十二陵做了护卫章京。启家加上金家6户和刘家1户，共有8户守陵。他们在朝房值班守护，耕种40余亩地为生。

1929年，镇国公溥植将十二陵地上建筑全部拆除，将砖瓦石片和木料卖给东直门里“窝头刘”（绰号）。尔后搞了“起灵”。起灵时发现东西园寝地宫均为砖券。西边地宫，下边是城砖，顶覆条石。有汉白玉石门和石床。石床上停灵三口。起出的棺椁埋到小望京村。于是，十二陵从地面上、地图上均消失殆尽。

清公主坟

龙道村公主坟 墓主为清道光帝第六女寿恩固伦公主，生于道光十年（1830年）十二月初七日，母静妃博尔济吉特氏，即孝静成皇后，与恭亲王奕䜣同母。道光二十四年二月，封寿恩固伦公主，指配沙济富察氏、一等公、工部尚书博启图之子景寿。道光二十五年四月下嫁。咸丰九年（1859年）四月十三日卒，享年30岁。

公主坟占地一顷有余。坐北向南，前有月牙河，河北建有神桥两座。桥北有东西朝房。宫门与红墙相接。院内正中有享殿3间，殿旁有东西角门。享殿北侧有月台。月台上是大宝顶一座。地宫为石券。公主坟南植有松树，墙北栽有杨树，院内均为红黄柏树，院内平时见不到阳光。公主坟东墙外有龙须沟，再东有守护房东八间。西有大道沟，再西为守护房西八间。民国初年，一位公主的后人搬到龙道村居住，没钱花就砍伐树木卖钱。到1931年为止，公主坟的松柏树几乎被砍光。1945年，又有穷窘的公主后人要“起灵”，实际是明扒坟暗盗墓，希望得到一些殉葬品换钱花。虽然这一行为被制止，但建筑物还是被他们拆除殆尽。公主坟在1937年被冀东保安队所盗。1959年，公主坟宝顶被平毁。此后，公主坟遗址仅剩下一片土丘，并逐渐完全消失。

太阳宫村公主坟 这座公主坟的墓主到底是谁尚无定论。因这里与八大公坟相距不远，原本以为是恭悫长公主和鳌拜之侄讷尔杜夫妇的合葬墓。但随着恭悫公主坟被确定是在双井，墓主又被猜测为清太宗皇太极第十三女，生于崇德三年（1638年）七月初七。顺治九年（1652年）二月，指配瓜尔佳氏、副都统拉哈为婿，同月下嫁。顺治十四年四月卒，享年20岁。

公主坟原占地一顷数十亩，依次建有朝房、宫门、月台、大宝顶等建筑。但在清末民国初，公主直系后裔穷窘当了喇嘛，当地人把公主坟称为喇嘛坟，公主坟反倒没人提起。公主坟的松柏树、可耕地、砖瓦石片陆续被公主后裔卖掉，公主坟最终还剩八九亩地。公主坟坐北朝南，本身有2亩，连周边有五六亩。南端有4行柏树，北行有月台1座，循石阶而上，月台上是大宝顶3座。宝顶周围还保存四棵槐树，直径1尺有余。公主坟西北有大山子环，占地1亩，土坟高2尺。公主坟北边，隔着东西大道北为园子地，园子地东有小山子环，亦占地1亩。公主坟东侧是张姓种的地，南边是杨家种的条形地。大山子环西是深达2米的道沟，北边是东西大道。公主坟在1953年被平毁，但大宝顶保留多年。改成菜地之后，耕地时还常会发现砖头石块。公主坟最后的照应坟地户太阳宫村村民张二荣原住在坟地西南，搬进居民区后，于1976年去世。

八大公坟

墓主为鳌拜，位于八大公坟村。鳌拜，清初权臣，满洲镶黄旗人，瓜尔佳氏，出身将门，精通骑射，号称“满洲第一勇士”，以战功封公爵。鳌拜年轻时随清太宗皇太极征讨各地，为清王朝统一全国立下汗马功劳。鳌拜是清朝三代元勋，康熙帝早年辅政大臣之一，后因操握权柄、结党营私，引起朝野震恐，且日益骄横跋扈，乃至触犯皇权，被康熙用计智擒，并圈禁至死。

墓地之所以叫“八大公坟”，这里有两种说法：一种是鳌拜是皇封的第八位公爵，所以墓地称为“八大公坟”。还有一种说法是“八大公坟”由“巴图鲁大人坟”演变而来，而巴图鲁在满语里是“英雄”“勇士”的意思。

佟家坟

位于东坝河村，该地原有清代墓葬佟家坟。墓主分别为一等子都统准塔巴图鲁、散秩大臣塞勒（色勒），因属雅尔湖地方佟佳氏，故名。墓丘早已平覆。

第十九章　医疗　卫生

中华人民共和国成立前，太阳宫地区医疗卫生状况较差，各种常见病、传染病威胁着人民群众的身体健康，村民看病主要以民间中医诊疗及中医药为主。中华人民共和国成立后，逐步建立起乡、村两级医疗机构，加大对卫生工作的管理，加强医疗卫生队伍和力量的建设。1957 年，太阳宫医院建成并运行。1968 年，太阳宫公社各生产大队建立起卫生室。改革开放以来，辖域医疗卫生工作更是有了新的发展和进步。截至 2016 年，辖区内始终坚持开展爱国卫生运动，改变卫生落后面貌；开展传染病防治，有效控制疾病传播；开展妇幼保健工作，重视妇女儿童健康；加强卫生监管，打击非法行医，确保食品卫生安全。乡医疗机构有社区卫生服务中心和分别建在芍药居北里、西坝河北里、十字口、牛王庙的 4 个社区卫生服务站，承担着辖区 3 个建制村、10 个社区 7 万多名居民的基本医疗和公共卫生健康管理工作。辖区医疗机构健全、医疗水平不断提高，基本解决地区群众看病难的问题。

第一节　医疗机构

中华人民共和国成立前，太阳宫地域没有正规的医疗机构，境内仅有个人行医，多为中医。当地富人得病，一般是到北京城里就诊。普通农家只有重病才会找个体医生就诊，普通小灾小病多靠机体自疗、一些土方法或迷信巫医做法施救。

中华人民共和国成立初期，太阳宫地区开始逐步重视医疗事业的发展，先进的医疗技术得到推广和应用，常见疾病都能得到及时有效的治疗，许多绵延数百年的传染病也被逐渐消灭，人民大众的健康水平日益提高。

1955 年社会主义改造进入高潮后，依据国家有关政策，禁止私人行医。于是，太阳宫地域的个体医生组织起来，组建起农村联合诊所，俗称“联营”。1957 年，建立太阳宫医院。1965 年，根据毛泽东主席“把医疗卫生工作重点放在农村”的指示，朝阳区卫生局派医疗技术人员，组成下乡医疗队，来到太阳宫、十字口、牛王庙各村培训不脱产的半农半医人员，大部分参加培训人员考取从医职业资格证，成为境内第一批农村“赤脚医生”，诸如孙长富、刘丽华、刘仁义、桂昌友、张娜君、徐荣光等。随着太阳宫公社农村医疗队伍的建设，1968 年，各生产大队建立起卫生室。社员群众得病后一般都能在村内得到治疗，较重的病还可以转院到市、区医院就诊。

1970 年，太阳宫人民公社开始实行农村合作医疗制度。农村合作医疗为农村社员自筹资金互助互利的集体福利。各生产大队自筹资金不一，一般每人每年交 2 元医疗费，资金由大队合作医疗统一使用，农民在大队就医，医疗费根据大队经费情况，全部免费或部分免费，若在外就医，经大队合作医疗站同意，到指定医院就诊，药费按比例报销。20 世纪 70 年代末到 80 年代初，太阳宫公社推行家庭联产承包责任制，随后大多数村卫生室解体，但乡、村两级医疗体系基本未变。依照国家政策，太阳宫乡多数赤脚医生改为个体行医，并对赤脚医生进行培训考核，合格者发给乡村医生证书，赤脚医生名称停用，改称乡村医生，仍在所属村行医。

进入 20 世纪 90 年代以后，随着地域流动人口的增多，出现非法行医现象。太阳宫医院每年均派卫生专职干部配合朝阳区卫生监督所进行摸底检查，检查药房和辖区内各诊所“行医许可证”“医师证”“营业执照”，持续开展严厉打击非法行医，并列入医院常态化工作。区卫生监督所时常会同医院、派出所、乡城管队等相关部门进行联合执法，对诸如外来游医非法行医点，一经发现，即没收药品、医疗器械及非法所得。

1998 年，投入 1 万元支持太阳宫医院在芍药居北里建成一个社区医疗工作站。2000 年，太阳宫村成立卫生室，辖区内 3 个村从此都有了自己的合作医疗服务机构。

2002 年，在芍药居第二居委会、芍药居北里社区服务中心建立两所社区卫生保健服务站，方便附近居民，做到小病不出社区。至 2005 年，地区医疗设施完备，有中日友好医院、煤炭总医院、太阳宫医院及各社区卫生服务站。

2004 年，太阳宫地区决定对 3 个村级卫生室进行改制，并交由太阳宫医院社区卫生服务中心实施全方位管理。医院根据 3 个医务室的情况，分别制定具体的改制和实施方案，按照社区卫生服务站的标准，着手进行准备工作。太阳宫医院对每个站分别选派 2 名全科医生及相关医务人员，从 9 月开始，分别对 3 个医务室原有的药品、物资进行盘点、核实，重新建立相关的台账等。3 个村支持和帮助改制工作，无偿提供硬件设施。到 11 月底，3 个医务室转制工作基本完成。

2007 年，太阳宫医院更名为太阳宫社区卫生服务中心。2008 年，为使辖区内的社区卫生服务站分布均匀，保障大多数地区居民能在 15 分钟内步行到达社区卫生服务站，地区办事处多次与相关单位积极协调先后建成 5 个社区卫生服务站：芍药居北里社区卫生服务站、牛王庙社区卫生服务站、夏家园社区卫生服务站、十字口村社区卫生服务站、芍药居南里社区卫生服务站。加上原有的太阳宫社区卫生服务中心，社区中心站的建立和完善，

图 19-1　太阳宫社区卫生服务中心（2007 年摄）

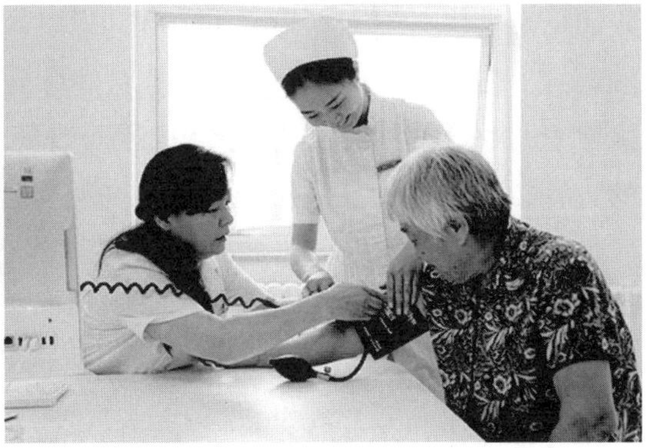

图 19-2　测量血压（2007 年摄）

为居民群众提供安全、有效、方便、价廉的公共卫生和基本医疗服务。

截至 2016 年，太阳宫地区有医院（社区卫生服务中心）1 所，社区卫生服务站 4 个，以及其他诊所、医院。与此同时，地区坚决打击非法行医，维护医疗服务市场的规范有序，切实维护人民群众的身体健康和生命安全。

表 19-1　**2010 年太阳宫地区医疗卫生机构一览表**

单位名称	建立时间	登记注册类型	规模（级别）
太阳宫社区卫生服务中心	1957 年 1 月	社区医院	一级
西坝河北里社区卫生服务站	2001 年 8 月	社区服务站	一级
十字口社区卫生服务站	2002 年 5 月	社区服务站	一级
牛王庙社区卫生服务站	2002 年 5 月	社区服务站	一级
芍药居北里社区卫生服务站	2002 年 5 月	社区服务站	一级
北京朝阳中西医结合医院	2008 年 9 月	医院	一级
北京跃铭诊所	1992 年 7 月	个体	
北京华夏医美门诊	2005 年 4 月	诊所	
北京瑞鲨口腔门诊部有限责任公司	2009 年 11 月	诊所	

第二节　疾病防疫

传染病防治

中华人民共和国成立后，太阳宫地区采取预防接种、除“四害”、讲卫生等综合措施防治各种传染病。通过实施一系列的措施，多数传染病得到有效控制，有的基本得到完全控制，疫情难以扩散和传播。1991 年至 1993 年，贯彻“预防为主”的方针，举办各种卫生防疫培训班，深入宣传卫生防病知识，人们的卫生保健意识大为提高。同时，太阳宫医院配合各村医务室完成妇幼保健检查和计划免疫工作，全乡开展的初级卫生保健工作经市、区检查验收合格。三年中，全乡没出现食物中毒和传染病现象。1996 年，贯彻“预防为主”的方针，开展各种卫生防疫培训和初级保健达标活动。2010 年至 2016 年，太阳宫地区办事处每年春季均举办传染病防控培训，社区卫生服务中心也针对辖区流动儿童、社会用工单位来京务工人员进行手足口、麻疹、流脑等如何预防方面的科普知识进行培训。

麻疹防治

20 世纪五六十年代，太阳宫地区每隔一两年都要流行一次麻疹，疫情发展快，易传染。虽然采取一些措施，但由于缺乏特效手段，疫情未能得到有效控制。1965 年，太阳宫公社开始使用“京（55）株麻疹减毒活疫苗”，发病率迅速下降。80 年代初期，改用免疫期较长的“沪（9）株减毒活疫苗”，对辖区疫情采取全面控制手段。90 年代以后，太阳宫地区麻疹病基本得到控制。

脊髓灰质炎防治

脊髓灰质炎在 20 世纪五六十年代的发病率最高。1961 年，开始使用口服液体减毒活疫苗。1962 年，改用糖丸口服减毒活疫苗，小儿麻痹症的发病率大大下降。1986 年后，改为接种疫苗，当年接种率 100%。1997 年，初级保健工作重点完成农村合作医疗试点工作和消灭脊髓灰质炎强化免疫工作。1998 年，开展脊髓灰质炎免疫工作，辖区内 1400 名 0 ～ 4 岁儿童服用糖丸。此后，辖区内的婴幼儿在达到适合接种年龄即进行疫苗接种。

结核病防治

中华人民共和国成立之前，太阳宫一带结核病的发病率虽不高，但也时有发病者。20 世纪 50 年代，开展卡介苗接种工作，逐步建立起新生儿普种和小学、初中一年级复种制度。至 80 年代末，普种率 90%，复种率 100%。

图 19-3　“非典”疫情期间，北京市市长孟学农（左）与村民马淑英（中）亲切交谈（2003 年 4 月 14 日摄）

“非典”防控

2003 年春，非典型性肺炎疫情席卷全国，北京更是重灾区。4 月 21 日，太阳宫地区出现第一例“非典”疑似病例，至 5 月 4 日，累计确诊 1 例“非典”患者，疑似病例 7 例。到 5 月 20 日，境内确诊“非典”病例 2 人，疑似病例减少到 5 例。4 月 14 日，市长孟学农、市政府秘书长刘晓晨来到太阳宫地区视察预防、控制“非典”疫情工作。市、区领导在听取乡领导的工作汇报后，又来到十字口村了解情况。面对突如其来的“非典”疫情，太阳宫地区工委、办事处积极整合乡域医疗机构资源，各级党组织和党员干部把人民群众的生命安全和身体健康放在首位，临危不惧、冲锋在前，团结带领广大人民群众众志成城、奋力拼搏、群防群控。地区成立防控“非典”领导小组，建立起疫情报告制度、环境消毒制度、流动人口管理制度、处理突发疫情预案等，大力宣传和普及预防“非典”常识，对街巷道路等公共场所每日消毒，定时回收、焚毁住户的传染垃圾，千方百计控制“非典”传播途径。由于防控措施得力，赢得抗击“非典”的决定性胜利，太阳宫地区终于安全度过这场疫情。

图 19-4 医务人员在对地区工作人员进行“非典”防护知识培训（2003 年 5 月 15 日摄）

图 19-5 工作人员对辖区内的餐饮业进行检查（2003 年 4 月 28 日摄）

禽流感防控

2004 年年初，一场高致病性禽流感疫情在中国周边十多个国家和地区相继发生，形势十分严峻。1 月 29 日，成立太阳宫地区防治禽流感工作指挥部。办事处正、副主任，3 名村委会主任、乡计生文教科、乡总公司、综治办、规划建设管理科、派出所作为指挥部成员单位，立即行动起来，全力以赴投入到阻击禽流感工作中。首先，制定《太阳宫地区防治禽流感工作应急预案》《太阳宫地区疫情报告处理流程图》《太阳宫地区防治禽流感工作体系图》，建立起有效的防控工作网络。其次，统一设置表格，对地区所有的住户、市场、宾馆、餐饮、学校、运输户、施工工地等所有单位的人员返京、养殖与经营情况进行全面摸底调查，统计并核实出养殖户 194 户，养殖数量 3983 只，其中鸽子 3832 只、鸟 151 只。在摸清底数的情况下立即对禽类实行强制性免疫注射，加强消毒和监控，对经营活禽和禽类产品的市场实行监督检查，严禁未经检疫的活禽和禽类产品上市销售。同时对辖区河道、湿地、公园的野禽进行观测、检查，取缔流动活禽交易点；并加强宣传，科学预防，积极宣传“禽流感”预防知识，给居民发放宣传材料，做到宣传不落死角。为有效防治禽流感，实施关口前移、严防死守、群防群控、属地管理。做到早发现、早处理、早落实、早捕杀。有效控制地区养殖户对禽类养殖的管理，地区防治高致病性禽流感指挥部现与地区各养殖户签订责任书，要求养殖户要全面实行禽流感强制免疫工作。按照区农委、区财政局的要求，对地区养殖户宰杀的禽类进行资金补偿。太阳宫地区一系列针对措施，有效地防止了“高致病性禽流感”疫情的发生。

手足口病防治

2010 年，在手足口病肆虐期间，太阳宫地区通过成立防控工作领导小组，制定防控工作方案和应急工作预案，并进行疫情排查，实现关口前移，防止疫情扩散蔓延，同时大力宣传手足口病防治知识，养成良好卫生习惯以及全面加强环境卫生综合整治工作，动员和组织基层单位和群众搞好环境卫生的措施来加强手足口病的防控。

甲型 H1N1 流感防控

2009 年春，甲型 H1N1 流感（初称“猪流感”）疫情在全球蔓延，世界卫生组织宣布此次疫情为“具有国际影响的公共卫生紧急事件”。根据《北京市人民政府关于进一步明确责任突出重点加强甲型 H1N1 流感预防控制工作的通知》和《北京市突发公共卫生事件应急指挥部办公室北京市卫生局关于落实社会单位防控甲型 H1N1 流感管理责任的通告》要求，太阳宫地区建立起严密预防体系。通过多种措施，使人人了解甲型 H1N1 流感是可防、可控、可治的，消除恐惧心理。并且科学有序地开展甲型 H1N1 流感防控工作，实行 24 小时应急值守，完善联防联控工作机制。居民完全掌握预防甲型 H1N1 流感的方法，提高自我保护意识和预防能力。其间，监测归国人员 1773 人、居家医学观察人员 377 人，有 4969 人接种甲型 HIN1 流感疫苗；确诊甲型 HIN1 流感 16 例，并已全部治愈出院。在 24 小时及时应对下，辖区未出现过集中、大面积暴发的情况。

艾滋病防治

进入 21 世纪，随着人口流动的增多，北京地区艾滋病发病率呈上升趋势。太阳宫地区在各村、社区内设立艾滋病知识宣传橱窗，在人群较为密集的社区及辖区内进行艾滋病防治知识。并且通过各种媒体宣传和举行讲座等方式，向广大居民宣传艾滋病病理、传播途径、防治方法以及国家对艾滋病防治的相关政策，教育人们养成良好的工作与生活习惯，还要正确对待艾滋病，消除恐慌、歧视心理，关爱 HIV 感染者及艾滋病患者。2009 年 4 月 23 日，在莱太花卉市场举办预防艾滋病宣传项目启动仪式。该项目由国务院防治艾滋病工作委员会给予支持、中国计划生育协会负责、太阳宫地区办事处组织实施的，这是中国计生协会首次在流动人口中开展预防艾滋病项目。5 月，在莱太花卉商城启动国家艾滋病防治社会动员项目——“卖花姑娘预防艾滋病宣传和干预项目”。2010 年 8 月 6 日，太阳宫社区卫生服务中心医生刘志军对机关 80 余名公务员及事业编人员开展太阳宫地区公务员预防艾滋病知识讲座。12 月 2 日，举办“太阳宫地区青春健康进大学知识讲座”，特邀朝阳区疾病预防控制中心性艾科医生姜树林为北京电子科技职业学院的200多名大一新生进行讲解。

地方病防治

甲状腺病

20世纪70年代，朝阳区政府对辖区内的饮用水源进行调查，含碘量低于国家规定的10微克/升的标准，从而确定辖区甲状腺病的病因是饮水缺碘。为此，太阳宫公社广泛进行防治甲状腺病的宣传教育，北京朝阳医院也组织医务人员下乡治疗。1978年，太阳宫公社开始对甲状腺病患者投服碘化钾片治疗，并于1979年开始普及含碘食盐，实施碘盐监测制度，并对患者实行免费治疗。通过这些措施的实施，患者的病情明显好转，甲状腺病的发病率明显下降。之后，防治力度大大加强，发病率迅速下降。经过持续多年的防治，太阳宫地区甲状腺病患病率已接近于零。

地方性氟中毒

地方性氟病又称地方性氟中毒，是由于环境中氟含量过高，进入人体内的氟蓄积过多而引起的全身慢性氟中毒，主要表现为氟斑牙和氟骨症。20世纪70年代末至80年代初，太阳宫公社发现有氟骨症患者和氟斑牙病患者，主要存在于用煤量较大的地区。通过对氟改灶、改水和治疗工作，收到很大效果，至90年代后期，已基本根治地方性氟中毒。

第三节 妇幼保健

妇女保健

中华人民共和国成立前，因受卫生条件的限制，加之封建世俗的影响，妇女有病得不到预防和治疗，故妇女病相当普遍。

20世纪五六十年代，妇女和男子同样成为农业生产的劳动力。妇幼保健人员深入农村了解妇女劳动情况，宣传针对妇女生理特点安排农活。太阳宫公社认真贯彻朝阳区妇联关于“在互助合作社中，实行男女同工同酬，按劳分配。在劳动中，不必强调干重活，经期不下水，孕期不干重活，产前产后注意健康”等规定。

改革开放以来，太阳宫乡贯彻《北京市女职工劳动保护的规定》，举办女工“五期”（经期、孕期、产期、哺乳期、妇女病期）保健学习班，放映女工保健录像等。并组织进行多次妇女健康普查，检查出的病种有宫颈糜烂、子宫癌等其他疾病。

进入21世纪，太阳宫地区重视妇女健康工作，组织妇女进行“两癌”筛查，开展关爱妇女健康活动，举办健康教育讲座。2002 年 8 月，太阳宫地区计生办与朝阳区技术服务站一起，在外来人口集中的太阳宫批发市场，就近为地区的外来育龄妇女进行健康体检及孕检，参加健康检查的育龄妇女 100 余名。2005 年 3 月 4 日，地区办事处在十字口村村委会举办“女性健康知识讲座”，北京市性教育协会理事马桂林为十字口 150 余名村民，讲解常见妇女病防治，以及如何以乐观心情平稳度过更年期等知识。2008 年，计生文教科根据《朝阳区关于“健康奥运，健康朝阳——全民健康活动”实施方案的通知》精神，在辖区开展为户籍是太阳宫地区的 25 ~ 65 岁妇女进行宫颈癌、40 ~ 60 岁妇女进行乳腺癌的免费筛查活动。共为 10472 名适龄妇女进行登记，自愿参加“两癌”筛查的 1887 人。

2010 年 10 月 28 日，计生文教科携手地区卫生服务中心共同组织 73 名农村长效节育户籍已婚育龄妇女免费健康体检。2012 年，组织辖区妇女开展妇女病普查和“两癌”筛查工作。全年两癌筛查妇检 657 人，乳腺癌筛查 666 人，农村长效体检 102 人。2014 年 10 月 26 日，地区 100 名妇女到奥林匹克公园参加全国妇联组织的“健康与美丽同行”长跑暨农村妇女两癌免费检查项目的宣传。2015 年 7 月，完成 548 人的两癌筛查工作。2016 年，妇女健康体检与健康知识培训进入常态化。

婴幼儿保健

从 20 世纪 60 年代初开始，太阳宫公社各生产大队的学龄前儿童和中小学生的疫苗接种工作由公社卫生院的医务人员和生产大队、生产队卫生员负责。当时，预防接种没有计划性，仅是按下发的疫苗接种，而且在领取、储存方面无冷藏设备，故疫苗的安全性、有效性缺乏保障。进入 80 年代，婴幼儿保健工作逐渐实行规范化管理。公社卫生院按照朝阳区卫生局的要求，做到 1 岁以内儿童每年体检 4 次，2 ~ 3 岁儿童每年体检 2 次，4 ~ 6 岁儿童每年体检 1 次。通过体检，加强对体弱、贫血、肥胖儿童规范化管理。1985 年，组织全乡 1020 名学龄前儿童体检，体检达标率为 98%。

同时，乡卫生院成立保健科，负责学生的预防接种工作。1990 年，执行区《农村妇幼保健保偿责任制细则》，全乡学龄前儿童的接种、保健工作得到贯彻落实。儿童入保率 100%，服糖丸率 100%，有效地预防“小儿麻痹症”。其他方面，如按时接种流感疫苗、麻疹疫苗等。1993 年，太阳宫医院配合各村医务室为全乡儿童注射预防针，同时进行妇幼保健检查，经市、区检查验收，上半年已完成全乡初级卫生保健达标任务。2016 年，地区婴幼儿保健工作已实现常态化、规范化管理。

第四节　卫生工作

食品卫生

中华人民共和国成立前，在乡间流传着“不干不净，吃了没病”的说法。人们的饮水和食品卫生都得不到保障，容易引起霍乱和其他肠道传染病。

中华人民共和国成立后，为预防肠道传染病的发生，保障人民身体健康，党和政府非常重视对食品行业的卫生管理和饮水卫生。20 世纪 60—70 年代，对各食品饮食行业及企事业单位的食堂普遍制定卫生公约，落实卫生岗位责任制，从而有效地改善饮食方面的卫生情况，人们的健康状况得到有效保证。

改革开放以来，随着经济社会的不断发展，太阳宫乡对饮食卫生更加注重，严防食品中毒现象的发生。加强对辖区内大小饭店、饭馆，熟食、副食摊点，学校、单位食堂以及饮料、糕点、糖果等食品生产场所进行监督和检查，加大对食品行业人员培训，对食品行业人员进行体检。帮助食品行业单位制定落实严格的操作、规程和卫生制度，并层层签订食品卫生责任书，规定处罚内容和标准。

2000 年后，太阳宫地区成立食品药品监督管理所和食品安全监督领导小组，重视食品卫生安全，对食品卫生行业进行联合执法，同时调整和充实每个社区、村有 1 名食品安全监督员，有 5 ~ 10 名食品安全协调员，明确具体职责任务，发挥食品安全第一防线的作用。

2007 年，地区办事处制定《太阳宫地区夏季食品安全专项整治工作方案》《太阳宫地区食物中毒事件应急预案》《太阳宫地区突发公共卫生事件应急预案》《太阳宫地区影响校园安全稳定应急预案》等工作方案。要求各村、居委会加强对出租房屋的日常管理，房主在将房屋出租给进行食品加工制作的经营者时，须检查其有关证照并到村、居委会备案。同时，搞好摸底自查，对重点对象建立台账和进行清理；加强综合执法和整改。7 月份，对全地区无照经营的小餐馆、小作坊进行集中执法整治，取缔经营熟食的门店 5 家，制作出售馒头、包子、大饼等食品的门店 36 家，责令停业整改的小餐馆 4 家，取缔和拆除无照食品经营单位 169 家。并于 7 月 13 日、7 月 18 日先后两次召开全地区食品安全专项整治动员大会，制定专项整治工作方案。在专项整治中，全地区拆除违法建设内非法食品加工的门店 15 家，地区的拆迁工程积极配合整治行动，拆除各种食品经营门店 126 家，在地区开展的联合执法中，取缔食品无照经营单位 36 家。

2008 年，太阳宫地区原有食品经营单位约 221 家，其中有营业执照的 64 家。地区拆迁、地下空间清理和地区各部门联合执法，到 8 月 15 日，拆迁、地下空间清理无证照 71 家；

联合执法取缔45家；经宣传教育自行关闭42家。地区挂账的22家隐患较大的无证餐饮6月底全部清除。自6月份起地区各级食品安全网络组全面实施食品安全检查及记录的日报制度。地区食品安全组联合综治办、区卫生监督所、城管监察队、工商所、派出所等相关部门联合执法，出动检查人员1172人次、执法车辆139辆次、检查食品经营单位1752家次、发放宣传材料2170份，没收非法食品820公斤，非法工具330件。全年规范“门前三包”单位5600余家，清除各类小广告13万余张，查处非法运营130余起。

图19-6　“奥运”期间，地区加强对辖区内食品经营场所的检查（2008年6月6日摄）

图19-7　食品安全宣传活动(2008年8月1日摄)

2014年5月5日，成立太阳宫地区食品药品安全委员会，确立食品药品安全委员会组织机构、主要职责，部署食品药品工作任务，地区食品药品安全委员会10个主要成员单位和10个社区的负责人30余人参加。年内统计，辖区内有餐饮服务经营单位234户，食品流通经营单位474户，其中企业206户、个体268户，保健食品经营单位7户。

2016年，太阳宫食药所从原有办公用房一间60平方米，扩展至办公用房3间，检测室、库房各一间，面积170平方米。同年，在辖区10个社区全部成立社区工作站，每个工作站至少确定一人担任食品药品安全员，并明确工作职责、岗位职责，社区食品药品安全员制止食品药品安全隐患4起、上报食品药品安全信息27条、上报报表93份；创建地区企业食品药品安全员制度，提倡重点企业设立专门的食品药品安全员，到11月份已督导经营者设立食品药品安全员58人。年内，积极开展监督抽检工作，完成食品监督抽检206件、药品抽检15件；全年开展30余次食品药品专项整治，下达各类文书77份，消除食品药品安全隐患63处；受理食品流通主体新设立、办理变更、延期登记120户，接待咨询162人次，完成食品经营现场核查任务180件。强化食品安全监管，保障流通环节食品安全，加大对重点区域，重点行业的监控力度；切实保障辖区的大型活动，于6月11日至17日完成北京国际科技产业博览会外围食品药品安全保障工作，于10月27日至30日完成第十一届中国北京国际文化创意产业博览会的外围保障工作。多次开展形式多样的宣传活动，6 月区食药局安排，开展“尚德守法，共治共享食品安全”的宣传周系列活动，10 月开展安全用药月宣传活动等，使辖区居民了解相关法律法规，食药安全知识，提高公众的参与度、热情度，把食药为民的理念深入到群众中去。

爱国卫生运动

爱国卫生运动，是在抗美援朝战争中，为粉碎美帝国主义的细菌战而发动的一场以除害灭病为中心的群众运动，以后逐步转为经常性的卫生运动。该运动在“文化大革命”初期一度停滞，1970 年前后开始恢复。改革开放后，继续得到巩固和发展。

20 世纪八九十年代，太阳宫乡在辖区多次发动群众开展爱国卫生运动，人民群众发病率降低，治愈率提高。在环境卫生工作中“坚持群众运动与专业队伍相结合，坚持突击与经常相结合”的方针，积极开展群众性的爱国卫生活动。全乡性的灭鼠活动成绩显著，老鼠密度明显下降。

1989 年，太阳宫乡在境内认真开展灭鼠、灭犬、灭蚊蝇和传染病防治工作，全年未发生流行性传染病，也没出现食物中毒情况。1992 年，以“建设无蝇城”为目标，积极参加“朝阳杯”环境治理竞赛，对全乡主干路边沟进行清理，消灭蚊蝇孳生地，经朝阳区 4 次明察暗检，被评为北片区 5 乡小组第一，圆满完成爱国卫生各项达标任务，受到区领导的表彰。

1994 年，积极开展灭鼠、灭蚊蝇工作，达到市、区规定的密集度标准。1999 年，迎接第四次全国城市卫生大检查，全年消除蚊蝇孳生地 76 处；发放鼠药 1500 公斤，鼠盒、鼠板 200 块，灭蟑螂烟炮 450 个。

2002 年，地区办事处投资 1.7 万元，用于购买灭鼠、灭蟑药品，发放到辖区各单位、居(家)委会，开展灭鼠、灭蟑活动。发放宣传材料 400 余份，投放鼠药 500 公斤，布置鼠站 600 余处，在辖区内展开大规模灭鼠运动。6 月至 9 月共发放宣传画、宣传材料 1000 余份，发放灭蟑等除“四害”药剂 60 余箱，并对辖区重点单位，副食、食品制售单位，公厕、垃圾房、粪稀地等四害孳生地进行全方位投药，覆盖率达到 100%。

2003 年，根据北京市爱卫会统一安排，太阳宫地区组织辖区内主要中央市区属单位、社会单位、居（家）委会、村委会开展统一消杀工作 7 次，全年投放除“四害”药品 2500 余公斤。9 月 22 日至 24 日，地区各居委会、社会单位、物业小区开展统一灭蟑、灭鼠工作，在规定时间投放灭蟑饵剂、灭蟑粉剂等灭蟑药和灭鼠药 10 余箱，取得较好消杀效果。

2005 年，根据北京市、朝阳区爱卫会全面开展春季灭鼠的指示精神，开展春季灭鼠运动，发放宣传材料 400 余份，投放鼠药 500 公斤，布置鼠站 600 余处，在辖区内展开大规模灭鼠运动，有效降低鼠密度，提高群众生活质量。2006 年，太阳宫地区开展全民爱国卫生活动，发放各种宣传品 2000 余份，全年免费发放鼠药 600 公斤，村、居委会挨家挨户将蟑螂、鼠药送到居民家中，并按照市、区统一投药时间对辖区市场、工地、下水道等一些公共场所进行统一投放。

2008年，在开展地区病媒生物的防控工作中，向各基层单位发放除“四害”药品8种，约1000公斤，并在地区辖区内的大街小巷进行4次蚊蝇药物喷洒和鼠药投放。2009年，地区全面开展“健康北京灭蟑行动”。活动中，宣传群众达10000人次，发放宣传材料近万件，悬挂横幅30条，全地区有13355户居民到社区居委会进行申请登记，全地区共入户灭蟑和发放灭蟑药13800家。太阳宫地区爱卫会和专业消杀公司在5月份先后3次对地区蚊蝇孳生地和地下管网进行投药和喷药消杀，使太阳宫地区的“四害”得到有效控制。

2013年4月15日至月底，在全地区范围内全面展开灭鼠活动。做到社区覆盖率100%，不留死角，此次活动累计向社区发放溴敌隆毒饵10余箱。7月15日至19日，在全地区范围内开展第一阶段灭蚊蝇活动。11月，向辖区单位发放灭鼠药品20余箱，社区投放鼠药覆盖率达到100%，特别是对地区主要大街——太阳宫北街和南街地下管网进行鼠药投放。11月，在全地区开展统一灭蟑行动，组织专业人员上门为10个社区、3837户居民进行灭蟑，得到居民大力支持和好评。

2015年，积极开展灭鼠活动。组织社区、社会单位开展春季灭鼠活动，发放“毒站”350个、鼠药28箱，社区投放鼠药覆盖率达到100%，对地区主要大街地下管网进行鼠药投放，灭鼠100余只。12月，开展冬季灭鼠活动。共向辖区居委会、物业公司、社会单位发放灭鼠药18箱，配合隆华公司向太阳宫南街、北街、太阳宫中路等主要街道喷洒灭鼠药60公斤，有效防控鼠疫传播。2016年3月，组织社区、社会单位开展灭鼠活动，补充“毒站”180个、发放鼠药20箱，社区投放鼠药覆盖率达到100%。

第二十章 体育

人民公社时期，太阳宫公社的社员群众忙于生产，除参加一些传统民间花会以及自发组织的体育活动外，很少有意识地进行体育运动。改革开放以来，随着经济社会的发展和农村城市化进程的加快，村民生活水平大幅提高，体育锻炼意识加强。太阳宫乡的体育事业有了很大发展，体育设施日趋完善，地区加强对全民健身工程的管理，促使公共体育设施建设实现规范化、制度化，并建成太阳宫公园、太阳宫体育休闲公园等大型文娱场所，是地区居民锻炼身体、举办群众性文体活动的好去处，地区各类文化体育场所免费向居民开放。同时，太阳宫地区组织开展辖区居民运动会，并积极参加市、区组织的体育赛事，取得优异成绩。

第一节 体育设施

2002 年，朝阳区体育局投资 16 万余元为太阳宫地区安装 6 套“居家工程”。同时，地区加强对全民健身工程的管理，对辖区健身工程进行普查，制定健身工程管理制度，并成立领导小组，做到每月定期检查并统计报修，使公共体育设施建设规范化、制度化。经过普查，辖区内 17 处健身工程及场馆的健身器材合格率达到 100%，为居民健身提供安全保障。

2003 年，太阳宫地区办事处投资 300 万元陆续在辖区内建成 14 处“居家工程”、13 个晨晚练活动点；投资 500 万元陆续建成太阳宫中路、太阳宫公园体育广场；投入 2.85 亿元建立太阳宫公园，并在公园内建成中老年人体育广场及体育标准工程。3 月，由牛王庙村投资 70 余万元的体育休闲健身公园建成并接待游人，这是地区第一个村级体育休闲健身公园。公园占地 22 亩，园区内设有健身区、篮球、足球、乒乓球、羽毛球场地供村（居）民开展健身锻炼；园区中央花坛内鲜花姹紫嫣红，分别栽植矮牵牛花和月季花，园区内种植白玉兰、紫薇、碧桃等树木和绿植、草坪、黄杨等；园区在设计上充分考虑活动区域，在施工建设中，留出充足的活动区域，人们散步在园区卵石路面上，置身于园中，享受自然、享受着生活。

2004年，地区办事处投资新建全民健身工程2处。从1998年起到2004年，地区有全民健身工程22处。在全民健身管理中，地区办事处制定管理制度，并设专人负责。8月，在第五次全国体育场地普查工作中，对地区全民健身工程做进一步检查，对损坏的器械进行维修，问题严重的进行拆除。地区22处全民健身工程没有出现任何伤害事故。

2005年，太阳宫地区工委、办事处加大对文体设施和场所的资金投入力度，并将每年文化活动经费列入年初预算。年内，地区共建占地37公顷的公园1个，5000平方米的文化休闲园1个，文化活动广场18个，社区文化中心1个，百米万册图书馆1个，文化活动室17个。体育设施初步形成网络，为开展全民健身活动提供平台，得到地区群众的好评。2008年，太阳宫地区以迎奥运为契机，大力推动文化体育设施建设。更新5套全民健身器械，完成2个篮球场、10个乒乓球场地的建设工作，为奥运文化和社区文体活动的开展提供平台。

2009年，太阳宫地区新建全民健身工程1处，篮球场地3个，足球场地2个，笼式足球1个，安装乒乓球台7个，使全民健身设施数目达到13处，满足地区群众健身休闲、文化娱乐需求。3月17日至4月15日，地区办事处开展对辖区全民健身工程安全检查工作，安全检查范围包括村、社区、太阳宫公园在内的全部全民健身工程。期间，地区文化服务中心还组成安全检查组，对辖区全民健身工程进行检查。

2010年，太阳宫地区推进体育休闲公园拆迁工作，完成游客中心建设。同年11月，为满足芍药居三社区居民集体健身活动的需求，将京承高速西侧1200平方米林间绿地改造为绿化活动广场。同年，两次对地区全民健身工程器材使用状况进行全面检查、保养和维修，并做到平时有检查、有记录、有专人负责，出现问题及时维修，为居民健身提供安全保障。2012年，新建全民健身工程3处，室内外乒乓球台8个，数字化社区3个，24小时自助图书馆1家。至2012年，太阳宫地区有全民健身工程17处，篮球场地3个，足球场地2个，无任何安全隐患，合格率100%。

自2013年9月开始，太阳宫地区认真落实各项测评要求，对地区的文化工作进行梳理、对日常档案进行完善。地区从文化站舍面积、专职工作人员配备、公共阅览室、站务业务经费、年度组织综合大型文化活动、日常举办单项文体活动、无重大安全责任事故等7个必备条件方面入手，开展日常文化工作。除此之外，地区依次从办站条件、队伍建设、公共服务、领导管理、提高指标5个方面，共计44条细则逐一落实，确保创建工作顺利进行。

2014年，太阳宫地区接受测评专家的考核。按照指标，依次考察文化中心、文化广场、社区文化活动室等场所。专家通过现场测评、随机拦访发放调查问卷等方式，采集广大群众对于地区文化工作的参与度和满意程度的各项数据。地区工作人员全程积极配合专家的考察，对提出的问题一一进行解答，圆满完成调查测评。

2015 年，通过实地考察，根据地区居民的年龄结构、分布情况，对于器材的类型、位置、数量进行严格筛选，为芍药居一社区、芍药居二社区、尚家楼社区等 5 个社区新建、更新健身器材。安装健身工程 9 处，合计 82 件（套）。2016 年，地区在原有公共文化设施基础上，加强全民健身设施建设，以满足群众多元化健身需求，地区新建、更新健身器材 22 件。至 2016 年年底，地区共有健身器材 336 件。

表 20–1　**2001—2009 年太阳宫地区全民健身工程（居家工程）一览表**

地址	器材	占地面积（平方米）	经费投入（万元）	建设时间
芍药居四社区健身园、2 号楼、4 号楼、9 号楼前	三位落地漫步机、健骑机、伸背器、太极揉推器、三位扭腰器、柔韧训练器、腿部按摩器、弹振压腿器、上肢牵引器、乒乓球台、标识牌	450	5	2001 年 4 月
芍药居 10、14 号楼	柔韧训练器、椭圆机、健骑机、伸背器、腿部按摩器、弹振压腿器、仰卧起坐板、扭腰器、天梯、上肢牵引器、双杠、滑梯、标识牌	150	5	2001 年
14 号院内 1、2 号楼和 3、4 号楼之间	柔韧训练器、椭圆机、健骑机、伸背器、腿部按摩器、弹振压腿器、仰卧起坐板、扭腰器、天梯、上肢牵引器、双杠、滑梯、标识牌	150	5	2001 年
芍药居北里 206 号楼广场北侧，其中 2 件位于 222B 座楼北	滑梯、三位落地漫步机、伸背器、健骑机、牵引器、扭腰器、柔韧训练器、仰卧起坐板、弹振压腿器、腿部按摩器、乒乓球台、说明牌	200	5	2001 年
芍药居四社区健身园、4 号楼、9 号楼、15 号楼前	健骑机、仰卧起坐板、伸背器、椭圆机、三位扭腰器、柔韧训练器、腿部按摩器、弹振压腿器、上肢牵引器、双位漫步机、四位蹬训练器、标识牌	300	5	2002 年 4 月
十字口村	蹬力训练器、上肢牵引器、腿部按摩器、双位漫步机、弹振压腿器、扭腰器、伸背器、椭圆器、健骑机、柔韧训练器、仰卧起坐板 2 个	200	5	2002 年
尚家楼 48 号院内	注意事项警示牌 1 块、上肢牵引器 1 套、腿部按摩器 1 套、椭圆机 1 台、伸背器 1 套、双位漫步机 1 台、柔韧训练器 1 套、扭腰器 1 套	100	2.5	2002 年
芍药居甲 31 号楼前	健骑机、弹振压腿器、仰卧起坐板、蹬力训练器	50	2.5	2002 年

续表 20–1

地址	器材	占地面积（平方米）	经费投入（万元）	建设时间
新纪家园 7 号院内	伸背器、弹振压腿器、健骑机、双位漫步机、蹬力训练器、柔韧训练器、椭圆机、仰卧起坐板、腿部按摩器、上肢牵引器	100	5	2002 年
太阳宫地区办事处院内	柔韧训练器、椭圆机、健骑机、伸背器、腿部按摩器、弹振压腿器、仰卧起坐板、扭腰器、上肢牵引器、双杠、滑梯、标识牌	200	5	2002 年
西坝河北里 1—11 号楼小区花园	水磨石乒台、健骑机、腰背按摩器、棋牌桌、伸背器、三位弹振压腿器、跷跷板、肋木、柔韧训练器、椭圆机、腿部按摩器、益智算盘、标识牌	150	5	2003 年 4 月
芍药居 31 号楼东侧京承高速路边绿化健身场地	水磨石乒台、健骑机、腰背按摩器、棋牌桌、伸背器、三位弹振压腿器、跷跷板、肋木、柔韧训练器、椭圆机、腿部按摩器、益智算盘、标识牌	200	5	2003 年
西坝河北里 25 号楼小区花园	水磨石乒台、健骑机、腰背按摩器、棋牌桌、伸背器、三位弹振压腿器、跷跷板、肋木、柔韧训练器、椭圆机、腿部按摩器、益智算盘、标识牌	150	5	2003 年
西坝河北里 1—11 号楼小区花园	倒蹬训练器、立式腹肌训练器、平蹬训练器、坐姿腹肌训练器、引体向上训练器、坐姿前推训练器、腿部按摩器、室外漫步机	150	5	2004 年 5 月
芍药居 5 号院 2 号楼与 4 号楼之间	三位落地漫步机、健骑机、伸背器、太极揉推器、三位扭腰器、柔韧训练器、腿部按摩器、弹振压腿器、上肢牵引器、乒乓球台、标识牌、仰卧起坐板 2 个、滑梯	300	5	2006 年
芍药居二社区	漫步机 2 台、健骑机 4 台、腹肌板 1 件、小篮球架 1 只、儿童 B 组合 1 套、髋部训练器 1 套、肩关节康复器 1 套、腰背按摩器 2 套、腰背伸展器 1 套、乒乓球台 6 个、三位扭腰器 1 套、三位弹振压腿器 1 套、腿部按摩器 2 套、太极揉推器 1 套、仰卧起坐板 2 个、双位漫步机 1 台、直立健身车 2 件、椭圆机 2 台、跷跷板 1 套、滑梯 1 套、划船器 1 件、标识牌 1 块、转腰器 1 套、说明牌 1 块、室内乒乓球台 2 个	2000	10	2008 年

续表 20-1

地址	器材	占地面积（平方米）	经费投入（万元）	建设时间
太阳宫公园内	篮球架 2 只、水磨石乒台 1 个、三位扭腰器 1 套、柔韧训练器 1 套、三位弹振压腿器 1 套、腿部按摩器 1 套、极揉推器 1 套、仰卧起坐板 1 个、双位漫步机 1 台、伸展器 1 套、直立健身车 1 套、健骑机 1 台、标识牌 1 块	2000	5	2008 年
芍药居北里西区花园	仰卧起坐板、柔韧训练器、直立健身车、椭圆机、跷跷板、弹振压腿器、伸背器、腰背按摩器、上肢牵引器、乒乓球台、扭腰器、提示牌、象棋小方桌	400	5	2009 年 6 月

第二节 体育场所

太阳宫公园

太阳宫公园，位于太阳宫乡乡域境内，北接北四环路，西邻太阳宫中路，南接太阳宫北街，东邻顺景园高尔夫球场。2003 年，太阳宫公园被市政府列为为民办“60 件实事”之一，是市政府“整治都市里村庄”重点项目。

2002 年 4 月，太阳宫公园精品绿化工程开始施工。公园一期工程 10 公顷，8 月建成。主要由百米绿化带、喷泉广场、铺装广场、人工湖及绿化种植区几部分组成。百米绿化带靠近四环路，园区内绿化面积 7.5 万平方米。

2003 年 3 月，二期工程开工，9 月 20 日竣工。工程占地 27 公顷，主要建有太阳与科技主题区、儿童及老年活动区、溪流景区、人造山林景区、阳光大草坪、南门入口广场等六大景观区域。9 月 30 日，太阳宫公园正式落成并对外开放，代区长陈刚等区领导参加开园仪式。2003 年正值太阳宫地区办事处成立 10 周年，公园的落成成为太阳宫地区农村城市化进程中的又一座里程碑。

太阳宫公园总占地面积 37.4 万平方米，其中绿化面积 23 万平方米，水面面积 1.4 万平方米，铺装面积 13 万平方米。至 2015 年，园内有树木 23 种，乔木 1130 株，灌木 4000 株，其他 1270 株。公园隶属太阳宫乡政府，由太阳宫乡绿化公司负责维护和管理，内设办公室、保安部、保洁部、绿化养护部。园区以太阳科普为主题设置相关文化、科普和休闲等内容，分为太阳系主题广场、阳光草坪区、溪流休闲区、儿童游乐区四大区域，其中太阳系主题广场在南门入口，一轮轮铺装象征太阳系各行星的运行轨道，形成公园主题。阳光草坪区是一个比较开阔的空间，在主题广场北侧，中间被阳光高架走廊隔开形成独立景区，站在走廊上可观公园全景，草地中央有一组七星石阵喷泉，喷泉开启时人们将能看到不同光柱的七色彩虹。溪流休闲区在公园北侧，堆叠 3 ~ 4 米高的微地形，挖池理水，形成溪流景观，展示水生植物。儿童游乐区位于公园西北角，地形相对平坦，游乐设施完善。

图 20–1　太阳宫公园开园仪式上，地区居民代表赵秀才（左二）讲述太阳宫的巨变（2003 年摄）

图 20–2　开园仪式后，区、乡领导参观太阳宫公园（2003 年摄）

太阳宫体育休闲公园

太阳宫郊野（体育休闲）公园位于太阳宫地区北部，处于北京市第一道绿化隔离地区内，东临四环路，南靠太阳宫中路，西接太阳宫北街，是北京市绿化隔离地区“公园环”建设中唯一位于四环路以内的公园。太阳宫体育休闲公园总投资 2039.5 万元，2008 年 12 月 13 日开工建设，由中国・城市建设研究院规划设计，北京中际碧洲园林绿化有限公司施工。2009 年 4 月 29 日，太阳宫体育休闲公园同朝阳区其他 9 个郊野公园一同开园。太阳宫体育休闲公园是朝阳区绿隔地区郊野公园环建设的重要组成部分，也是北京市为民办“60 件实事”之一的重点工程，于 2009 年 5 月 1 日向市民开放。

太阳宫体育休闲公园设计紧扣“太阳”主题，突出城市型郊野公园特色，公园占地面积 29.7 公顷，包含公共服务设施 1485 平方米，道路面积 1.5 万平方米，地被 12 万平方米，场地铺装 8100 平方米，配套必要的喷灌、电力照明和服务设施等；公园分为体育活动区、健身休闲区、森林氧吧区、管理服务区和山水清音景区等 5 个景区，有“大台远眺、地池秋舞、凌波微步、林中觅幽、蓝桥探春、激情飞扬、蝉噪荷池、乐隐桃林”8 个景点。公园建筑面积 40000 平方米，以实用性为基点进行功能分区，将公园规划分为足球训练基地 12500 平方米、室内运动场馆 14800 平方米（台球馆、篮球馆、保龄球馆、乒乓球羽毛球馆、健身馆、滚轴溜冰馆）、室外运动场区 6900 平方米（棒球区、垒球区）、观赏植物园、室内外综合运动区 2300 平方米（水上乐园、儿童乐园）、室内外网球馆 3500 平方米等不同功能的区域。2009 年，公园一期各类景观建设工作完成，建成管理用房 1285 平方米、园内各级道路 3900 延长米和配套用房 5700 平方米。

太阳宫体育休闲公园的建成，改善周边地区的生态环境，为地区百姓搭建体育休闲、运动健身、娱乐观赏的综合平台，同时也为太阳宫地区调整产业结构，缓解就业压力发挥极为重要的作用，实现提升地区环境与造福群众的有机统一。自开园以来，吸引大量太阳宫地区和周边市民来园休闲、健身，虽是郊野公园，却承担着城市公园的功能，园内游客日均流量达到 5000 人次。

图 20–3　太阳宫体育休闲公园大门（2009 年 4 月摄）

图 20–4　园内水体（2009 年 4 月摄）

图 20–5　园内“地池秋舞”景观（2009 年 4 月摄）

图 20–6　园内甬道（2009 年 4 月摄）

牛王庙村体育休闲健身公园

公园位于机场路辅线霄云路与牛王庙村委会南出口处，于 2002 年 3 月建成，占地 22 亩，是太阳宫地区第一个村级体育休闲健身公园。公园内设有健身区、篮球、足球、乒乓球、羽毛球场地，园区中央花坛栽植有矮牵牛花和月季花等鲜花，园区内种植白玉兰、紫薇、碧桃等树木和绿植、草坪、黄杨等。园区内有充足的活动区域，是人们休闲健身的好去处。

第三节　体育活动

二十世纪五六十年代，太阳宫地区的社员群众忙于生产，除参加一些传统民间花会以及自发组织的体育活动外，很少有意识地进行体育运动。中共十一届三中全会以后，太阳宫乡生产发展很快，农民的生活水平有较大提高，部分喜欢体育活动的青年和学生，个人购买体育用品进行锻炼。

20世纪90年代以后，随着体育事业的发展，太阳宫地区的体育设施日趋完善，人们的体育活动项目也日益丰富多彩。太极拳、太极剑、保健操、气功、迪斯科、交谊舞等体育活动成为老年人喜爱的群众性活动。与此同时，篮球、足球、排球、手球、羽毛球、乒乓球、中国象棋、围棋和国际象棋等各种球类、棋类活动项目与赛事也充分活跃起来。

1992年，太阳宫乡组队参加朝阳区农民运动会，取得足球比赛第三名的好成绩，并荣获优秀组织工作奖。1999年10月30日，“九九太阳宫地区群众体育运动会”在西坝河小学举行。共有19个单位800余人参加，设有乒乓球、踢毽子、跳绳、拔河、飞镖、象棋、台球、定点投篮等运动项目，分别在小学校和办事处同时进行。比赛历时一天，各项项目分别评出一、二、三等奖。

2000年10月29日，“太阳宫地区2000年群众体育运动会”在西坝河小学举行。来自太阳宫地区各建制村、乡直属企业、乡机关及各居（家）委会共650余名运动员参加运动会。运动会设有二人三足跑、推轮胎、简易保龄球、八字跳、定点投篮、飞镖、1分钟跳绳、踢毽子、拔河、乒乓球等10个项目，分别以个人、集体、领导干部和老年组进行，比赛地点同时设在小学校和乡机关。此次运动会在人数和竞赛项目上，均超过往届运动会。

2002年，修建体育休闲区11处，方便群众生活，深受居民的喜爱。为丰富地区人民业余文化生活，地区组织两次大型群众体育运动会。11月3日，在北京轻工学院举办太阳宫地区群众运动会，此届运动会规模大、项目多、参赛运动员800多人，还特设独生子女家庭组、老年组，地区120位老人表演的太极扇和地区3支群众健身队表演的健身球拉开运动会序幕，地区全民健身运动的普及在运动场上充分体现出来。

2003年，太阳宫地区选派100人组成健身球表演队参加北京市第五届农民运动会开幕式“奥运之光照京郊”大型团体操表演和朝阳区第六届农民运动会，均取得优异成绩。7月12日，乡长张永贵领队参加朝阳区第六届农民运动会开幕式，副乡长张军茹在跳绳比赛中取得第一名。8月，完成地区参加朝阳区老年运动会的选拔组队工作，经过举行预选赛，选拔出26名老年人组成地区代表队参加区老年运动会。10月15日，朝阳区第五届老年运动会在朝阳体育中心举行，太阳宫地区代表队参加运动会14个项目的比赛，并取得1个第三名、2个第四名、2个第五名、1个第六名的好成绩。

2004年9月26日，在北京轻工职业技术学院成功举办"太阳宫地区全民健身运动会"，共有600余人参加比赛，比赛项目有拔河、跳绳、乒乓球、100米短跑、游泳、象棋、接力、登山等20余个项目。这次运动会投资9万余元，通过组织比赛活动，提高地区群众的参与意识和积极向上的竞争意识，展示群众的精神风貌。围绕庆祝中华人民共和国成立55周年，结合地区实际，举办以"科学健身迎奥运"为主题的大型"太阳宫地区群众运动会"活动。运动会开幕式上的百人双球及威风锣鼓表演，受到群众欢迎，全地区近2000名群众参加运动会。

2007年，太阳宫地区举办"和谐社区杯"乒乓球比赛。参加朝阳区第七届农村地区全民运动会，组织训练地区40余人参加"和谐乡村，心向奥运"运动会开幕式表演。10月13日，组织地区居民60余人参加北京市第六届农民运动会开幕式迎宾和大型健身操表演。4月25日，地区团委举行青年运动会。64名来自各村、社区和企业的青年运动员，分为16个参赛队进行5个集体项目的角逐。2009年，通过培训和考核，全乡有22人注册为北京市社会体育指导员，其中15人注册为"二级"、7人注册为"一级"。4月，地区办事处在各社区举办太阳宫地区趣味运动会活动，宣传科学健身方法，营造文明祥和的社会氛围，激发广大居民的健身热情。

图 20-7　社区居民参加趣味健身运动（2009年4月摄）

2010年，经过培训和考核，全乡184人注册为北京市社会体育指导员，地区有社会体育指导员206人，其中"二级"15人、"三级"191人。同时，芍药居二社区通过材料申报、实地审核被北京市体育局批准为北京市体育生活化社区。4月21日，残疾人张斌斌代表太阳宫地区残联参加北京市第五届特奥运动会比赛，在举重卧推和提铃项目中，取得两枚银牌的好成绩，并获得区级举重金牌。5月，地区办事处举行2010年太阳宫地区趣味运动会，各社区居民1000余人参加，比赛项目有踢毽子、跳绳、拍球、接力、颠球、夹气球等。

2012年5月，开展第六届"和谐杯"乒乓球赛、健身快乐行、百人红绸操培训等体育活动。6月26日，地区办事处在太阳宫公园内举办太阳宫地区趣味运动会，设置有踢毽、

图 20-8　太阳宫地区第六届“和谐杯”乒乓球比赛，女子单打比赛（2012 年 5 月 18 日摄）

跳绳等大众健身项目和协作跑等趣味运动项目，吸引众多居民积极参与。9 月 9 日，在和平街一中高中部北苑校区举行太阳宫地区第十三届全民运动会开幕式，36 支运动队、2000 余名运动员参加开幕式，当天还进行一系列趣味运动项目比赛。

2014 年 11 月 28 日，朝阳区健身气功展示大赛在朝阳体育馆举办，太阳宫地区选拔出 20 名学员组成太阳宫地区代表队报名参加。经过努力拼搏，获得 2014 年朝阳区健身气功大赛一等奖。12 月 5 日，朝阳区老年健身操比赛在朝阳体育馆举行，地区选派 20 名选手参加，获 2014 年朝阳区健身操展示大赛老年组第一名的好成绩。2015 年 8 月 4 日，举办以“激情喜迎冬奥会　助力田径世锦赛”为主题的太阳宫地区“8・8”健身大家庭及地区趣味运动会，共有干部群众 200 余人参加。

第二十一章 民政

20 世纪 50 年代，拥军优属、救济灾民、救助“五保”老人成为当时民政工作的主要内容。人民公社时期，太阳宫公社下设政工组，主管一切社会事务和民政相关事务。1961 年，成立太阳宫人民公社，随后公社设立政工组，管理民政相关事务。“文化大革命”期间，民政工作一度受阻。1983 年，成立太阳宫乡人民政府，特别是自 1993 年设立太阳宫地区以来，民政工作更加受到重视。太阳宫地区办事处下设民政司法科，负责各项民政、司法等相应事务。1996 年，地区办事处单独改设民政科，后将残联也划入其中。2002 年，地区办事处增设社会保障事务所，简称社保所。2012 年，民政科更名为社会事务管理科。2000 年后，随着社区的建设与发展，太阳宫地区以立足社区、方便居民、不断提高居民生活质量为目标，着重开展社区建设工作。为全面贯彻落实上级有关加快社区建设的有关文件精神，在乡党委、乡政府的重视下，2002 年年初，在相关科室的积极努力下，确定在芍药居北里社区成立社区服务中心，服务广大居民。该服务中心投资近百万元，面积 1450 平方米，分上下两层及中间夹层，功能设置为社区图书馆、社区卫生站、市民文明学校、多功能厅、健身房、桌球室、棋牌室等，并将老年星光计划（老年日间照料室、老年保健室、老年活动室、老年学校）及残疾人康复站同时融入其中，是集办公、便民服务、社区卫生、社区文化、社区教育、休闲娱乐为一体的多功能综合服务中心。

第一节 拥军优属

优抚

中华人民共和国成立初期，对军烈属、伤残军人、供给制干部家属中的困难户分发粮食，并在农村土地改革中平分胜利果实，优先照顾优抚对象中的困难户，帮助他们解决衣食问题。

1965 年，太阳宫公社发放军烈属、复员退伍军人补助费共计 2233.98 元，补助 18 户、

91名军烈属实工19279分。

1966年，向军烈属发放优抚社会救济棉衣186件。1985年，根据上级政策，对全乡现役军人和退伍军人统筹优待现金20172.34元，于春节前送到军属手中。

20世纪90年代以来，太阳宫乡着力做好优抚工作，通过各种优抚措施，使优抚对象和家属增强爱国主义情怀，军属注重教育子女安心服役，报效祖国。

1999年2月9日，太阳宫地区召开春节拥军优属座谈会，地区办事处主要领导及驻地武警部队、派出所和优抚对象50余人出席会议。会上，地区工委副书记桑小为、孙长富、办事处副主任马淑琴代表办事处发言，并与驻地部队、义务兵家属进行座谈，地区办事处主任宋振江为荣立三等功和优秀士兵的战士颁发奖状、奖金。2月10日，地区办事处主要领导及各科科长分4组对辖区内的军属、烈属、特困户进行走访慰问，送去慰问款共计145600元。

2002年八一建军节，地区办事处慰问优抚对象和困难的复转军人家庭，送去慰问金、电脑、书籍及其他慰问品共计80000元，参加人员达500余人次。除召开拥军优属座谈会，对立功受奖的战士进行表彰外，乡党、政、企主要领导还亲自带队，对驻地部队、优抚对象走访慰问。“八一”前完成对优抚对象的调标工作，每人月增加30元；按规定为老复员军人、志愿军老战士每人发放200元的慰问金并由乡政府出资为他们购买慰问品，老复员军人的月补金及医疗报销工作也及时准确地予以发放和报销。同时建立与优抚对象联系制度，做到重大节日要走访，解决问题在平时，在普遍开展慰问的基础上，还对有特殊的优抚对象给予照顾。

2003年，太阳宫地区积极落实各项优抚安置政策，全年为重点优抚对象发放生活补助金40570元，组织优抚对象参观富国海底世界，并为每一位优抚对象购买纪念品。

2008年，地区积极落实各项优抚政策，遇重大节日召开拥军优属座谈会，认真搞好慰问服务等活动，对立功受奖的战士及时进行表彰，定期给现役军人发放抚恤金和农村义务兵协调发放乡统筹款，为优抚对象审定、报销医药费等。

2009年，太阳宫地区积极推进优抚对象医疗保障，先后进行工资的调标、发放、慰问、报销医药费等工作，为优抚人员、无军籍人员报销医药费24万余元，努力解决重点优抚对象的困难。春节前夕，地区农村义务兵家属每户领取13000元乡政府统筹优待金。

2011年，地区办事处领导慰问驻地武警部队官兵，并送去慰问金11.5万元。2014年1月22日，地区召开优抚对象新春座谈会，发放春节慰问品85份，并为地区义务兵家属发放慰问金。

2015年，为各类优抚对象发放抚恤金、优待金、生活补助、过节费等共计714万元；为1名优抚对象申请清洁能源自采暖补助0.18万元。纪念抗日战争胜利70周年前夕，为

3 名抗战老兵和家属发放勋章和慰问金共 1.9 万元，为 2 名抗战老兵申请电动轮椅和助听器辅助器具。“两节”期间，走访慰问伤残军人，征求意见和建议。“八一”前夕，组织优抚对象参观抗日战争纪念馆，重温历史，班子成员走访慰问共建部队。

2016 年，加强对地区重点优抚对象的服务与管理，不定期采取电话、微信、入户走访等形式了解情况，为优抚对象外出疗养提供服务保障。全年为各类优抚对象发放抚恤金、优待金、生活补助、过节费等共计 979 万余元，为 2 名优抚对象办理丧葬和辅助器械补助 0.2 万元。

“双拥”工作

1989 年，太阳宫乡被朝阳区评为“军民共建先进单位”，出席首都“双拥”共建先进代表座谈会。

2001 年“两节”期间，太阳宫地区办事处为辖区驻军和各类优抚对象送去慰问金、优待款 20 余万元及 5000 余元的洗涤用品。

图 21-1　2000 年 9 月，驻地武警部队官兵参加辖区绿化工程

2002 年春节期间，地区办事处对辖区内的部队、“双拥”定点单位和军烈属进行慰问。八一建军节，办事处组织军烈属、辖区内部队官兵与乡直属企业、居委会举行庆“八一”军民联欢文艺晚会。其间，慰问驻区部队，开座谈会 2 次，组织足球比赛、“八一”慰问演出等联谊活动 2 次。

图 21-2　2001 年 1 月，乡领导慰问武警部队战士

2003 年，地区开展共建宣传活动 4 次；组织国防教育讲座 4 次；制作宣传板报 50 余块；设立“双拥”广告宣传牌（橱窗）46 块，其中投资 30 万元在各社区居委会安装“双拥”宣传橱窗 15 块；建立国防教育基地 17 个；群众接受国防教育 5.6 万人次；进行军地互访交流 6 次；军民共同植树 500 余株，绿化美化环境。全年，地区为部队投资 9.2 万元，办实事、解难题 4 件；慰问部队 4 次，送去慰问金 9 万元。

2005年3月12日，地区办事处双拥工作领导小组组织部分区人大代表及机关干部40余人，到北京卫戍区开展“双拥共建、军营一日”活动。八一建军节前夕，举办以“军民携手，共建文明”为主题的庆“八一”军民联欢文艺演出活动。“八一”期间，地区办事处双拥工作领导小组组织党政班子全体成员、机关全体成员、村（居）委会主任副主任等200余人到驻区部队开展“双拥共建、军营一日”活动。同时，乡党委、办事处投资5万余元，为优抚对象购买慰问品，组织文艺演出和座谈会。

2007年，地区办事处先后组织驻地部队战士参加地区“8·8”纪念奥运会倒计时一周年活动，地区的“重阳节”空巢老人联席会，募捐衣被的打包运送等活动。“八一”期间，地区领导慰问驻区部队，并为战士们送去慰问金及慰问品。2009年，走访慰问驻地部队，送去慰问金3万元以及价值2500多元的食品。全年，通过慰问、上门服务、座谈会、文艺会演等形式开展14次共建活动。

2010年，在春节、八一建军节、“警营一日”活动期间，地区办事处领导班子全体成员对驻区部队进行走访慰问，并送去15万元的慰问金和价值5000元的生活用品。是年，调整地区双拥工作领导小组，开展庆祝中国人民解放军建军83周年系列活动。2014年1月16日和23日，组织对辖域内的驻区共建部队进行走访慰问，发放慰问金15万元，慰问品1万余元，并为特困士兵发放慰问金各1000元。

2015年，在春节、八一建军节等重大节日期间，地区坚持“一把手”率队走访慰问共建部队，赠送慰问金及慰问品共计7万余元。地区工委、办事处对共建部队困难战士给予慰问并发放慰问金，帮助部队解决实际困难。在开展文化拥军上，利用太阳宫地区文化资源，地区流动电影车走进军营。在开展法律拥军上，地区司法所邀请专业律师，走进部队开展《中华人民共和国婚姻法》《中华人民共和国民法》等法律讲座，提供法律咨询，参与人数达400余人次。

2016年春节、八一建军节前夕，地区领导班子走访慰问共建部队，巩固共建关系，赠送慰问品价值18万余元，慰问特困士兵并发放慰问金。

第二节 婚姻与殡葬

婚姻登记和管理

中华人民共和国成立前，婚姻全凭“父母之命、媒妁之言”，讲求门当户对，无结婚登记制度。男人可纳妾，女人讲求“三从四德”“从一而终”，妇女深受封建制度的压迫和封建礼教的束缚，在婚姻、家庭生活中没有地位。

1950年4月30日，中央人民政府颁布《中华人民共和国婚姻法》，实行一夫一妻制，男女平等，禁止包办、买卖婚姻，并制定婚姻登记制度。规定婚姻登记必须是男女双方到婚姻登记机关办理申请，经审核符合婚姻法规定，才可办理登记，发放证书。但事实上婚姻受政治因素影响较大，择偶时多将对方家庭出身、政治条件放在首位。

1961年后，结婚登记由太阳宫人民公社办理，办理结婚登记男女双方需携机关部门介绍信，以便证明身份。1980年9月，全国人大颁布第二部婚姻法，进一步确立婚姻家庭关系的基本准则。1983年后，婚姻登记由太阳宫乡人民政府民政部门负责办理。1997年后，男女双方携带身份证、户口本直接到朝阳区民政局婚姻登记处即可办理婚姻登记。

殡葬改革

土葬为传统的殡葬习俗。农村地区或以户、或以族为群体立有墓地，较大村镇亦有公共墓地。20世纪50年代后，土葬的棺木逐步简化。70年代初，太阳宫公社结合平整土地，绝大部分坟头被平掉，同时开始推行火化政策。

20世纪80年代起，乡域加强火化宣传，严格制止土葬，对境内少数民族则尊重其民族殡葬习惯，支持自愿火化。1985年，乡政府贯彻《国务院关于殡葬管理的暂行规定》，太阳宫乡殡葬改革规定得到有效执行，全乡火化率保持为100%。

第三节 残疾人事业

机构

中华人民共和国成立前，贫苦家庭的残疾人，生活极其困难，有些靠乞讨度日，有的盲人走街算命糊口。人民公社时期，由公社组织有劳动能力的残疾人参加生产劳动，对丧失劳动能力又无生活来源的残疾人员由公社、生产大队、生产队救济，保证其基本生活。太阳宫乡和太阳宫地区成立以来，残疾人工作比以前有更大进展。2005年，太阳宫地区增设残联办公室。历年来，相继担任残联理事长的有宋艳、方永和、王晓春等。残联自成立以来，认真做好残疾人的扶贫、就业、康复、教育、维权、文体等各项业务工作，强化服务意识，提升服务水平，认真落实各项优惠政策；开展各类扶残助残活动，切实做到为民办实事办好事；以实现人人享有康复服务目标为契机，切实做好精神残疾人安保防控及康复工作；广泛开展各类文体活动，提高残疾人回归社会的信心。

2007年年初，太阳宫地区召开残疾人协会成立大会，共成立9个社区残协，各社区召开残疾人大会，选举产生9名残协主席、18名残协副主席、18名残协委员。残疾人协会规范制度、统一标牌、人员分工上墙，制度上墙。残疾人协会是代表残疾人利益，反映残疾人需求，维护残疾人合法权益，团结教育残疾人，为残疾人服务的组织，是连接地区残联和残疾人的桥梁，各社区残协成立后，积极开展工作，热心为残疾人服务，得到残疾人的认可和赞同。是年，辖区有持证残疾人550人，其中肢体残疾332人、视力残疾37人、听力语言残疾30人、精神残疾84人、智力残疾53人、多重残疾14人。年初，进行摸底调查工作，了解每名残疾人的身体情况、家庭情况、生活和工作情况，基本做到情况清、底数明，为全年的残疾人管理工作提供可靠依据。根据区残联《关于做好社区、村残疾人专职委员选聘工作的通知》精神，太阳宫地区残联坚持公开、公平、公正的选人用人原则，通过笔试、面试，录用9名残疾人专职工作者，为全年工作的开展提供组织保障。同年，在太阳宫医院的协作下，在条件成熟的社区建立起5个社区康复站，并为每个康复站配备价值5000元的康复器材。

2009年6月，太阳宫地区投入60余万元在芍药居二社区建成304平方米的温馨家园，内设残疾人职业康复劳动、技能培训、体能康复、日间照料、心理咨询、图书阅览等“六室”及残疾人辅助用品用具服务站、爱心超市和文体活动大厅。温馨家园是指为残疾人搭建的多样化、类别化和个性化的综合服务平台，主要提供残疾人技能培训、生活照料、康复训练等方面的服务，满足残疾人的生活文化需求。

图21-3　太阳宫地区温馨家园（2009年摄）

图21-4　温馨家园作品展柜（2009年9月16日摄）

截至2010年9月，全地区有持证残疾人664人，其中视力残疾47人、听力残疾26人、言语残疾2人、肢体残疾399人、智力残疾72人、精神残疾82人、多重残疾36人。辖区设有10个残疾人协会，5个康复站，1个辅助器材服务站，1个职业康复劳动站，1个温馨家园。至11月，共换发、申领第二代残疾人证679本，其中新办证76人。同年，太阳宫地区的康复档案顺利通过朝阳区“人人享有康复服务”档案验收。

2011年，新建一处700平方米的地区残疾人综合服务中心，不断满足残疾人在开展活动、康复、就业培训、心理咨询、日间照料、文体活动、法律维权等方面需求，同时能与养老中心、居委会一站式服务大厅、文明学校、图书馆、网络室、活动室及地区志愿者队伍等形成互补、资源共享，更好地为残疾人提供优质服务。

2012年3月，太阳宫地区“温馨家园”残疾人服务队正式成立，位于芍药居北里居住区、占地面积约700平方米的地区新温馨家园也于同时投入使用。

残疾人福利

1996年，太阳宫乡对特殊困难群体进行帮助救济，并按比例安排残疾人就业。1997年，安置153名残疾人就业，收缴残疾人保障金18万元。1998年，按比例安排140名残疾人就业，收缴残疾人保障金27.66万元。从1997年至1999年，共安置494名残疾人就业，收取保障金75万元。

2002年，在元旦、春节“两节”期间，地区党、政、企领导亲自带队，对辖区9户12名特困残疾人进行慰问，送去慰问款8000元；走访慰问11户12名残疾人家庭，送去慰问款3700元。国庆节期间，对辖区低保和困难残疾人进行慰问，送去慰问款7100元。2004年，组织专门调查队伍，对全地区有康复需求的残疾人、老年人进行康复需求调查，并为有康复需求的1527名残疾人、老年人建立康复档案，建档率达到95%以上。

2007年，元旦、春节“两节”期间全地区走访慰问残疾人家庭113户、126人，发放慰问金及慰问品共计50060元。为残疾人办实事，扶助贫困残疾人，充分保障残疾人各项优惠政策的顺利落实，是工作中的重点。年内，为3名领取个体营业执照的残疾人申请办理一次性扶持个体从业手续；为25名无业重残人员办理无业重残补助；为34名残疾人免费发放用品用具；为10名残疾人办理康复训练救助卡；为一名听力残疾人学生及一名贫困残疾人配备耳背式助听器；为一名贫困残疾人装配假肢并减免大部分费用；对地区的白内障患者进行摸底筛查工作，并为一名视力残疾人免费实施复明手术；在新纪物业安置一名残疾人就业；对劳动年龄段内残疾人个体户、农村劳动年龄段内未就业残疾人、城镇劳动年龄段内未就业残疾人共计124人进行基本医疗状况调查；为一名脑瘫儿童报销药费2400元。

2008年，太阳宫地区积极推进居家养老服务工作，成立地区居家养老服务中心。同时加大对残疾人的关怀力度，完成莱太花卉、女人街及其周边无障碍设施改造，并对全乡15户重度残疾人家庭进行无障碍改造，为2名低视力残疾人进行盲人定向行走训练，为52名贫困残疾人免费发放轮椅、浴椅、钢木腋拐、语音电话等用品用具，还为30名贫困残疾人发放500元的康复训练救助卡。

2009年，太阳宫地区残联在朝阳区残联的指导下做好辖区600多名残疾人的第二代残疾人的换发新证工作。同年，为辖区36户重度残疾人家庭进行无障碍进家庭改造，为他们改造卫生间，更换6个坐便器，配备35个活动浴凳，安装一字扶手，U型上翻扶手、L型扶手共39个，升降淋浴喷头杆29个，为残疾人提高自理能力、融入社会生活创造条件。在元旦、春节期间，走访慰问残疾人家庭172户、175人，发放慰问金及米和油等慰问品共计121800元。中秋、国庆“两节”期间，走访慰问残疾人家庭68户、110余人，送去月饼、干果、大米、食用油等生活必需品，慰问金及慰问品共计33000元。

图21-5 图21-6 助残日为残疾人免费发放辅助器具（2009年5月10日摄）

2011年，对30户肢体残疾人家庭，重点对80岁以上肢体残疾人家庭进行无障碍设施改造。元旦、春节期间，走访慰问残疾人233名，发放慰问金及慰问品共计160100元。在全国助残日期间，走访慰问生活困难残疾人家庭53户，共计发放慰问金和慰问品24400元。中秋、国庆期间，走访慰问残疾人家庭82户，送去月饼、干果等慰问品，慰问金及慰问品共计43600元。

2012年，继续推进地区居家养老（助残）服务工作，新签5家服务商，为符合条件的161名80岁以上老年人申请办理居家养老服务，截至年底，地区共有1018名80岁以上老年人享受居家养老服务。元旦、春节期间走访慰问残疾人家庭178户、180人，发放慰问金及慰问品141800元。地区在全国助残日期间，走访慰问生活困难残疾人家庭30户，每户送去200元慰问金。各社区、村也加大走访力度，助残日期间太阳宫地区发放慰问金和慰问品14000余元。同年3月，对地区6户肢体残疾人家庭开展无障碍改造，安装卫生间一字扶手、U型扶手、活动浴凳、升降沐浴喷头杆。

2013 年，以“温馨家园”为平台，做好残疾人的康复、就业、教育等各项工作，实施“五助”帮扶工程，为 150 名困难残疾人进行免费体检。2011 年至 2013 年，太阳宫地区残联连续 3 年在全国助残日前后完成 150 名贫困残疾人的免费健康体检工作，努力满足残疾人日益增长的康复需求，加快推进残疾人“人人享有康复服务”目标的步伐。

2015 年、2016 年，每年元旦、春节及助残日、中秋节、国庆节期间，乡政府领导均会走访慰问残疾人家庭，发放慰问金及慰问品，让残疾人充分真正感受到党和政府的温暖。同时，残联积极开展肢体残疾人家庭无障碍改造工作，为听力残疾人安装火灾报警器和为肢体残疾人家庭建立需求档案，并进行入户评估，安装扶手、升降浴杆、升降晾衣杆，进行卫生间改造等。认真落实各项补助政策，减轻无业残疾人家庭的生活负担，及时了解掌握残疾人的生活状况，对各类困难残疾人及其家庭提供帮助。为地区残疾人申请更换第三代残疾证并发放一卡通（证换卡），为残疾人申请办理并发放残疾人证。

第二十二章　风土民情

太阳宫地域自古以来以汉民族为主，百姓生产生活习俗、节日习俗、礼庆习俗以及地域的乡土文化主要以汉民族的文化为主。随着时代的变迁和人们生活水平的提高，家庭经济状况的改善，村（居）民生活日益丰富多彩，当地民间习俗又添了许多新的内涵，各种陋俗及与封建迷信相关的习俗渐渐消失，优良传统习俗得以继承，社会新风不断涌现。这对于提高地区群众文化素质、弘扬社会公德、增强凝聚力、进行爱国主义教育等方面都起到重要作用。

第一节　民情风俗

生产生活习俗

生产习俗

太阳宫地域自古以来以农为本，通常是男耕作，女理家。中华人民共和国成立后，随着生产力的提高和商品经济的发展，妇女逐渐从家务中解脱出来，务农务工和经商者渐多。旧时，农业生产节奏缓慢，而且生产形式单一。村民日出而作，日落而息。一年之中分为春耕春种、夏锄夏种、秋收秋种几个农忙时节，春争日，夏争时，夏收龙口夺粮。秋季时间最长，夏季最为繁忙，有“三夏没有一秋长、三秋没有一夏忙”之说。农历十月中旬粮柴草料等拾掇、储藏完毕，便进入冬闲。

农忙季节，村民一般早上四五点钟起床，妇女做早饭，男子挑水，打扫庭院。吃完早饭，男子下地劳动，妇女在家操持家务。待到午饭时间，男子回家吃午饭，然后略睡一会（称为“歇晌”），起床后喝点水，抽袋烟，便又下地劳动，直到太阳下山后方才回家。农忙时，村民起早贪黑，辛勤劳作，一天下来能休息的时间很少。特别是夏秋两季，收割、耕耘、播种、田间管理进入农忙高潮，家家没有闲人，有的晚上还要运送粮菜作物，甚至在野外看场过夜。

过去，村民一年到头忙碌不停，只有正月才会清闲下来，其他时间不是忙农活就是出去打短工。农忙的时候，多是太阳还没出来就下地干活，天黑傍晚才收工，可谓是“两头见不着太阳”。有时候，为节省时间，早点把农活干完，村民早晨出门带着干粮和水，午饭就不回家吃了，在田间地头就地解决。纵然如此辛劳，但受当时土壤、肥料、农业科技、气候等条件的限制，农作物产量并不高，村民的生活仍然十分艰苦。一般十几岁的孩子都要充当劳力，帮家里干些捡柴禾、割猪菜之类的轻巧活儿。

太阳宫作为闻名京城四郊的“老菜乡”，种菜比种粮食更加繁琐，所以人们就更为劳累、辛苦。因为临近城区，随着国家建设和城市化进程的加快，乡域从20世纪80年代前后就已经陆续开始转工转居，村民逐渐告别“面朝黄土背朝天”式的传统农耕生活，被安排到全民、集体企事业单位工作。人们除务农和种养殖业，上班、务工、经商、开店、跑运输、自主经营等就业方式日益多样化。青少年在学校接受教育，老年人在家颐养天年，其乐融融。一般成年人按照正常时间上下班，法定节假日休息，生活有规律。人们生活得更加和谐有规律，日子过得越来越好，工作、生活状态与城市居民无异。

生活习俗

饮食

中华人民共和国成立前，多数村民温饱得不到保障，逢年过节吃顿白面（小麦面粉做成的馒头、饺子等）都是奢望，常以野菜、树叶、草根儿、米糠充饥。中华人民共和国成立后，人们不仅免除饥饿之苦，饮食结构也有很大变化，食品种类日渐丰富。以主食、副食为例，玉米面为主的主食有：贴饼子、蒸窝头、糊饼、棒渣粥等；以小麦（白面）为主的主食有：馒头、烙饼、饺子、面条、油条（饼）、烧饼、包子、糖三角、排叉、麻花、馄饨等；以大米、小米为主的食品有干饭、米粥、元宵等；以白薯为主的食品有烤白薯、白薯粉条、白薯干。以豆类为主的食品有豆腐、豆腐脑、豆浆、绿豆糕等。副食包括猪肉、羊肉、牛肉、鸡蛋、鸡、鸭、鱼及各种蔬菜、水果、糕点等。

改革开放以来，人们的主食在饮食结构中的比例不断下降，肉、蛋、奶、鱼、海鲜、果品、酒水的比例明显增加。菜肴则从腌咸菜、萝卜、大白菜演变为包括豆角、菠菜、韭菜、芹菜、黄瓜、茄子、西红柿、蒜苗等季节性、反季节性（冬季温室大棚种植夏季瓜果菜蔬）多种新鲜蔬菜的多样化格局。人们从“吃不饱”到“吃得饱”，又从“吃得饱”到“吃得好”，讲究舒适、可口、健康是居民饮食的最显著变化。平时隔三岔五全家下馆子，节日到饭店就餐，已成平常之事。进入21世纪以后，太阳宫乡人民生活习惯和饮食习惯更是有质的变化，由过去的温饱型向营养型转变，又由营养型向绿色有机、有益身体健康型转变，过上了小康生活。

服饰

着装和服饰，贫富行业有别，男女老幼各异。旧时，富者多穿绫罗绸缎和洋布做的各式服装（如长袍马褂等），足蹬“千层底”（布鞋）或皮鞋，头戴礼帽、皮帽等，讲究“头戴‘马聚源’，身穿‘瑞蚨祥’，脚蹬‘内联升’，腰缠‘四大恒’（即恒利、恒和、恒兴、恒源京城四大钱庄）”，穷苦人多着粗（土）布衣（如大襟儿褂、对襟儿褂、缅裆裤等），并多缀有补丁，俗称“新三年旧三年，缝缝补补又三年”。

中华人民共和国成立后，人们的穿着发生很大变化，逐渐出现春夏秋冬四季丰富多彩的服装。20 世纪六七十年代，主要为斜纹、平纹、条绒、咔叽、华达呢、的确良等面料的仿军服、制服、建设服；八九十年代以来流行化纤、混纺、毛料、麻纱、丝绸甚至裘皮为面料的各式西服、夹克、呢大衣、休闲装、运动装、牛仔服、披风衣及薄、露、透的各色裙装等，连孕妇都穿上宽松、舒适、方便的“孕妇装”；色彩也从简单、单调（蓝白灰）趋向多样化。服装的个性化、舒适化、时尚化特色开始彰显出来。

居住

旧时，北京很多地方一年四季都需要搭棚，其中使用最多的就是夏天的凉棚，于是有的人就以搭棚为业。中华人民共和国成立前，太阳宫地区除少数人盖得起砖瓦房外，一般村民盖的都是低矮破旧的土坯房。中华人民共和国成立后，村民建房多为“棋盘芯”（底盘、四角为砖砌、中心部分为土坯）的房子。也有用烧锅炉后的焦渣打成坯当砖用的。还有的人家采取“里生外熟”（里墙用土坯，外墙用砖砌）的办法。至 20 世纪 70 年代，全公社各村队的房子基本变成砖瓦房。80 年代，村民开始注重装修房子，并且用上瓷砖、钢窗、铝合金、塑钢、涂料等新型建筑材料。进入 90 年代，不少人家开始扩建房屋，出租以贴补家用。

古往今来，人们不论贫富贵贱，居家过日子都会配备一些家具。穷苦人家有一般木料制作的饭桌、凳子之类的简单家具，有的人家用玉米皮儿、蒲草编制蒲摊儿、草墩儿当作凳子使用；富裕家庭则会有贵重木料做成的八仙桌、太师椅、罗汉床等多种家具。中华人民共和国成立后，随着村民生活水平的不断提高，家里的各式家具不仅数量逐渐增多，其品质也有较大提升。20 世纪六七十年代，由于许多商品凭票证供应，不能满足人们生活的需求，一些村民就自己找材料打制简易沙发、两开门衣柜等家具。改革开放以来，各种硬木家具甚至红木、楠木、檀木等名贵材料制作的家具，也陆续进入村民家庭。有些家庭还购置进口的洋家具。各种新式和仿古式（主要为仿明清样式）睡床、壁柜、衣柜、沙发、写字台、梳妆台、五斗橱、茶几、电视柜、书柜等越来越多地出现在村民家里，并且在人们追求美观、新颖、实用中不断更新换代。

出行

明清时期，太阳宫地域有人经营畜力运输的脚行，马、骡、驴等大牲畜多达百头以上。他们运货送人，近的到京城内，远的有到通州、三河、香河等地。据老人讲，因为路太熟，有的牲口不用人赶，自己就能回到客（货）栈，是为“对槽驴”。

中华人民共和国成立初期，村干部去乡里、区里开会、办事主要都是步行，常常天不亮就起来赶路。中华人民共和国成立前相当长的时间内，人们外出主要靠步行、骑毛驴、坐马车等方式。20世纪六七十年代，自行车、手扶拖拉机开始成为重要的交通工具。八九十年代，摩托车、小轿车等代步工具陆续进入村民家庭。进入21世纪，太阳宫地区绝大部分家庭都有小轿车，个别家庭甚至有不止一辆，其中不乏像“奥迪”“奔驰”“宝马”等名牌轿车。与此同时，随着地铁10号线、13号线的开通，以及众多公交线路构成四通八达的交通网络，人们出行越来越便捷、舒适。

节日习俗

腊八 农历腊月初八，又称“腊八儿”。历史上，太阳宫人就有过腊八节的习俗，俗话说“过了腊八就是年”。这天，人们用多种杂粮（如黄米、白米、江米、杂豆等）及干果（如栗子、花生、红枣、桂圆、葡萄干、瓜子仁等）混熬成粥，或祭先人，或赠亲友，或全家食用。泡“腊八儿蒜”，春节期间吃饺子时食用。时至今日，太阳宫人喝腊八粥、泡腊八蒜的习俗一直延续。

小年 这天是民间祭灶的日子。传说到了腊月二十三，灶王爷便要升天，向玉皇大帝禀报这家人一年的善恶。送灶神的仪式称为“送灶”或“辞灶”。百姓会供上红烛、糖瓜，以隆重礼节送灶神上天，祈盼灶神向玉皇大帝多说好话，“上天言好事，下界降吉祥”。俗谚称“二十三，糖瓜粘”。自这天开始，中华民族最重要的传统节日——春节期间的各种年事活动拉开序幕。

扫尘 历史上，地域有“二十四，扫房子”习俗。祭灶后，便正式开始为过年做准备。扫尘就是年终大扫除，将各房间内部和房前屋后彻底清扫一遍，干干净净迎新春。按民间的说法，“尘”与“陈”谐音。新春扫尘有“除尘布新”的含义，其用意是要把一切“穷运”“晦气”通通扫出门。改革开放后，扫尘时间不固定，并与平时的打扫卫生结合起来。

换窗纸、贴窗花 地域有“二十五，糊窗户”习俗。这是20世纪五六十年代以前，村民住平房时的习俗了，后随着住房条件的改善而逐渐消失。

备年货 农历腊月二十五至二十九，是各家备年货的日子。地域有“二十五，磨豆腐；二十六，去割肉；二十七，杀公鸡；二十八，把面发；二十九，蒸馒头”习俗。到20世纪60年代，这一习俗慢慢淡化。

除夕 旧时，穷苦人家平时缺衣少穿，过年能吃顿饺子就算不错。有的家庭在年底时，还有债主上门讨债，因此又称除夕为“年关”。除夕吃团圆年夜饭之前，需将祖先牌位挂在墙上，并将馒头、桃子（面粉做的，上涂红点）等供品摆上，祭祀先祖。年饭做好后燃放爆竹，然后全家人坐一起吃团圆饭。入座时，家里的老人坐上座，晚辈给长辈拜年行礼后，依辈分和年龄大小而坐。“文化大革命”时期，将祭神、祭祖、磕头当作“四旧”废除。此后，大多村民对祭神、磕头等习俗逐渐淡化。

除夕夜，要敬鬼神，祭祖宗，家家烛火通明，守更待岁，彻夜不眠，称“守岁”。守岁时一家人围坐在一起，边聊天边包素馅饺子，有的在馅内藏一枚硬币（或铜钱），吃出者象征来年行好运，至子时吃饺子，吃饺子时，假如有饺子破了，应说“挣”了。大年三十至正月十五，不许说脏话，丧气话，要说吉祥话。中华人民共和国成立后，祭神祭祖之风逐渐消失，其他习俗也逐渐简化。“文化大革命”期间，提倡“过革命化春节”，吃“忆苦饭”。20 世纪 80 年代后，除夕夜观看春节联欢晚会成为习惯，在欢乐祥和中守岁。

春节 正月初一是春节，村民们都早早起来，打扮一新，相互拜年，恭祝“新年好”。旧时，晚辈给长辈拜年时，需行磕头礼，拜完年后，一般长辈会给孩子“压岁钱”。从初二开始，走亲访友，给亲戚朋友拜年，一般按照由长至幼的顺序进行，直至正月十五。

元宵节 正月十五为元宵节，是年节的尾声。当天，做元宵、吃元宵，以此祈愿阖家团圆、和睦幸福。除吃元宵外，还有一项民俗活动，即散灯花。灯花是用毛边纸捻的，先把纸剪成三角形，而后捻成一棵棵的小树状，上边有小分叉，下边捻一个底座。捻成的灯花先放在若干个瓷盘里，每个灯花上端都要蘸些麻油或花生油。散灯花从正月十四至正月十六三天中都可以散，元宵之夜最为隆重。散灯花时第一只灯花由长辈从油灯上点燃，而后由孩子们端着盘子从屋内到屋外，沿着炕沿、窗台、锅台、灶王神像、屋外门墩、天地爷牌位、缸台、院门等地方往外散，一直散到街道旁，意在把灾难散走。20 世纪 50 年代以后，此习俗逐渐消失。

打囤、填仓 农村在正月二十五这天有“打囤”的习俗。当天早晨，各家各户用灶膛的小灰在院中围成大小不同的圆圈，并在圈中放置五谷杂粮，表示不同品种的粮食囤，俗称“打囤”。这天晚上，还要祭仓房，俗称“填仓”，祈盼五谷丰登，粮食满仓。20 世纪 50 年代末，此习俗基本消失。

龙抬头 农历二月初二，人称“龙抬头”。从这一天起，农忙到来。二月初二正处于惊蛰和春分之间，进入雨季，这本是自然规律，但古人认为这是“龙”的功劳。因此，便有了“二月二，龙抬头”之说。其实，所谓龙抬头是指经过冬眠，百虫开始复苏。中国北方还流传着“二月二，龙抬头，大屯满，小屯流”的谚语。家庭主妇在这一天要早起，用棍棒敲打房梁和锅底，边敲边念：“二月二，敲房梁，蝎子蚰蜒往里藏；二月二敲锅底，烧陈柴，吃细米。”人们以此寄托驱虫疫、盼丰收的希望。二月二这天，家家户户摊煎饼，称“揭龙皮”。男人们都要在这一天剃头、理发。20世纪80年代后，此习俗逐渐淡化，但吃煎饼的食俗仍在流传。

咬春 立春之日，太阳宫地域有“咬春”习俗，也叫吃春饼。20世纪五六十年代，人们生活水平不高，春饼里只是夹些豆芽菜和鸡蛋。改革开放后，吃春饼的习俗一直延续，只是增加了酱牛肉、酱肘子等丰富的美食。

清明节 前一年冬至后的第一百零六天为清明节，公历为4月4日或5日。清明节既是二十四节气之一，又是重要的传统节日。清明节，家家上坟祭祖。上坟时，人们要携带酒食果品、纸钱等物品到墓地，将食物供祭在墓碑前，烧纸钱，叩头祭拜。同时还要将坟上杂草除掉，培上新土，将一张纸钱放在坟头的顶端，用土包压实，称之为“添坟”。除此之外，还有踏青、插柳等习俗。“文化大革命”开始后，清明节祭祀活动一度淡化。改革开放后，清明祭祖之俗又逐渐兴起。提倡文明祭祀，用一束鲜花寄托哀思，但烧纸钱、焚香烛现象依然存在。进入21世纪，清明祭祖更加隆重，国家亦对此加以重视，从2008年开始，将清明节定为法定节假日，放假一天。

端午节 农历五月初五为“端午节”，也称端阳节、五月节。最初为人们祛病防疫的日子，后因战国时期楚国伟大的爱国诗人屈原在这一天去世，而成为纪念屈原的传统节日。每到节前，人们都要准备苇叶、糯米、小枣等，全家动手包粽子。20世纪90年代以来，大多数村民一般从商店购买粽子，少数人家自制粽子，粽子口味增多。2008年，国家将端午节定为法定节假日，当日放假一天。

鬼节 农历七月十五为“鬼节”，也称中元节、七月半。传说，这日地府大门洞开，鬼魂得以放归人间接受供奉，并看望子孙后代。这一天，后人为先人烧送纸钱，并摆上贡品祭祀祖先亡灵，祈求祖先保佑全家平安幸福。中华人民共和国成立后，此种祭祀方式一度消失，后又有所恢复。

贴秋膘 改革开放以前，每逢立秋之日，地域有“贴秋膘”习俗，即以吃肉的方式补充炎夏消耗的体力。同时，为即将到来的冬季储存能量。改革开放以后，随着人们生活水平的提高，贴秋膘的习俗逐渐淡化。进入21世纪以后，人们日益追求健康的生活方式，不再以吃炖肉贴秋膘为需了。

中秋节 农历八月十五为中秋节，是重要的传统节日之一。外出谋事者，多回家团圆。中华人民共和国成立前，有钱人家杀猪宰羊，普通人家也会买些月饼、花红果子等。傍晚，家家还要自制“团圆饼”，象征全家团圆，团圆饼又称“丰收饼”。圆月当空时，各家各户把准备好的月饼、花红果子、熟毛豆、熟玉米、熟花生等摆在院中供桌上，赏月、拜月、供奉天地，以求五谷丰登。2008年，中秋节被定为法定节假日，人们利用中秋假日与亲人团聚、会餐，共叙家常。

重阳节 农历九月初九是重阳节。旧时，文人雅士多登高望远，饮酒赋诗，故又称“登高节”。1989年，政府将此日定为老人节、敬老节，这一传统节日，在新时代被赋予了尊老、敬老、爱老、助老的新含义。

寒衣节 “十月初一送寒衣”，俗称寒元节、月日节。农历十月初一，天气渐渐寒冷，要为逝去的亲人添置御寒衣服。过去，每到傍晚时分，村民在街道路口或坟前烧纸钱、纸衣，意在给过世亲人送去御寒衣服。

上述节日基本为汉族传统节日及习俗。太阳宫地区是多民族聚居区，绝大部分村（居）民为汉族，小部分村（居）民为满族、蒙古族、回族、藏族、苗族、壮族、朝鲜族、土家族等少数民族。这些少数民族同胞，在共享汉民族传统节日习俗的同时，还分别过着本民族的传统节日，传承着各自民族的传统节日习俗。与此同时，太阳宫地区尚有少数村（居）民信仰佛教、道教与伊斯兰教、天主教等，各教信众爱国爱教，和谐相处，各自虔诚地遵循本派教义，分别奉行、传承着各自教规规定的传统节日与传统节日习俗。

礼庆习俗

婚嫁

中华人民共和国成立前，婚姻讲究门当户对，无恋爱自由，多遵父母之命，凭媒妁之言，结成婚姻。

求婚 男女青年到了成婚年龄，家长就要为儿女考虑婚姻大事。由男方托媒人到女方家提亲，提亲媒婆将男方的家庭条件多加美言，求得女方同意。俗话说：“媒人婆子两头跑，不说瞎话定不了。”

拿帖 也称“过小帖”，将女方姓名、生辰八字写在红纸上，放入拜匣（长方体木制匣子），由媒人送至男方家中，放于灶王爷前的香灶底下，经过三天，家中没有出现不愉快的事情，视为吉祥。这时将拜匣中的小帖取出，将男方的帖子，以及手镯或戒指放进拜匣，由媒人送往女方家中，在灶王爷前的香灶下放置三天。如果在三天之内家没有破财、抬杠拌嘴等不祥的事情发生，视为吉祥，亲事能成，否则将女方的小帖退回，不能定亲。

过礼 男方给女方家送彩礼称“过礼”。过礼没有标准，根据各家经济条件而定。一般要送粮、钱、衣服等，以表诚意。女方家追加彩礼也是当时的风俗。

择日 选择结婚日期不是由男女双方来定，而是请村里的先生或有文化的人看皇历，选择良辰吉日准备嫁娶。

催妆 也称“送食盒”。结婚前一天，男方家准备四样礼（带两根肋骨的一刀肉、面粉、米、糕点）分别放入食盒的四层中，请两个人抬着送到女方家。女方家接到食盒后，用男方送来的面包饺子、擀面条，将饺子、面条、豆腐、两根剔下来的肋骨放于食盒四层内，请来人抬回，以为回馈之礼。女方家陪送的物品称嫁妆，在催妆日，请四人或六人挑担，由新娘的侄辈男孩压着送往男方家，称“送嫁妆”。

迎娶 新郎在家等，由迎亲人用花轿迎娶新娘（家境贫寒用马车娶亲）。花轿由男方家准备，俗称“八抬大轿”，轿后跟随一辆或三辆马车，娶亲太太坐于车上，媒人背着钱叉在前面领道，请二男一女或二男二女为娶亲人。吹鼓手走在轿前，路过村庄，吹打一番，出村后都坐上马车前往女方家。新娘上穿红袄，下着绿裤，头发梳爪鬏，头顶红绸盖头，腰掖镜子、梳子，镜子用于驱邪，梳子寓意舒心。新娘出门前嘴里要嚼一口面条，吐在门槛里一半外一半，意思是新娘到婆家既能理内又能理外，持家有道。送亲的人中，由两个平辈的兄弟一左一右扶着轿杆，起到护轿的作用。花轿迎亲回到男方家门前，鞭炮齐鸣，然后在吹鼓手的吹打声中，将花轿抬进堂屋，在九佛头的供桌前落轿。这时，新郎拉弓摆出射箭的姿势冲花轿比试一下，由女方家人搀扶新娘下轿，站在红地毯上，新娘足不能沾地。

旧时，用红布当地毯，新郎用弓挑起新娘头上的红盖头，扔上堂屋房顶。然后，向九佛头磕三个头，称“拜天地”。拜完天地拜公婆。而后，新娘由二人搀扶进入洞房，坐在炕沿上。这时，新郎手持弓箭朝洞房的四个角各射一箭（高粱秸秆做的箭），意指驱邪。娘家人要用红线在新娘脸上比划几下，意为给新娘“开脸”。然后梳头、更衣。接下来，夫妻同吃子孙饺子、长寿面，饺子只煮八成熟。在吃饺子时，小弟或侄辈们在外面高声问“生不生？”新郎要答“生！”意表一对新人婚后要生儿育女。最后还要给长辈施跪拜礼。新娘在洞房，新郎在堂屋，里外同时进行，受礼的长辈要给拜钱、拜礼，以手镯、戒指居多。新房的被褥四个角用线缀一些花生、小枣、桂圆、栗子，取其“早生贵子”之意。

闹洞房 结婚之后要闹洞房。闹洞房，是图吉取乐，代表着热气，三天内不分大小，不分长幼，不分男女，家族越大，闹的人越多，闹得越热闹越好。因为大闹，常有让新娘难为情的举动。

会亲家 结婚后第四天、六天、八天或者第十天中的某一天，有一项重要礼节——“会新亲”，也叫“会亲家”。女方亲戚在会新亲这天携礼到男方家来，男方要盛情款待，意味着以后都有来往。女方父母在这一天将闺女接回娘家住，新郎也要一起跟随，称“回门”。一般是十天接九天送，俗称“接十送九，越过越有”。

1950 年 5 月 1 日，颁行《婚姻法》，实行一夫一妻，男女平等、自由的婚姻制度。中华人民共和国成立初期，结婚仍以媒人介绍为主。在双方父母的参与下，互相打听对方情况，没有异议后，女方在媒人的陪同下，到男方家相亲。第一次到男方家，不久坐、慎闲谈、只喝茶、不用餐。待媒人问过双方没有异议后，商定吃订婚饭。一般都是男方家主动催吃订婚饭，算是吃下定心丸。订婚时，男方家准备丰盛酒宴，热情款待。准婆婆给准儿媳送上见面礼（钱或物），女方在聘礼等方面的要求也要当面提出，征得男方同意后，亲事便算定妥。结婚前，男方应在过节时将女方接到家中，这既是礼节，又是互相接触，加深了解的好机会。男女双方产生爱慕，说明情投意合。经男女双方商谈，进行婚姻登记，领取结婚证书。一切准备妥当后，择日举行结婚仪式。挑选婚期有讲究，一般要求从双日中选择吉日，尽量挑在节假日，避开正月，有“正月不娶妻，腊月不订婚”之说。

随着时代变迁，婚礼的程序、礼节、彩礼嫁妆等方面都发生着变化。20世纪50年代，婚礼程序有所简化，花轿娶亲习俗也逐渐消失，改用畜力车，新娘的穿戴与中华人民共和国成立前大致相同。六七十年代后期，女方要的彩礼讲究“三转一提溜”，三转，即自行车、缝纫机、手表，一提溜指半导体收音机。迎亲多用自行车，车前各戴一朵大红花。新郎随着迎亲队伍同往女方家中接新娘。新娘的衣服由便服改为制式服。举行仪式时由拜天地改为向毛主席像鞠躬，拜公婆时，也由跪拜礼改为鞠躬礼。改革开放以后，女方提出的条件有所提高，冰箱、彩电也成为彩礼之一。用面包车、小汽车迎亲成为时尚。新娘的衣服用时装代替制服，皮鞋替代布鞋。90年代，最突出的变化是真正实现自由恋爱，即使有介绍人，也只为双方牵线，而后，通过自由恋爱，结成美满姻缘。此时，姑娘们开始讲究穿戴，三金饰品（金项链、金耳环、金戒指），私家车也成了高档彩礼。婚车的档次由低变高，由两辆变多辆，头车披红戴花，风光至极。新郎穿礼服，新娘着婚纱，由伴郎、伴娘相陪。新郎到女方家要过几道门，没有红包打点难以娶到新娘。进入21世纪，婚礼举行地点在酒店、饭店、家中的都有。时尚一点儿的，找婚庆公司，有布景设计，有新婚主题，有司仪主持，有讲究的婚礼程序，真正体现出新时代人的爱情经历，给每一位婚礼的参与者留下难忘回忆。也有的在自家因陋就简，免除仪式。除此之外，无论习俗怎样改变，放鞭炮、吃子孙饺子、长寿面是经久不变的风俗，双方父母的礼包体现的是新人的孝心。随着时代的进步，婚姻逐渐呈多元化、个性化发展趋势。青年男女择偶往往倾向追求自己心仪的对象，职业、地位、财富等不再成为择偶的“第一要素”，城乡联姻、本外（当地人与外地人）联姻渐成平常事。

生育

生儿育女，传宗接代，是每一个家庭的愿望。不管家境如何，都盼儿孙满堂。因此，生育习俗被人们看得尤为重要。孕妇进入临产期，在婴儿降生之前，要给孕妇“催生”。顾名思义，即期盼婴儿早日顺利降临人间。旧时，催生由孕妇的母亲、大妈、婶婶等人来做。选定吉日，为闺女送些鸡蛋、红糖、小米等。小孩出生后，会在月房的门框上悬挂红布条。如果生的是男孩，红布条挂在门的上方，是为“大喜”；如果生的是女孩，红布条则挂于门中间，是为“小喜”。村里人知道这家添喜后，左邻右舍会送来一些红糖、鸡蛋等，表示祝贺。生小孩后，产妇三天内不许下炕，一个月不能出屋，忌洗头、洗澡，称为“坐月子”。产妇的饭食以小米、红糖、鸡蛋为主，这是旧时最有营养的滋补品。母婴住的屋子称“月房”。月房只能丈夫、婆婆、母亲及女性伺候人进入，其他人忌进，有进月房不吉之说。

婴儿出生五天时，婴儿的外婆要为其做一身小衣服、一个小枕头和沙子口袋（过去的孩子都要穿沙子口袋），产妇母亲要给产妇蒸些糖包、菜包作为主食。婴儿出生七天时，要给产妇包饺子吃，俗称给产妇“捏骨缝”，期望其骨盆早日恢复。婴儿出生十二天时，称“小满月”，产妇娘家的近亲要前来“小庆”，就餐时以面条为主食，称“吃喜面”。婴儿降生一个月称“满月”，亲朋好友都来庆贺，称作“满月酒”，生男孩满整月的前一天做满月酒，生女孩则按整月算。婴儿满月这天，要为其剪发，并将剪下的头发包于红布中，缝在婴儿的小枕头一角上，据说是为保护婴儿不受惊吓。婴儿的外婆要蒸一斗大个馒头，将小新棉被蒙在斗上，用红绳系好，还要准备一件不可或缺的礼物——长命锁，一般为银质，上面刻有长命百岁的字样，满月这天，给婴儿戴上，祈求健康成长，长命百岁。

婴儿降生一百天，称“百岁”。在这一天，亲属们还要庆贺，称“做百岁”，婴儿外婆要蒸 100 个馒头，里面放 200 颗小枣，路过井边，在井台上放两个，碰见上年纪的老人要送给他们吃，俗称“一百包子二百枣，扔了包子留下小（小孩）”。小孩出生一周年，还要进行生日庆贺，俗称“做周岁”。外婆从孩子生下来开始，就走家串户搜集小布头 100 块，给孩子做百家衣。生日这天给孩子穿上，意指孩子好养，求长命。外婆要炸油炸鬼、蒸黏糕、擀面条，俗称“粘糕粘，面条栓，油炸鬼是孩子的腿”。姑姑要给孩子做双色裤，两条腿的布色不一样，即一条腿为红花布，一条腿为蓝花布，俗称“姑拦子”（过去的孩子成活率低，期盼孩子不出意外）。周岁这天，还有一个抓周的仪式，通过抓周来预卜其长大后能成就什么样的事业。家里人事先准备好文具、刀枪玩具及算盘、糖果和小食品等，撒在炕（床）上，让幼儿自己随意去抓，俗称“抓周儿”。以此预测幼儿将来的发展方向，“文官呢？武将呢？还是经商开店呢？”寄托着父母对幼儿的殷切期望。

寿庆

寿庆是给上了年纪的老人庆祝生日的一种仪式。

旧时，由于生活条件差，人们的拜寿习俗较为简略。多是在老人寿诞之日，一大家子人聚在一起，吃顿肉烩菜，并祈愿父母健康长寿。除肉之外，寿礼中“寿桃、寿面、寿酒”也是不可缺少的，孝顺的儿女还会给长辈备上鸡蛋、点心等食品，并添置新衣服。

改革开放以后，日渐富裕的村民便开始给老人过大寿（整十寿辰，如六十大寿、七十大寿），有的人家每年都给老人过生日。寿宴上要吃寿糕（生日蛋糕）、寿面、喝庆寿酒，菜要双数，话要吉利。席间晚辈献歌祝寿，宴后拍“全家福”留作纪念，还有的将寿庆的整个过程摄像留念。现在，有不少人家改在饭店、酒楼设宴庆寿，一家团聚，举杯共祝。

丧葬

备装裹 旧时，人们的寿命较短，俗话说，“人过六十，不死就活埋”。所以，不管家境如何，只要家里有活过60岁的人，就及早备下装裹（寿衣等）。人们认为，这不但不是丧气的事情，反而是一件延年益寿的好事。装裹一般都是自家人动手做。给逝者穿装裹有讲究，男女均穿单数，不穿双数，一般穿三件或五件。三件：大棉袄、小棉袄、棉裤；穿五件时男女有别，除大棉袄、小棉袄、棉裤这三件一样外，男的还穿马褂儿、坎肩儿，女的则穿小夹袄、裙子。所有的装裹均为棉服，不能穿单褂，单褂有挂儿挂女之说。

穿装裹 人在弥留之际，亲属要赶快为其洗脸、洗脚，然后穿上寿衣。如果是男性，亲属要为其剃头、刮胡须，如果是女性，亲属要为其梳簪，等待“上床”。由家里人或忙活人（来帮忙的人）搭床。如果是老人，床头朝南，如果是小辈人，则称为“小口”，床头则朝西。将床搭好后，把人抬上床，这样，弥留之人断气后才叫“穿着新衣，干干净净地走了”。

送灵魂 当亡人安然逝去，或者人在弥留之际总不断气，家人不忍其活受罪，均要想办法让其走得顺畅一些。于是捻七个灯花，放在扁担上，点燃，扁担的一头搭在死者的床头，另一头搭在一只水桶上，桶里再放些水求顺。还要舀一碗水放在门外的窗台上，意为让死者喝口迷魂汤，忘掉家眷放心地走。床前放一张小供桌，点上油灯，摆上供品。放一小碗米饭，称“倒头饭”，上面插一根打狗棒，捏七个打狗饼放在一个小碟子里，意为给死者备好路上打狗、喂狗的东西，以防被狗咬。人死后，儿媳和闺女要拿上纸钱到五道庙去送魂。去五道庙的路上要一路哭喊，名为“报神”，意为将死者的灵魂暂时安居在五道庙里。女眷们每日早中晚都要到五道庙烧纸。每次都是由一个小童提灯带路，儿媳夹着箩走在前面，其他亲属排成队跟随在后，哭去哭回。一般为三天出殡，以报七个庙为吉利。

报丧 丧事要先请管事的“总理”（俗称“大了”）和忙活人，人到齐后，要进行两方面的报丧事宜。一是“批殃榜”，将一张白纸糊在席头或软锅盖上，写上死者的生卒年月日，再用白纸剪成长条，穗状纸钱贴于殃榜下，放在大门外，男左女右，待出殡时，挑到坟上烧掉。二是拉亲属的名单，写报丧条，由指定的忙活人到亲属家送报丧条。

入殓 逝世后第二天太阳下山前将死者入殓。届时，死者的亲友都要前来见上最后一面以示告别。亲人们要在棺木里放上七星钱，铺上寿褥，摆好头枕、脚枕。由长女给死者开光，用棉球蘸水边擦边念叨：开眼光，亮堂堂；开鼻光，闻味香；开嘴光，吃得香；开耳光，听八方。开完光，闺女要喝上一口碗里的水，称“捧心水”。然后在死者手中放一根打狗棒，分男左女右，另一只手拿打狗饼，让死者过狗林时一旦遇有危险，用手中的物品能脱险。还要放些麦麸留喂蚂蚁，以免死者被蚂蚁吃掉。入殓时，亲人都不要把眼泪掉入棺内，否则是对死者不敬，不利于死者奔赴黄泉。盖棺前，子女们要将盖在死者身上的白布撕下一块保存，能为后辈儿孙增寿。待棺盖扣好，入殓即完毕。在棺盖前要放上几张供桌，摆饭祭及各种供品。然后将布帐挂于棺前和两边，不同的亲友送的布帐依照尊卑，由上至下放置，不能错位。

穿孝 孝衣要按照亲疏、辈分穿，规矩很多。子女、儿媳戴重孝，儿子要头戴丧帽、腰系麻辫儿、脚穿白鞋。儿媳要戴白芳冠、梳孝辫儿，故去一个老人梳一个，公公婆婆都故去则梳两个，腰系麻辫儿，腿系白布带，鞔白鞋，故去一个老人，鞋后帮留鞔，两个老人都故去，则就将鞋帮都鞔死。女儿要穿大孝褂，用一丈二尺白布缝制，不钉扣，不挖领子。闺女也要戴白芳冠，梳小辫儿，腰系白布带，扎白腿带，鞔白鞋。通过孝服，便能区分其与死者远近亲疏及辈分关系。

送三 也称“接三”，是为逝者举行的招魂仪式。送三仪式在人死后第三天上午举行，人们认为人死三日已登上望乡台，不能复生了。因此，需要让死者知道，家人已等三天，这是家人对死者的一种祭奠。家属要请糊匠糊车、马等物品。逝者为男性，则为其糊一车、一马、一驴、侍男侍女；逝者为女性，则为其糊一车、一马、一驴、一牛、侍男侍女。因女人在世洗洗涮涮用水多，迷信说法是女人死后必须把所用脏水喝尽，故备牛一头替其喝尽脏水。送三要到五道庙，由长子将附魂的烧纸从庙里背出来，送上车，随后点燃马眼，用两棵挂满纸钱的小树将燃烧的车、马等向中间集中。人们常说的歇后语：“送三的车——撮了”，便由此而来。车马一着，即将其灵魂送走了，死者就能平安到达阴界。

出殡 出殡又称出灵或发引。出殡的时间多在第三天下午。棺材要用人工抬，称抬杠。杠要到杠房去租，有八抬、十六抬、二十四抬不等。由长子打幡儿，长媳抱罐。儿子要在棺前跪地将瓦罐摔在捶木石上，穿白戴孝的亲属各由两个人搀扶，走在棺材的前面。子女要一步一磕头，以表报恩、赎罪之意。亲属们一路哭声不断，为死者送上最后一程。每到十字路口，要撂杠，吹鼓手们吹打一番，儿女们特别是女婿要给赏钱。直至村口，哭声停止，直往坟地。坟坑按点穴方位，派人事先挖好，亲人们要往坑内扔些洋钱、铜钱等，棺木下葬后，要把一桶干净水倒到棺材上，意在让死者将一生的脏水带走。儿子要首先捧土撒于棺上，再由杠夫们填土掩埋。女眷们这时要烧纸钱，将孝服撕开、脱下，离坟速回。儿子们要等埋起坟头，烧完殃榜，将幡插于坟上，安葬完毕，方能离开。

圆坟 圆坟是出殡后第三天的一种祭奠形式。早晨还没出太阳，儿子就要到坟前，将准备好的糕点或馒头埋于坟桌中央，上面扣上盛倒头饭的碗。还要往坟头上添土，并拍实，谓之“圆坟”。将坟上的幡拔下，将杆折成一个方形门，在中央挂上八卦钱，插在坟桌上，拿着幡的另一半往西南方向走 100 步扔掉，不准回头，直奔回家。吃完早饭，女眷们要包饺子上坟烧纸，哭唤时，围坐在坟头的一周，也是圆坟之意。

祭祀 烧七，指人死后从埋葬之日算起七天为一七，一直到五七。一位老人故去烧单七，父母均过世则烧双七。此后，还有60天、100天、一周年，都要由逝者亲属举行祭奠仪式，以表怀念。

旧时，有钱人故去都要大操大办丧事。家境贫寒者故去，则只能寒酸办事，有“穷儿不可富葬”之说。也有办不起丧事的，以柜为棺，用炕席卷严，草草掩埋。中华人民共和国成立后，太阳宫地域丧葬习俗随着时代的变迁发生演变，特别是随着移风易俗观念的深入人心，百姓逐步改变千百年来的“土葬”“厚葬”等传统观念，对逝去的亲人实行“火葬”。传统的丧葬习俗逐步淡化，崇尚“厚养薄葬”，“丧事简办”渐成风尚。部分丧家子女披麻戴孝、多数丧家哀乐送行逝者遗风尚存。亲人故去后，将遗体运至殡仪馆火化，骨灰盒安放骨灰堂或安葬在公墓（陵园）或就近入土为安。每年清明节或亲人忌日，家人前往墓地摆放糕点、水果、烟酒等祭品，上香、焚冥币或祭摆鲜花，文明祭祀。

流水席

流水席有红白事之分。过去，办理红事（结婚、满月等）流水席的过程是：事先由事主请厨师做预算（多少客人、多少桌，需要购买什么菜等），写好菜单，然后自己可以按照单子上所写的各种菜一一购买。喜事当天要请主事人，当地俗称“大了”来全权办理此事。关于坐席的方式，喜事当天除去至亲至近的亲戚外，一般的亲朋好友，只是中午一顿宴席。这顿宴席的安排顺序如下：娶媳妇首先安排的是新亲，即新娘家里的客人（送亲的人）等。新亲吃好后要安排本家的亲戚朋友，尤其是本家的“姑爷”和“姑奶奶”（本家已出嫁的女儿），最后安排本村的邻里乡亲和本家族人员。

中华人民共和国成立前，太阳宫地区办理红事时的宴席上菜肴很简单。一般家庭是“八个盘子、八个碗”，八个盘子的菜分别是四凉、四热（炒菜）、四荤、四素。八个碗也是四荤四素，条件好的六荤二素，所谓的荤就是炖猪肉，素是炖豆腐。中华人民共和国成立后，随着人们生活条件的提高，婚宴也有所改变，由原来的“二八席”（八个盘子、八个碗）改为“二八半”，后来发展为“三八”（八凉、八热、八个碗）。“三八带腿儿”（八凉、八热、八大碗外加鸡、鱼）。原来用的盘实际是碟，直径是10 ~ 15厘米的瓷制小碟。随着经济形势的好转，婚宴也随之发生很大变化，从婚宴质量、婚宴器具上看，也不像过去那么简朴。从菜的内容上说，首先改变了原来那种色彩单调、形式单一的格局，器具也不像过去使用的那种10 ~ 15厘米的小碟，改为用直径30 ~ 35厘米的大盘，鱼有鱼盘，汤有汤盆。菜的数量一般是16个菜，香酥鸡、鱼、磨盘肘、四喜丸子是必备的菜肴。用餐时有时使用的是一次性筷子，一次性餐碟，从卫生角度看也比过去有很大改观。

关于“二八席”与“三八席”的菜品构成，大体如下：二八席即16道主菜，分别为四个荤菜、四个素菜、四个糕点、四个果盘，席末的一荤一素两个汤及主食不计在内。

三八席即24道主菜，分别为四个热荤、四个冷荤、四个热素、四个凉素、四个鲜果、四个干果，席间上四个糕点，席末上两荤两素四个汤及主食不计在内。二八席、三八席荤菜主要品种有红烧肉、米粉肉、回锅肉、元宝肉、腐乳肉、坛子肉、木须肉、酱牛（羊）肉、炖牛（羊）肉、梅菜扣肉、炒（熘）肉片、红焖肘子（东坡肘子）、糖醋里脊、肉丸子（四喜、干炸、焦熘及狮子头等）、肚丝、熘肥肠、炖吊子、香酥鸡、卤煮鸭、糖醋鱼、红烧鱼、焖（炸）大虾、红烧海参等。素菜主要品种有豆腐（豆腐干、炸豆腐、冻豆腐等）、花生米（五香花生米、油炸花生米等）、素什锦、地三鲜、摊黄菜（摊鸡蛋）、炒土豆丝、素丸子、开花豆、芥末堆、炝笋片、煮毛豆、拍黄瓜、拌西红柿、拌香菜、饹馇盒、腌萝卜、糖醋萝卜、各种奶制品等。干鲜果品的主要品种有桃、杏、枣、李子、苹果、梨、葡萄、香蕉、甜瓜（香瓜）、西瓜、果脯、蜜饯等，此外还包括花生粘、核桃粘、蜜枣、花生、瓜子、栗子、榛子等。事主可根据家境、季节等不同条件，选用不同食材原料，加工制作不同菜肴，摆席设宴待客。

出份子

也叫随份子，这个习俗的出处和由来已无从考证，但是最初的这种行为应该是与“互助”和“感情”分不开的。随着时间的推移，社会的进步，经济的发展，人与人之间的关系变化等，人们将此种行为模式化，并已成为“婚、丧、嫁、娶”的一个重要组成部分，现在一部分人将其看作是“获取金钱”的一个合理的程序和手段。其实，出份子本身就是谁家有事，人们用金钱去资助，当然，这种资助的本身是建立在感情之上的。

出份子一般包括白事和红事两种。所谓白事就是丧事，地域对于这种事出份子的做法是：丧主首先要列出参加丧葬仪式的亲朋好友，请人通知，这叫报丧。如果不去报丧，即便亲朋好友知道也不会参加葬礼，因为当地有“丧不报，纸不到”的风俗，其缘故是因为是丧事以免发生误会。一般村里的乡亲不会通知，各人视关系远近决定是否参加葬礼，出份子也如此。过去丧事出份子，一般要看来往账目，你出多少钱我随多少，哥们儿弟兄多的，老人健在的则由哥几个轮流随份子。20世纪50年代至70年代为0.5 ~ 2元，七八十年代为1 ~ 5元，八九十年代为2 ~ 10元。90年代以后，几十元至数百上千元不等。

所谓红事就是娶媳妇、聘姑娘、孩子满月等。红事出份子意在以示庆贺，但是随着时代的不同也发生根本性变化。红事前，事主拟出名单，分别通知自己的亲朋好友，称之为送喜帖，接到喜帖的人根据关系远近，比如孩子的姑姑，称之为本家的“姑奶奶”在喜事的头一天或更早些时候就赶来贺喜了。一般的亲友都是在喜事当天赶到和参加。喜事出份子也参差不齐，有多有少，数额大致和白事相当，还要看关系远近、疏密等。有时，有钱人和事主关系再近、再好，份子也不多出，意思是亲戚朋友讲究的是礼尚往来，以免以后给对方增添不必要的经济负担，同时也有担心事主随不起、拿不出的意思在内。

乡土文化

礼仪

打招呼 太阳宫地域自古就有人与人之间见面打招呼的习俗，随着时代的变迁，社会的进步，打招呼的用语也随之改变。旧时与长辈见面打招呼的用语是：“叔！您老身体可好？”“大叔，正北那块园田的菜属您的最好！您老怎么管理的？”同辈人见面打招呼比较简单，例如：“嘛去啊？”“哦！我去那儿。”若看对方拿着锄头等农具便说：“下地啊！”还有最简单的也是最常见的：“吃了吗？”若是天旱时夜里下了一场大雨，第二天见面的第一句话是：“这场雨下得不小，下透了！”现在，人与人之间见面时打招呼的语言有所改变，例如：“昨晚看电视了吗？网上又看到什么新闻了。”“听说您家孩子考上大学了，真有出息！”所谓打招呼，多是以问候性的语言出现。但过去最简单、最常见的“吃了吗？”“干嘛去？”依然沿用。

问路 旧时问路是一门很有研究、很有学问的艺术。首先，要有礼貌，要看对方的年龄，说话要讲究方式。旧时就有“劈柴劈小头，问路问老头”之说。如遇到一位老者的问路方式是：“大爷，劳您驾，我要去 ×× 地，请问该怎么走？”如遇到的是一位年轻人，问路方式是：“劳驾，我要去 ×× 地，请问怎么走？”对方会顺利地告诉你。但是有一点必须注意，即：坐车的下车，骑马的下马，这是对人的尊敬。现在的问路方式从礼仪上依然如此，只是在语言上稍有变化，即将“劳驾”变为“您好”。无论是过去还是现在，无论你是问路还是寻人，其实都是有求于人的帮助，所以在礼节、态度、语言的表达方式上都是有讲究的，必须使用文明用语，如“劳驾，您好，请问”等，否则问路者便会适得其反，背道而驰。

送别 旧时宾主叙谈完毕，宾客主动起身告辞，主人必须相送，宾客会说：“请留步！”主人答道：“怠慢了，下次再聚。”现代人在送别时的主要用语是：再见。在重要场合，尊贵客人也会使用“请留步”“怠慢，怠慢”等语言。在待客上，太阳宫地域旧时招待客人也是很有讲究的，例如：给客人倒茶时，茶水不能倒满，客人喝两口再倒。茶水倒得越频繁，说明更尊敬客人。因此，过去在当地有“酒满，茶半”之说。此外，茶壶嘴儿不能指向客人，那样也是对客人的不尊重，此习俗至今在部分人群中仍延续。

递烟 旧时，宾主之间见面寒暄过后，主人拿过客人的烟袋，为其装烟、点烟，在递烟时要烟嘴朝客人方向。中华人民共和国成立后，用烟袋的人逐渐减少，吸旱烟的也不常见，被纸烟代替。现在递烟的方式是：烟盒打开，弹出一支，让客人自己拿出，主人为客人点燃，以示卫生及对客人的尊敬。随着人们对“吸烟有害健康”的认识不断加深，这种习俗将会逐步成为一种陋习，也必将会慢慢被淘汰。

敬酒 酒在国人眼中可谓是一种琼浆玉液，在我们国家已经有几千年的历史，并逐渐形成一种“酒文化”。而“酒文化”是中国文化中不可或缺的一部分，文化内涵、文化积淀很深。在中国56个民族中，每个民族对酒都不陌生。在敬酒方面每个民族又有各民族的敬酒方式，但一般情况下客人越尊贵，让酒或敬酒的方式越繁杂，更讲究。太阳宫一带的敬酒方式是：酒桌上分宾主落座，一般情况下请宾客坐上首席（当地有东上西下、左上右下之说）。寒暄过后，主人为客人斟酒，酒杯要斟满（当地有酒不满、心不实之说）。然后，宾主共同举杯，喝一口，主人为客人布菜，再共同干杯。第二杯酒，主人不能再倒，要让女主人为客人倒酒，第三杯要让主人的孩子为客人倒酒。待家庭主要成员依次为客人满过酒后，最后一杯则由主人倒酒并碰杯干杯，但上述礼节也要视客人酒量而定。

现在人们敬酒有很多种说法，如：“感情深，一口闷；感情浅，舔一舔”“酒是粮食油，谁喝谁富有”等等。但一般家庭对自己的子女都要求他们到外边要“少吃酒，莫贪杯”，在当地自古就有“酒要少吃，事要多知”的说法。就是现在，对尊贵客人或在主要场合敬酒的方式依然沿用旧时习俗。送客迎客这方面，旧时就有对客人要远接近迎之说。无论是迎客还是送客，主人都要出屋相迎，出屋相送，以表示对客人的尊敬。

禁忌

自然忌讳 雨后忌用手指彩虹，怕生恶指甲疮；天上出现彗星（乡间俗称扫帚星）被视为不吉，传说本年内会有不平安的事发生；住宅周围黑夜忌猫头鹰叫，怕祸事临头；出门遇乌鸦叫，是不祥之兆，要尽早返回；在野外，忌打白头蛇和七寸蛇；男人解手（小便）时，不能冲着太阳；忌养头上有一撮白毛和四蹄上长有白毛的驴马等，牲口眼睛下有一穴，是为泪眼槽，会经常滴泪，这种牲口容易妨主，也不宜饲养。

时节忌讳 过春节民间做豆腐、蒸馒头、包饺子等，忌说“完了”“破了”“断了”等不吉利的字眼；农历正月十三忌出远门（正月十五元宵节是一个阖家团圆的日子，十三出远门则难以团聚），尤其不办嫁娶喜事；大年初一起五更，忌说不吉利话，说话忌高声，忌训斥打骂子女，忌往院里泼水，忌打碎用具（比如说不小心打碎碗，不能说碎了，而要说岁岁平安，意在讨个口彩）或毁坏家具。

礼节忌讳 子孙取名，忌和长辈名同字同音；走亲戚时，送食物、礼品忌送单数。席面上酒喝完时不能说“酒完了”，而说“壶大了”“喝嗨了”；酒喝多了也不能说喝多，而要说“喝高了”。兄长忌同弟媳开玩笑；弟媳忌对兄长不恭，或者言行过于亲密。忌对人脸咳嗽，忌面对人吐唾沫，忌如厕时和别人说话。

行业忌讳 过去，各行各业都有自己的行话，这也是人们在长期劳动中约定俗成的不成文的规矩。例如瓦匠、木匠干活时要爬高上梯，忌讳说别摔着了，而要说“别飘高了”。另外，“钻了”“闯了”也是高了的意思，而“跨了”则是低了的意思。

婚礼禁忌 忌甲子年（甲、子为天干地支之首，60年才有一个轮回）成婚，认为甲子年是寡妇年，所以甲子年结婚是要死丈夫的。一年中有两个立春日也忌结婚，据说“一年两个春，死了丈夫断了根”。此外，还要忌属相，如龙虎相斗、鸡狗不和、羊与羊抵角等，双方属相最好是相生的，相克则不能缔结良缘。有几句俗语是这样说的，“鸡猴不对头，猪猴不到头，羊鼠一旦休，蛇虎如刀锉，金鸡怕玉犬，白马不配青牛”。结婚时，新娘迎进门，怀孕和服孝的妇女不能参加，有“双身”不能压炕、“白虎”不能拦门之说。新娘花轿不能碰青龙（石头类磨碾，如不巧遇着了则用红布盖上），不能碰到出殡、上坟，双方若遇着时则白事给红事让道。男女双方喜家不吃喜亲的饺子，送礼忌单喜双，忌白喜红。婚礼上不能说不吉利的话，如“散伙”“好不到头”“断子绝孙”等。

建造禁忌 过去，民房忌门外对直路（直路意为暗箭，其实不仅阳宅不对直路，就是阴宅也忌讳对着直路）；房前忌栽桑树，房后忌种柳树；主房忌建四六间（如确为四间六间，要破成五间或七间）；忌在庙宇前后建房，俗语“能住庙左右，不住庙前后”（庙前后属于神路，人再大也大不过神去）。民房的方位忌占正方位（即不能正对东西南北方向，所对方向以略偏为佳）；配房忌高出主房等。四合院主房、配房的阶次一般是这样的，北房理所当然是最高的，东房要比北房低两砖，西房又比东房要低两砖，南房则更次之。20世纪90年代以来，随着域内大部分人口陆续入住楼房，这些习俗已经逐渐消失。

生活禁忌 借别人的药锅忌送还，须等人家用时来要；嫁出去的闺女不准在娘家过腊月二十三、过春节和生孩子。产妇未满月，忌登他人家门，也忌讳他人到自家串门；如果有外人进产房，容易惊扰婴儿，出什么毛病都是进来的人给闹的，这个意思是指来的人“脚硬”。老人忌说73岁、84岁，民间有“七十三、八十四，阎王不请自己去”之说，因为历史上的两位大贤——孔子、孟子恰好是在73岁、84岁上亡故的，这两个年龄数就是两个坎，也隐含着人们对圣贤的敬畏，不敢超越他们，甚至比这两位大贤还要长寿。老人活到百岁而忌说“100岁”，多称99岁，因忌讳“人活百岁终须死”；人死了忌说“死”，老人死了说“老了”或“去世了”“过世了”“落了白事了”，年轻人死了说“不在了”；丧期，孝子忌穿白孝衣进他人家门；忌半夜叫人名；给人写信忌用红色字迹（意为割袍断义，划地绝交）；忌逢七出门、逢八归家。

饮食禁忌 客人没吃完饭或筵席未散忌收拾碗筷，客人在时不能扫地，因为这样做是意味着赶客人走；饭桌上给客人盛饭，不能问“还要饭吗”，得说“还用饭吗”，因为说要饭意味着是在打发乞丐。作客喝酒时，不得将酒杯倒扣，因为那是对其他人的不敬；最后一杯要等到饭端上来再一饮而尽，不得空杯等饭，因为那也是对主人家的不满。在酒席上有时要划拳，划拳一词也是由“拇战”“辖拳”演变而来的，饮酒划拳忌用小指，小指比喻“小人”，用大拇指数“一”才能表示对对方的尊重。招待客人吃饭，有“主不吃，客不饮”之说。这是说主人要先端起酒杯敬大家，但也不能全干了，得让客人先干。在宴席上，酒规、酒风决定了酒量，有“七茶八饭酒十分”之说，这是说给客人倒茶时要七分满，盛饭时要八分满，斟酒时则需十分满。

不少禁忌是人们避凶趋吉的心理反映。在吃饭时忌把一双筷子放在杯盘两边，忌讳“筷（快）分开了”的说法；吃饭忌将筷子竖插在有饭的碗里；忌用筷子敲空碗，因为乞丐讨饭时是这样敲的，敲碗意味着没饭吃；待客上菜忌单数，但位于桌子中间的主菜可上单数，比如说是一条鱼、一个肘子；祭祖或供神则忌双数，旧时有“神三鬼四”之说；还有忌从窗口递进食物，因为送牢饭都是从窗口传递；盛饭忌勺子往外翻，因这是旧时给犯人盛饭的舀法；招待客人吃水果不能两人分吃一个梨，以避讳“分离”，但三个人分吃一梨则不必忌讳，另外上供时也不能用梨。有的禁忌对人有劝诫作用，也就是俗话说的“劝人方”。如吃饭忌剩碗底，说是“小孩剩碗底，长大娶麻妻”。

方言、谚语、歇后语

方言

担儿挑（连襟）——女婿之间的称谓

倒插门儿——婚后男方到女方家居住、生活，俗称“上门女婿”

外秧儿——非本家本族的人

全活人儿——有父母，有配偶，同时有儿有女的人

爷们儿——男子之间长辈与晚辈之间的互称

双棒儿——双胞胎

杠头——原指旧时抬棺材的领头人，现指爱争辩的人

大拿——说了算的人

老赶——没见过世面的人

侃（kǎn）爷——能说会道、信口开河的人

雏儿（“菜鸟”）——贬称没经验的人

一溜子——一伙儿的、一帮一派的人

三青子——无赖汉

心尖儿（心尖子）——最喜爱的人（多指儿女）

刺儿头——不顺从的人

车老板（车把式）——赶大车的人

精豆子——心眼儿多的人

护犊子——袒护自己孩子的人

话痨——能说的人（贬称）

药罐（篓）子——久病服药的人
大头蒜——有权势的人
沉屁股——久坐的客人
小白脸儿——皮肤白而相貌好看的男性（含戏谑意）
顺毛驴儿——吃顺不吃戗 (qiāng) 的人
溜门儿的——进院儿行窃的人
打把式的人——练拳脚（武术）的人
诡（鬼）——机灵；聪明
拿——刁难；要挟（如：“这事儿谁都干得了，你拿不住人。”）
轴——固执、认死理儿（如：“他呀——可轴啦！”）
贼——特别（如贼胖、贼瘦、贼精、贼滑……）
趁——有（如趁钱、趁房、趁车……）
齁（hōu）——太；特别（如齁咸、齁苦、齁甜、齁冷、齁热……）
学（xiáo）——学（xué）习 (如学好、学坏、学徒、学手艺……)
手潮——技术不熟练
手粘——有小偷小摸习惯
抄手——开始做（干）
套瓷——套近乎
齐活——完成了
絮叨——说话啰唆
挠头——难办
砸锅——事没办好
掰了——关系破裂
黄了——失败；中止
欢实——兴奋；起劲儿；活跃
歇菜——停止
邪乎——超乎寻常；厉害；离奇；玄乎
涮人——骗人；不守信用
鼓捣——摆弄
待见——喜欢
垫背——代（替）人受过
叫板——叫阵；较劲

糟改——挖苦；取笑

白搭——没有作用；不起作用；白费力气

憋坏——思谋坏主意

打住——止住；停下

绷着——顶着

开窍——长见识

淘换——寻求某种东西

不吝——不惜；不在乎（不论）

碍事——妨碍；不方便

央给（央告）——乞求；请求

咂摸——仔细考虑；琢磨

做脸——争气；增光

认头——认账；同意

关饷——发工资

消停——安稳（如：“她姥爷还没住消停就走了。”）；停止（如：“别蹦啦！你消停会儿好不好？”）

扒搂（扒拉）——推开或反复翻弄

糊弄（hùnong）——敷衍；对付；应付

膈应（gèying）——厌恶；别扭

奔命（bènmìng）——拼命赶路；做事

垫补（diánbu）——先吃点儿东西；临时充饥

白活（huo）——耍贫嘴；忽悠（又读“白话”）

戗戗（qiāngqiang）——嚷嚷

钻（zuān）渠——胡编（如：“你别钻渠啦，哪有这事儿啊？！”）

马趴——面向前跌倒；跌跤（如：“真倒霉——没追上他，我还摔一大马趴。”）

仰壳——面向后仰摔倒（如：“这冰面儿真滑，玩儿我一大仰壳。”）

真周（zhēnzhou）——清晰（如：“这张照片特真周。”）；清楚（如：“喂，大点儿声儿！你的话我听不真周。”）

爬拉——吃（如：“他匆匆忙忙爬拉两口饭，就上班去了。”）

编排——不负责任地胡说（如：“好啦好啦，您别编排我啦！”）

门儿清——明白事儿

颠儿了——抬腿走开；开溜

猫儿腻——搞小动作；暗箱操作
点儿背——倒霉；运气不好
麻利儿——快点儿
差样儿——变换着花样儿
挨呲儿——被批评
拔份儿——显示自己，逞能；装硬
寸劲儿——凑巧
带劲儿——给力；给劲儿
拱火儿——激化矛盾
塌膘儿——瘦下来
幺蛾子——花招儿；馊主意
掉腰子——耍花招儿
捡拐子——专挑毛病；净拣漏洞
架秧子——挑动他人干坏事
大概齐——差不多；约等于
搭把手——帮帮忙；伸把手
苦哈哈——艰辛；困难
不开眼——没见过世面
犯二乎——犹豫
肝儿颤——胆怯；畏惧
罗圈架——相关联的几方争斗
撒巴掌——撒手不管
说开喽——讲清楚；说明白
占着手——正做着事；腾不出手来
逮功夫——抽时间
一根筋——认死理、不灵活
掉链子——中途出问题；关键时刻不给力
老鼻子——多极了（后面带“了”字）
怯瓜瓜儿——土气；外行
抽冷子——乘机；突然做某件事
长能个儿——长本事
见真章儿——弄个水落石出；见真相

节骨眼儿——关键时刻
一股脑儿——全部；一下子
串房檐儿——住别人的房子
打马虎眼——以假象骗人
酸文假醋——装斯文
乌泱乌泱——众多（如：“逛庙会的人乌泱乌泱的。”）
唱“洋梆子”——不负责任地唱高调
甩片儿汤——说不负责任的话（如：“事到如今，你就别在这儿甩片儿汤啦！”）
搂（悠）着点儿——留有余地
搅哄台（搅猫子）——捣乱；起哄
踢破门槛子——来得频繁
醒过闷儿来——觉悟了；明白了
四六儿不懂——不明白事理

谚语

季节类

季节不等人，一刻值千金。
不懂二十四节气，白把种子撒下地。
立春一日，百草回芽。
节到惊蛰，春水满地。
惊蛰十日地开门。
惊蛰前打雷，四十五天云不开。
清明断雪，谷雨断霜。
清明谷雨两相连，浸种耕田莫迟延。
谷雨前后，种瓜点豆。
芒种忙忙种，夏至谷怀胎。
芒种芒种，样样要种。
过了芒种不种田，过了夏至不栽田。
夏至至短，冬至至长。
春分秋分，日夜平分。
霜降摘柿子，立冬打软枣。
惊蛰乌鸦叫，春分地皮干。
清明忙种麦，谷雨种大田。

立夏鹅毛住，小满雀来全。

小暑不算热，大暑在伏天。

一九二九不出手，三九四九冰上走，五九六九抬头看柳，七九河开，八九雁来，九九加一九，耕牛遍地走。

立了夏，把扇架；立了秋，把扇丢。

交了七月节，夜寒白天热。

立秋一场雨，夏衣高挂起。

一场秋雨一场寒，十场秋雨穿上棉。

冬至不过不冷，夏至不过不热。

冷在三九，热在中伏。

小寒大寒，滴水成团。

二月清明老了柳，三月清明柳不开。

清明刮了坟头土，一刮刮到四十五。

八月暖，九月温，十月有个小阳春，十一月里冷几日，进了腊月就打春。

有钱难买五月旱，六月连阴吃饱饭。

燕来不过三月三，燕走不过九月九。

腊七腊八，冻死寒鸦。

八月十五云遮月，正月十五雪打灯。

冬至进补，开春打虎。

气象类

热生风，冷生雨。

夜里起风夜里住，五更起风刮倒树。

春风不刮，草芽不拔。

春发南北风，风过雨蓬蓬。

秋前北风秋后雨，秋后北风干河底。

霜降无风暖到冬。

南风呼北雨，好比亲娘叫闺女。

西北风，开天锁，日头出来红似火。

三月南风不过三，四月南风只一天，五月南风当日雨，六月南风透地干。

小旱不过五月十三，大旱不过六月二十四。

早霞不出门，晚霞行千里。

日落乌云接，明天把工歇。

春多一场雨，秋收万石粮。

雨打立夏，无水洗耙。

伏里不下雨，黄豆贵过米。

黄鼠搬家老牛叫，不出二日雨就到；河里鱼儿把头翻，天上雨水落平川。

猫喝水，天要晴；狗喝水，天要雨。

鸡在高处鸣，久雨天要晴。

蚂蚁搬家晴必雨，蜘蛛结网雨必停。

早霞不过三，不是下雨就阴天。

火烧云，热死人，云吃火，大雨无处躲。

天上钩钩云，地上雨淋淋。

云彩往东，刮场大风；云彩往西，出门上堤；云彩往南，冲跑大船；云彩往北，要发大水。

生产劳动类

春争日，夏争时。

一年之计在于春，一日之计在于晨。

庄稼一枝花，全靠肥当家。

柳毛滚，种瓜稳。

种地不使粪，等于瞎胡混。

人误地一时，地误人一年。

大麦豌豆不出九。（指播种期）

深栽茄子浅栽烟，想吃红薯地皮沾。

立夏三天见麦芒。

一穗两穗，一月入囤。（小麦成熟期）

蚕老一时，麦熟一晌。

头伏萝卜，二伏菜，三伏里头种荞麦。

白露早，寒露迟，秋分种麦正当时。

霜降萝卜立冬菜，过时不收必受害。

桃三杏四梨五年，枣树当年就换钱。

沙土花生，黏土麦。

一年两头春，豆子贵似金。

家庭生活类

清官难断家务事，家家有本难念的经。

在家靠父母，出门靠朋友。
兄弟和气金不换，妯娌和气家不散。
近不过夫妻，亲不过父母。
千里去烧香，不如在家敬爹娘。
儿大不由爹，女大不由娘。
吃不穷，喝不穷，算计不到要受穷。
儿行千里母担忧，母行千里儿不愁。
见男不问钱，见女不问年。
人往高处走，水往低处流。
远亲不如近邻，近邻不如对门。
严是爱，松是害，不管不教要变坏。
少壮不努力，老大徒伤悲。
女大不可留，留来留去成冤仇。
千里姻缘一线牵。
男怕入错行，女怕嫁错郎。
宁拆十座庙，不破一门婚。
勤是摇钱树，俭是聚宝盆。
压事不煽事，遇事不怕事。
食不言，寝不语。

为人处世类

一个朋友一条路，一个仇人一堵墙。
宁走十步远，不走一步险。
人为财死，鸟为食亡。
一朝被蛇咬，十年怕井绳。
静坐常思己过，闲谈莫论人非。
施恩不图谢，小怨必化解。
车到山前必有路，没有过不去的火焰山。
吃水不忘打井人，有恩不报非君子。
师父领进门，修行在个人。
交友一条路，伤人一堵墙。
疾风知劲草，日久见人心。
处事让一步为高，待人宽一分是福。

害人之心不可有，防人之心不可无。

良言一句三冬暖，恶语伤人六月寒。

吃人家嘴短，拿人家手短。

是亲别动财，动财两不来。

歇后语

姜太公钓鱼——愿者上钩

小孩儿唱歌——没谱

不蒸馒头——争口气

外甥打灯笼——照旧（舅）

哑巴吃饺子——心中有数

木匠放线——睁只眼闭只眼

土地爷掏耳朵——崴泥儿（比喻事情没办好）

小葱拌豆腐——一清（青）二白

秋天的核桃——满仁儿

房顶上开门——六亲不认

隔着门缝瞧人——把人看扁了

电线杆上绑鸡毛—— 好大的胆（掸）子

对着镜子作揖——自己恭维自己

砂锅捣蒜——一锤子买卖

马尾拴豆腐——提不起来

耗子钻风箱——两头受气

齐天大圣得道——猴儿还是猴儿（北京话“猴”是淘气的意思）

猴儿吃麻花——满拧（注：满拧即相背、错误的意思）

猪八戒照镜子——里外不是人

猪八戒摆手——不伺候（猴）儿

茅房的石头——又臭又硬

乌鸦落在猪身上——只看见别人黑，看不见自己黑

乌龟拉车——有前劲没后劲

麻秆打狼——两头害怕

高射炮打蚊子——大材小用

属夜猫子的——晚上精神就来啦

属算盘子儿的——不拨不动

兔子扛枪——窝里横
武大郎盘杆子（玩单杠）——上下够不着
十五个吊桶打水——七上八下
秃子头上的虱子——明摆着
剃头挑子——一头热
马尾罗扣小鸡——叽叽咕咕
井里的蛤蟆——没见过多大天
罗锅儿上山——钱（前）紧
大水冲了龙王庙——一家人不认一家人
黄鼠狼掀门帘——露一小手
猪鼻子插葱——装相（象）
泥菩萨过河——自身难保
头顶上长疮，脚底下流脓——坏透了
对着窗户吹喇叭——名（鸣）声在外
聋子的耳朵——摆设
凉锅贴饼子——蔫溜了
老鼠拉木锨——大头在后边
纸糊的驴——大嗓门儿
锅盖上的小米——熬出来了
竹篮打水——一场空
木鱼改梆子——挨揍的材料儿
冻豆腐——没法办（拌）啦
萤火虫的屁股——没多大量（亮）
下雨泼街——假积极
出头的椽子——先烂
铁路警察——各管一段
揪着胡子过河——谦虚（牵须）过度（渡）
使唤丫头拿钥匙——当家不主事儿
丈二和尚——摸不着头脑
茶壶里煮饺子——肚里有货，道（倒）不出来
老太太坐牛车——稳稳当当
腊月里出生——动（冻）手动（冻）脚

王八吃秤砣——铁了心
秋后的蚂蚱——蹦不了几天了
没头的苍蝇——瞎撞
阎王爷派兵——准有鬼儿
坐轿子号丧——不识抬举
老爷庙旗杆——独一根
刘备摔孩子——邀买人心
张飞吃豆芽——小菜一碟
徐庶进曹营——一言不发
周瑜打黄盖——一个愿打，一个愿挨
程咬金的斧子——就三下子
和尚打伞——无法（发）无天
小庙着火——慌神了
怀里揣马勺——诚（盛）心
烙饼卷蚂蚱——家（夹）吃去
怀胎十月——升（生）了
夜猫子进宅——无事不来
芝麻开花——节节高
大姑娘上花轿——头一回
傻子过年——瞧街坊的
后脑袋留长发——随便（辫）
绱鞋不用锥子——真（针）棒

第二节　社会新风

公共道德建设

20 世纪 80 年代以来，太阳宫乡党委、乡政府始终把全乡的精神文明建设列入乡党委、乡政府的议事日程，每年定期研究 4 次，做到每季度有布置、有检查，积极开展“五好家庭”创建活动。1986 年年底，乡党委、乡政府制定《中共太阳宫乡党委、人民政府关于“七五”期间加强社会主义精神文明建设的若干措施》，并下发到各村和乡直属企业，要求认真贯彻执行。1987 年，组建乡协调委员会，由 5 人组成，下设办公室，有专、兼职人员 12 名。

年内，根据《中共太阳宫乡党委、人民政府关于“七五”期间加强社会主义精神文明建设的若干措施》中的要求，首先在全乡开展职业道德教育，举办职业道德演讲会，与此同时，各单位结合自己的特点和实际制定单位的职业道德规范并张贴上墙。90年代，亚运会期间，进行爱国主义教育，提倡争做遵纪守法、文明礼貌市民。

进入21世纪，建设学习型乡村，加强未成年人思想道德建设，在开展文明城区创建活动中，培养群众职业道德、伦理道德、社会公德教育。

2012年3月3日，太阳宫地区开展以“践行北京精神，弘扬太阳宫精神”为主题的“学雷锋”志愿服务活动。以社区为单位，在辖区八个社区同时开展法律咨询、健康义诊、环境治理、交通秩序维护和入户慰问等志愿服务活动。来自周边高校、部分共建单位、基层团组织和社区青年志愿者500余人参与活动。3月21日，举办“红芍社”先进事迹报告会，区委宣传部、地区工委领导与社区居民100余人参加。3月24日，再次举办“红芍社”先进事迹报告会，各级领导、各社区党委、居委会成员及各社区党员代表等730余人参加。

“五好家庭”创建

1980年起，太阳宫公社妇联积极开展“五好”竞赛活动（“五好”是指政治思想、生产工作好，家庭和睦、尊敬老人好，教育子女、计划生育好，移风易俗、勤俭持家好，邻里团结、文明礼貌好）。“五好”条件下发后，以生产大队、生产队、作业组为单位组织社员学习讨论。为更多地做贡献，用实际行动争当“五好”，全体妇女积极投入夏收、夏种、夏管当中去。年内，公社选出“五好”妇代会3个，“五好”集体8个，“五好”园所4个，“五好”家庭70户，“五好”家庭成员132名。

1984年，太阳宫乡继续贯彻市下发的“五好”家庭条件和标兵户条件，宣传“五好”活动的意义、目的和重要性，让五好家喻户晓、人人皆知，使“五好”活动得到广泛深入的开展。乡、村利用现场会广泛宣传，全面推动“五好”活动的展开。年内，生产大队、生产队两级评出“五好”家庭1069户，出席乡内“五好”家庭标兵户179户，占全乡总户的53%。

1986年，太阳宫乡继续开展“五好”家庭活动。至1987年，两年中评出“五好”家庭2466户，文明家庭292户，“四好”家长39名，三八红旗手87名，先进集体9个，出席区的标兵户22户，先进集体5个。

1999年，太阳宫地区办事处在“5·15”国际家庭年表彰辖区35户“五好文明家庭”标兵户。地区精神文明建设委员会、地区工委、办事处领导对35户标兵举行授牌仪式。受表彰和奖励的标兵户表示：在大事之年、喜事之年里继续争做文明标兵户，为首都的“两个文明”建设努力工作。

2001 年，妇联将“五好文明家庭”和“绿色文明家庭”的创评活动纳入到精神文明建设整体活动中，进一步实施家庭文明工程。成立创评协调领导小组，制定评比意见，基层单位把创建活动与学习首都文明公约，与庆祝中国共产党成立 80 周年，与大众读书会，与家庭志愿者行动等结合起来，使活动由家庭辐射到家庭成员的单位，既拓宽妇女工作的领域，又影响和带动更多家庭参与。年内，推出“五好文明家庭”128 户，“五好文明家庭”标兵户 18 户，同时选出“尊老敬老好夫妻”20 对。

2002 年，太阳宫地区推选 759 户“五好文明家庭”、96 户“五好文明家庭”标兵、20 对“尊老敬老好夫妻”、27 位“好母亲”，受到地区精神文明建设委员会的表彰和奖励。

2007 年，随着“五好文明家庭”创建评比活动在地区的影响越来越广泛，广大家庭的文明程度日益提高。年内，地区妇联在往年评比的基础上，开展“特色型家庭”的评比活动，评出太阳宫地区“学习型、绿色型、和谐型、科学育子型、奉献型”等特色型 60 户，其中 3 户被评为朝阳区“五好文明家庭”。

2010 年，评出区级“五好文明家庭”6317 户，各社区、村评选五好文明家庭比例占本社区、村家庭总户数的 20% 以上。此次评选活动采取自下而上的方式进行，符合评选的家庭可以自荐，楼门长、居民代表、社区居委会可以推荐，也可以由居民到社区进行投票评选。推荐出来的家庭在社区公告栏中进行张榜公示，公示时间为 3 天，公示内容包括五好文明家庭的标准及主办单位的监督电话，并设立意见箱或意见簿，公示后上报地区五好文明家庭创建活动协调小组进行审核。

2011 年，评选出 5156 户“五好文明家庭”。2012 年 8 月，第十一届五好文明家庭评选活动结束，评选出五好文明家庭 5162 户。

2014 年，地区积极开展第十三届朝阳区“五好文明家庭”的创建活动。全地区有 36424 户家庭参与评选，评选出 4885 户五好文明家庭，创建率达 25% 以上。

第二十三章　人物　荣誉

太阳宫乡各村、社区、企事业单位在乡党委、乡政府的领导下，广大干部群众同心同德、奋勇向前，分别在党建、民政、经济发展、绿化、环境卫生、精神文明建设、“双拥”共建等诸多方面都有着突出的表现，多次获得上级单位的表彰和奖励，并被授予荣誉称号。在历史的发展进程中，地区涌现出许多代表性人物，其中有革命烈士，也有劳动模范、先进人物等，他们为人民群众树立光辉榜样，志书中收录部分人物加以介绍。

第一节　人物

革命烈士韩志忠

韩志忠，男，汉族，1950 年 12 月出生于十字口村。中共党员，1972 年 12 月入党，生前担任十字口生产大队第三生产队队长。1984 年 9 月因与坏人进行斗争，在家中被报复杀害。北京市人民政府于 1985 年 2 月 1 日批准其为烈士，并颁发有“革命烈士证明书”，烈士证号：京烈字第 000261 号。韩志忠烈士安葬于八宝山革命公墓。

全国先进工作者刘爱英

2010 年 4 月，芍药居二社区党委书记、居委会主任刘爱英被评为“全国先进工作者”。2014 年，刘爱英获中宣部颁发的“最美社区人”称号。刘爱英 2003 年开始担任社区党委书记。她视社区为“家”，兢兢业业，无私奉献。作为一名基层社区党委书记和社区“带头人”，她从保障党员主体地位和民主权利入手，充分发挥党组织联系群众、协调利益、整合资源的作用，努力构建一支以社区党组织为核心、以社区工作者为主体、社区志愿者共同参与的“功能健全、运转有序、服务居民”的社区工作者队伍。她把全身心都投入到社区工作中，情系社区，情系居民，让党放心，让群众满意，充分展示了新时期社区党务工作者和社区工作者的精神风貌，她被大家称为“小巷总理”。

北京市级先进模范

1989年3月，张忠、赵洪弟、苏林被评为“北京市劳动模范”。在此之前，太阳宫乡王玉茹、赵桂斌、张忠林、张广财等获“北京市劳动模范”称号。

1989年11月，十字口村尚家楼生产队队长徐振尧被评为“北京市农村企业优秀经营者”。

1991年6月，十字口村党支部书记廉成林被授予“北京市优秀党员”称号。

2000年，赵剑薇被授予“北京市劳动模范”称号。

2004年，芍药居甲2号院社区居委会的刘丛被北京市文明办、共青团北京市委、市民政局、市妇联、市总工会、市红十字会、市残联评为“7574爱心助残”先进个人。

2010年4月，芍药居二社区党委书记、居委会主任刘爱英被评为“北京市劳动模范”，同年获“北京市群众心目中好党员”称号。

2012年7月，芍药居二社区党委书记、居委会主任刘爱英被评为“北京市社会领域创先争优优秀共产党员”，同年获“北京市先进社区居委会主任”称号。

2013年3月，太阳宫社区党委书记胡素君被评为“北京市学雷锋先进个人”。

2014年1月，刘爱英、胡素君、王尧伟被北京市农委评为“北京市农村高级实用人才”。

2015年12月，芍药居二社区的高淑兰、芍药居三社区的韩全正被北京市志愿服务联合会和首都治安志愿者协会共同评选为“全市首批五星级治安志愿者”。

朝阳区级先进模范

1991年6月，廉成林、赵洪弟、舒栓柱被授予“朝阳区优秀党员”称号。

2002年4月9日，在朝阳区创建全国文明城区动员大会上，授予太阳宫地区工委副书记王秋英“朝阳区精神文明建设先进个人”。

2004年5月12日，太阳宫地区工委副书记王秋英被评为“区级优秀信息领导者”。

2012年6月，刘瑞祥被评为“区创先争优优秀党务工作者”；赵小仓被评为“区创先争优优秀共产党员”；石桂元被评为“区社会领域优秀共产党员”；徐红光、金小萍被评为“区农村系统创先争优优秀党务工作者”；李仁、孙毓莲、李柏松、史文革被评为“区农村系统创先争优优秀共产党员”。

2013年，芍药居二社区党委书记、居委会主任刘爱英荣获朝阳区农村地区“十佳道德模范”、朝阳区爱岗敬业模范社工“金蜜蜂”奖。

2014年7月，胡素君、王尧伟被评为“朝阳区农村实用人才”。11月，沈金福当选“朝阳区农村系统十佳道德模范”。

2015年12月，太阳宫社区党委书记胡素君被评为朝阳区农村系统第三届“践行社会主义核心价值观十佳人物”。

2016年1月，太阳宫社区党委书记胡素君被评为2015年度“朝阳榜样”。3月，夏家园社区党委书记姜建莉获朝阳区十大“金蜜蜂奖”；11月18日，姜建莉被评为朝阳区农村地区第四届“践行社会主义核心价值观十佳人物”。

第二节　荣誉

太阳宫乡及辖区各基层单位在党政领导的带领下，在党建、精神文明建设、经济发展、绿化美化、环境整治等诸多方面做出成绩，多次获得国家级、市级表彰，并被授予荣誉称号。

国家级荣誉

表23-1　**太阳宫乡所获国家荣誉一览表**

荣誉称号	颁发单位	接受单位	颁发时间
第十一届亚运会支持荣誉证书	亚组委	太阳宫乡农工商总公司	1990年7月
全国重点花卉市场	国家林业局、中国花卉协会	莱太花卉	2002年5月
全国优秀全民健身活动站	国家体育总局	太阳宫乡	2005年9月
全国妇联基层组织建设示范社区	中华全国妇女联合会	芍药居二社区	2010年
国家级充分就业示范社区		芍药居二社区	2012年
全国乡镇综合文化站评估定级一级文化站		太阳宫地区文化服务中心	2014年

市级荣誉

表23-2　**太阳宫乡所获北京市荣誉一览表**

荣誉称号	颁发单位	接受单位	颁发时间
三八红旗集体	北京市妇联	太阳宫乡妇联	1983年4月
1987年度计生工作先进集体	北京市计生委	太阳宫乡计生办	1988年
1987年度市级卫生先进单位	北京市爱卫会	太阳宫乡政府	1988年2月
1987年度市级计生工作先进集体	北京市计生委	太阳宫乡政府	1988年2月
1988年度市级卫生先进单位	北京市爱卫会	太阳宫乡政府	1989年2月
1988年度蔬菜工作先进单位	北京市政府	太阳宫乡政府	1989年

续表 23–2

荣誉称号	颁发单位	接受单位	颁发时间
1989 年度计生工作先进集体	北京市计生委	太阳宫乡政府	1990 年
1989 年度市级卫生先进单位	北京市爱卫会	太阳宫乡政府	1990 年
1989 年度蔬菜工作先进单位	北京市人民政府	太阳宫乡政府	1990 年
1990 年度卫生先进单位	北京市爱卫会	太阳宫乡政府	1990 年 12 月
1990 年度计生工作先进集体	北京市计生委	太阳宫乡政府	1991 年 1 月
1990 年度思想政治工作优秀单位	北京市委、市政府	太阳宫乡党委	1991 年 3 月
1990 年度亚运纪念牌	北京市迎亚运办公室	太阳宫乡政府	1990 年 12 月
1991 年度市级计生工作先进集体	北京市计生委	太阳宫乡政府	1992 年 1 月
1991 年度市级爱卫会先进单位	北京市爱卫会	太阳宫乡政府	1992 年 1 月
1991 年度市级文明单位	北京市精神文明办	太阳宫乡政府	1992 年 2 月
1991 年度计生工作先进集体	北京市委、市政府	太阳宫乡政府	1992 年 2 月
1991 年度市级计生工作先进集体	北京市计生委	太阳宫乡政府	1992 年
1991 年度精神文明单位	首都精神文明小组	太阳宫乡党委	1992 年 1 月
1991 年度思想政治工作优秀单位	北京市委、市政府	太阳宫乡党委	1992 年 1 月
1992 年度双学双比先进组织奖	北京市双学办	太阳宫乡政府	1992 年 12 月
1993 年度绿化先进单位	首都绿化委	太阳宫乡政府	1994 年 3 月
1996 年度农业普查先进单位	北京市农普办	太阳宫乡政府	1996 年 12 月
1996 年度绿化花园式单位	北京市政府、市绿化办	太阳宫乡政府	1997 年 3 月
1997 年度无偿献血先进单位	北京市献血委	太阳宫乡政府	1998 年 3 月
北京市农村村务公开民主管理工作先进集体	北京市委组织部 市农委	太阳宫乡	1998 年 6 月
1998 年度大众读书会先进集体	北京市妇联	太阳宫乡妇联	1998 年 10 月
1998 年度爱国卫生先进单位	北京市爱卫会	太阳宫乡政府	1998 年 12 月
1998 年度公民义务献血先进单位	北京市献血办	太阳宫乡政府	1998 年 12 月
1998 年度市级无偿献血先进单位	北京市献血办	太阳宫乡政府	1999 年 3 月
1998 年度市级计生工作先进集体	北京市计生委	太阳宫乡政府	1999 年 5 月

续表 23-2

荣誉称号	颁发单位	接受单位	颁发时间
1998 年度商业普查先进集体	北京市商委	太阳宫乡政府	1999 年 6 月
1999 年度创文明镇先进乡	首都文明委	太阳宫乡政府	1999 年 12 月
1999 年度郊区经济工作先进集体	北京市农委	太阳宫乡政府	2000 年 1 月
1999 年度市级计生工作先进集体	北京市计生委	太阳宫乡政府	2000 年 2 月
1999 年度献血先进单位	北京市献血办	太阳宫乡政府	2000 年 3 月
2000 年度家庭教育工作先进集体	北京市教委	太阳宫乡政府	2000 年 5 月
2000 年度市级家庭教育工作先进集体	北京市妇联、市教委	太阳宫乡政府	2000 年 5 月
2000 年度校园周边环境整治先进单位	北京市校整小组	太阳宫乡政府	2000 年 12 月
2000 年度民政工作全优街道（乡镇）	北京市民政局	太阳宫乡政府	2000 年 12 月
2001 年度绿化工作达标乡	北京市绿化委	太阳宫乡政府	2001 年 12 月
2000 年度献血先进单位	北京市献血委员会	太阳宫乡政府	2001 年 3 月
2001 年度校园周边环境整治工作先进单位	北京市综治委	太阳宫乡政府	2001 年 3 月
2001 年度市级第五次人口普查先进集体	北京市人普办	太阳宫乡政府	2001 年 5 月
2000 年度建筑外墙粉刷工作先进单位	北京市政管委	太阳宫乡政府	2001 年 9 月
2001 年度市级爱国卫生先进单位	北京市爱卫会	太阳宫乡政府	2001 年 12 月
2001 年度市级精神文明先进单位	首都文明委	太阳宫乡党委	2002 年 3 月
2002 年度首都文明单位	北京市文明委	太阳宫乡党委	2003 年 3 月
2002 年度优秀健身项目奖	北京市老人体协	太阳宫乡政府	2002 年 5 月
2002 年度双拥模范乡	北京市双拥委	太阳宫乡政府	2002 年 7 月
2002 年度民政工作全优街道（乡镇）	北京市民政局	太阳宫乡政府	2002 年 12 月
2002 年度京郊税收超亿元先进乡镇	北京市委、市农委	太阳宫乡政府	2003 年 1 月
2003 年度新建企业工会先进单位	北京市新企小组	太阳宫乡政府	2003 年
2003 年度市级体育工作先进乡	北京市体育局	太阳宫乡政府	2003 年 12 月
2003 年度市级爱国卫生先进单位	北京市爱卫会	太阳宫乡政府	2003 年 12 月
2003 年度军警民共建先进单位	首都文明办	太阳宫乡政府	2003 年 12 月

续表 23–2

荣誉称号	颁发单位	接受单位	颁发时间
2003 年度优质工程奖	北京市绿化委	太阳宫乡政府	2004 年 1 月
2003 年度绿化工作先进单位	北京市人民政府	太阳宫乡政府	2004 年 2 月
2003 年度市级城市垃圾分类工作先进单位	北京市政管委	太阳宫乡政府	2004 年 2 月
2003 年度献血先进单位	北京市献血委员会	太阳宫乡政府	2004 年 3 月
2003 年度绿化优质工程	北京市绿化委	太阳宫乡政府	2004 年 4 月
2004 年社区矫正工作先进集体	北京市社区矫正小组	太阳宫乡政府	2004 年
太阳宫公园二期绿化工程在 2003 年首都绿化美化建设中成绩显著	首都绿化委员会	太阳宫乡	2004 年 2 月
2002—2003 年度北京市国民体质测定工作先进单位	北京市体育局	太阳宫乡	2004 年 6 月
朝阳区地区合唱团在“纪念中国人民抗日战争世界反法西斯胜利 60 周年”合唱老年合唱大赛中荣获三等奖	北京市老龄办	太阳宫乡	2005 年 5 月
2005 年度北京市妇联系统基层妇女组织先进集体	北京市妇女联合会 北京市人事局	太阳宫乡妇联	2006 年 2 月
北京市优秀群众体育健身活动站、点	北京市体育局	太阳宫乡	2005 年 6 月
北京市群众体育先进单位	北京市体育局	太阳宫乡	2005 年 6 月
第一次全国经济普查先进集体	北京市第一次全国经济普查领导小组	太阳宫乡	2005 年 12 月
2004 年残疾人维权示范岗	北京市司法局、市残联	太阳宫乡政府	2005 年
2005 年度北京市社区矫正工作先进集体	北京市社区矫正领导小组	太阳宫乡司法所	2005 年
2005 年度北京市司法行政基层建设工作先进司法所	北京市司法局	太阳宫乡司法所	2005 年
2001—2005 年北京市法制宣传教育先进集体	北京市人事局	太阳宫乡司法所	2006 年
十一届国际田联世界青年田径锦标赛突出贡献奖	世青赛北京组委	太阳宫乡工会	2006 年
十一届青赛文明观众工作优秀组织奖	世青赛北京组委	太阳宫乡工会	2006 年
2006 年朝阳区优秀司法所	北京市司法局	太阳宫乡司法所	2007 年
2006 年献血先进单位	北京市献血委员会	太阳宫乡	2007 年
北京市“迎奥运 和谐杯”金秋全民健身篮球赛优秀组织奖	北京市体育局、市民政局、市教委	太阳宫地区文化服务中心	2007 年

续表 23-2

荣誉称号	颁发单位	接受单位	颁发时间
北京市 2008 年奥运会申办委员会特别支持	北京市体育用品博览委员会	太阳宫乡	2008 年
北京市司法行政系统奥运工作先进集体	北京市司法局	太阳宫乡司法所	2008 年
人民调解和防止矛盾激化先进集体	北京市司法局 市人事局	太阳宫乡司法所	2008 年
2007 年度人口和计划生育工作先进集体	北京市人口和计划生育委员会	太阳宫地区办事处	2008 年
北京奥运会残奥会环境先进集体	北京市“2008”环境建设指挥部	太阳宫地区办事处	2008 年
北京市第二届迎奥运和谐社区杯乒乓球比赛优秀组织奖	北京市体育局	太阳宫地区文化服务中心	2008 年
2007 年度人口和计划生育工作先进集体	北京市朝阳区人口和计划生育委员会	太阳宫地区办事处	2008 年
北京市农村电影放映工程先进集体	北京市文化局	太阳宫地区放映队	2009 年
北京市第三届“和谐杯”乒乓球比赛优秀组织奖	北京市体育局 市社会建设工作办公室	太阳宫地区办事处	2009 年
北京市第七届全民健身体育节先进单位	北京市第七届全民健身体育节组委会	太阳宫地区办事处	2009 年
首都国庆 60 周年联欢晚会突出贡献奖	首都国庆 60 周年北京市筹备委员会联欢晚会指挥部	太阳宫乡	2009 年
北京市妇联系统先进集体	北京市妇女联合会、市人力社会保障局	太阳宫乡	2010 年
北京市敬老爱老为老服务先进单位	北京市人民政府	太阳宫乡民政科	2010 年 10 月
“温暖玉树・北京职工在行动”募捐活动优秀组织奖	北京市总工会、市温暖基金会、北京交通台、劳动午报社	太阳宫地区办事处	2010 年 4 月
北京市第四届“和谐杯”乒乓球比赛优秀组织奖	北京市体育局 市社会建设办公室	太阳宫地区文化服务中心	2010 年 6 月
北京市第二次全国经济普查先进集体	北京市经普办、市人力社会保障局、市统计局、国家统计局	太阳宫乡统计所	2010 年 1 月
2010 年度首都国家安全工作先进集体	北京市国家安全工作领导小组办公室	太阳宫地区办事处	2010 年 12 月
2010 年度人口和计划生育工作先进集体	北京市人口和计划生育委员会	太阳宫乡计生办	2011 年 1 月
2010 年度开展“劳动用工规范一条街工程”工作先进单位	北京市人力资源和社会保障局	太阳宫乡劳动科	2011 年 2 月

续表 23–2

荣誉称号	颁发单位	接受单位	颁发时间
北京市第五届“和谐杯”乒乓球比赛优秀组织奖	北京市第五届和谐杯乒乓球比赛组委会	太阳宫地区办事处	2011 年 7 月
2011 年度城市环境秩序百日整治突出贡献奖	北京市城市环境秩序综合整治领导小组	太阳宫地区办事处	2011 年 12 月
北京市 2011 年敬老爱老为老服务示范单位	北京市人民政府	太阳宫地区办事处	2011 年
2011 年度北京市环境卫生工作先进街道（乡镇）	北京市市政市容管理委员会	太阳宫地区办事处	2012 年 2 月
北京市 2011 年度环境卫生工作先进集体	北京市市政市容管理委员会	太阳宫地区办事处	2012 年 2 月
2011 年药品安全示范街道（乡镇）	北京市药品监督管理局	太阳宫乡	2012 年 1 月
北京市民政工作先进集体	北京市民政局 市社保局	太阳宫地区办事处	2012 年 7 月
北京市敬老爱老为老服务示范单位	北京市人民政府	太阳宫地区办事处	2012 年
2012 年度北京市环境秩序整治先进集体	北京市环境秩序整治领导小组	太阳宫地区办事处	2012 年 12 月
2012 年度环境秩序整治突出贡献奖	北京市环境秩序整治领导小组	太阳宫地区办事处	2012 年 12 月
2010—2012 年度北京城管综合行政执法系统先进集体	北京市城市管理执法局、市社会保障局	太阳宫地区办事处	2013 年 1 月
2011 年度开展劳动用工规范一条街工程工作先进单位	北京市人力社会保障局	太阳宫地区办事处	2013 年 2 月
北京市居家养老（助残）服务规范化建设单位	北京市民政局、残疾人联合会、老龄委	太阳宫地区办事处	2011 年 12 月
首都民政系统行风建设示范单位	北京市民政局	太阳宫地区办事处	2013 年 6 月
北京市第六届和谐杯乒乓球比赛总决赛一等奖	北京市第六届和谐杯乒乓球比赛组委会	太阳宫地区办事处	2012 年 7 月
北京市 2011 年度防范处理邪教工作先进集体	北京市防范和处理邪教领导小组	太阳宫地区办事处	2012 年 1 月
北京市 2012 年度防范处理邪教工作先进集体	北京市防范和处理邪教领导小组	太阳宫地区办事处	2013 年 1 月
2012 年度北京市生活垃圾分类街道乡镇贡献奖	首都城市建设委员会 首都精神文明委	太阳宫地区办事处	2013 年 5 月
2012 年北京市无偿献血先进单位	北京市献血办公室	太阳宫地区办事处	2013 年 1 月
北京市第十一届思想政治工作优秀单位	北京市委	太阳宫地区办事处	2013 年 3 月
北京市区县机关档案工作测评市级优秀单位	北京市档案局	太阳宫地区办事处	2013 年

续表 23–2

荣誉称号	颁发单位	接受单位	颁发时间
北京市民广场健身舞总决赛优胜奖	北京市第九届体育节组委会	太阳宫地区办事处	2013 年 6 月
北京市第 23 届农民艺术节乡村大舞台一村一品节目优秀奖	北京市农民艺术节指导委员会	太阳宫地区办事处	2013 年 1 月
北京市 2012 年度防范处理邪教工作先进集体	北京市委防范和处理邪教领导小组	太阳宫地区办事处	2013 年
北京市妇联系统先进集体	北京市妇女联合会 市人力社会保障局	太阳宫地区办事处	2014 年
2013 年度北京市生活垃圾分类街道乡镇贡献奖	首都城市环境建设委员会、精神文明委员会	太阳宫地区办事处	2014 年 6 月
北京市社会主义新农村建设先进集体	北京市农村工作委员会 市人力社会保障局	太阳宫地区办事处	2015 年 3 月
北京基层党组织建设先进乡镇	北京市农村工作委员会 市人力社会保障局	太阳宫地区办事处	2015 年 2 月
2012—2014 年度北京市“五个好”乡镇党委	北京市委组织部 市委农村工作委员会	太阳宫地区办事处	2015 年
北京市农民体育健身运动展示周围棋比赛团体二等奖	北京市农民体育协会	太阳宫地区办事处	2015 年
北京市卫生乡镇	北京市爱国卫生运动委员会	太阳宫乡	2016 年 9 月

后记

《太阳宫乡志》的编纂工作从2016年启动并正式开展，多方考证，数易其稿，历经四载磨砺，终于付梓刊印。志书如实记载了太阳宫乡的历史与现状，共分23章，收集照片200余张。

纂修《太阳宫乡志》，是在构建和谐社会、农村城市化进程加快、建设新时代中国特色社会主义的大好形势下，综合、系统地展现太阳宫地区数百年来的古韵渊源、自然地理、建置沿革、舆地交通、风土人情、古迹遗址等诸多历史文化风貌，以及当今经济社会和文化建设所取得的巨大成就。为全面、客观、公正地记录太阳宫地区的今昔百业实况，编修人员首先以查阅各类档案为主，遍查村档案室、乡档案室所有档案资料，并查阅区档案馆内所有与本乡相关的史料，另外，还多次奔赴朝阳区图书馆、北京市方志馆、首都图书馆、国家图书馆等地，想方设法搜集各方有关太阳宫的信息。但因志书涉及内容较多，时间跨度较大，档案资料以及相关史料有所缺失，故又邀请蒋萍、杜永旺、马淑琴、丁世增、胡少雄等多位熟悉乡史村情的老同志、老干部参与到志书编修工作中来，他们本着对历史负责、对后代负责的态度，知无不言，言无不尽，逐方面深刻回忆，归纳总结，方使支离破碎的档案材料连缀成章，再现各方面的发展历程。

编修人员坚信良志不厌百回改，对搜集的资料进行系统梳理后，又对志稿进行多次反复地修改，一是对不尽合理的章节进行调整；二是增添、补充新的文字资料，删减重复及不确定的内容，修正错误，并在文字格调上达到统一；三是对入志初稿的照片按照史志标准进行筛选，增添新搜集到的珍贵资料，使该志更加体现太阳宫的特色。

太阳宫乡首部志书的问世，是集思广益的结晶，是一件“立德、立功、立言”的大事。《太阳宫乡志》的编修得到乡党委、乡政府领导和相关工作人员的鼎力支持与全力配合。乡领导十分关注志书编修进展情况，多次问询，并在百忙之中，认真审阅志稿。《太阳宫乡志》编辑部办公室主任张卉在3年多的时间里，组织协调编修人员查阅档案、遍搜史料、邀请老同志召开座谈会，审阅志稿全文，提出修改意见，为《太阳宫乡志》的编修付出了心血。各村（社区）、各单位、各部门也尽量提供相关信息，认真核实、补充、修改志稿，使志稿内容更加全面，条理更加清晰。

另外，在编修过程中，朝阳区地方志办公室（以下简称“区志办”）的领导及相关专家给予了极大帮助。志稿报到区志办后，区志办副主任王维成及王源、赵万顺、胡良骥、韩跃强、侯文治、穆文山、蔡广培、祁凤山等领导和专家倾注了大量时间精力，审校志稿，并中肯地提出许多专业修改意见，方使《太阳宫乡志》在结构、记述、资料等方面，更加符合志书体例标准。编修《太阳宫乡志》是一个浩大的文化工程，也是太阳宫人民群众精神文化生活中的大事，关心、爱护、支持、帮助完成《太阳宫乡志》者数不胜数，不能一一列举，在此一并表示谢意。

《太阳宫乡志》终于付梓问世。欣慰之余，我们深感由于志书中涉及的资料繁杂，档案资料欠缺，随着初期的经历者、组织者的离世，一些风雨历程、辉煌业绩已无法考证，只能成为志书的遗憾。因编者水平所限，志书虽经反复修改，漏误之处在所难免，敬请读者批评指正。

编辑部

2023 年 12 月